『아인슈타인과 랍비: 영혼을 찾아서』에 대한 서평

"나오미 레비는 개인적으로 매우 가슴 아픈 이야기들, 유대인들의 삶과 전통, 그리고 아인슈타인이 어느 비통해하는 아버지에게 썼던 영적인 편지를 바탕으로 한 이 책에서, 우리가 어떻게 의미 있고 서로 연결된 삶을 살아야 하는지에 대해 우리의 영혼을 일깨워주는 안내자 역할을 한다." —Alan Lightman, *Einstein's Dreams* 저자

"나오미 레비의 영적인 여정에 관한 이 책을 읽는 독자는 자신 속으로 더욱 깊이 들어갈 위험을 감수해야만 한다. 이 책은 우리들로 하여금 '여정들의 여정'을 시작하게 만든다." —Norman Lear

"랍비 나오미 레비는 비상한 작업을 완수했다. 아인슈타인이 쓴 가장 유명한 편지들 가운데 하나에 꽂힌 레비는 집요한 연구를 통해 그 편지의 전혀 예상치 못했던 배경을 밝혀냈다. 그 편지는 아인슈타인이 성자와 같은 어느 랍비에게 쓴 편지인데, 그 랍비는 부모들이 겪을 수 있는 최악의 고통을 겪고 있었다. 나오미 레비는 어릴 때 아이가 겪을 수 있는 최악의 고통을 겪었던 사람으로서, 아인슈타인의 편지, 랍비 로버트 마커스의 이야기, 그리고 자기 자신과 아버지의 이야기를 연결시켜, 우리가 눈으로는 볼 수 없는 것을 영혼은 볼 수 있다는 것을 깨닫게 해준다. 나오미 레비를 우리의 안내자로 삼고 갈 때, 우리들 역시

우리의 영혼들을 통해 보는 방법, 그리고 우리들 자신만이 아니라 주변 사람들의 삶을 축복하는 방법을 배울 수 있다." —Rabbi Joseph Telushkin, *Jewish Literacy, Rebbe, Words That Hurt, Words That Heal* 저자

"랍비 레비는 우리를 축복한다. 우리가 이 빛나는 책을 통해 여행을 시작하면 실제로 축복을 받는다. '나는 당신에게 어떤 성스러운 것이 일어나기를 기도합니다. 전혀 예상하지 못했던 것, 돌아섬, 깨달음을 기도합니다.' 실제로 그렇다. 그 모든 것 이상이 일어난다."

—Abigail Pogrebin, *My Jewish Year, Stars of David* 저자

"오늘날처럼 당혹스럽고 흔히 받아들이기 어려운 시대에, 나오미 레비의 책은 지극히 중요하며 반드시 필요한 대책을 제공한다. 레비는 손쉬운 해결책이나 영적으로 시답지 않은 소리에 신경을 쓰지 않고, 오직 유대인들의 오랜 사상 전통에 근거해서 이 물질만능의 세상을 헤쳐 나갈 영혼의 길을 보여준다. 이 책은 우리의 삶의 균형을 잡는 일과 우리의 가슴을 훈련시키는 것에 관해 마음을 뜨겁게 만들고 정신을 맑게 해주는 성찰이다."

—Daphne Merkin, *This Close to Happy: A Reckoning with Depression* 저자

"아인슈타인의 과학과 조하르(Zohar)의 영혼을 모두 사랑하는 사람들이 매우 반길 책이다. 아인슈타인이 랍비 마커스와 서로 편지를 나눈 역사는 우리의 얼을 사로잡고, 과학과 영혼을 연결시킨다."

—Alan Dershowitz, *Taking the Stand: My Life in the Law* 저자

"랍비 나오미 레비는 자신의 아름다운 혼, 아인슈타인이 큰 슬픔에 잠긴 랍비를 위로하는 감동적인 이야기, 그리고 우리의 영혼의 음성을 듣는 것에 관한 가르침들을 들려준다. 이 놀라운 책이 나의 심금을 울렸던 것처럼 당신의 심금을 울릴 것이라고 확신한다."

―Susan Cain, *Quiet* 저자

"나오미 레비는 삶의 양극, 즉 출생과 죽음, 사랑과 상실, 믿음과 의심을 성찰한다. 그는 예민한 통찰력으로 그 각각의 이원성이 우리가 '영혼'이라고 부르는 생명력에 의해 어떻게 연결되는지를 보여준다. 이 책은 정말 아름답고 부드러운 책으로서 빛을 발하고 정신을 고무시킬 것이다."

―Jerome Groopman, *The Anatomy of Hope* 저자

"'영혼이란 무엇인가?' 이 질문은 처음부터 구도자, 성자, 예언자들의 질문의 정점이었다. '말로 표현할 수 없는 분을 표현할 말이 있는가?' 이 질문은 시대마다 대륙마다 시인들이 묻는 정점이었다. 랍비 나오미 레비는 이 책에서 이런 질문들을 다루는데, 워낙 겸손하고 능숙하며 시적이라서 마치 추리소설을 읽는 것 같다. 책을 손에서 내려놓을 수가 없었다."

―Elizabeth Lesser, *Broken Opera, Marrow* 저자

"랍비의 과업은 유대 종교의 지혜와 능력을 그 모든 심오함, 신비함, 그리고 세상적인 연관성 속에서 밝히는 일이다. 나오미 레비는 이 과업을 놀랍게 수행한다. 그는 유대인의 영혼 속 깊은 곳으로부터 말하며, 유다이즘의 영적인 선물을 유대인들만이 아니라 전 세계 사람들에

게 전해준다. 그의 공헌은 아무리 칭찬해도 부족하다. 이 책은 유대인 여성들의 축복에서 비롯된 것이며, 이 책을 통해 지금도 그 여성성을 축복한다." ─Marianne Williamson, *A Return to Love, Tears to Triumph* 저자

"모두가 이 책을 읽을 필요가 있다. 이 책은 우리가 살고 있는 지금과 같은 시대를 위한 책으로서, 인간의 정신이 역사적 여정을 통해 어떻게 오늘날과 같은 친절함과 이해력에 도달하게 되었는지를 포착한다. 나오미 레비는 매우 명쾌하며 쉬운 문체로 쓰기 때문에 영혼의 삶에 대해 증언하는 그의 이야기 속에 빠져들게 된다."

─Julianna Margulies, 배우이며 연출가

"예리한 통찰력, 열린 가슴, 은혜롭고 이해하기 쉬운 지혜로 널리 알려져 있는 랍비 나오미 레비가 쓴 이 책은 모든 독자들에게 상큼한 향기와 자극을 줄 것이다. 나로 하여금 깊이 생각하도록 만든 책이다. 이 책을 읽으면 고결하게 더 깊은 곳으로 안내를 받게 된다."

─Dani Shapiro, *Devotion, Hourglass* 저자

"나오미 레비는 자신의 질병을 통해 깨달은 것, 아인슈타인에게 편지를 보낸 랍비에게 얽힌 기막힌 사연 등, 여러 이야기를 랍비로서 자신의 관점에서 엮어냄으로써, 우리 영혼의 본성이라는 말로 표현할 수 없는 것을 표현해냈다."

─Stephen Tobolowsky, *My Adventure with God, The Dangerous Animals Club* 저자이며 배우

아인슈타인과 랍비
영혼을 찾아서

Einstein and the Rabbi
Searching for the Soul

아인슈타인과 랍비: 영혼을 찾아서

지은이/ 나오미 레비
옮긴이/ 최순남
펴낸이/ 홍인식
초판 1쇄 펴낸날/ 2020년 12월 15일
펴낸곳/ 한국기독교연구소
등록번호/ 제8-195호(1996년 9월 3일)
경기도 고양시 일산동구 고봉로 32-9, 양우 331호 (우 10364)
전화 031-929-5731, 5732(Fax)
E-mail: honestjesus@hanmail.net
Homepage: http://www.historicaljesus.co.kr.
표지디자인/ 디자인명작
인쇄/ 조명문화사

Einstein and the Rabbi: Searching for the Soul
ⓒ 2017 by Naomi Levy
All rights reserved. Korean Translation copyright ⓒ 2019 by Korean Institute of the Christian Studies. The Korean translation right arranged with the author by Eric Yang Agency. Printed in Seoul, Korea.

이 책의 한국어판 저작권은 에릭양 에이전시를 통한 저자와의 독점계약으로 한국어 판권을 한국기독교연구소가 소유합니다. 저작권법에 따라 국내에서 보호받는 저작물이므로 무단전재와 무단복제를 금합니다.

ISBN 978-89-97339-60-0 03230

값 14,000원

아인슈타인과 랍비
영혼을 찾아서

나오미 레비 지음
최순님 옮김

한국기독교연구소

Einstein and the Rabbi

Searching for the Soul

by

Naomi Levy

New York: Flatiron Books, 2017.

Korean Translation by Soonnim Choi

이 책은 한상익 장로님(청파교회)의
출판비 후원으로 간행되었습니다.

Korean Institute of the Christian Studies

목차

제1부 영혼을 찾아서 _ 13

    영혼을 만남 / 15

    아인슈타인과 랍비 / 28

    내 안의 나 / 46

    솔피(soulfie) / 50

    영혼의 세 가지 차원 / 58

제2부 생명의 힘 일깨우기: 비전과 행동을 여는 열쇠 _ 67

영혼의 음성 볼륨 키우기: 영혼을 먹이고 깨우기 _ 68

    영혼이 바라는 대로 / 69

    명상, 영혼의 치료제 / 75

    음악으로 영혼 드높이기 / 85

    영혼에 평안을 주는 음식 / 93

    이해의 열쇠, 기도와 공부 / 100

    자연의 품에서 / 109

    영혼의 신부, 안식일 / 113

확장된 영혼의 시각 _ 120

    한 발 물러서면 / 121

    넓은 영혼의 눈으로 / 130

    우리 스스로 말하는 "진실" / 138

태피스트리 속의 숨겨진 연결 / 150

행동할 능력 __ 158

고루한 경향성 벗기 / 159

영원한 임신 / 165

제3부 사랑의 힘에 귀 기울이기: 친밀감과 부름의 열쇠 __ 175

사랑을 깊게 배움 __ 176

돌 같은 심장, 살 같은 심장 / 177

용서함으로써 '힐링' / 190

거룩한 두려움 / 205

진정한 친구 / 213

영혼의 동반자 / 219

결혼생활과 영혼 / 223

영혼 챙기기 / 227

영혼과 부모 역할 / 233

거룩한 부르심 __ 242

영혼의 부름 / 243

적임자 / 249

영혼의 잡아당김 / 266

취약함의 힘 / 275

노동에 영혼을 / 284

영혼의 적수 / 290

나는 누구인가 / 299

제4부 영원한 힘: 더 고귀한 앎을 위한 열쇠 _ 319

일치의 경험, 영원의 맛 _ 320

귀향 / 321

마흔두 곳을 거치는 영혼의 여정 / 327

삶이 위축될 때 / 334

그대의 천국 / 344

시간과 영원에 대한 보다 더 높은 이해 _ 352

소멸하지 않는 축복 / 353

영혼의 시간으로 살아가기 / 363

하나됨의 경험 / 377

환희에 찬 영혼 / 385

연결의 실타래 / 392

제5부 제자리로 돌아오기: 편지 _ 411

감사의 말씀 / 431

참고문헌 / 437

로버트에게 이 책을 바칩니다

"내 영혼이 사랑하는 사람을 찾았다"

―아가서 3:4

당신께서 나를 잔잔한 물 가로 인도하시며

내 영혼을 소생시키십니다.

―시편 23편

제1부

영혼을 찾아서

영혼을 만남

"아빠가 랍비시니?"

내가 네 살 무렵부터 이담에 커서 랍비가 될 거라고 말할 때마다 사람들이 한결같이 그렇게 물어보았다. 아빠는 랍비가 아니라, 여자 옷을 만드는 분이었지만 그는 나의 랍비였다. 아빠는 성경 속의 위대한 인물들과 예언자들의 이야기를 나에게 읽어주시곤 했는데, 그 이야기들이 내 잠들기 전의 침대 머리 동화였던 셈이다. 나에게 기도하는 법을 가르쳐주신 아빠는 나에게 기도문 속에 깃든 운율도 좋아하게 해주셨다. 우리가 손을 잡고 길거리를 걸어 갈 때는 화음에 맞춰 노래하는 법도 가르쳐주셨다. 내 친구들이 잠옷 바람으로 TV 만화영화에 한창 빠져 있는 토요일 아침이면, 나를 유대교 회당으로 데리고 가시곤 했다. 아빠의 기도 숄 자락들을 한 올씩 만지작거리며 나는 아빠 곁에 앉아 놀았다.

유치원에 다닐 때 내 꿈은 랍비라고 했더니 사람들이 모두 와르르하고 웃었다. 어떤 이들은 "여자는 랍비가 될 수 없다는 걸 모르고 있구나!" 하며 야단을 치기도 했다. 하지만 아빠만은 "노미야" 하고 애칭으로 나를 부르며, "계속해서 그 꿈을 간직해라! 그러면 언젠가 반드시 웃을 날이 올 거다. '거 봐, 내 말이 맞았지?' 해서 웃는 게 아니라, 네가 랍비가 된 날, 온전한 기쁨에서 우러나는 함박웃음을 터뜨리게 될 거다!" 비록 판타지 같긴 했어도 나는 내 꿈을 소중하게 간직했다.

아빠는 늘 가르쳐주셨고, 나는 늘 배웠다. 내가 성인식을 치를 무렵, 우리 가족이 다니던 회당에서는 여자아이들에게 토라를 읽히거나 안식일 아침예배의 어떠한 파트도 인도할 수 없게 했다. 대신 금요일 저녁에 예언서를 읽는 일만 허용했다. 아빠는 나에게 예언서 읽는 법을 가르쳐주셨다. 내가 예언서 읽는 일을 터득하고 나자 금요일 저녁의 안식일 예배를 인도하는 법과 멜로디, 기도문들도 가르쳐주셨다. 나는 거기에 무아지경으로 빠져들었다. 무척 열심히, 그리고 어렵지 않게. 아빠와 나는 노래를 함께 부름으로써 하나님께 아름다운 하모니를 만들어 바쳤다. 어느 날, 아빠는 회당 예배위원회를 찾아가 우리 부녀의 참여를 주장하셨다. 그 일은 아빠가 정의를 위해 열정적이고 용감하게 설전을 벌인 사건이었다. 나중에 위원회는 마침내 다소 완화된 태도로 나에게 시편 몇 편 정도는 인도할 수 있게끔 허용은 했지만, 기도나 축도까지는 아니었다. 나는 그 정도의 타협만으로도 만족했다. 우리 가정이 주도한 아름다운 예배들 드림으로써 내 성인식을 치를 수 있게 된 것이다. 나와 아버지 둘이 설교단에 섰다. 나는 시편을 노래했고 축복기도를 드릴 때마다 아버지가 축복기도를 하셨다. 이렇게 아빠와 내가 예배를 인도하는 방식이 나에게는 완벽하게 느껴졌다.

영혼이 내가 랍비라는 직업을 갖게끔 나를 불러냈던 것일까? 성장하는 동안 나는 영혼에 관해서 별로 이런저런 생각을 해본 적이 없었다. "내 영혼을 감동시켰다" 같은 표현을 통해 내가 이해했던 영혼이란 우리 내면의 아주 깊은 장소, 진실한 감정이 솟아나는 곳에 대한 은유 같은 것이었다. 음악은 나에게 영혼을 온 몸으로 경험하게 해 준 것이었고, 사랑 역시 영혼의 영역이었다.

나의 어머니와 아버지는 서로 영혼의 동반자(soulmates)였다. 내가 보기에는 분명히 그랬다. 두 분은 떼려야 뗄 수 없는 사이여서 항상 서로의 품속에서 지내다시피 사셨다. 두 분의 소통방식에는 남과 다르게 드문 무언가가 있었던 것 같다. 아버지가 출근하는 매일 아침마다 두 분은 마치 힘든 이별을 앞둔 연인들처럼 서로를 뜨겁게 끌어안았고, 일을 마치고 집에 오시면 매일 저녁마다 오랜 이별 끝에 재회한 연인들처럼 현관에서 다시 뜨겁게 끌어안곤 하셨다. 시간이 얼마 남지 않았음을 미리 예감하신 것일까?

내가 성인식을 치르고 나서 2년이 지나, 열다섯 살이었던 어느 날, 아빠와 엄마는 밤거리를 걷고 계셨다. 권총을 지닌 남자가 두 분에게 접근해 돈을 요구했고, 그 자리에서 아버지를 향해 총을 쏘았다.

아버지가 돌아가시자 나의 세계는 전부 무너졌다.

갑자기 '영혼'이라는 단어가 나에게 떠오르고 다시 떠오르는 일이 반복되었다. 아버지의 영혼이 나에게 말을 걸어오는 거라고 사람들은 말했다. 장례식장에서 랍비는 하나님의 보호하는 날개 아래 아버지의 영혼이 평안한 안식을 얻었노라고 기도했다. 하나님이 새였던가? 내 아빠가 돌아가신 사실만이 내가 알고 있는 현실의 전부였다. 아버지가 그리워서 죽을 것만 같았다. 아빠와 단절된 느낌. 무엇보다도 이야기가 하고 싶어 미칠 지경이었고, 함께 노래를 부르고 싶었다. 함께 기도

드리고 싶었고, 회당에 따라가 아빠 곁에 앉았으면 좋겠었다. 그리고 함께 공부하고 싶었다. 그러나 고요했다. 아무것도 없었고 나 혼자였다. 나를 가르쳐주던 내 아빠는 더 이상 내 곁에 없었다.

너무 많은 것이 아버지가 돌아가시던 날, 따라 죽었다. 엄마도 죽었다. 적어도 그 날까지는 나를 강하고 활기차게 키워주신 엄마. 이제 나에게 엄마는 너무 작고 가냘픈 사람이었다. 안식일이 죽고 모든 명절과 축제일도 죽었다. 모임을 이끌던 사람이 빠져버린 명절 상 앞에 어찌 우리가 아무렇지 않게 앉을 수 있단 말인가? 친구들도 죽었다. 여전히 친구들과 몰려는 다녔지만, 그 애들이 날 어찌 이해할 수 있었을까? 그들의 화제는 주로 여드름과 꽃다운 열여섯 나이에 관한 것들이었고, 나는 어두운 안개 속을 헤매는 몽유병자처럼 친구들 곁에 있어도 함께 있는 게 아니었다. 나도 죽었다. 열다섯 살 소녀들은 멋있는 남자애들이나 록스타들 이야기로 속닥거리고 킬킬거리게 마련이다. 나는 멍하기만 했다. 내 기도도 죽었다. 하나님, 신앙, 기도에 관해 아버지와 나누던 흥미진진한 토론들도 무의미해졌다. 어찌하여 하나님이 선하단 말인가? 랍비가 되고 싶은 내 꿈도 사라졌다.

4년이 흘렀다. 대학생이 된 어느 날, 나는 내 학업을 고민하며 교정을 걸어가던 중, 갑자기 아버지를 느꼈다. 그가 바로 내 곁에 있다는 느낌이었다. 너무 분명하고 강렬했다. 내가 느꼈던 것을 정확하게 묘사하기 쉽지는 않다. 잠들어 있을 때 누군가가 잠이 든 나를 지켜보는 것 같은, 갑작스럽고 강렬한 느낌에서 오는 깊은 알아차림이었다. 아버지의 존재가 너무 분명하게 느껴지는 그 감각이 처음엔 약간 두려웠지만 차츰 편안해지기 시작했다. 아버지는 늘 내 옆에 계셨고 늘 나와 함께 걸었다.

나는 그런 느낌이 곧 지나가리라 생각했다. 그러나 내가 틀렸다. 아버지는 나를 혼자 놔두려 하지 않으셨고 그러시는 그분을 내가 흔들 수도 없었다. 항상 나는 아버지를 느꼈다.

혹시 내가 현실감을 상실한 것은 아닌지 염려가 되기 시작했다. 어느 날, 수업을 마치고 나의 문학 교수님인 버크 박사에게 내가 시달리는 문제를 털어놓기로 작정했다. 그분은 나의 멘토였고 나는 누군가 한 사람에게는 솔직하게 털어놓아야 할 것 같았다. 창밖이 잿빛이었던 어느 추운 날, 교수님과 커피를 마시며 내가 가진 모든 용기를 끌어모아 아버지가 나에게 찾아오신다는 말을 했다. "제가 정신 줄을 놓은 건 아닌지 모르겠어요." 치료를 받아야 되는 건지 물어보았다.

버크 박사는 웃으며, "자네는 왜 그렇게만 생각하나? 그건 선물인데!"라고 했다.

선물? 나에게 그것은 무거운 짐 같기만 한데. 그러나 그 날, 비가 내리던 날 오후, 버크 박사는 나에게 『햄릿』과 『폭풍의 언덕』, 아일랜드 민담과 가브리엘 가르시아 마르케스 이야기를 들려주었다. 만물이 맥동하는 리듬, 창조의 심장박동, 신비에의 조응, 생명의 신비를 통제하려는 욕구 대신 끌어안는 것에 관해 우리는 대화를 나눴다. 교수님은 "나오미, 자네는 아브라함과 모세, 드보라와 사무엘 같은 위대한 예언자들의 전통 위에 있지 않은가? 그분들은 모두 하나님의 현존에 감화를 받은 분들이지!"라고 했다. 어린 나에게 아빠가 읽어주시던 성경이야기들이 문득 떠올랐다. 버크 박사는 '심리학'이란 마음과 정신을 연구한다기보다 영혼을 탐구하는 학문이라고 상기시켜주었다. 교수님은 확신에 찬 어조로 "자네는 정신 줄을 놓고 있지 않네. 자네 자신의 영혼을 만나고 있고... 또 자네 아버지의 영혼을 만나고 있네. 내 말을 믿어도 된다네!" 하셨다.

그 날 나는 아버지와 같이 내 기숙사로 돌아왔다. 아버지의 존재를 두려워하기보단 차라리 환영하기로 했다. "그러니까 결국 정신 이상은 외로움과 단절감을 느낄 때고, 정신 건강은 볼 수 없는 영혼을 느끼기 시작할 때라는 말이네!"라고 나는 속으로 중얼거렸다.

아버지가 돌아가셨을 때 나는 잘못 알고 있었기 때문에, 아버지와 극심하게 단절된 기분이었다. 슬픔 때문에 듣고 느끼는 힘이 흐려져 있었다. 이제 나는 아버지와 함께 걷고 있었고, 오래 전에 아버지가 가르쳐준 것들을 새롭게 배우고 있었다.

만약 영혼이 내면의 깊은 장소에 대한 단지 하나의 은유가 아니라면 무엇일까? 만약 영혼이 영적 실체로서 거룩한 안내자이며 신의 영원한 메신저로서 우리 안에 존재한다면? 만약 우리의 육안으로 볼 수 없는 무엇인가를 영혼은 볼 수 있다면? 만약 영혼이 보다 더 고귀한 소명의식, 진실한 사랑, 인생의 목적을 전달하려는 소망과 지혜를 가지고 있다면? 육체가 소멸해도 영혼이 계속 살아남는다면? 사랑하던 사람이 죽은 다음 우리가 상상한 것 이상으로 그의 영혼이 가까이에 있다면?

나는 영혼에 관한 탐구를 시작했다. 그것이 우리 안에 있는 곳과 우리를 떠났을 때 그것이 여행하는 곳에 대해서. 나는 영혼을 알 수 있는 힘을 달라고 기도했다. 명상을 하기 시작했고 영혼의 음성에 귀 기울이기 시작했다. 네 살짜리 어린 소녀의 동경이 천천히 뜨겁게 되살아났다. 전에는 한 번도 알지 못했던 것이다. 그때 나의 영혼은 나를 부르고 있었고, 그전부터 항상 나를 부르고 있었다. 랍비가 되라고.

내가 대학 4학년이 되었을 때, 뉴욕에 있는 유대교신학교는 여학생들에게도 랍비학교 입학자격을 주기로 결정했다. 그 소식을 듣고서 나는 가슴이 벅차올라 웃다가 울며, 울다가 웃었다. 나는 그 신학교 여학생 1기 입학자가 되었다. 집으로 돌아온 기분이었고 마침내 제자리를 찾은 것 같았다. 나를 설교단에 불러 세운 신학교 학장이 자랑스레 내 어깨에 기도 숄을 둘러주고 축복을 했고 나에게 랍비 안수를 했다. 우리 아버지도 웃고 계시다는 것을 알았다. 순수한 기쁨에서 우러난 웃음을.

안수를 받고 나서 곧 나는 영혼과 관련된 성서 본문들, 랍비들의 주석, 그리고 신비주의 가르침을 파고들기 시작했다. 영혼은 사후의 삶과 연결되어 있을 뿐만 아니라 지금, 이 세상에서 현재의 삶을 여는 열쇠임을 알게 됐다.

나는 유대 신비주의에서 '분리된 세계'(World of Separation)라 부르는 곳, 곧 부분적 진실만을 보는 곳, 삶이 끊어지고 단절된 듯이 여겨지는 곳에서 우리들이 살고 있음도 깨달았다. 유대교에서 가르치는 '좁은 정신'(Narrow Mind)과 '넓은 정신'(Expansive Mind)에 대한 것도 배웠다. 그것들은 진정으로 통찰력 있는 지혜들이다. 우리는 우리의 왜소함에 안주하려는 경향이 있다. 우리는 옹졸하고 시기심이 많다. 우리의 분노가 우리의 눈을 가리고, 과거의 상처들이 우리의 눈을 가리며, 우리들의 욕망, 욕구, 야망이 우리의 눈을 가린다. 그러나 우리에게 '넓은 정신' 역시 가능한 것은 그 마음이 영혼이 우리에게 주어야 하는 비전(vision)이기 때문이다. 그것은 삼라만상이 결국 하나(unity)임을 보는 능력이고, 연민 어린 눈길로 보는 능력이다. 또한 우리가 그토록 자주 무시하는 아름다움과 이미 받은 축복을 알아차리는 능력이다. '넓은 정신'을 지니면 우리를 한 자리에 얼어붙게 하는 장애물들이 사라진다. 장애물을 통해서, 장애물 위로, 장애물 너머에 나 있는 길을 내다 볼 수 있게 된다. 그런 다음, 일치를 이루는 하나의 세계(World of Unity), 즉 모든 이분법적 세계관에서 벗어난 세계관을 얻게 된다.

여러 해 동안, 사람들은 인생에 대한 의문을 들고 랍비인 나를 찾아오고 있다. 어떻게 살아야 할까? 이 사람이 내게 적합한 사람인가? 결혼생활에 어떻게 생기를 다시 불어넣을 수 있을까? 내게 주어진 진정한 소명을 어떻게 찾을 수 있을까? 대부분의 인생에 관한 질문은 실제로 영혼에 관한 질문이라는 것을 나는 랍비 직을 시작한 초반부터 알아차렸다. 사람들은 지금 현재의 삶이 우리가 애당초 누려야 할 마땅한 삶이 아니라는 생각 때문에 시달린다. 할 일이 더 많이 있고, 우리에게 기대를 거는 일들이 더 있다는 것을 우리는 안다. 주어야 할 것도 더 많고 느껴야 할 것도 더 많음을 안다. 우리가 맞다!

우리는 이런 갈망들을 경험한다. 그 이유는 어느 순간, 우리는 자신의 영혼으로부터 분리되어 버렸고, 우리 존재의 목적을 향해 우리를 인도하기 위해 여기 있는 내부의 목소리와도 단절되었기 때문이다. 사람들은 종종 그들의 문제를 영혼이라는 말로 묘사하곤 한다. "영혼을 잃어버린 기분이다." "내 영혼에 구멍이 난 것 같다."는 말처럼. 그러나 사실 우리가 상실한 건 결코 영혼이 아니다. 영혼과 단지 관계를 맺지 못했을 뿐이다. 다시 영혼과 접속을 할 수 있으면 우리가 시달리던 인생의 문제들에 대한 답도 저절로 풀린다.

만약 영혼이 그처럼 현명하다면 왜 우리는 우리의 영혼에 귀를 기울이지 않는 걸까? 그것은 매사에 인간적이고자 하는 우리에게 도전이기 때문이다. 귀를 기울여 듣고 싶은 것을 선택할 능력을 우리가 가지고 있지 않은가. 육체는 그 자체의 욕구가 있고, 에고는 그 자체의 야망을 가졌으며, 우리를 둘러싸고 있는 이 세상은 우리 정신이 거기에 팔리도록 유혹하고 약속하며 우리를 불러낸다. 영혼은 귀 기울이라고 강요하진 않지만, 결코 노력을 포기하지 않고 우리 속에서 희망을 잃지 않는다. 평생 동안 우리 영혼이 우리를 세게 끌어당긴다. 거기서 공허감이 생긴다. 우리가 느끼는 텅 빈 구멍은 우리가 현재 처해 있는 우리 자신과 영혼이 알고 있는 우리가 가진 가능성 사이의 거리이다.

영혼에 관해서 뭐라고 말할 수 있을까? 영혼을 세속적인 용어로 우리 내면 깊은 곳에 진실이 묻힌 장소라는 은유로 표현할 수 있을지 모르겠다. 영혼이란 거룩하고 성스러우며 영원한 것이라는 종교적인 답변들도 있을 수 있을 것이다. 그러나 우리는 영혼에 대해 무엇을 알고 있는가? 영혼이 무엇을 필요로 하는지 과연 우리가 설명할 수 있을까? 영혼이 우리에게 제공해야 하는 것은 무엇일까? 영혼과 깊이 연결된 기분이 든 적이 있는가? 그 접속이 끊어진 것은 언제부터인가? 인생의 비극은 영혼이 너무나 가까이 있지만, 낯선 손님으로 남아 있다는 데 있다.

우리는 쉽게 길을 잃어버리기도 하고 혼란에 빠지기도 한다. 우리 가운데 몇 사람이 그렇지 않다고 하겠는가? 우리의 감각은 얼마나 무디어지기 쉬운가! 때로는 상처 하나 때문에 마음을 닫아버리고, 종종 판에 박힌 일상으로 인해 더욱 무디어진다. 예측이 가능한 패턴에 빠진 채, 발돋움하거나 유연하게 확장하거나 귀를 기울여 들으려는 노력 없이 하루하루를 흘려보낸다. 그러다 어느 날 문득 깨어나 자신의 본질로부터 멀리 벗어나서 표류하고 있다는 것을 자각하게 된다. 다른 이들을 즐겁게 해주는 동안 자기 자신을 잃어버렸다. 일에도 더 이상 감흥이 일지 않는다. 관계들이 속 빈 강정 같다는 기분이 든다. 모든 의무와 압박에 짓눌려 사랑하는 일들을 그만두었다. 우리는 자신의 본질을 되찾을 방법이 있으리라고 기대며 망명생활을 한다.

그런데 여기 기쁜 소식, 복음이 있다. 우리는 계속 단절되어 있을 운명이 아니라는 것이다. 참된 우리의 자아로 되돌아가는 길이 있다. 그것은 우리의 영혼을 만나고, 다가가고, 영혼의 음성을 들으려는 우리의 의지 여하에 달려 있다. 영혼은 사랑과 지혜, 안내와 정신력에 관해서 질문하는 우리 자신의 개인적인 컨설턴트다. 그런데 우리는 영혼을 묵살하는 전문가가 되었고, 이제 우리의 도전은 영혼의 가르침을 경청하고 수용하는 법을 배우는 일이다.

단절되었고 표류하고 있다고 느끼는 바로 그곳에 영혼을 모셔 와서 인생이 앞으로 어떻게 전개될지 지켜보자. 지금 맺고 있는 관계에 영혼을 모셔오면 친밀함의 의미를 배우게 된다. 직업과 노동에 영혼을 모셔오면 소명의 의미를 알게 된다. 우리 집에 영혼을 모셔 들이면 가정의 의미를 깨닫게 된다. 배움에 영혼을 모셔오면 지혜를 얻는다. 영혼을 가슴속에 모셔오면 약함이 가진 안도감을 경험하게 될 것이고, 전에 몰랐던 깊은 사랑이 이미 자신 안에 있음을 경험하게 될 것이다. 친절하고 이타적인 행동으로 인도해 줄 사랑을. 두려움에 영혼을 모셔오면 새로운 용기를 배울 것이다. 도의심에 영혼을 모셔오면 만난 적 없는 사람들을 돕고 싶은 열정이 타오를 것이다. 희망에 영혼을 모셔오면 인내의 기쁨을 맛볼 것이다. 그렇다. 무언가를 지켜낸 데서 오는 순수한 기쁨을 맛볼 것이다.

우리 영혼은 우리가 지닌 정신력을 알려주고 싶어 한다. 영혼은 우리의 능력과 재능을 우리 스스로 믿기를 바란다. 영혼은 우리가 자부심을 가지고 고개를 들기를 바라며, 삶은 경험하라고 주어진 나의 것이라는 타고난 권리를 주장하기를 바란다. 영혼은 어둠의 시간과 안개와 같은 혼돈의 시간 속에서도 우리가 영혼을 따르기를 원한다.

우리 영혼이 우리를 사모한다. 하나님이 우리를 사모하신다. 영혼은 내내 우리를 기다리고 있다. 그렇다. 날마다 우리를 위해 응원하며 우리를 위해 날마다 기도한다. 그러니 이제 도망치거나 숨거나 정신을 딴 데로 돌리지 말자. 자유로워지자. 우리 눈을 감게 만들었고 고개를 숙이게 했던 판에 박힌 일상을 깨고 나오자. 다시 우리의 삶 속에 영혼을 기쁘게 맞아들이자. 영혼과 손잡자. 진정한 길로 향하는 우리 여정의 길안내를 영혼께 맡기자.

　삶속에 영혼을 초대하는 일은 훈련이 필요하다. 약간의 광기도 있어야 한다. 신성한 광기. 존재를 증명할 수 없는 영적 실체를 환영하고 따르려는 열정적 의지. 반면에 우리는 다른 목소리, 즉 두려움, 염려, 판단, 야망과 같은 목소리를 따르는 데 너무 오래 시간을 허비했으므로 아무것도 볼 수 없었다. 그러니 이젠 신성한 광기를 기쁘게 맞이하자.

　영혼과 더불어 살면 모든 고통이 사라진다는 뜻이 아니다. 모든 혼란이 요술처럼 사라진다는 뜻도 아니다. 우리는 때로 영혼을 만나는 일이 우리를 내적 평화나 황홀한 상태로 이끌 것이라고 순진하게 생각하고 있기 때문에 오히려 영혼을 만나지 못할 때가 있다. 진실은, 영혼은 만족이나 축복과 거래하지 않는다는 것이다. 영혼은 열린 눈과 불편함을 수용한다. 우리가 더 많은 것을 위해 노력하고, 성장하고, 배우고, 이 아름답지만 망가진 세상을 위해 우리가 고쳐야 할 게 무엇인지를 볼 수 있을 만큼 충분히 불편해지기를 영혼은 원한다. 영혼과 더불어 살면 밤에도 깨어 있게 된다. 갑자기 무시했던 낯선 사람의 눈에서 인간다움이 보이기 시작한다. 그들의 문제가 우리 안에 생생히 살아난다. 영혼과 더불어 살면 괴로울 수 있다. 그러나 내가 알고 있는 한 그 길만이 하나님께서 우리 안에 심어 놓으신 삶을 살아가는 유일한 길이다.

　나는 사람들이 자신의 영혼의 음성을 듣고, 다른 사람들의 영혼—산 사람이나 죽은 사람들—과 연결되도록 도우려고 랍비가 되었다. 나는 사람들이 자신의 영혼에 접근할 때 놀라운 변화를 경험하는 걸 많이 보아왔다. 생기 없는 결혼은 로맨스를 되찾고, 지루한 날은 새로운 색을 띠며, 평생의 고립감이 걷히고, 부정적인 내면의 목소리가 부드러워지기 시작하고, 우유부단함에 명확한 결단력이 생긴다. 두려움은 별로 사라지진 않지만 장벽은 사소한 것으로 줄어든다. 새로운 소속감이 생긴다. 우리 내면의 진실과 다른 사람들과의 결합이라는 새로운 소속감이다. 사람들은 더 깊은 목적과 의미를 발견하게 되고 일을 소명으로 바꾸기를 갈망한다. 사랑은 덜 위협적이 되고 더 자유롭게 흘러간다. 신앙과 소망은 포부라기보다는 오랜 벗과 같다. 죽음도 덜 위협적이고 끝이 아닌 듯이 여겨진다. 우리는 우리가 무언가의 일부라는 것과 모든 피조물과 연결되어 있다는 사실을 느끼기 시작한다. 사람들은 종종 나에게 자신의 영혼을 알게 되는 것은 새로운 무언가로 귀향하는 것 같다고 한다. 오래 전, 버크 박사님이 나에게 가르쳐주셨듯이 고인이 된 사랑했던 사람의 존재를 감지하는 일은 소중하기 그지없는 선물이다.

이 글을 쓰고 있는 오늘밤은 아버지의 추모일이다. 아버지는 37년 전에 돌아가셨지만 한순간도 나를 떠나신 적이 없다. 아버지를 대신하여, 오래 전, 아버지가 나에게 가르쳐주신 교훈으로 여러분을 축복하고 싶다.

영혼의 부름에 따르시고, 깊은 갈망이 현실이 되는 날, 순수한 기쁨으로 웃으시기를. 아멘.

아인슈타인과 랍비

―영혼 되살리기

나를 끌어당기는 어떤 영혼의 존재를 느끼기 시작한 건 3년 전이었다. 이번엔 내가 사랑하는 사람의 영혼이 아니었다. 한 번도 만나 본 적이 없는 낯선 남자의 영혼이었다. 무슨 일이 일어나고 있는지 나는 몰랐다. 나는 내 일에 몰두해 있었기 때문이다.

나는 하나(Oneness)라는 주제를 가지고 진행하는 수업을 준비하기 위해 자료 수집을 하고 있었다. 나는 학생들에게 우리는 모두―살아 있는 것, 죽은 것, 동물들, 바위들, 모든 피조물― 상호 연결되어 있다는 것을 설명하고 싶었다. 영혼과 사후의 영혼에 대해 어린 내 아이들에게 가르쳐주려고 처음으로 사용한 은유를 학생들에게도 사용했다.

"우리는 우주 속에서 끓고 있는 수프(soup)의 일부입니다."라고 내가 말했다.

"닭고기 수프 같은 수프인가요?"라고 학생들은 물었다.

"아니 그보다 더 걸쭉해요."라고 나는 대답했다.

"그럼, 야채수프 같은가요?"

"아니요, 그보다는 조금 더 스튜 같아요."

이 표현들이 영원 속에 자리한 인간의 위치를 나타내는 나의 은유가 되었다. 우리가 인지하는 물리적 세계는 실제로는 우리의 호흡만큼 가까이 있는 영적 세계의 일부라고 나는 믿고 있다. 우리 모두는 보이지 않는 영혼들과 뒤범벅이 되어 우주에서 끓고 있는 수프의 일부다. 그와 똑같은 영원의 흐름이 우리를 통해 흘러가고 또한 우리 둘레의 다른 모든 것을 통해서도 흘러간다.

어느 날 오후, 내 수업에 필요한 자료들을 모으던 중, 인간과 우주의 상관관계에 대해 알버트 아인슈타인이 쓴 글을 읽고 나는 깜짝 놀라 자빠질 뻔했다.

한 인간은 시간과 공간에 의해 제약을 받는 존재로서, '우주'라고 부르는 전체의 한 부분입니다. 인간은 자기 존재와 생각과 감정이 그 나머지 다른 것들과 동떨어진 분리된 것이라고 느끼는데, 사실 그것은 우리의 의식이 일으킨 일종의 착시적 망상(optical delusion)에 불과합니다. 이런 착시적 망상에서 벗어나 자유로워지려는 노력은 참된 종교가 추구하는 하나의 화두입니다. 그런 망상을 키우는 게 아니라 그런 망상을 극복하려는 노력만이 마음의 평화에 한껏 도달할 수 있는 유일한 길입니다.

나는 아인슈타인의 이 적확한 표현 앞에서 꼼짝할 수 없었다. 아인슈타인은 우리의 제한된 시야(vision)에 관해서, 또한 우리 모두가 그 일부임에도 불구하고 우리가 잘 파악하지 못하는 하나라는 것(oneness)에 관해서 내가 믿던 모든 것을 정확히 표현하고 있었다. 그가 말하는 것은 내가 몇 년째 공부하고 있던 신비주의적 가르침이었는데, 그 가르침은 '좁은 정신'(Narrow Mind)과 '넓은 정신'(Expansive Mind), '분리된 세계'(World of Separation)와 우리 모두가 다가갈 수 있는 '하나됨의 세계'(World of Unity)에 관한 것이다. 그렇다, 우리는 눈감은 상태로 살아간다는 생각이 나에게 들었다. 혼자라고 느낀다면 우리가 틀린 것이다. 아인슈타인의 표현은 내가 경험을 통해 터득하게 된 것들을 다시 확인시켜주었다. 우리는 보다 더 큰 전체, 즉 삼라만상의 일부라고 아인슈타인은 말한다. 우리들이 서로 분리되어 있다는 착시적 망상 때문에 우리는 상당한 고통과 혼란과 외로움을 겪지만, 실제로는 만물이 서로 연결되어 있으며 서로 엮여 있다.

우주에 대한 아인슈타인의 강력한 가르침이 나를 어느 낯선 영혼에게 그토록 강하게 끌리게 할 줄을 나는 짐작조차 못하고 있었다. 나는 그 낯선 영혼의 성스러운 이야기의 실마리를 따라가 보고 싶은 충동을 강렬하게 느꼈다. 나는 아인슈타인의 인용문에 당장 꽂혀버렸고, 그 문장들은 나에게 영혼과 영원에 대한 이해를 깊게 하는 여행을 시작하게 만들었다.

아인슈타인이 그런 글을 썼다고 나는 도저히 믿을 수 없었다. 우주 속에 자리 잡은 인간의 위치에 대한 그의 설명은 선불교 도사나 고대 신비주의자들이 남긴 글에서나 듣던 소리였기 때문이다. 그러나 우리에게 이런 말을 한 사람은 불자나 신비주의자가 아니라, 모든 존재는 하나로 통합되며, 물질, 시간, 공간조차도 상호 연결되어 있음을 깨달았던 물리학자였다.

인터넷에서 내 가슴을 뭉클하게 한 아인슈타인의 그 문장을 읽는 순간, 다른 부수적인 문장들은 다 잊어버렸다. 다만 내가 궁금했던 것은 이 문장이 어디에서 인용된 것인지, 그가 이 글을 쓸 당시에 무슨 생각을 하고 있었는지 같은 것이었다. 그리고 누구에게 이런 말을 했는지가 내 관심사였다.

나의 여정은 그렇게 시작됐다. 조금씩 더 파고들다가 나는 이 글이 아들을 잃은 누군가에게 아인슈타인이 보낸 편지였다는 사실을 알게 되었다. 편지의 수신인은 로버트 마커스 박사라는 사람이었다. 그는 이 절묘한 아인슈타인의 문장을 인용하는 사람들에게는 전혀 흥미를 끌 만한 인물이 아니었다. 그러나 이 글이 인용이 되는 곳마다 괄호 안에는 "아인슈타인이 비탄에 잠긴 어느 아버지에게 보낸 편지"라는 표기가 되어 있다.

나는 마커스 박사가 누구인지 궁금해졌다. 어떤 분야에서 박사일까? 대체 그가 무슨 말을 하였기에 아인슈타인으로 하여금 이토록 아름다운 글을 쓰게 했을까?

나는 매일 마커스 박사에 대한 더 많은 정보를 얻기 위해 검색을 했다. 학술자료들을 검색하던 어느 날 아침, 마커스 박사가 의학박사가 아니라는 것을 알게 됐다. 그는 랍비였다.

랍비 로버트 S. 마커스, 그가 바로 아들을 잃고 비탄에 잠겨 아인슈타인에게 편지를 썼던 이였다. 나는 당장에 이 랍비에게 친근감을 느꼈다. 불행이 닥치면 사람들은 자기의 목회자를 찾기 마련인데, 성직자들은 누구를 찾아가야 할까? 랍비 마커스는 분명 깊은 아픔을 겪어내며 답을 찾느라 방황했을 것이다. 그러나 도대체 왜 하필이면 아인슈타인에게 편지를 썼던 것일까? 의아했다. 그로부터 약 3년 동안을 나는 책과 편지들을 뒤지기 시작했고, 먼지 쌓인 다락방과 기록보관소를 찾아다녔고 수많은 인터뷰를 했다. 내 속에 생긴 하나의 의문이 뉴욕, 신시내티, 예루살렘으로 나를 이끌었다. 나는 천천히, 겹겹이 쌓인 신비의 층들을 벗겨가기 시작했다.

로버트 S. 마커스는 1909년 뉴저지 주 저지시티에서 태어났다. 1931년, 정통파 랍비로 임명되었고, 1935년 뉴욕대학(NYU)에서 법학으로 학위를 받았다. 그는 회중 랍비로서 랍비 직책을 시작했으나 회당 생활이 잡무와 정치적인 것들과 무관할 수 없다는 사실을 곧 알게 됐다. 히틀러가 급부상하면서 유대인들의 생존뿐 아니라 세계의 양심 그 자체가 위협당하고 있던 시대에 그에게는 유대인이 당면한 거시적 문제부터 해결해야겠다는 사명감이 싹텄다. 랍비 마커스는 미국유대인협회에서 유대인 사회운동가로 명성을 날리던 랍비 스테판 와이즈와 활동을 같이 하기로 마음을 굳힌 다음, 곧 설교단을 떠났다. 미국이 전쟁에 개입하자 그는 자원입대하여 패튼 장군이 지휘하는 부대의 유대교 군종 랍비가 되었다. 그 결심이 쉬울 리가 없었을 것이다. 부인과 어린 두 아들을 집에 남겨두어야 했지만, 그 스스로 전쟁터에서 싸우는 병사들에게 위로와 용기를 북돋워 주어야 할 책임감을 느낀 이상 더 이상 가정에 머물러 있을 수 없는 일이었다.

바로 디데이에 맞추기 위해 랍비 마커스는 1944년 봄에 배를 탔다. 그의 아내 페이는 셋째 아기를 임신한 상태였다. 그는 전쟁터에서 거의 하루도 거르지 않고 아내에게 편지를 썼다. 겨우 다섯 살이었지만 또래들에 비해 의젓했던 큰아들 제이에게는 편지 끝에 가끔 따로 글을 남기기도 했던 랍비 마커스는 아들 제이와 깊고 영적 유대감을 나누는 듯했다. 편지에는 응원과 부모로서의 염려, 소망 등이 담겼다. "사랑하는 내 아들... 제발 밖에 나가 놀 때는 맨발로 다니지 않도록 조심해라. 그러면 감기 들기 십상이란다. 사랑하는 아빠가." "밖에 나가 시원한 공기 좀 실컷 쐬다 왔니?" "날마다 너를 더 사랑한다." "수영 가서는 조심해야 되는 것, 명심해라!"

어떤 편지에선 아들이 다 큰 아이나 된 듯 말하기도 한다. "너는 스테판(어린 동생)을 보호해야 한다. 그리고 엄마에게도 눈을 떼면 안 된다." 디데이였던 바로 그 날 쓴 편지엔, "오늘 우리 부대가 프랑스에 진입하여 프랑스를 점령한 나치를 공격했다... 나치는 이미 우리 유대인 남자와 여자, 아이들을 4백만 명이나 죽였다. 너의 여섯 번째 생일 날, 집에서 네 생일을 함께 축하하지 못해 정말 미안하다. 아빠는 세상의 모든 어린이들을 위해 싸우고 있는 용감한 병사들과 함께 있어야 하기 때문이란다. 병사들이 두려워하지 않게끔 아빠는 그들에게 힘을 북돋워주려고 애쓰고 있다. 비록 네 곁에 있지 못하더라도 언제나 너와 스테피와 엄마를 생각할 거다."

제9 전술공군부대 소속 대위였던 랍비 마커스는 그 공적을 인정받아 여섯 개의 전투 스타와 동메달을 받았다. 노르망디 상륙작전, 남프랑스와 독일 전선에서, 그는 부상을 입고서 공포 속에서 죽어가는 병사들에게 용기와 위로를 불어넣고 있었다. 나는 그의 팔에 안겨 마지막 숨을 거두는 젊은 군인들 이야기를 아내에게 보낸 그의 편지에서 읽었다. 쓰러진 병사들의 부모들에게 그는 연민으로 가득 차서 편지를 썼다. 그들의 영혼이 "영원한 생명의 집"에서 언제까지 살아 있을 거라고.

이듬해인 1945년 4월, 랍비 마커스는 부켄발트 강제수용소에 들어간 최초의 군종참모들 가운데 한 사람으로서 그 해방작전에 참여했다.

부켄발트 수용소에 발을 들여놓는 순간 그는 형용할 수 없는 잔혹한 참상을 목격했다. 시체가 산더미처럼 쌓여 있었고, 살이 타는 악취가 코를 찔렀다. 그는 살아 있는 송장들에게 다가갔다. 그 사람들에게 차례차례 다가가며 그는 외쳤다. "이제 여러분은 자유입니다. 이제 여러분은 자유입니다."

지옥 같은 세상 속으로 더 깊이 들어가면서 그는 어린아이들을 발견했다. 믿기 어려운 광경이 눈에 들어왔다. 가장 먼저 수용소 도살장으로 끌려간 이들이 어린이들이었다. 그런데 놀랍게도 랍비 마커스는 904명이나 되는 숨겨진 소년들을 발견했는데, 수용소 포로들이 구해 준 아이들이었다. 영양실조에 걸렸으나 아이들은 살아 있었다. 랍비 마커스는 즉시 제네바에 있는 유대 어린이 복지단체 OSE에 전보를 쳤다. "부켄발트에 유대인 어린이들 1000명 생존. 어린이들을 대피시킬 즉각적 조치 요망."

이 소년소녀들이 랍비 마커스의 개인적인 소명이 되었다. 그 가운데 살아 있다기보다는 죽은 듯이 보였던 엘리저(Eliezer)라는 16세 소년이 있었다. 그러나 그는 대부분의 사람들에게 엘리저라는 이름으로 알려지지 않았다. 그는 엘리 위젤(Elie Wiesel)로 세상에 알려졌다.

랍비 마커스의 동료였던 랍비 헤셸 샥터에게 어린이들의 심리 상태를 점검할 기회가 주어졌다. 그는 시체더미 사이에서 가슴 조리며 숨어 있던 룰렉이라는 어린 소년을 발견했다.

얼굴에 주체할 수 없는 눈물이 흘러내리던 랍비 샥터는 그 아이를 들어올렸다. "네 이름이 뭐니, 꼬마야?"라고 그는 이디쉬어로 물었다.

"룰렉," 하고 소년이 대답했다.

"몇 살이지?" 랍비가 물었다.

"나이가 무슨 상관인데요?" 일곱 살짜리 룰렉이 말했다. "아무튼, 내가 아저씨보다 더 늙었어요."

"왜 나보다 네가 더 늙었다고 생각하니?" 랍비가 웃으며 물었다.

"아저씨는 아이들처럼 울기도 하고 웃기도 하잖아요." 룰렉이 대답했다. "나는 웃어본 적이 언제인지 모르겠어요. 나는 이제 더 이상 울지 않아요. 그러니까 누가 더 늙었나요?"

꼬마 룰렉은 어엿하게 자라서 이스라엘의 최고위 랍비인 이스라엘 마이어 라우(Rabbi Yisrael Meir Lau)가 되었다.

이 소년들을 관찰했던 사람들은 룰렉 같은 소년들은 두 가지 뚜렷한 점만 빼면 보통 아이들과 다름이 없었다고 했다. 하나는 아이들의 눈빛이었다. 소년의 눈빛이라기보다 너무 일찍 극심한 고통과 슬픔을 맛본 어른의 눈빛들이었다. 다른 하나는 그들이 그들 또래 아이들의 놀이를 하지 않는 것이었다. 라디오 앞으로 가거나 신문의 헤드라인 기사에 관심을 갖고서 세상이 어찌 돌아가고 있는지 알려고 했다.

유대 어린이 복지단체 OSE가 아이들을 안전하게 수용할 수 있는 보육원을 물색하는 데 시간이 상당히 걸렸다. 그러는 동안 소년들은 랍비 마커스의 보호 아래 부켄발트에 남아 있었다. 그들을 다시 천진한 소년으로 되돌리는 일이 그의 소명이었다. 그의 앞에 험난한 여정이 놓여 있음을 알았지만 어느 정도만이라도 그들에게 웃음기와 순진함을 회복시켜 주겠다고 그는 단단히 결심했다.

그들 904명의 소년들은 돌아갈 집이 없고, 부모가 없으며, 그들을 안아줄 활짝 열린 품도 없는 고아들이었다. 랍비 마커스는 그들의 집, 아빠, 엄마, 랍비, 선생님, 그리고 그들 모두를 넉넉하게 품어줄 넓은 팔과 가슴이 되기로 작심했다.

물론, 고아가 된 소년들의 아름다운 얼굴을 대할 때면 집에 두고 온 자신의 아이들, 제이와 스테판이 그리워서 견딜 수가 없었다. 1944년 8월에 새로 태어난 딸 타마라도 몹시 안아보고 싶었다.

그러나 그는 부켄발트에 남아서 아이들이 건강을 회복하여 새로운 인생을 시작할 수 있는 길을 찾는 데 전념했다. 개인 면담을 하고, 예배도 드렸다. 그는 그들의 영혼의 활기를 되살리고 싶었다. 그리하여 그들이 새로운 날에 대한 믿음을 가지고, 다시 신뢰하며, 다시 소망을 품고, 다시 신앙을 회복할 수 있도록 가르쳤다.

랍비 마커스는 독일 땅에 농장 하나를 일구어서 그 십대 청소년들이 팔레스타인 땅에 돌아갔을 때 농사를 지을 수 있도록 농업 기술을 가르쳤다. 그곳을 부켄발트 키부츠(협동농장)라 불렀다. 그곳에서 소년 소녀들은 집단 농장생활을 형성해 가는 방법을 배웠다. 1945년 6월의 어느 날, 랍비 마커스는 이렇게 썼다. "이제 아이들이 젖소와 말, 양과 황소, 트랙터를 갖게 되었다. 아이들이 다시 웃으며 장난치고 노래 부르며 영적인 상태에 머물 줄 알게 되었다." 그랬다. 랍비 마커스는 아이들이 영혼을 되살릴 수 있게끔 돕고 있었던 것이다.

몇 주 후, 랍비 마커스는 수백 명의 부켄발트 소년들을 안전하게 프랑스로 데리고 가는 길을 뚫는 데 성공했다. 그는 자기가 직접 거기까지 아이들을 데려가겠다고 고집을 부렸다.

떠나기 전날 밤, 이렇게 기쁜 날은 반드시 기념해야 한다며 커다란 배너 하나를 만들어 소년들과 함께 그 배너 아래 당당하게 서서 웃는 모습으로 사진 한 장을 찍었다. 그리고 이디쉬어와 프랑스어로 이렇게 적었다. "우리는 이제 새롭고 자유로운 삶을 시작합니다."

아침이 되자 랍비 마커스는 엘리 위젤을 포함한 고아 소년들로 가득 찬 12대의 철도 차량을 호위하여 부켄발트 밖으로 빠져나갔다. 기차에 탄 소년들은 지나가는 독일인들을 향해 외치곤 했다. "나치 살인마들아! 우리 부모님은 어디 계시냐?" 나흘 동안을 뜬 눈으로 지새운 부켄발트 소년들은 프랑스에서 비로소 새로운 삶을 시작하게 되었다. 랍비 마커스는 "드디어 우리 아이들을 보다 자유로운 세상의 눈부신 햇살 속으로 데리고 왔다. 행복하다."고 적었다.

엘리 위젤이 랍비 마커스의 부켄발트 소년들 가운데 한 명이었다는 사실을 알고 나서, 나는 그와 대화를 나눠 보고 싶어 연결을 시도했다. 엘리 위젤이 기억하고 있는 것이 무엇인지, 랍비 마커스에 대한 그의 생각은 어떤지, 랍비 마커스와 아인슈타인이 주고받은 편지에 대해서 알고 있는지... 그 모든 게 궁금했다. 엘리 위젤의 비서는 당장 그를 만나기는 어려우나 조금 기다리면서 가능성을 타진해보라고 했다. 나는 희망을 품고 기다리면서 시간이 오로지 나만을 위해 있는 것이 아님을 이해했다. 부켄발트 소년들 대부분이 80대 후반에 이르렀고, 몸도 쇠약했다. 기억력 상실로 시달리는 분들, 정신적 혼란을 겪는 분들이 있었다. 다행히 부켄발트에서의 소중한 기억을 나에게 나눠준 분들도 있었다. 아! 그러나 랍비 마커스가 아인슈타인에게 보낸 편지에 대해 아는 사람은 아무도 없었다.

키가 훤칠하며 잘 생긴 헨리 오스터는 88세 연세에도 불구하고 로스엔젤리스에서 안과측정의사로 여전히 일을 하고 계신 분인데, 그는 부켄발트에서 프랑스까지 동행했던 랍비 마커스와의 여행을 이렇게 기억했다. "그는 우리의 모세였지요. 우리를 노예 상태에서 해방시킨 모세!" 페리 슐만은 기차를 타고 프랑스로 가는 동안 그의 발에 염증이 생기자 당장 그를 데리고 병원으로 달려갔던 랍비 마커스를 생명의 은인이었다고 말했다.

프랑스로 가는 기차를 탄 후 3개월 정도 지나, 랍비 마커스는 다시 독일로 갔다. 팔레스타인으로 가는 "S. S. 마타로아"라는 배표 80장을 가까스로 구한 일은 그에게는 기적 같은 일이었다. 자신의 보호 아래 또 다른 소년소녀 생존자들, 부켄발트 키부츠의 청소년들을 탈출시킨 사건을 그는 무척이나 기뻐했다. 당시 17세였던 한 소녀도 바로 그 배를 탔었는데, 나중에 유명한 성 상담자가 된 루스 웨스트하이머 박사이다.

루스 박사는 여행 내내 감돌았던 희망의 분위기를 기억하며 나에게 말했다. 그녀는 그때는 가능성에 대한 엄청난 기대와 이상주의의 시간이었다고 했다. 그리고 친구들과 배에서 노래하며 유대 민속춤을 추던 일과 어떻게 새로운 날을 꿈꾸며 별빛이 내려앉은 갑판에 모여 있었는지를 나에게 이야기해 주었다. "시설은 엉망이었고, 이상은 높았지요."

신년절(로쉬 하샤나)에 배가 하이파에 도착했고, 랍비 마커스는 배 위에서 신년절 대축일 예배를 인도했다. 신년 기도는 깊이 울려 퍼졌다. 승객들이 남은 나날 동안 기억할 수 있을 정도의 깊이로. 그 중대한 날에 대하여 랍비 마커스는 이런 글을 남겼다. "새해는 맑은 지중해 하늘 아래에서 가슴 뛰게 하는 예배로 시작되었다... 내 생애에서 내가 유대인임이 이렇게 좋았던 적이 있었던가... 노예상태에서 자유에 이르는 그 길고 험한 여행이 끝났다. 드디어 그들이 고향으로 돌아왔다."

부켄발트 키부츠의 청소년들은 네처 세레니라는 유대 땅에 집단농장을 세웠다. 2014년 여름엔 나도 그 농장을 찾아가 부켄발트 청소년들 중에서 생존해 있는 사람들을 만날 수 있었다. 참으로 반가웠다. 그들은 그런 연민을 가지고 자신들을 보살펴주었던 사람에 대한 기억들을 나에게 나눠주었다. 나는 랍비 마커스와 아인슈타인이 주고받았던 편지에 대해 아는 사람이 있는지 물어보았으나 나에게 정보를 주는 사람은 아무도 없었다. 그들은 오래 전의 일기를 보여주었고, 아끼던 사진들과 소중한 편지들도 내주었다.

사라 페이그는 랍비 마커스가 구해낸 십대 소녀들 중 한 사람이었다. 그녀는 새로운 고향에서 그녀의 결혼식 주례를 부탁한다는 편지를 그에게 띄웠다고 했다. "어려운 시기의 내 구세주께… 저의 구원자이며 인도자이신 선생님과 영적으로 연결되어 있다는 걸 느껴요. 선생님은 제 스승이며 랍비이십니다. 아버지 같은 헌신과 무조건적인 사랑으로 저를 돌보아 주셨으니까요… 어떤 말로 대신할 수 있을까요. 저에게 베풀어주신 온갖 좋은 일과 선하고 즐거운 삶으로 이끌어주신 선생님께 드릴 감사는 세상의 모든 먹물과 종이를 동원해도 모자랄 지경입니다."

랍비 마커스는 형언하기 어려운 공포를 목격했었고, 아이들의 영혼을 회복시키는 데 일조했다는 것을 알게 되어 영광이었고, 그에 대해 그는 감사했다.

마침내 미국으로 돌아온 그는 드디어 아내 페이, 세 아이들 제이, 스테판, 타마라를 만났다. 집으로 돌아온 뒤의 하루하루 일상은 정말 소중했다. 마찬가지로 아무리 떨쳐버리려고 애를 써도 악몽처럼 달라붙은 전쟁과 수용소에서의 기억들이 뇌리에서 떠나지 않았다. 그의 영혼은 사회정의를 향한 열정으로 불타올랐다. 곧 세계유대인총회 정치국 국장직을 맡은 랍비 마커스는 생존자들이 새로운 인생을 꾸릴 수 있게끔 지칠 줄 모르고 그들을 도왔다. 그는 전 세계에 걸쳐 유대인들의 권리를 위해 싸운 것만이 아니었다. 그는 인류의 영혼을 위해 싸웠다.

랍비 마커스가 세계유대인총회 유엔 대표가 되었다. 그는 밤낮으로 유대인 인권에 대한 유엔규약의 틀을 마련하는 데 총력을 기울였다. 랍비 마커스를 밤잠을 설치게 하고, 그가 온 에너지를 쏟아 부은 두 가지 관심사가 있었는데, 그것은 그의 당대와 마찬가지로 오늘날까지 남아 있는 긴급한 문제, 대량학살과 무국적자의 지위에 관한 것들이었다. 수단에서 발생한 대량학살에 관한 글을 읽어보면, 그런 잔학성을 막기 위해 투쟁했던 랍비 마커스의 고투를 알게 된다. 수백만 명의 시리아 난민들의 운명을 걱정하며, 랍비 마커스가 난민들의 곤경을 예견하고 그들이 피난처를 찾을지도 모르는 모든 나라에서 난민들의 권리를 위해 싸웠다는 것을 기억하자.

1949년 여름이었다. 페이와 아이들은 캐츠킬(뉴욕 주)에 있는 별장 지구에서 8월을 보내고 있었다. 다른 가족들과 여름휴가를 보내는 일이 전형적인 때였던 것 같다. 갑자기 전염성 소아마비가 덮쳐 어린이 사이에 들불처럼 번지기 시작했다(소아마비 백신이 나오기 5년 전이었다.—역자주). 마커스 가족의 세 아이들이 모두 감염됐다. 랍비 마커스는 이미 프랑스행 배 안에 있었다. 유럽에 남은 유대인 보호정책의 개선을 촉진하기 위해서 프랑스로 항의하러 가는 길이었다. 소식을 듣자마자 그는 그가 탈 수 있는 첫 비행기를 탔다. 그러나 너무 늦었다. 그가 사랑하는 첫째 아이, 아빠의 영혼과 얽혀 있는 영혼을 소유한 열한 살짜리 제이가 소아마비로 죽었다.

슬픔과 죄책감이 물밀 듯이 밀려들었다.

고통으로 몸부림치며 랍비 마커스는 아인슈타인에게 도움을 청하는 편지를 썼고, 아인슈타인은 우주에 대한 아름다운 서술로 답장을 보냈다.

아인슈타인에게 편지를 보내 우주에 대한 빛나는 개념을 그에게서 도출시킨 장본인이 바로 그였다. 역사 속에서 그는 결코 평범했던 인물이 아니다. 인간의 존엄성을 지키기 위해 자신의 삶을 헌신한 위대한 인물이었으며, 수많은 아이들을 보호하고 보살폈으나 자기 자신의 소중한 아들의 생명은 구하지 못한 사람이었다.

아인슈타인에게 그는 어떤 말을 했을까? 무엇을 원했을까? 랍비인 그가 도대체 왜 과학자와 접촉하여 위로를 구하려고 했을까? 나로서는 알 수 없는 일이었다. 왜냐하면 랍비 마커스가 아인슈타인에게 보낸 편지를 찾을 수 없었기 때문이다.

아인슈타인으로부터 만물이 하나라는 응답의 편지를 받은 지 11개월 후 랍비 로버트 에스 마커스는 심장마비로 사망했다. 1951년 1월 18일, 그의 나이 겨우 마흔한 살이었다. 그의 아내 페이는 서른다섯 살에 큰아이와 남편을 잃고, 남겨진 어린 두 아이를 혼자서 키우고 부양해야 했다.

랍비 마커스의 요절을 알게 되자 나도 이제 그를 벗어나게 될 거라고 생각했다. 하지만 그를 향한 내 생각은 멈추지 않았다. 당분간 그의 다른 편지들을 검색하지 않겠다고 결심했다. 아마도 시간이 지나면 새로운 문이 열릴 것이므로. 그러는 동안 나는 관심을 랍비 마커스가 아인슈타인에게서 받은 답장으로 돌렸다. 그렇게 나를 감동시키며 내 안 깊이 울려 퍼졌던 편지였다. 나는 그걸 책상 옆에 있는 벽에 테이프로 붙여놓고 날마다 거기 적힌 말들을 묵상했다.

아인슈타인은 결코 "영혼"이란 말을 쓰지 않지만, 단 네 개의 문장에서, 지금 여기에 존재하는 영원한 생명(eternal life), 우리가 볼 수 없는 무한한 삶(infinite life)의 그림을 그린다. 아인슈타인에 의하면, 종교의 궁극적인 목표는 우리 모두가 속해 있는 가장 위대한 전체를 보고 경험을 할 수 있도록 돕는 것이다. 그는 우리가 전체에서 분리된 실체라는 망상에서 벗어날 수 있는 힘을 가지고 있다고 믿었는데, 그때는 사실 우리 모두 정교하고 무한한 그물망 속에서 서로 얽힌 가닥들이라는 사실을 알 때이다.

아인슈타인이 말하는 "참된 종교"의 사명이 만물은 근본적으로 하나라는 사실을 깨닫게 돕는 것이라면, 랍비로서 나는 모든 종교와 인종의 사람들을 하나로 묶을 수 있는 신앙에 대한 말을 세상에 널리 퍼뜨리는 것이 나의 사명이라고 생각한다. 우리가 모두 동의하고 속할 수 있는 메타 종교. 우리 모두를 하나로 묶어주는 보편적 상호연결의 종교.

때때로 우리는 우리가 우리를 둘러싸고 있을 뿐 아니라 우리를 통해 흐르는 무한하고 경이로운 무언가의 일부분이라는 감각, 그 단일성(oneness)을 엿볼 수 있다. 그런 단일성, 하나임을 감지하는 열쇠는 자신의 영혼과 타인의 영혼을 만날 수 있는 능력에 달려 있다고 나는 믿는다. 아인슈타인이 죽음을 초월하는 영원한 영혼을 믿었다는 말을 하고 있는 것이 아니다. 사실 그는 그것을 믿지 않았다. 아인슈타인이 그렇게 사무치게 묘사하는 "전체"를 경험하도록 가르치는 신성한 영혼의 존재가 우리 안에 있다고 나는 믿는다고 말하는 것이다.

분리된 세계(World of Separation)에서 인간의 지각은 제한되어 있다. 우리의 육안으로는 식별할 수 없지만 엄연히 미립자들은 존재한다. 우리의 반려동물들은 우리의 귀로 들을 수 없는 음파를 감지한다. 우리가 느끼지 못하는 진동이 여전히 우리에게 영향을 끼친다. 우리는 우리 몸의 한계 때문에 제한을 받는다. 그러나 우리 안에 영혼이 있다. 우리를 안내하는 영혼이 아인슈타인이 그처럼 아름답게 서술한 하나(oneness)를 경험하게 한다. 우리 안에는 천부의 잠재력을 충족시킬 수 있는 힘이 있는데 그것은 겉으로 이질적이고 분리된 요소들도 서로 연결되어 있으며 심지어 죽은 자와 산 자도 서로 연결되어 있다는 사실을 우리가 깨달아 알게끔 도와주는 힘이다. 영혼에 대해 알고 세심하게 가꾸면 우리 삶을 바꿀 수 있고, 세상도 바꿀 수 있다.

만일 우리 안에 있는 영혼과 만나는 법을 배울 수 있다면, 우리가 분리된 존재라는 망상을 산산이 부술 수 있을 것이며, 하나라는 꿈에 도달하여 만물 안에 있는 영혼을 발견할 것이다. 우리는 우리 안에 살고, 만물 안에도 살고 있는 영원의 일부, 곧 영혼을 맞이할 것이다. 죽은 사람의 영혼을 만나게 될 것이며, 우리가 보고 있는 모든 것들 안에 숨어 있는 영혼도 만나게 될 것이다. 그리고 영혼의 영원한 가르침에 우리 자신을 개방하는 법을 배울 것이다.

내가 랍비 마커스가 아인슈타인에게 쓴 편지를 찾을 수 있을까?

인내! 내 자신에게 말했다.

영혼의 여정은 곧게 뻗은 직선 길이 아니다. 인내심과 끈기가 요구된다. 포기할 준비가 되었을 때 비로소 문이 열리고, 우리가 원한다면 안으로 들어갈 수 있는 기회가 주어진다. 이전에 잠겨 있던 새로운 영역을 탐색해보라고 초대를 받는다. 뒤로 돌아갔던 길이 잘못 들어선 우회로였던가? 막다른 골목과 맞닥뜨린 일이 무익한 일이기만 했던가? 아니면, 그 모든 일들이 아인슈타인이 말한 "전체"의 일부였던 것인가? 전체란 모든 길, 모든 선택, 모든 사람, 모든 피조물을 망라하는 것이다. 우리 손이 계속 안내를 받고 있었는가? 긴 시간을 통과하고 난 뒤 더듬어 지나온 먼 여정을 되돌아보면 그것은 영혼만이 대답할 수 있는 질문이라는 것을 이해할 것이다.

그대 안에 있는 영혼을 만나기를. 시대를 초월하는 영원한 가르침을 기쁘게 맞이하여 그 가르침이 보고 아는 세상, 즉 우리 모두를 감싸는 하나(Oneness)에 눈을 뜨게 하소서. 아멘.

내 안의 나

—내면의 본질 찾기

어린 아인슈타인이 아파 누워 있을 때, 그의 아버지가 그에게 선물 하나를 주었다. 아이들이 무척 좋아하는 장난감 나침반이었다. 이 나침반은 우주의 작용에 대한 아인슈타인의 호기심이 시작되었다는 것을 표시하는 것이 되었다. 바늘을 북쪽으로 향하게 하는 그 힘은 도대체 어디서 온 것일까? 나중에 아인슈타인이 그 나침반에 관한 글을 쓰면서, "사물 뒤에는 깊숙이 숨겨진 무언가가 분명히 존재한다."는 사실을 발견하게 되었다고 했다.

우리가 자신의 행동 양식을 천천히 관찰해보면, 우리 속에도 깊숙이 숨겨진 무언가가 있어서 우리를 영원히 끌어당기고 있음을 알게 된다. 나는 영혼을 우리 안에서 사랑, 아름다움, 전체, 의미, 연합, 소명, 하나님과 같은 영원한 것으로 향하게 하는 나침반으로 상상한다.

영혼은 기이한 방향감각을 가지고 있다. 영혼은 우리에게 자신만의 독특한 영적 해부를 하도록 만들기 때문이다.

영혼은 우리에게 주려는 지혜를 가졌으며, 우리를 괴롭히는 물음에 대한 답도 가지고 있다. 영혼은 우리가 무엇을 잊었는지 알고 있다. 그러나 우리의 삶과 마음을 영혼의 부르심에 기울인다면 우리는 아주 작은 계시를 받는다. "아하!" 체험. 기시감. 새로운 것을 배워 이미 알았던 것과 다시 연결한다. 한 번도 만난 적이 없는 새로운 사람을 만나 재결합의 진정한 의미를 이해하게 된다.

보이지 않게 연결된 실들이 우리를 통과하고, 온 우주를 통과한다. 영혼의 의식은 우리를 발아래 누운 풀잎, 웅장한 산봉우리, 산 자와 죽은 자의 영혼에 연결한다. 오래 전에 떠난 앞 세대의 집단적 영혼이 우리를 통해 되울림하고, 일상생활의 리듬에 울려 퍼진다. 영혼은 우리가 사랑했으나 사별한 사람들의 영혼이 결코 우리에게서 멀리 있지 않다는 것을 안다. 비록 그들의 삶이 끝났을지라도, 그들 존재의 빛은 영원한 장소에서 여전히 우리를 비추고 있다.

영혼과의 연결은 의미와 성취감을 주는 삶의 열쇠이다. 그런데 어디에서 영혼을 찾을까? 무엇을 찾고 있는지 확신할 수 없는데 어떻게 영혼을 발견할 수 있을까?

우리 대부분은 우리 안에 내주하는 신의 자리(보좌)를 상상하는 데 도움이 되는 영혼을 우리의 눈으로 확인하고 싶어 한다.

나는 그동안 나에게 울림을 준 영혼의 표현을 본 적이 없었다. 그런데 언젠가 프라하에 갔을 때 유대인 구역에 있는 오래된 핀카스 회당에 들어간 적이 있었다. 거기엔 어린이들이 그린 그림과 드로잉들이 전시되어 있었다. 아이들이 어디에서 그런 그림들을 그렸으며, 순진무구한 영혼들이 원했던 것이 무엇이었는지 알기 전까지는 나는 그 작품들이 그저 사랑스럽기만 했다.

그 그림들은 홀로코스트 동안 테레친슈타트 수용소에 감금되어 있던 어린이들이 그린 그림이었다. 그랬다, 그토록 끔찍한 지옥 속에서도 영혼은 그렇게 아름다움을 창조할 수 있었다. 눈물 젖은 내 눈길이 이 그림, 저 그림으로 천천히 옮겨 다니다 한 작품 앞에 멈춰 섰다. 나는 꼼짝할 수 없었다. 더 이상 움직일 수 없었다. 단순한 선만으로 줄무늬 바지를 입은 남자를 스케치한 그림이었다. 눈 두 개, 코에 점 하나, 콧수염이 있는 그 사람은 모자를 쓰고 있었다. 입이 없고, 팔이 없었다. 말을 할 수 없고, 밖으로 내뻗을 팔도 없는 무력함이 고스란히 전해져 왔다. 그 남자의 몸 안에 다른 사람이 하나 더 있었다. 나는 그것을 유심히 관찰하였다. 그의 몸통 선을 따라 그 사람과 똑같지만 조금 작은 사람이 그 안에 들어앉아 있었다. 이 그림을 그린 어린 아이는 이것으로 무엇을 전하고 싶었던 것일까? 그 사람 안에 들어앉은 이 작은 사람은 누구일까? 그림을 소개하는 카드를 읽었다. 작품의 제목은 "영혼과 몸." 열 살짜리 소년이 수용소에서 '영혼'을 포착했던 것이다. 소년은 열한 살 나이로 아우슈비츠에서 처형당한 프란티첵 브로잔.

프란티첵은 우리가 새로운 눈으로 영혼을 보았으면 했다. 영혼은 내 안에 있는 나(the Me within me)라고 이 소년이 말하는 것 같았다. 그것은 나에 대한 가장 진실한 버전이다. 하나님이 우리에게 주신 나. 강제수용소에 수감되었더라도 그 나는 빼앗길 수 없는 나이다. 목숨을 잃더라도 그 나를 잃을 수는 없다. 그것은 하나님이 우리 안에 심어 놓은 모든 능력과 잠재력을 담고 있는 바로 그 나이기 때문이다. 우리 모두 자신 안에 담긴 그 엄청난 잠재력이 세상에서 발휘되기를 기도한다. 프란티첵 브로잔은 그의 놀라운 잠재력이 실현될 기회를 빼앗기고 말았지만 영원한 영혼(eternal soul)에 대한 그의 날카로운 시선은 계속 살아 있어서 이 시대의 우리에게 이곳에서 살아가는 동안 내 안에 있는 나의 충만한 힘으로 살아가라고 손짓하고 있다.

"Soul and Body" by František Brozan

그대 안의 내가 그대의 인도자가 되어 그대가 지닌 온갖 놀라운 천부의 선물들을 주장하기를 빕니다. 아멘.

솔피(soulfie)

2014년 여름, 미국 유대교 랍비들 일행들과 이스라엘에 머문 적이 있다. 은퇴한 랍비 한 분이 안식일 저녁식사를 대접한다고 우리 일행을 집으로 초대했다. 오랫동안 미국에서 회중목회를 했던 랍비 스튜어트 겔러는 몹시 여위고, 머리는 벗겨졌지만 눈빛엔 장난기가 반짝거렸다. 우리를 만나 그가 던진 첫마디는 "반갑습니다, 여러분! 그런데 공습경보 사이렌이 울리면 여러분 모두 각자 알아서 하십시오."였다.

랍비 겔러는 재미있는 분이었다. 우리가 그 집 마당에 모여 포도주에 축성하려는데 그는 "여러분들이 벌써부터 대축일날 해야 할 설교 걱정을 하고 있는 것 다 압니다. 저는 은퇴를 했으니 여러분들께 행운을 빌어드려야지요! 하하하!"라고 했다. 그러더니 "사실, 여러분은 운이 좋은 편입니다. 오늘 밤 제가 설교 하나를 해드리려고 하거든요."라고 덧붙였다.

그가 깊은 지혜를 줄 것으로 믿고 있던 우리는 숨을 죽이고 기다렸다. 그때 "자, 준비되셨나요? 셀카(Selfie), 이게 제 설교입니다."

그것이 전부였다. 셀카라는 단 한 마디가.

우리 일행은 모두 웃었다. 그 순간 영화 "졸업"에서 배우 더스틴 호프만이 (아버지가 베푼 졸업 기념 칵테일파티에서 아버지의 친구로부터) 들었던 한 마디 충고, "플라스틱스"(Plastics, 젊은 세대에게는 무의미한 구세대의 방식들)가 생각났다. 랍비 겔러는 이어서 포도주를 축성하기 시작했다.

나는 그가 축성하는 동안 아무것에도 집중할 수 없었다. 셀카? 그게 전부라니! 나 말고는 심각하게 여기는 사람이 없는 것 같았다. 다른 사람들은 그저 웃어넘기고 만 것 같은데 나는 그럴 수 없었다. 도대체 "셀카"라는 말 어디에 설교가 숨어 있을까? 그 단어가 머리에서 떠나질 않았다.

일요일 날 관광버스 안에서도 내 마음은 다른 곳에 가 있었다. 가이드가 관광 안내를 하는 중에도 나는 "셀카"만 생각했다. 버스가 멈춘 다음, 밖으로 나가 조금 걸어가자 숨이 멎을 정도로 아름다운 절경이 펼쳐 있었다.

당장 나는 내 아이폰을 꺼내 사진을 찍기 시작했다. 장엄하기 그지없는 예루살렘 구시가의 풍경이 파노라마처럼 눈에 들어왔다. 그런데 동료들은 거리 반대쪽 풍경을 찍고 있었다. 내 등 뒤에 있는 무엇인가에 사람들의 시선이 쏠려 있었다. 내가 무엇을 놓친 걸까? 여기가 특별한 성지인가? 유명한 유적지인가? 약간 걱정이 되기 시작한 것은 그것이 내가 보기엔 그저 돌무더기 잔해에 불과해 보였기 때문이다. 사람들이 무엇을 찍고 있는지 물어보기 민망했는데 갑자기 좋은 꾀 하나가 떠올랐다. 지금은 일단 저 돌무더기부터 찍어두자. 그리고 버스에 탄 다음, 내가 찍은 게 무엇인지 누군가에게 살짝 물어봐야겠다.

돌아서서 돌무더기 사진을 찍고 있는데 그제야 내가 무엇을 놓쳤는지를 알았다. 내 랍비 친구들은 등 뒤로 펼쳐진 아름다운 풍경을 배경으로 셀카들을 찍고 있었다.

셀카. 다시 그 단어가 떠올랐다. 그것이 집요하게 나를 따라다니고 있었다! 셀카라니, 도대체 어디에 설교가 들어 있을까?

촬영자가 자기 자신을 찍은 사진을 셀카라고 하지만, 사진은 자기 자신을 전혀 찍을 수 없다. 사진은 내면의 세계를 찍지 않는다. 마음, 영혼, 동경, 감정, 기도도 포착하지 못한다. 셀카는 순전히 겉모습만 찍을 뿐이다.

셀카는 우리의 즐거움을 과장하기도 한다. 랍비들과 함께했던 여행은 재미있었지만 약간 우울하기도 했다. 하루 종일 둘러앉아 회의만 하느라고 거의 모든 시간을 써버렸기 때문이다. 그런데 어느 랍비가 우리 모임의 한순간을 셀카로 찍어 "이스라엘에서 랍비들과 함께"라는 자막을 달아 자신의 페이스북에 올렸다. 사진 속의 우리는 내내 파티만 하는 것처럼 보였다. 실제 그 여행은 사진과는 영 딴판이었는데도! 셀카는 그렇게 삶을 실제보다 더 근사하게 바꾸는 기술을 가졌다.

셀카는 항상 현실을 왜곡한다. 사실 광활하고 웅장한 창공 앞에서 우리는 작은 점에 불과한데도 셀카 속의 우리는 불균형적으로 크고, 장엄한 경치는 작은 점 하나로 보인다.

그렇다, 셀카는 현실에 대한 자기애적 과장이지만 재미있는 것 또한 사실이다. 사랑하는 사람들과 함께 한 소중한 순간들, 우리가 머물렀던 장소 등을 상기시켜주기 때문이다. 거기에 해로운 것은 없다. 그런데 셀카에서 설교는 도대체 어디에 있단 말인가?

골똘하게 생각에 잠겨 있던 나에게 갑자기 별처럼 반짝이던 랍비 겔러의 눈동자가 떠올랐다. 드디어 나는 답을 찾았다.

나는 하나님이 우리에게 "제발 좀 귀를 기울여 듣거라!" 하고 애원하신다고 믿는다. 우리는 날마다 자기 영혼 안을 깊이 들여다보고, 자신이 어디에 있으며 어디로 가고 있는지 정직하게 물어볼 것을 요구받고 있지만, 정작 우리는 그 일을 몹시 꺼리고 싫어한다. 내가 꼭 있어야 할 곳은 어디일까? 내가 내 삶의 궤도에서 벗어난 것은 아닐까? 벌써 자기만족에 빠져버리고 만 것일까? 배우고 성장하고 변화하기를 멈춰버린 것일까?

꽤 거창한 질문들 아닌가. 무겁게 들어 올려야 하는 무거운 질문들이다. 우리는 그런 거창한 질문 앞에서 회피하고 싶은 유혹을 종종 받지만 시종일관 우리가 셀카만 찍고 있다면, 우리를 기다리고 있는 축복을 놓치고 말 것이다. 깊이 파고 들어감으로써 발견되는 축복이 있지 않은가.

내가 드디어 설교를 찾아냈다는 것을 깨달았다: 인생에서 우리가 해야 할 도전은 "내 솔피(soulfie)" 찍는 방법을 배우는 것이라는.

'솔피'(영혼 사진)란 무엇인가? 그것은 우리의 영혼을 만나기 위한 나날의 몸부림이며, 자기 자신의 진정한 본질(참된 본성)을 알기 위해 우리를 속이는 거죽을 뚫고 들어가려는 욕구이다. 영혼의 사진을 찍는다는 것은 아인슈타인이 랍비 마커스에게 설명했던 그 과정이라고 생각한다. 아인슈타인이 말한 것은 우리에게는 자기 자신과 개별자라는 분리된 의식을 넘어서 더 높은 경지로 나갈 수 있는 힘이 있으며, 보다 더 높은 경지에 이르면 우리는 모든 피조물을 하나로 통합하는, 보다 더 넓고 큰 전체를 인식할 수 있다는 것이다.

솔피(영혼 사진)를 찍게 되면 영혼의 갈피들, 영혼이 지닌 그리움과 갈망, 영혼의 지식과 지혜를 알게 된다.

물론 카메라를 자신에게 들이대어 영혼의 모습을 찍을 수는 없다. 그렇다면 어떻게 영혼 사진을 찍을까? 솔피, 그러니까 영혼 사진이란 영혼과 인사하는 습관이 아닐까.

영혼이란 무엇인가?

영혼은 우리 내면에 있는 하나님이라는 거울(a mirror of God within us)이라고 어떤 랍비는 말했다. 하나님이 세상을 가득 채우시듯 영혼은 우리 몸을 가득 채운다. 하나님이 세상보다 오래 존재하시듯 영혼은 우리 몸보다 오래 존재한다. 하나님이 세상 안에 계신 분이듯 영혼은 우리 몸 안에 있다. 보실 수 있지만 보이지 않는 분이 하나님이듯, 영혼은 볼 수 있지만, 우리에게는 보이지 않는다.

영혼은 몸의 신(the god of the body)이다. 하나님은 세상의 영혼(the Soul of the world)이다.

영혼이 우리를 부르듯 하나님이 우리를 부르신다. 하지만 그 부르심을 듣는 일은 언제나 쉽지 않다.

나의 멘토인 랍비 해롤드 슐바이스가 들려준 아름다운 이야기 한 편이 있다.

하나님이 세상을 창조하실 때, 하나님을 닮은 인간을 빚고 싶다는 비밀을 천사들에게 흘렸다. 왜 하필 흠이 많고 유한한 인간에게 그렇게 소중한 선물을 주시려고 할까?

천사들은 질투로 어쩔 줄 몰랐다. 인간이 그 엄청난 권력의 맛을 알면 남용하게 될 것을 분명히 알았던 천사들은 걱정이 태산 같았다. 인간이 만약 하나님의 형상으로 창조된다면 천사들을 이겨 먹으리라는 것을 그들이 알았기 때문이다.

그래서 천사들은 하나님의 형상을 훔치기로 했다.

이제 천사들 손에 하나님의 형상이 들어왔다. 인간이 결코 찾을 수 없는 곳에 그것을 감춰야 했던 천사들은 회의를 소집하여 대책을 궁리했다.

천사 가브리엘은 최고 높은 산봉우리에 감추자고 했다. "언젠가 그들은 그곳에 올라가는 법을 알 것이고, 그들은 그걸 찾아낼 것"이라며 다른 천사들이 반대했다.

천사 미카엘이 "그럼, 깊은 바다에 감춰 두자"고 했지만 다른 천사들이 "그들은 바다 밑까지 잠수하는 방법을 알아내 결국 그걸 찾아내고 말 것"이라고 응수했다.

천사들은 저마다 숨길 장소를 차례로 제안해보았으나 모두 거절당하고 말았다.

그때 가장 지혜로운 천사인 우리엘이 나서서 "나는 그들이 끝끝내 찾지 못할 장소, 한 군데를 알고 있다."고 했다.

그래서 천사들은 인간의 영혼 가장 깊은 곳에 귀하고 거룩한 하나님의 형상을 감춰놓았다. 그러므로 오늘에 이르기까지 하나님의 형상은 우리가 거의 찾지 못하는 바로 거기에 숨겨져 있다. 우리가 상상할 수 없을 만큼 먼 곳일 수 있고, 우리가 아는 것보다 훨씬 우리 가까운 곳일 수도 있다.

우리에겐 천사들이 틀렸음을 증명할 수 있는 능력이 있다. 바로 그 하나님의 형상을 찾아내 다가갈 수 있기 때문이다. 우리가 할 일이란 자기의 내면 어디에 그 보물이 묻혀 있는지 정확한 위치를 찾아내기만 하면 된다.

이제 솔피(soulfie)를 찍을 때가 되었다.

여기 솔피(영혼 사진)를 찍을 때 도움이 될 만한 네 가지 질문이 있다. 한 번이 아니라 책을 읽어가는 동안 반복해서 천천히 이 질문에 답을 할 수 있도록 따로 메모장을 준비해 두자.

1. 내 영혼이 내가 무엇을 외면해왔다고 말하는 것 같은가?
2. 충분히 돌보지 못한 내 영혼을 풍요롭게 하는 활동과 경험들은 무엇인가?
3. 내 영혼은 완고하고 두려움이 많아 고치기 힘든 나의 에고를 어떻게 바꾸고 싶은가?
4. 내 영혼은 내가 무엇에 도달하기를 원할까?

이 질문에 대한 대답들이야말로 삶을 깊고 풍성하게 할 것이다. 그 답은 부분적으로 우리의 삶이고, 아니면 적어도 가장 중요한 부분이기 때문이다.

솔피(영혼 사진)를 찍는 법을 배울 수 있다면 우리 삶이 상당히 고쳐질 수 있다.

자신의 영혼에 가까이 다가가 그를 따르기로 결심함으로써 우리의 여행은 시작된다.

그 여행은 울퉁불퉁한 장애물로 점철된 험난한 여정이 될 것이다. 길이 평탄하여 아주 멀리까지 갈 수 있기도 하고, 앞을 향해 나아갈 준비를 갖추기 전에 영원처럼 보이는 한 곳에 갇히기도 할 것이다.

물론, 길을 잃게 될 때도 있고, 무엇을 해야 할지, 어디로 방향을 틀지 모를 때도 있으리라. 두렵고 좌절되는 순간이 있을 것이며 모든 것이 나아지기만을 소망하는 순간도 있으리라. 영혼과 함께라면 더 쉬워질 수 있을 것이다.

인생의 길은 결코 곧게 뻗은 길이 아니다. 그러나 그 구불구불하고 험난한 길들이 좌절을 안길 수는 있지만 결국 의미 있고 복된 삶으로 안내할 것이다.

그대가 영혼의 여정을 따르기로 마음먹기를. 그 여행이 그대를 평화의 길로 인도하기를 빕니다. 아멘.

영혼의 세 가지 차원

에반이 날 찾아온 무렵은 그의 절친이던 제임스가 겨우 스물여덟 살 나이에 암으로 세상을 떠난 지 일주일쯤 지나서였다. 두 사람은 대학 시절 룸메이트였다. 내 건너편에 앉아 에반은 지나치게 억누르며 떨고 있었다. 무엇인가 물어보고 싶은 것이 있는 눈치였는데 쉬이 말문이 열리지 않는 모양이었다. "죄송해요, 여기서 울고 싶지 않았습니다." 하며 미안해했다.

"미안해하지 말아요. 눈물은 아직 슬프다는 뜻이니까요."라고 나는 다독였다.

숨을 깊이 들이쉬고 나서 그는 말을 토해내기 시작했다. "랍비님, 나는 인생이 중요하다고 믿고 싶어요. 제임스는 나에게 중요한 사람이었고, 어쨌든 어떻게든 그는 계속 여기에 살고 있어요." 에반은 자신을 스포츠와 여자, 자동차에 집착하고 부자가 되고 싶어 안달하는 피상적인 인간이라고 규정했다. 그런데 지금은 갑자기 그 모든 것들이 의미가 없어져 버렸다고 했다.

과거와 현재가 그에게서 하나로 수렴되는 것을 나는 느낄 수 있었다. 야구모자와 티셔츠, 카고 반바지에 샌들 차림을 한 그는 버드와이저 광고에 나오는 누군가와 비슷해 보였다. 단단한 근육과 튼실한 어깨를 지닌 청년으로 보이긴 해도 그의 눈엔 "인생은 의미가 있어야 한다."고 말하는 듯 깊은 슬픔이 서려 있었다. "랍비님, 저에게 영혼에 관해 얘기해 주실 수 있나요? 나는 그것이 알고 싶고, 꼭 알아야 합니다."라고 말했다.

"나도 나를 안내하며 위로해준 지혜들을 에반과 나누고 싶어요."

에반은 노트북을 꺼내 메모하기 시작했다. 나는 "전통적인 유대인들이 아침에 일어나서 가장 먼저 하는 일은 우리의 영혼을 회복시켜주신 하나님께 감사의 기도를 드리는 것입니다."라는 말과 함께 유대 사상에서 잠을 짧은 죽음으로 간주한다는 말도 했다.

"그러면 아침은 일종의 짧은 부활이겠군요?"

나는 그렇다고 대답하면서, "눈을 뜰 때마다 회복된 삶을 감사함으로써 상쾌하게 하루를 맞이하는 시간"이라고 했다. 다른 기도에 대해서도 나는 계속 설명을 이어갔다. "아침에 암송하는 그 다음 기도는 영혼은 얼마나 깨끗한 것이며, 하나님께서 어떻게 우리에게 영혼을 불어 넣어주시는가에 대한 기도입니다." 영혼에 해당하는 히브리어 '네샤마'(*Neshama*)는 호흡을 뜻하는 히브리어와 어원이 같다고도 말했다. 영혼은 호흡과 함께 왔다가 호흡과 함께 떠나간다.

에반은 "내가 제임스 곁에 있었을 때 그 애가 마지막 숨을 거두었어요."라고 하더니 미친 듯이 노트북에 뭔가를 적기 시작했다.

친구의 임종을 지키던 에반을 생각하며 나는 "영혼은 이 세상의 것이 아닙니다. 하나님의 것이지요. 영혼은 영원한 곳에서 와서 영원한 곳으로 돌아갑니다. 영혼은 자신의 의지에 반하여 이 세상에 들어

오고, 랍비들이 말하길 자신의 의지에 반하여 떠나간다고 합니다."라고 말했다.

"의지에 반한다는 것은 무슨 뜻인가요?" 에반이 물었다.

"랍비들에 의하면, 영혼은 이 아래 세상으로 내려오지 않으려고 했대요. 하나님은 영혼더러 천상을 떠나야 한다고 설득했지만, 영혼은 고집을 부리며 자기가 있는 그 위의 세상에 머물게 해달라고 애원했대요. 하나님은 영혼에게 '네가 지금 가려는 세상이 여기보다 훨씬 더 아름답다'고 약속하심으로써 안심시켰습니다."

에반의 음성이 갈라졌다. "도대체 어떻게 이곳이 천국보다 아름다울 수 있을까요?"

"나는 그것이 잠재력과 성취의 차이와 관련이 있을 거라고 쭉 상상을 해왔어요. 영혼은 천상에서는 순수한 잠재력의 상태로 있기 때문에 자신의 임무를 완수할 길이 없는 메신저일 뿐입니다. 인간 세상에 내려오고 난 다음에야 영혼은 비로소 자신의 목적을 실현할 수 있습니다. 천상의 영혼과 지상의 영혼의 차이는 사랑에 대해 막연한 환상을 갖는 것과 누군가와 사랑에 빠져서 함께 미래를 설계하는 것의 차이 같은 겁니다."

에반은 "난 아직도 이렇게 엉망진창인 세상이 어떻게 천국보다 더 나을 수 있는지 모르겠어요."라고 했다.

"랍비들은 영혼의 여정을 '상승을 위한 하강'(a descent for the sake of ascent)이라고 합니다." 나는 영혼은 이 지상의 삶을 일으켜 세우기 위해서 이토록 망가진 세상으로 들어왔으며, 아마도 그것 때문에 삶이 이처럼 아름다울 수 있고 또한 이처럼 비극적일 수도 있다고 그에게 설명했다.

그는 영혼의 갈망에 대해서 알고 싶어 했다. "나는 무엇보다 영혼은 연결을 갈망한다고 믿어요."라고 나는 말하면서, 영혼의 고향인 통합된 세계(the World of Unity)와 영혼이 여기서 자신을 발견하게 되는 분리된 세계(the World of Separation)에 관해서도 들려주었다. "영혼은 더 가까워지길 바라고, 하나님을 몹시 사모하며 자연의 아름다움과 음악과 같은 영원한 것들을 그리워합니다. 주로 영혼은 다른 영혼과 연결되기를 원하지요."

잠시 말이 없던 에반도 "네. 저도 그렇게 믿고 있습니다."라고 했다.

그는 영혼은 다른 히브리 이름과 다른 면을 가졌다고 들었다고 했다. 나는 "유대 신비주의 가르침에 대한 말씀이군요. 신비주의자들은 실제로 영혼을 층을 가진 영적 실체로 상상했습니다."

에반이 물었다. "층이라니요?"

"사물에 대한 신비주의적 이해의 측면에서 보면, 우리가 태어나는 순간 영혼을 갑자기 획득하는 것이 아닙니다. 영혼은 단계별로 찾아오지요. 신비주의자들은 우리가 차츰차츰 더 많은 영혼의 능력을 경험하는 법을 배운다고 믿었대요. 어떤 이들은 지혜처럼 영혼도 나이와 함께 성숙하면서 획득한다고 믿었고, 또 어떤 이들은 영혼은 공적을 통해서만 얻어진다고 믿었습니다."

에반은 울고 있었다. 그가 생각하기로 제임스는 이 지상에서의 짧은 생애를 보내는 동안 단단하고 고귀한 영혼을 획득한 사람이었다. 그러나 자신의 영혼은 너무 천박하고 피상적이라고 고백했다. 갑자기 그는 소파에서 벌떡 일어나더니 바닥에 가부좌를 하고 앉았다. 그리고 유치원 아이처럼 나를 쳐다보며 영혼의 층에 대해 좀 더 구체적으로 설명해달라고 부탁했다.

"처음 내가 영혼의 단계에 대해 공부할 때는 무슨 뜻인지 잘 몰랐어요. 세 가지 층의 영혼을 상상하는 데에 어려움을 겪었지만 시간이 지남에 따라 영혼과 그 층에 대한 개념이 나에게 상당히 큰 의미로 다가왔어요. 영혼을 한 단계 한 단계 층별로 습득해야 한다는 뜻이었지요."

나이가 들면서 몸도 따라 점점 쇠퇴하지만, 영혼은 어떻게 계속 성장하는지에 관해 우리는 이야기를 나누었다.

"제임스를 보며 나는 그것을 알았어요."라고 에반이 대꾸했다. "그의 육체는 너무 쇠약해졌지만 그의 내면에 있는 무언가는 점점 더 강해지고 정직해지고 있더군요. 랍비님, 그 애는 나를 물끄러미 바라보며 정곡을 찌르는 것만 같았습니다."

내가 영혼의 세 층에 대해 설명하기 시작한 것은 바로 그때였다. 유대 신비주의 전통에서는 영혼의 단계를 불꽃의 다른 색상의 그라데이션(gradation)과 비교한다고 말하며 나는, "하나님의 촛불은 인간의 영혼이다."라는 잠언의 한 구절도 그에게 들려주었다. 그리고 "우리는 우리 안에 하나님의 빛을 품고 다닙니다. 그 빛은 우리를 돕고 안내하기 위해 꺼지지 않는 파일럿램프처럼 우리 안에서 타오르고 있지요.

우리의 책임은 그 타오르는 빛을 공경하고 잘 돌보아서 계속 그 빛을 나누고 널리 퍼지게 하는 것입니다."

나는 책상에서 봉헌 초를 꺼내 에반 맞은편 바닥에 내려놓고, 우리 사이 나무 바닥에다 촛불을 밝혀두었다.

"이 촛불을 가만히 들여다보세요. 실제로 불꽃이 다른 색을 띠는 것이 보이나요? 무엇이 보이는지 나에게 말해줘요!"

"불꽃 가장 아래에선 푸르스름한 빛을 띠고 있고, 그 위로는 노르스름한 빛을 띠고 있네요. 세 번째 빛은 안 보여요."

나는 이렇게 설명했다. "가장 낮은 단계의 영혼을 '네페쉬'(Nefesh)라고 하는데, 생명력, 즉 생명의 힘(Life Force)입니다. 신비가들은 그 낮은 단계의 영혼은 불꽃 맨 아래에 있는 푸른빛과 같다고 해요. 생명의 힘은 육체와 육체의 필요에 밀접하게 연관되어 있고 모든 생명체와 공유하는 영혼이지요."

에반이 물었다. "그러면 맨 아래층을 생의 의지라고 해도 되겠군요?"

"네, 그런데 보도의 갈라진 틈 사이를 뚫고 올라오는 풀꽃처럼 행동하고 성장하려는 의지라고도 할 수 있어요."라고 내가 답했더니 그는 이해했다고 했다.

"생명의 힘은 시간이 지나면 사랑의 힘(Love Force), '루아흐'(Ruach)를 위한 왕좌가 됩니다. 불꽃의 한 가지 색이 다음 색으로 바뀌는 것처럼요. 신비가들은 '루아흐'는 불꽃의 높은 층에서 드러나는 노르스름한 빛 같다고 해요. '루아흐'는 감정의 자리, 친밀감으로 들어가는 문입니다."

"사랑과 같나요?" 에반이 물었다.

"그렇지요. 하지만 그보다 더 크고 풍부합니다. 사랑의 힘은 마음의 깊이와 지혜를 우리에게 줍니다. 우리의 소명의 열쇠가 바로 이 사랑의 힘입니다."

에반은 자기 노트에다 불꽃이 이는 촛불을 그렸다. 그리고 그 그림에 영혼의 이름들을 붙이며, "그러면 맨 위의 층을 무엇이라고 하나요?" 하고 물었다.

"'네샤마'(Neshama), 즉 영원의 힘(Eternal Force)입니다. 그것은 육안으로는 보이지 않는 불꽃 속에 깃든 빛입니다. '네샤마'는 영혼의 최상층을 일컫는 말인데, 우리는 우리 안에 있는 그곳에서 이 세상과 저 너머 세상에 있는 모든 것과 연합하는 경험을 합니다."라고 나는 말했다. "영원의 힘은 이곳에서 천국을 맛볼 수 있는 하나의 창문입니다."

"저는 랍비께서 이 세상이 천국보다 훨씬 아름다운 곳이라고 말씀하셨다고 생각했어요."

"네, 그것은 '네샤마'의 눈으로 이 세상을 보게 될 때에 비로소 이해하는 말이지요."

우리가 이렇게 대화를 나누고 있을 때 아인슈타인이 랍비 마커스에게 보낸 편지가 느닷없이 생각났다. 나는 영원의 힘에 근접했을 때에야 비로소 우리가 아인슈타인이 품었던 비전과 하나(unity)됨의 의미를 이해하기 시작한다는 것을 알았다.

에반이 말했다. "나에게는 불꽃의 보이지 않는 부분은 뜨거운 열입니다. 보이지 않아도 불꽃 맨 위에 손을 대면 거기가 가장 뜨겁거든요."

"'네샤마'는 빠져나가기 일쑤여서 파악도 접근도 정말 어렵습니다. 대부분의 사람들은 생을 마칠 때까지 결코 거기에 도달하지 못하지요. 그러나 오직 영원의 힘만이 세상을 구원할 수 있습니다."라고 내가 말했다. 나는 아인슈타인에 대해서 생각했고, 우리가 분리되었다는 망상을 넘어서야 한다는 것을 생각했다.

에반과 나는 세 단계의 영혼이 세상에서 작동하는 방식에 대해 대화하기 시작했다. 나는 영혼의 세 단계가 어떻게 우리를 더 높이 끌어올리는지, 연못의 잔물결처럼 밖을 향해 어떻게 퍼져 나가는지 설명했다. 생명의 힘은 주로 육체와 육체의 필요에 관심이 있다. 사랑의 힘은 친밀감을 이루며, 사랑하게 하고, 진정한 친구가 되게 한다. 사랑의 힘은 가족과 친구들을 넘어 공동체로 나가도록 한다. 그리고 영원의 힘의 차원에 이르렀을 때 우리는 전체 세계와 이 세상 너머의 세계를 보고 받아들이게 된다.

에반은 나에게 간곡하게 부탁했다. "랍비님, 저는 깊은 차원과 연결하고 싶습니다. 어디서부터 시작하면 될까요?"

"영혼이 이끄는 대로 따라가세요. 가능합니다. 조심스럽게 귀 기울여 보세요. 공부하고, 도와달라는 기도도 하세요."

"내가 어디로 가고 있는지 어떻게 알 수 있나요?"

"시간의 힘과 타이밍의 중요성을 이해하게 될 겁니다."라는 나의 대답에 그는 혼란스러워 하더니 노트에 무언가를 적었다. 나는 "한 가지 더 있어요. 자신이 한 실수에 너그러워지세요. 실수란 배우고 성장하기 위해 거치는 과정이니까요."라고 말했다.

에반은 "그다음은요?" 하고 물었다.

"그다음은... 두 개로 분리된 빛이 결합하여 어느 쪽보다도 밝고 아름다운 빛을 창조하는 법을 배우게 됩니다."

"그다음은요?"

"그다음은 내가 나누는 사랑과 내가 하는 일이 나로부터 비롯된 것이 아니라 나를 통해서 흘러나온다는 것을 느끼게 되지요. 그것이 바로 영원의 힘이 하나님의 무한한 흐름과 하나가 되는 것입니다."

에반은 일어설 마음이 없었다. 묻고 또 묻기만 했다. 나는 그쯤에서 멈추고 이제부터 유대교 경전과 명상을 함께 공부해보자고 제안했다.

마룻바닥에서 털고 일어서며 나는 "에반, 영혼에 다가갈수록 많이 배우게 될 거예요. 많이 배울수록 더 많이 성장할 거고요. 많이 성장할수록 더 많이 사랑할 겁니다. 많이 사랑할수록 많이 주게 되고... 많이 주면 많이 사는 거지요... 풍성한 의미와 깊은 아름다움을 품고서."

"랍비님은 방금 내 친구 제임스에 대해 말씀하신 겁니다."

영혼의 세 단계 차원이 뿌리 내릴 수 있도록 스스로 비옥한 터전을 그대 안에 일구소서. 그대가 성장하고 사랑하고 줌으로써 의미 있고 아름답게 살아가는 법을 배우소서. 아멘.

제2부

생명의 힘 일깨우기

비전과 행동을 여는 열쇠

'네페쉬,' 그 불꽃의 푸른색인 생명의 힘은 영혼의 기초 단계이다. 영혼에 영양분을 공급하면 영혼이 우리를 먹이고 안내하기 시작한다. 영혼이 점점 더 튼튼해지면 더 넓은 비전으로 우리를 축복하기 시작한다. 생명의 힘이 가진 가장 큰 선물은 행동하는 힘, 우리 자신의 마비 상태를 넘어서고, 의도를 성취로 바꾸는 힘이다.

영혼의 음성 볼륨 키우기: 영혼을 먹이고 깨우기

"그런 망상에 영양을 공급하는 것이 아니라 그런 망상을 극복하기 위해 노력하는 것…"

―아인슈타인이 랍비 마커스에게 보낸 편지에서

영혼이 좌초되어 먹지도 못하고 듣지도 못한 채 우리들이 영혼을 알아보고 그 음성에 귀를 기울여 듣게 되기를 기다리는 동안, 우리가 세상과 분리된 외로운 존재라는 망상은 실제로 크게 자라난다. 영혼에 사랑을 주고 영양을 공급하면 영혼은 하나라는 비밀을 속삭이며 우리를 먹인다. 그리고 우리를 가르치며 인도하고 노래를 불러준다. 우리가 찾는 축복이 우리가 알고 있는 것보다 훨씬 가까이 있다는 사실도 상기시켜준다.

영혼이 바라는 대로

영혼은 무엇을 바라는가?

전도서는 "인간의 모든 수고는 입을 위한 것이니 영혼을 만족시키지 못한다."라고 경고한다. 나는 이 구절을 무척 좋아한다. 우리 내면의 텅 빈 곳을 완벽하게 포착해냈기 때문이다! 오늘날처럼 고대에도 다르지 않았다. 우리는 생계를 유지하고 에고를 키우며, 온갖 물건으로 주변을 꾸며보아도 여전히 무언가 모자라는 것 같다. 그 이유는 우리가 정작 자신의 영혼이 무엇을 원하는지 몰라서이다.

랍비들은 몸과 영혼의 관계를 공주와 결혼한 농부에 비유하곤 한다. 가난한 농부는 공주에게 아름다운 것들을 가져다주면서 그녀의 마음을 사로잡아 보려 애썼지만, 그가 가져다주는 어떤 것도 화려한 궁전에 살았던 공주 마음에 들지 않았다. 그녀는 날마다 선물 세례를 받기 위해 결혼한 것이 아니었다. 그녀가 원한 것은 오직 남편의 사랑이었다. 영혼도 마찬가지다. 그래서 랍비들은 "세상의 온갖 즐거움을 영혼에게 주어도 그것은 그녀에게 의미가 없다. 영혼이 속한 곳은 천상이기 때문이다."라고 말한다.

영혼은 영원한 곳에서 왔으므로 영원에 속한 것들을 동경한다. 하나님과 아름다움을 그리워하며 자연을 그리워한다. 배움, 사랑, 연결과 평화를 그리워한다. 그 가운데서도 영혼이 가장 원하는 것은 오직 한 가지, 우리 스스로 갖는 만족감이다. 저마다의 영혼은 고유하여 자기만의 독특한 성향이 있다. 오롯이 나만이 성취할 수 있는 사명이 각각의 존재 안에 내장되어 있다.

조엘은 최신 유행하는 꾀죄죄하고 부스스한 턱수염에 부드러운 눈빛을 지닌 30대 후반의 남성이다. 그가 나를 찾아왔던 이유는 딱 꼬집어 말하기 어려운 야릇한 불안감이 지속되어서였다. 그는 왜 그렇게 불안하고 왜 그렇게 기분이 언짢은지 몰랐는데, 증상이 점점 더 악화되어 근무 중에도 눈물이 흘러내려 견디기 어려웠다고 했다.

나는 그에게 눈을 감게 한 다음, 언제 불안해지는지 식별할 수 있느냐고 물었다. 그것은 실은 그 자신의 영혼에게 물어보라는 뜻이었다. 잠시 말이 없던 그의 초췌한 뺨 위로 눈물이 흘러내렸다. 조엘은 불꽃 튀는 십대들이 좋아서 고등학교 교사가 되었다고 했다. 토론할 때마다 예측 불가능한 그들의 저항과 도전을 즐겼으며 학생들이 던지는 그 모든 "왜"와 "어떻게"를 그는 언제나 환영했다.

작은 사립 고등학교에서 근무하는 동안 조엘은 최고의 인기를 누리며 존경받는 교사가 되었다. 학생들이 얼마나 그를 따랐는지 이사회에서는 그에게 학교 교장직을 맡으라고 권유했다. 그는 흥분했던 나머지 그 제안을 얼른 수락해버렸다. 그러나 가을이 오고 새로운 역할을 시작하면서 행정업무, 교사 관리, 불만 많은 학부형 달래기에 하루를 보냈고, 나머지 대부분은 기금을 마련하는 데 시간을 바쳤다. 매일 참석해야만 하는 끝없는 회의 때문에 그는 점점 더 불안해졌다.

겉으로 보면 조엘은 모든 것을 소유한 사람 같았다. "랍비님, 이해가 안 돼요. 인생은 좋은 거잖아요!" 자기 일에 대해 연달아 이야기하다가 그는 자신의 영혼이 무엇을 잃어버렸는지 알았다. 좋아하던 일을 그만 중단했기 때문에 그런 것이었다.

우리 둘은 머리를 맞대고 어떻게 이 상황을 타개할 수 있을까 고민했다. 조엘은 직장을 포기하고 싶지 않았고, 그에게는 학생들을 교실에서 다시 만나는 시간이 필요한 것 같았다. 고학년 학생들을 위해 세미나를 하기로 했는데 그 시간을 위한 커리큘럼을 개발하며 조엘은 즐거움을 되찾았다. 불편한 감정들도 차츰 가라앉았다. 다시 자신의 천직을 시작할 수 있게 된 것이다.

에고를 키움으로써 욕구는 어느 정도 충족시킬 수 있으나 영혼의 목마름은 사라지게 할 수 없다. 적당한 양분을 공급하지 않으면 영혼은 생명력을 잃는다. 목이 마르고 계속 굶주리게 되면 영혼은 아프고 쇠약해진다.

영혼의 질환은 우리에게 깊은 타격을 입힌다. 우리는 스스로 영혼의 질환, 곧 물질만능주의, 공허감, 과도한 야망, 질투, 탐닉, 두려움, 불안감, 우울감 등을 어느 정도 짐작할 수 있다.

영혼을 무시하면 삶이 혼란스러워지고, 지혜롭지 못한 결정들을 내린다. 우리를 안내하는 영혼의 목소리 없이 우리는 보잘것없는 선택을 할 수밖에 없어서이다. 가짜 위안을 얻고 파괴적인 습관에 빠지며 모든 게 잘 될 거라는 근거 없는 낙관에 빠져 자신을 속인다. 어둠 속에 지도 없이 길을 잃고서 우리는 목표 없이 휘청거리며 좌충우돌한다. 그리고 자신에게 적합지 않은 일에 쓸데없이 집착한다. 문제의 심각한 정도는 강타의 위기를 경험하기 전까지 선명하게 인식하지 못하기 마련이다. 이런 순간은 고뇌에 찬 영혼의 음성이 우리의 확신을 관통하는 순간이다. 우리는 흔들린 자아를 끌고 정신과 상담실을 찾아간다. 거기서 우리의 선택이 자신을 자유롭지 못하게 했으며, 만족시키지도 않았고, 또한 존재의 가장 심오한 차원에서 우리를 양육하지 못했음을 깨닫는다.

소외된 영혼에 관한, 나를 좀 불편하게 하는 신비주의 가르침이 있는데 그것은 우리가 영적인 삶에 실패했을 때 생기는 현상을 대단히 인상적으로 설명한다. 만약 우리가 자신의 영혼에 심한 해를 끼치면, 영혼의 가장 높은 단계인 영원의 힘, '네샤마'는 어떤 시점에 이르렀을 때 아예 우리를 떠나기로 결심을 한다는 이야기다. 영혼은 단순히 우리로부터 분리되어 초자연적 세계, 그러니까 영혼의 고향인 천상으로 돌아간다는 것이다.

우리를 포기하는 영혼에 대한 은유적인 표현은 텅 비고 공허한 우리의 감정을 잘 드러낸다. 『오즈의 마법사』에 나오는 가슴 없는 양철인간(Tin Man)처럼, 우리의 영적인 자아도 텅 빌 수가 있다. 영혼의 떠나감이라는 표현 역시 영혼이 부족해 보이는 사람을 만났을 때 우리가 느끼는 감정을 대신하는 표현이다.

시든 영혼에 생명을 불어넣는 일이 가능한가? 과연 가출한 영혼을 집으로 돌아오게 할 수 있을까?

시편 중에서도 가장 널리 알려진 시편 23편의 "주님은 나의 목자"는 하나님께서 영혼을 회복시키신다는 사실을 상기시켜 준다. 하나님이 어떻게 우리를 도와주시도록 할 수 있을까? 어떻게 우리 자신의 영혼을 다시 살려내는 방법을 배울 수 있을까? 다른 사람의 영혼을 회복시키려면 어떻게 해야 할까?

영혼을 치유하는 힘은 생각보다 훨씬 가까이 있다.

영혼을 치유하는 일은 영혼에 유념하는 일과 관계가 깊다. 우리는 영혼의 음성을 한 번 더 듣는 법을 배울 수 있고 영혼과 협력하는 법, 그리고 그와 파트너가 되는 법을 배울 수 있다. 우리는 꼭 영혼을 먹이고 돌보아야 한다. 영혼이 원하는 것을 줌으로써 영혼을 치유해야 한다.

누군가는 영혼을 치유하기 위해서 우리를 점령한 에고를 소멸해야 한다고 말한다. 하지만 에고가 여기에 이렇게 존재하는 이유가 있다. 에고는 우리에게 충동적 욕구와 성격을 부여한다. 그것을 파괴하는 것은 현명한 일이 아니다. 하지만 우리는 에고를 순하게 길들여서 이웃, 영혼, 하나님을 더 열린 마음으로 수용하도록 가르쳐야 한다.

영혼은 우리에게 끊임없이 말을 걸어 올 것이다. 가장 높은 단계의 영혼(Eternal Force)이 우리를 떠나도 생명의 힘(Life Force)과 사랑의 힘(Love Force)은 남아 있기 때문이다. 그러므로 우리의 도전이란 어떻게 영혼의 목소리에 귀를 기울일지를 아는 일이다.

우리가 영혼을 양육하기 시작하면 그 목소리의 볼륨도 커지기 시작한다. 우리가 귀를 단련하면 우리 자신의 가장 진실한 버전, 내 안의 나(Me within me)를 깨우도록 채근하는 영혼의 목소리를 들을 수 있다.

영혼을 양육하고 치유하는 길을 안내하는 여섯 장의 작은 챕터를 이제 여러분과 나누고 싶다. 명상, 기도, 배움, 안식일 같은 영적 훈련들과 음악, 자연, 음식 등과 같이 영혼을 깨워 회복시켜주는 세속적 경험들이 그 안에 담긴 내용들이다. 그것들 모두가 공감을 줄지는 잘 모르겠지만, 그러나 한 번 시도해 보면 무엇이 자신의 영혼을 깨우는지 알게 될 것이다. 물론 저마다의 영혼은 예술, 운동, 연극, 춤, 정원 가꾸기 등으로 제각기 다르게 기울어지는 경향이 있을 것이다. 이 세상에는 영혼을 회복하는 갖가지 다양한 방법으로 가득 차 있지 않은가. 가장 중요한 요소는 규칙적인 시간을 따로 설정하는 것이다. 그리하여 그 따로 떼어낸 시간에는 영혼이 필요로 하는 걸 주어야 한다. 일단 영혼에 양분을 주고, 그것을 잘 갈고 닦기 시작하면 영혼은 우리에게 가르치고 싶었던 것을 점점 더 많이 보여줄 것이다.

영혼을 양육하세요. 그리하면 껍질을 쪼는 병아리처럼 그대를 가뒀던 장벽도 부숴집니다.
그대 이름을 부르고 있는 소명에 응답하기를 바랍니다. 아멘.

명상, 영혼의 치료제

명상은 몸을 위한 치료제다. 혈압을 낮추고 통증을 완화하며 불안을 가라앉힌다. 명상은 마음에도 이로워서 집중력, 명료함, 주의력을 높인다.

그러나 명상은 정신과 몸의 영역 너머로 우리를 데리고 가는 힘이 있다. 명상은 영혼의 치료제다. 그리고 자신의 영혼과 타인의 영혼에 더 깊이 연결하고 영혼 중의 영혼인 하나님께 연결한다. 우리는 명상을 통해 영혼이 우리에게 전달하려는 메시지를 우리가 실제로 들을 수 있도록 영혼의 음성, 그 볼륨을 높이는 방법을 배운다.

나는 20년 넘도록 유대 명상법을 가르치고 있다. 초급반에 들어갔던 첫날, 나는 학생들에게 그들이 곧 자신의 영혼을 만날 거라고 얘기했다. 어떻게?

침묵 속에 가만히 앉아 있으면 우리는 얼마나 머릿속이 시끄러운지 금방 알게 된다. 우린 온갖 잡스러운 생각으로 집중 공격을 받는다. 치약 사야 하는 걸 잊으면 안 되는데... 명상이 거의 끝나가지 않나? 가려운데, 긁어도 될까? 어떤 느낌일까? 난 생각이 너무 많은데, 내가 이상한가? 나는 명상에 어울리는 사람이 아니야! 얼마나 시간이 지났을까?

내면의 독백에 주의를 기울이면, 생각이 꼬리를 물고 이어지는 것을 지켜보는 의식이 있음을 알게 된다. 그것은 지나가는 모든 생각을 조용히 관찰하는 존재여서 날뛰는 마음과 대조적으로 흔들리지 않고 닻처럼 안정적이다. 바로 이것이 마음이 차분해지기를 참을성 있게 기다리는 우리의 영혼이다.

마음이 진정될 때 영혼이 보는 아름다움과 축복으로 가득 찬 세상을 우리도 볼 수 있는 여유가 생긴다. 머지않아 우리는 하나됨, 곧 하나님과 또한 모든 것과의 연결을 경험하기 시작한다.

한순간에 영혼이 우리를 높은 영적 경지로 끌어올려주는 것은 아니다. 명상은 시간과 연습이 필요한 일이다.

나는 만트라(mantra) 명상이야말로 마음을 차분하게 진정시키는 탁월한 길임을 알고 있다. 만트라 명상은 하나의 소리를 자꾸 반복해서 조용하게 낭송하는 수행법이다. 소리를 되풀이함으로써, 생각이 꼬리를 물고 이어지게 하기보다는 마음이 다른 일을 하도록 만드는 것이다. 어떤 유대 명상 전통에서는 만트라가 무의미한 소리가 아닌 경우도 있다. 우리는 깊은 의미를 지닌 한 문자, 한 단어나 구절, 메아리와 그림자, 지혜로 가득 찬 낱말, 우리를 가르치고 변화시키는 단어 등을 반복한다.

모든 말이 만트라가 될 수 있다. 일상에서 우리는 너무나 자주 무의식적으로 부정적인 만트라 명상을 한다. 우리 내면에 도사린 날선 판단력이 우리 생각 속에 우리를 괴롭히는 언어들을 심기 때문이다. 일이 생각대로 안 풀리거나 아니, 그러기 전부터 우리는 그런 말을 스스로 반복한다.

지나치게 우리는 자기를 혐오하며 살아가는 것 같다. 오랜 세월 랍비생활을 하면서 나는 사람들이 자학적인 잔인한 말들을 정말 자주 쏟아내는 것을 보아왔다. 나는 못 생겼어, 나는 뚱뚱해, 나는 강인하지 못해, 똑똑하지 못해, 충분히 노력하질 않아, 일 마무리를 못해, 나는 루저야, 나는 게을러, 체형이 엉망이야, 교육을 제대로 받지 못했어, 나는 약해, 경쟁을 못해, 별로인 배우자야, 별로인 부모야, 못된 자식이야, 좋은 친구가 아니야, 좋은 사람도 아니야, 사랑스럽지 못해, 소심해, 실망시키는 사람이야, 너무 늙었어, 너무 어려, 내 머리 모양이 싫어, 내 코가 싫어, 내 얼굴이 싫어, 내 몸이 싫어, 내 자신이 싫어, 내 삶이 싫어!

우리가 몹시 주저하면서 발걸음을 뗄 때마다 더 노력하라고 소리치는 왕왕거리는 목소리만 듣는다면, 어떻게 적극적으로 앞으로 전진할 수 있겠는가?

이렇게 반복적으로 자신을 비난하는 행동에 한 가지 장점이 있다면 그것은 우리가 이미 숙련된 만트라 명상가라는 사실이다. 툭하면 자신에게 내뱉는 부정적인 말이 변하면, 아마도 우리는 삶에 더 친절하고 적극적으로 참여하는 길을 발견하게 될 것이다. 내면의 독백을 위해 새로운 언어를 습득하는 것과 같은 단순한 변화가 실제로 외부의 현실을 크게 바꿀 수 있다.

나는 유대인의 기도에 계속 등장하는 히브리말, '후사'(husa)를 소개하려 한다. "후사!"라고 소리 내어 보자. 파도가 해안에 부딪히는 소리가 난다. 쉬익! 아, 깨끗해진 느낌이다!

'후사'(husa)란 무엇일까? 그 뜻은 동정도 자비도 아니다. 그렇다고 단순한 연민도 아니다. '후사'란 예술가가 자신이 만든 작품이 설사 불완전하더라도 그것에 대해 특별하게 쏟는 애정을 말한다. 흠 있는 것을 향해 품는 연민, '후사'에서 가장 중요한 것이 그것이다. 판단력은 거기에서 발붙일 곳이 없다. 유대인들이 기도하며 하나님께 '후사'를 구하는 이유가 바로 거기 있다. "영혼은 당신의 것, 몸은 주님의 창조물, '후사'(husa), 당신의 작품에 자비를 베풀어 주십시오."

유대 명상을 가르치며 '후사'를 설명할 때, 나는 학생들에게 우리가 유치원에 다닐 때, 알록달록한 천으로 만들었던 오븐 장갑을 상상해보라고 한다. 한쪽 끝은 너무 빡빡하고, 다른 쪽 끝은 너무 느슨해서 여기저기 매달린 루프 조각이 남아 있었던 그 장갑을. 그러나 엄마는 우리가 만들었기 때문에 자랑스럽게 냉장고에 걸어 놓지 않았던가. 비록 기형이었어도 그건 참 예뻤다. 삐뚤빼뚤해서 더 사랑스러웠다. 그 불완전함이 그걸 더 사랑하게 했다. 왜냐하면 그것은 자신을 표현하려는 우리들의 영혼이기 때문이다.

우리가 여기저기서 일을 엉망으로 만들거나, 설사 불완전할지라도 하나님의 우리를 향한 사랑의 방식이 '후사'다. 우리가 비록 한쪽으로 기울어 있을지라도. 우리는 불완전해서 사랑을 받고 있다. 세상에 둘이 없는 사람이어서 내가 아름답지 않은가.

너무 자주 우리는 하나님을 벌주시는 재판관으로 상상한다. 그런 상상은 이제 떠나보내도 된다. 하나님은 세계의 영혼(the Soul of the world)이시다. 우리를 신뢰하고, 응원하며, 힘을 주고, 가르치는 세계의 영혼이시다.

그러나 많은 사람이 하나님께 분노를 품고 살아간다. 내가 당신을 찾았을 때 어디에 계셨나요? 도대체 왜 이런 일이 나에게 일어났나요?

'후사'(husa) 명상은 우리를 부드럽게 만든다. '후사' 명상을 하다 보면 하나님이 그런 일을 일어나게 하지 않았다는 것을 깨닫기 시작한다. 하나님은 우리를 응원하고 계신다. 하나님은 "나에게 너는 말할 수 없이 소중한 사람"이라고 하신다.

'후사'의 진정한 힘은 하나님과 우리의 관계를 재조정할 뿐만 아니라, 우리가 우리 자신을 대하는 방식과 타인을 대하는 방식을 변화시키는 데 있다. 비난의 음성은 낮추고 자비와 희망이 깃든 영혼의 음성의 볼륨을 높여주는 점이 '후사'의 매력이다.

비난의 음성은 내적 대화를 자주 지배한다. 내적 성찰의 과정을 이른바 영혼 탐색이라고 부른다고 해도, 성찰할 때 영혼을 만나는 일은 드물다. 차라리 재판관과 마주치기 십상이다.

그러면 영혼을 만났는지, 아니면 재판관을 만났는지 어떻게 알 수 있을까? "나는 썩었어, 나는 가망이 없어!"라는 소리를 듣고 자신을 평가한다면 재판관을 만난 것이다. 그 소리는 변화와 성장으로 이어지지 않고 마비와 어둠의 구덩이로 이어진다.

내면을 살피는 것은 자신을 미워하는 일이 아니라 치유하는 일이다. 그곳으로 '후사'가 찾아온다. 고요한 순간, '후사'를 안으로 맞아들여, "우리에게 자비를 베푸십시오!"라는 소리를 듣는다면 영혼의 음성을 들은 것이다.

자신에게 너그러워지면, 게을러지고 아무것도 성취하지 못하게 될 거라고 우리가 잘못 생각할 때가 있다. 그러나 우리가 틀렸다면 어쩔 것인가? 우리의 성장을 방해하고 꽃피우지 못하게 방해한 것이 우리 머릿속 재판관의 증오 서린 음성이었다면 어쩔 것인가?

영혼의 음성은 "다시 해보세요, 괜찮으니까 일어서세요!" 하고 자비롭게 말한다.

재판관의 증오에 찬 만트라 대신에 '후사'를 우리의 만트라로 삼아 보자.

'후사'는 맹목이나 부정을 의미하지 않는다. 그것이 의미하는 것은 움츠러들거나 증오하는 마음 없이 자신을 좀 더 자비로운 눈으로 바라봄으로써 이미 자신에게 있는 것과 고쳐야 할 것을 식별함을 뜻한다. 그럼으로써 우리는 스스로 무엇에 저항하는지 직시할 수 있다.

영혼의 음성은 "나는 나의 실패를 찬찬히 살펴보아야 할 뿐만 아니라 나의 장점 역시도 찬찬히 살펴볼 필요가 있다."고 말한다. 내가 받은 축복들을 알아야만 내가 해야 할 일을 이해할 수 있기 때문이다.

자신을 혐오하는 재판관의 음성은 자신의 문제를 세상 탓으로 돌리며 세상을 부정한다. 그 사람 때문에 내가 이렇게 된 거야. 그 여자가 나에게 이런 일을 저질렀지. 자신을 혐오하면 타인을 대할 때도 그 혐오감이 표출된다. 그런 분노들이 온갖 파괴적인 방법으로 끓어오르기 때문이다.

'후사'는 사랑하는 사람, 동료, 그리고 전혀 낯선 타인 등 다른 사람에 대한 판단을 부드럽게 하게 한다. 과거에 우리를 괴롭힌 사람들에 대한 비난이 우리에게 있을 수 있다. '후사'는 우리가 그것에 조금 관대해지도록 도와준다. 우리는 알지도 못하는 사람들에 대해 외모나 단 한 번의 잘못된 만남을 근거로 그들을 순간적으로 판단하기도 한다. 직장에서 만난 사람, 이웃 사람, 우리 가족에게 딱지를 붙여 분류한다. 우리는 사람들을 미성숙하고, 게으르고, 짜증나고, 어리석고, 추하다고 분류한 다음, 상자를 하나 만들어 그들을 상자 안에 넣는다. 그리고 그들에게 내린 선고를 거의 재평가하지 않는다. 사실, 다른 사람을 판단함으로써 우리는 파트너십, 우정, 사랑으로부터 고립된 상자 속에 자신을 가두고 있는 것이다.

그럼, 어떻게 '후사' 명상을 수행할까? 거짓말처럼 쉽다.

처음에는 그냥 5분 정도 조용히 앉아서 '후사'라는 단어가 자기 내부를 떠돌아다니게 한다. 입 밖으로 그 말을 내지 않는다. 마음과 온몸 구석구석을 돌아다니게 한다. 타이레놀을 삼키듯 '후사'를 삼켰다고 생각하면, 아픈 통증이 가라앉을 것이다.

그 '후사'가 자기 할 일을 하게 한다. 잠시 그 말을 놓쳐도 상관없다. 놓친 것을 알게 되면 다시 반복한다. 가볍게 받아들이고, '후사'를 강요하거나 스트레스를 주려 하면 안 된다. 빛을 비추어 내 안의 추한 것들을 태우는 깜빡거리는 불꽃처럼 '후사'가 내 안에서 춤추게 하자.

날마다 수행하듯이 '후사'와 함께 일상생활을 하자. 5분을 10분이 되게 한다. 그 다음에 18분으로 늘린다. 그것이 내가 제안하는 '후사'

와 함께하는 이상적인 시간이다. 유대 전통에서 숫자 18은 생명을 의미한다. '후사'라는 말로 인해 날마다 우리의 판단은 누그러지고 장벽은 녹기 시작할 것이다. 훨씬 관대하고 따뜻한 눈으로 다른 사람을 바라보게 될 것이다. 우리는 곧 스트레스와 불안감이 감소했다는 것을 알게 된다. 또 주변에 있는 것에 더 수용적이 되고 재미있어지는 것도 알게 된다.

존은 부인과 이혼하고 사춘기에 접어든 딸, 니콜과 함께 사는 변호사다. 논쟁에 탁월한 재주가 있는 자신의 유전자를 그대로 물려받은 딸이 어렸을 때는 사람들이 니콜을 "아빠 딸"이라고 놀렸다. 둘이 정말 친해서였다. 그러던 니콜이 고등학생이 되면서부터 그녀의 논쟁하는 태도가 점점 더 거칠어지기 시작했다. 아무도 하지 않는 방식으로 아빠를 괴롭힌다고 느낀 존은 니콜이 눈알을 굴리며 험한 말을 할 때마다 과잉반응을 했다. 부녀지간의 언쟁이 점점 치열해지고, 급기야 니콜은 엄마와 함께 살겠다고 위협까지 했다. 존이 상담하러 온 무렵이 그 즈음이었다. 그는 니콜과 싸우지 않는 방법을 찾고 싶어 했다. 내가 "명상을 가르쳐드리고 싶다."고 했더니 존은 당황하는 눈치였다. 명상 체질이 아니라는 것이다. "한 달만 해보고 괜찮은지 한번 보실까요?"라고 내가 말했다. 나는 그에게 '후사'와 그 위력에 대해 전부 설명했다. 나의 제안을 전부 수용하는 것을 머뭇거리던 그가 '후사'만은 한번 시도해보겠다고 했다.

몇 주가 지나 존은 생기 넘치는 모습으로 내 사무실에 왔다. "저에게 이런 선물을 주셔서 고맙습니다, 정말." 그는 이제 딸이 모든 사춘기 아이들이 부모를 미치게 만드는 행동을 하는 건강한 십대임을 이해했다. 니콜은 더 이상 아빠가 뚜껑이 열릴 정도로 말대꾸는 하지 않았다. 여전히 딸에게 비난하는 어투로 반응할 때도 있지만 사태가 더 길어지기 전에 그는 만약에 생길지 모르는 일을 미리 예측한다. 존은 자기의 생활에서 상황이 얼마나 빠르게 변화했는지 놀랐다. "이제는 늘 화가 난 상태로 살지 않아요. 가장 잘 된 일은 우리가 실제로 즐겁게 웃으면서 지내게 된 것입니다."

'후사'의 힘이다.

기분이 더 밝아진 것을 느끼고 색상이 더 밝고 선명해 보인다. 주의는 더 깊어지고 맑은 정신으로 남아 있다. 오감이 고양되고, 마음이 비옥해진다. 통찰력이 우리 안으로 들어와 형태를 갖추고 성장할 준비를 한다.

시간이 지나가고 우리가 '후사' 수행에 차츰 익숙해지면 우리는 더 깊어지고 두려움과 무감각을 넘어선다. 또한, 가슴에서 마음을 분리하는 벽, 타인을 우리와 분리하는 벽을 넘어선다.

'후사'는 자신을 대면하는 용기와 자신 너머를 볼 수 있는 양심을 선물한다.

시간이 지날수록 '후사'는 침묵 속에 고요히 수행하고 있을 때뿐만 아니라 일상 속으로도 들어온다. 슈퍼마켓에서 줄을 서서 기다릴 때 우리와 함께 기다리고, 우리가 서두를 때 진정시킨다. 아이들 때문에 탈진해 있을 때 들어와 준다. '후사'는 근무 중에 스트레스를 조절하게 도와준다. 회의할 때, 인터뷰할 때 '후사'를 동반하자. 말할 때 '후사'를 우리에게서 발산시키자.

물론 아무 일이 일어나지 않을 때도 있고 불안할 때도 있다. 큰 기대감을 갖고 '후샤' 명상을 시작했으나 모든 것을 잃어버린 것 같을 때가 있다. 그 역시 하나의 과정이다. 길이 평탄치 않을 때, 아무 진전이 없는 듯이 보일 때조차 그 길에 남아 있는 기술이 '후샤'이다.

간혹 '후샤'가 실제 깨달음에 이른 듯 고양되고 들뜬 기분에 사로잡히게 할 수 있다. 조심하자!

'후샤'는 일을 중단하거나 더 이상 노력하지 않아도 된다는 뜻이 아니다. 깨달음을 얻기 위해, 혹은 마음의 평화를 얻기 위해 '후샤'를 한다면 그것은 잘못 설정한 목표이다. 아마도 이 시대의 가장 위대한 탈무드 권위자인 아딘 슈타인살츠는 온전하다고 느끼는 사람이나 깨달음에 도달했다고 느끼는 사람은 길을 잃은 사람이라고 가르쳤다.

만약 안에서 "나는 완벽하게 평화로워!"라는 소리가 들린다면, 그것은 영혼에서 나오는 소리가 아니다. 협잡꾼의 소리다. 영혼은 우리에게 무언가의 아름다움을 보게 하고, 또한 영혼은 해야 할 일이 많이 있다는 것을 알고 있다. 영혼은 우리에게 앞을 향해 나가도록 끝없이 재촉한다.

후샤가 그대 영혼의 희망찬 음성을 들을 수 있도록 돕게 하소서. 복잡하고 자기 모순적이며 소중한 그대 자신에게 자비심을 품게 하소서. 그대가 결코 도달하지 못하기를 빕니다. 계속 성장하고 배우고 번성하며 영원히 펼쳐지길 기도합니다. 아멘.

음악으로 영혼 드높이기

2년 전에 이스라엘에 갔었다. 그때 나는 아브라함 아후비아를 만나는 특권을 누릴 수 있었다. 아브라함 아후비아는 랍비 마커스가 소년들을 데리고 이스라엘에 가서 세운 부켄발트 농장의 창립 멤버 중 한 분이었다. 많이 늙고 쇠약한 그를 굳이 만나려는 나를 농장 사람들이 만류했다. 그가 하는 말은 앞뒤 맥락이 맞지 않고 귀도 어둡다는 것이었다. 실망해도 괜찮으니 한 번만이라도 만날 기회를 달라고 부탁했다. 그가 사는 집을 찾아갔다. 아브라함의 보청기와 연결된 특수 마이크를 나에게 주며 요양사는 큰 소리로 말하라고 했다.

나는 랍비 마커스가 아인슈타인에게 보낸 편지를 그도 알고 있는지 큰 소리로 물었다. 우리의 대화에 희망이 거의 보이지 않았다. 내가 소리를 지르며 몇 가지 질문을 했는데 그는 기억이 나지 않아 힘들어하며 혼잣말로 자꾸 중얼거렸다. 나는 랍비 마커스에 관해 그에게 끈질기게 물어보았고, 그는 계속 소냐(Sonja)라는 이름만 되풀이했다. 알아듣기 어려웠지만 소냐에 대한 관심을 랍비 마커스에게 돌려보려고 나는 거듭 시도했다.

마침내 아브라함은 나를 제지하며 가늘지만 높은 목소리로 "소냐를 빼놓고선 랍비 마커스를 말할 수 없어요! 그 두 사람은 연결된 사람입니다!" 갑자기 나는 아브라함이 명료하다는 것과 나에게 무슨 이야기인가를 해주고 싶어 한다는 것을 알아차렸다. 내가 너무 조급했던 나머지 그의 말을 못 알아들은 것이다.

아브라함이 나에게 들려준 이야기는 이러했다.

"어느 날, 랍비 마커스가 어린 여자아이를 부켄발트 농장에 데리고 왔어요. 이름이 소냐라고 했어요. 열네 살 정도 되어 보였는데 집도 친구도 없는 떠돌이였어요." 만약 소냐에게 생존한 일가친척이 없다는 것이 확인되면, 랍비 마커스가 그 아이를 미국으로 데리고 가서 자기가 입양을 할 거라는 약속을 했다고 아브라함이 말했다.

아브라함이 이야기를 이어갔다. "소냐 방은 내 옆방이었어요. 나는 소냐와 특별한 인연을 느꼈습니다. 그 아이는 침대에서 혼자 소리내 울곤 했어요. 나더러 매일 저녁 자기 방에 와서 잘 자라는 인사를 해달라고 졸랐지요."

지금 이 이야기가 어디를 향해 가고 있는 걸까? 랍비 마커스의 얘기를 들으려고 나는 비행기를 타고 이 먼 곳까지 왔는데, 아브라함은 소냐 얘기만 반복했다. "내가 그 애 방으로 들어가면 나에게 엄마가 안아준 것처럼 안아 달라고 했어요. 나에게 굿나잇 인사를 해달라고 해서 내가 그러면, '아니, 그렇게 하지 말고, 우리 엄마가 부르던 자장가를 부르면서 나를 침대에 눕혀 줘!'라고 했어요."

감정을 주체하지 못했는지 그의 목소리가 갈라졌다. "소냐 어머니의 취침 의식을 내가 그대로 따라 하는 데 며칠이 걸렸지요. 나도 소냐 엄마처럼 아이를 눕히고, 침대에 앉아 자장가를 부른 다음, 이마에 입을 맞추고선 잘 자! 라고 했어요. 소냐는 이내 울음을 그치고 이제 가도 된다고 했어요."

아브라함이 말한 대로 그는 아이를 달래는 어른이 아니라 그 역시 소냐보다 고작 몇 살 더 먹은 어린아이에 불과했었다. 그의 부모님 역시 상상하기 어려운 방법으로 학살당했다. 밤마다 소냐에게 자장가를 불러주는 일은 소냐만 달래 준 게 아니라 그의 아픈 영혼과 외로움 또한 달콤한 사랑으로 채워 주었다.

아브라함은 나를 보며 말했다. "그런데 소냐가 사라져버렸어요. 나는 랍비 마커스가 미국으로 데리고 간 줄로 알았는데, 그가 소냐를 입양하지 않았다는 사실을 나중에 알았어요. 그 아이를 잃고 나서 나는 정말로 슬펐어요. 그 애를 침대에 눕힐 때 나도 행복했거든요."

아브라함이 졸기 시작했고, 나도 일어설 시간이 되었다. 떠나기 전, 우리는 포옹을 했다. 나는 소냐의 소식을 수소문해서 꼭 알려주겠다고 약속했다. 그의 집을 나서며 언제가 들었던 하시딕 교훈이 문득 떠올랐다. "열 단계의 기도가 있고, 그 위에는 노래(Song)가 있습니다."

음악은 신성하다. 음악은 마음을 우회하여 곧바로 가슴으로 향한다. 음악은 우리에게 울어도 괜찮다고 한다. 애절한 노래를 부르면 무거운 마음이 녹기 시작하고 버겁던 짐도 가벼워진다. 때로 멜로디가 흥을 돋우기도 하고, 때로 마음을 아프게도 한다. 우리의 탄식이 하나님의 심장을 찢어지게 한다고 나는 믿고 있다. 말로 충분하지 않을 때 멜로디는 하늘에 곧바로 가닿을 수 있어서이다.

노래로 위로받았던 적이 있는가? 음악으로 인해 자신의 감정에서 도망가지 않고 감정에 충실했던 적이 있는가? 노래를 듣고 있노라면 비탄과 상실의 충격을 온전히 감내할 수 있는 여유가 생기고 더 이상 외롭지 않게 된다.

음악이 할 수 있는 일은 우리를 들어 올리고 하나가 되게 한다. 다른 언어를 사용하는 사람들을 서로 연결해 말로 포착할 수 없는 인간의 보편적인 감정을 표현하게 한다.

나는 유대 영성을 회복하여 기도 생활에서의 기쁨, 의미, 엑스터시를 되살릴 수 있는 새로운 방법을 모색하고 있었기 때문에 내가 이끄는 영성공동체인 나슈바(Nashuva)를 탄생시키는 데 공을 들였다. 히브리말 '나슈바'(nashuva)는 '우리, 돌아오리라!'는 뜻이다. 우리는 모두 돌아와야만 한다. 열정으로, 우리의 꿈으로, 사랑으로, 자신의 영혼에게로, 우리 주님께로. 나는 나슈바 공동체가 사람들이 목말라하는 영적인 공급을 받아서 변화하는 공간이 되기를 기원했다. 사람들이 나슈바에 와서 기도하고 노래하며 주의 깊게 영혼의 목소리에 귀 기울이는 시간을 갖기를 바랬다.

나슈바 공동체가 생기기 전, 공동체를 만들고 싶은 꿈만 꾸고 있을 때부터 내 머리에서는 음악이 흘렀다. 어떤 공동체가 탄생할지 가늠할 수 없었지만, 그 공동체의 음악이 어떨지는 분명했다. 나는 사람들의 영혼을 어루만져 줄 수 있는 음악인을 찾아 나섰다. 한 사람의 음악가가 또 다른 음악가와 연결시켜주었다.

우리는 종파와 인종을 초월했다. 유대교인과 기독교인, 흑인, 백인,

아시아인, 라틴아메리카인 등. 우리는 하나됨의 힘을 전파하는 데 헌신하기로 다짐했다. 우리는 온 세계 음악 전통을 융합하는 예배를 드리기로 했다. 내가 마치 『오즈의 마법사』에 나오는 도로시가 된 것 같았다. 마치 그들을 전생에서부터 알고 지냈던 것처럼 이상할 정도로 친숙하게 느껴지는 사람들 속에 나는 둘러싸여 있었다.

나슈바 음악 밴드와 나는 고대 히브리 기도문의 언어들을 포크송, 아프리카 리듬, 레게음악, 복음성가와 민요의 가사로 사용하기 시작했다. 우리가 함께 연주한 첫 번째 기도는 "모두 와서 하나님께 노래합시다, 날마다 우리를 구원하시는 한 분 하나님께 찬송을 드립시다."였다. 우리가 서로를 더 드높여주면서 거룩하고 신성한 그 무엇을 전달하는 방식에 나는 압도되었다.

나슈바 공동체가 첫 예배를 드리는 밤이 되었다. 우리는 누구와 연락을 해야 할지, 또 사람들이 한 번 왔다가 다시 올지, 전혀 감이 잡히지 않았다. 우리는 기도를 시작했다. 점점 더 많은 사람이 계속 들어오더니 복도에 서 있기까지 했다. 실내에 있는 사람들이 살아나고 있는 것 같았다. 우리는 노래를 부르며 사람들이 기도하며 울고, 환하게 빛나며 우는 것을 보았다. 너무 많은 눈물, 그만큼 많은 빛…

우리가 함께한 지 어느덧 십삼 년이 흘렀다. 그동안 음악이 기도의 말씀에 생명을 불어넣고, 사람들의 영혼에 들어가 그들의 얼굴을 빛나게 하고 행복하게 하는 것을 목도할 수 있었던 세월은 나에게는 정말 영광이었다. 자신의 영혼과 영혼 중의 영혼(하나님)에게 돌아오는 길을 찾기 위해 직접 찾아오거나, 생방송 웹캐스트를 통해서 수천 명이 돌아오고 있었다. 히브리어를 모르는 사람들은 허밍으로 따라 불렀다. 외롭게 방황했던 사람들조차 예배에 참석하면 곧 사람들과 섞여 음악에 맞춰 몸을 이리저리 흔들었다.

사람들과 어깨를 맞대고 기도문을 낭송하다 보면 갑자기 영혼이 붕 하고 날아올라 어느 틈에 걱정이 사라진다. 낯선 사람들로 가득한 장소에서 자신만의 독특한 갈망을 품은 그 다양한 목소리들이 서로 섞여 단 하나의 개체, 하나의 영혼이 된다.

영혼과 단절된 느낌이 든다면, 영혼을 찾기 어렵다면, 생각에서 벗어나기 어렵다면 나는 노래를 부르라고 충고한다. 음정이 틀려도 상관없다. 샤워를 하거나 운전을 하거나 예배 중이어도 좋다. 어디서든 멜로디가 흐르게 하자. 애창곡을 틀어 놓고 따라 불러 보면 영혼이 어디 숨었는지 찾아낼지 모른다. 음악은 영혼을 깨워 곧 연주해도 될 만큼 안전하다고 느낀다.

음악은 기도다. 모든 혁명과 자유를 위한 투쟁의 심장 박동이 음악 아니었던가. 자유의 노래, "우리 승리하리라!"가 어떻게 민권운동에 영향을 끼쳤던가. 애국가는 저항하는 사람들을 자극함으로써 격려했고, 두려움을 가라앉혔고, 대신 시위의 정신은 높였으며 연좌농성과 가두행진을 할 때 결의를 다지게 했다.

음악은 시간 여행이다. 우리 모두는 어린 시절, 첫사랑, 반항적인 십대, 그리고 결혼식 날처럼 특별했던 순간으로 돌아가게 하는 음악을 듣고 있다.

우리 아버지는 말수가 많지 않은 분이었지만 노래 부르는 걸 무척 좋아하셔서 우리 가족 전부—아버지, 엄마, 그리고 자식 넷—는 언제나 조화롭게 노래를 부르곤 했다. 안식일 만찬과 유월절 이브엔 자정을 훨씬 넘겨서까지 노래를 불렀다. 그러는 동안 우리의 언어는 오로지 음악이었다.

부모님은 모두 돌아가셨지만 나의 어린 시절 노래들은 내 삶의 충실한 동반자마냥 나에게 달라붙어 있다. 외롭다는 느낌이 들면 그때 그 시절의 노래들이 떠오른다. 머리에 한 소절이 탁 튀어 오르면 금세 즐겁고 웃음 많던 그 시절로 나는 되돌아간다. 그리고 평화로워진다.

음악은 영혼이 사랑을 표현하는 방법이다. 낭만적인 발라드에서부터 스르르 잠들게 했던 어머니의 자장가에 이르기까지. 아! 소냐의 자장가.

나는 아브라함에게 한 약속을 잊지 않았다.

소냐가 어떻게 되었는지 다각도로 수소문해 본 끝에 그녀가 맨해튼에 가서 이모 루시와 어퍼 웨스트사이드에 살았다는 사실을 알아냈다. 그리고 옷가게에서 쇼윈도 장식을 했다는 사실도 알게 되었다. 소냐 소식을 아브라함에게 알려주고 싶었는데 안타깝게도 그는 소냐가 가족을 만나서 잘 지낸다는 소식을 듣기 전에 이미 세상을 떠났다. 아브라함이 돌아가셨다는 소식을 들었을 때 나는 자장가를 흥얼거리며 몽상에 잠겨 먼 데를 응시하는 그의 모습을 상상했다. 70년이 지나서 그 옛날은 가고 없는데도 소냐는 그의 영혼 안에 고이 새겨져 있었다. 그의 곁에서 안정감을 느끼며 평화롭게 잠들라고 엄마 노릇을 하며 자장가를 부르는 한 젊은이의 모습이 내 눈에 어른거렸다.

내가 신학교 학생들에게 임종을 앞둔 사람들을 돌보는 수업을 할 때마다 학생들이 묻는다. 커다란 비극과 마주했던 사람들이 가정으로 돌아가서 어떻게 마음을 갑자기 바꾸어 자녀들과 놀아주거나 아무 일 없었던 듯이 배우자를 대할 수 있는지, 그것이 과연 가능한 일인지를. 학생들은 "교수님은 어떻게 하시나요? 기도하시나요? 명상하시나요?"라고 묻는다.

아침에 임종을 앞둔 사람에게 축복기도를 한 후, 결혼식에 참석하여 함께 기쁨을 나눈 다음, 그 날 오후 다시 아기에게 이름을 지어주러 가는 일이 나에게는 별로 특별한 일이 아니다. 이번 주에도 나는, 27년 동안 내가 존경했던 분의 장례식을 주관하고 나서, 곧바로 집에 돌아와 괴상한 옷으로 갈아입은 다음에 시끌벅적한 부림절 축제에 갔었다. 어떻게 이런 전환을 할 수 있나? 음악이다. 언제나 나를 구원하는 것은 음악이다.

나를 들어 올리는 것도 음악이요, 나를 회복시켜주는 것도 음악이다. 장례를 마치고 묘지를 떠나 잠시 말없이 차를 몰다가 나는 비틀즈든 아레타 프랭클린이든 밥 말리든 쿵쿵 울리도록 틀어 놓고 듣는다. 그러면 나의 영혼은 새로운 존재로 옮겨간다. 슬픔의 깊이에서 음악은 나를 삶으로 돌아오게 하는 것이다.

열 단계의 기도가 있습니다... 그 위에 노래가 있지요.

영혼에 평안을 주는 음식

나의 조카 야레드가 성년식을 치를 무렵이 가까워 왔을 때, 돌아가신 우리 어머니가 손자에게 어떤 선물을 받고 싶냐고 물었다. 조카는 할머니에게는 천금을 달라고 해도 된다고 생각했던 모양이다. "할머니가 만든 음식 레시피가 적힌 요리책이 제일 갖고 싶어요." 우리 어머니에게 이보다 더 큰 감동이 어디 있었을까!

어머니는 꼬박 일 년에 걸쳐, 가족을 위해 평생 만들었던 음식의 요리법을 손수 적었다. 요리법과 함께 어머니 자신의 이야기, 특별한 날, 특별한 사람들과 얽힌 이야기, 또한 당신 어머니와 할머니의 전통을 이어가는 것이 뜻하는 바가 무엇인지도 적었다. 어머니는 "할머니의 요리책"(Bubby's Cookbook) 첫 페이지에 이렇게 썼다.

사랑하는 야레드,
네가 이 요리책을 만들어달라는 부탁을 해서 정말 영광이었다. 이런 청을 하는 손자가 세상에 또 있을까 싶구나. 여러모로 고맙다.
레시피를 하나씩 적어 가면서 할머니는 이런저런 명절을 맞이하며 준비했던 아름다운 저녁식사의 기억을 더듬어 갈 수 있었다... 우리 집에 와서 내가 꾸민 식탁에 둘러앉았던, 내 가슴에 영원히 새겨진 사람들이 무척 보고 싶더구나. 특히 금요일 저녁이 그리웠단다. 불 밝힌 촛불, 예쁘게 꼰 촐라빵... 그 주변에 둘러앉은 아름다운 얼굴들... 정말 감동이었지... 그 모든 것들은 사랑하는 너희들에 대한 내 사랑의 표현이었단다.

나에게 음식이란 사람들을 한 자리에 불러 모아... 서로서로 따스한 온기를 나누며 삶을 향유케 하는 것이었다. 음식만큼 자연이 지닌 무한한 풍성함과 아름다움을 드러내주는 것이 어디 있겠니? 그래서 나는 엄청난 감사와 커다란 고마움을 느낀다.

야레드, 할머니가 네가 따라 하기 쉬운 요리법을 고안했으니 그 안에서 쓸모 있는 점을 발견하길 바란다. 그리고 네가 요리를 하고 빵을 구우면서 그 과정에 깃든 창조적인 면을 즐겼으면 한다. 그러나 그 무엇보다도 다른 이들을 위해 즐겁게 음식을 만들어서 함께 나누는 기회를 가능하면 자주 갖기도 바란다. 내가 그렇게 살았다고 자족하듯이 말이야.

너를 많이 사랑하는 할머니가

이제 우리 곁에 안 계시는 어머니. 엄마의 요리법은 엄마 영혼의 한 조각이어서 우리 모두에게 소중한 유산으로 남게 되었다. 어머니에게 그것을 부탁했던 내 조카가 무척 고마울 뿐이다.

음식은 영혼을 사랑으로 연결하고 공동체를 형성한다. 요리법은 대대로 이어지게 마련이다. 성장하는 동안 맡아 온 익숙한 향과 맛이 한 사람을 형성하며, 또한 자신이 어디서 왔고 어디에 속한 사람인지를 알게 한다. 음식은 내가 집단적 영혼의 일부이며, 공통된 역사와 공통된 운명을 지닌 문화와 민족의 한 구성원이라는 사실을 깨우쳐준다.

우리가 서로 분리되어 있다는 망상을 깰 수 있는 것 또한 음식이다. 낯선 사람과 함께 밥을 먹고 나면 친구가 된다. 경쟁자와 한 상에서 식사를 하고 나면 그와 내가 얼마나 닮은 사람인지를 안다. 얼마 전, 동료 랍비들과 유대인들의 영성생활 참여도를 높이는 방법을 궁리하다가 유대인들을 유대교로 돌아오게 하는 최선책이 고전을 주입하는 것이 아니라는 데에 모두 공감했다. 고전을 가르치는 일은 나중 문제다. 마이모니데스를 앞에 두고 말씨름을 하는 것보다 차라리 안식일에 맛난 스튜(촐렌트) 한 그릇을 나눠 먹는 것이 진도를 훨씬 많이 나가게 한다.

성경에는 나에게 언제나 달라붙어 있는 저주 하나가 있다. 나를 가장 불안하게 하는 말 중 하나이다. "네가 먹을 것이나 결코 배부르지 아니하리라."

이 말은 항상 우리 사이에 맴돌고 있다. 우리 안에는 결코 채워지지 않는 허기가 있지 않은가. 불안해서 먹고, 위로받으려고 먹고, 충동적으로 먹고, 하는 일이 없어 지루해서 먹는다. 외로워서 먹고, 우리 앞에 음식이 있어서 먹는다. 우리는 너무 빨리 먹거나 너무 많이 먹어서 아픈데도 전혀 포만감을 느낄 수 없다.

그렇다면 이른바 '충만감'이라는 영적 상태는 어떻게 경험할 수 있을까? 영혼과 함께 먹으면 천천히 오래 씹게 되고 입 안에 들어온 것을 음미하게 된다. 맛, 색, 식감과 향을 알게 된다. 음식으로 하여금 우리들 자신의 감각을 깨우게 하여 깊은 쾌락을 누리자.

놀라운 음식을 맛볼 때를 위해, "에덴동산의 맛이 여기 있다"라는 이디쉬 격언이 있다. 음식은 천상의 맛을 알려줄 수 있고 감사하는 마음도 가르친다. 랍비들은 먼저 감사를 드리지 않고 이 세상이 주는 식탁에 참여하는 사람은 하나님의 것을 훔치는 행위라고 강력하게 주장한다. 그래서 유대 율법에는 음식 한 조각을 먹기 전, 심지어 물 한 모금을 마시기 전에도 비는 축복이 있다.

또한 유대 전통에는 음식을 먹고 나서 비는 축복이 있다. 내가 낭송하기 좋아하는 축복 중 하나는 "욕구를 지닌 영혼"을 창조해주신 하나님께 감사를 드리는 것이다. 참 이상한 기도 아닌가? 왜 우리가 불완전하게 태어난 것에 감사한단 말인가? 내가 이해하는 바는 이렇다. 만약 우리가 자족할 수 있게 태어나서 아무런 욕구가 없는 존재였다면 인생이 얼마나 지루했을까. 어떤 세속적 쾌락도 우리를 유혹하지 않는다면? 음식을 먹고 나서 "욕구를 지닌 영혼"을 주신 것을 축복하는 것에 주목해보자. 욕구를 지닌 "몸"에 감사하는 것이 아니다. 무슨 뜻일까? 먹는 일이란 영혼을 항상 만족시키기 위해서 온 몸으로 수고하는 영적인 행위라는 뜻이다.

먹는 일은 영혼을 깨우는 길이어서 종교가 식사를 의식으로 바꿨다. 음식이 하늘과 땅을 연결하는 성사가 되었다. 유대인들의 유월절 무교병('마차,' *matzah*)은 고난에 대해 가르쳐준다. 노예생활의 비참함을 단지 읽어버리고 마는 것이 아니라, 당시의 영혼으로 돌아가 보기 위해 쓰디쓴 야생초를 시식하는 것이다. 신년절(로쉬 하샤나)이 되면 유대인들은 새로운 한 해가 달콤한 날들이 되기를 기원하며 꿀에 재운 사과를 먹는다. 나는 꿀과 달콤함을 염원하는 것에 대해 이렇게 저렇게 생각해보았다. 여러 가지 질이 낮은 대용품들이 넘쳐나는 문화 속에서 우리는 어떻게 진정한 달콤함을 추구할 수 있을까? 우리는 사카린 같은 날이 아니라 꿀과 같은 날들을 염원한다.

먹는 것이 명상이 되게 하자. 마음을 다해 우리의 감각에 충실하고 우리 주변 사람들에게 충실하자. 식사를 신성한 의식처럼 대하자. 음식처럼 평범한 것이 우리를 초자연적인 영역으로 연결하고 우리의 영혼을 채워줄 수 있다는 것을 기억하자.

그렇다, 음식은 사랑이다. 누군가 나를 위해 만들어준 한 끼 식사는 온 마음과 영혼으로 바친 봉헌예물이 아닌가. 내가 차린 식탁은 내 가정의 영혼이 될 수 있고, 확대된 가족들까지 끌어들여 함께 잔치를 벌이고 일생에 남을 추억거리를 만들어내는 중력이 될 수 있다.

음식을 먹기 전에, "내 영혼은 무엇에 굶주려 있는가?" 스스로에게 물어보자. 천천히 주의 깊게 답변을 들어 보자. 영혼을 만족시키면 포만감을 알게 되고 감사하게 되리라.

나에게 음식 맛을 영혼으로 음미하게 해 준 사람은 바로 남편이었다. 그는 나에게 음식으로 구애를 했었다. 나는 점심시간 동안 "사랑과 율법"이라는 작은 수업을 맡은 랍비였다. 우리 회당 유치원에 꼬마들을 보내는 엄마들이 주로 학생들이었는데 내 사무실에 모여서 아가서를 읽었다. 어느 날 먹거리를 싸들고 오는 한 남자가 모임에 들어왔다.

첫 날, 직거래 장터에서 그가 사온 싱싱한 딸기는 너무나 잘 익어서 입에서 살살 녹았고 턱 밑까지 즙이 줄줄 흘러내렸다. 그 다음부터 그는 우리가 큰소리로 낭송하는 거룩하고 에로틱한 사랑의 시에 언급된 향료들을 하나씩 가져오기 시작했다. 어떤 주에는 유향을 가져왔다. 그 다음 주엔 몰약을 가져왔다. 그가 수업에 들어오는 날마다 나는 몽롱해지기 시작했다. 다른 사람들도 이것을 눈치 챘을까? 시 속의 사랑의 언어들이 그가 가져온 향료와 섞여 우리의 영혼이 고양되며 점점 섞여가고 있었다. 나는 내가 사랑에 빠졌다는 것을 알았다.

내가 로버트를 우리 집으로 처음 초대했던 날, 우리는 차를 마시며 이야기꽃을 피웠다. 무언가 확인할 것이 있어서 내가 다른 방으로 건너가 우리의 대화가 잠시 중단된 틈을 타서 그는 우리 집 부엌 찬장을 슬그머니 살폈다. 아마 아사 직전이었던 모양이다. 그가 찾아낸 것은 참치 캔과 감자 칩. 우리 집에 마요네즈, 빵 같은 것은 없었다. 아니, 왜 남의 집 부엌에서 서성거릴까! 참치 통조림을 들고 서서 그는 물었다. "고양이처럼 그냥 통조림 채로 먹어요?" 내가 그렇다고 자수했더니 배꼽이 빠질 듯 웃어댔다. 다음에 만났을 때 그는 참치 캔을 덜어서 먹으라고 "야옹"이라고 새겨진 고양이 밥그릇을 나에게 선물했다.

그와 결혼한 지 어느덧 25년이 흘렀지만, 남편은 여전히 나에게 음식으로 구애작전을 펼친다. 그가 요리사였을 때 우리가 만났다. 식자재 공급 회사를 경영하고 있던 그는 몇 군데 식당을 오가며 일했고 파이 전문 요리사 일도 하고 있었다. 홈메이드 파스타! 그가 나에게 맨 처음 만들어준 음식이었다. 홈메이드 토마토소스, 와인과 함께 올리브

기름을 살짝 뿌린 식전 빵도 홈메이드! 반죽을 가지고 노는 듯한 그의 손놀림을 볼 때마다 나는 정말 행복했다. 요리를 하는 동안 그는 무아지경이었다. 즐거움과 사랑만이 넘치는... 파스타에 군침을 흘리는 나에게 식탁에 앉기 전에 그는 포크부터 건네줬다. 에덴동산의 맛이었다!

부엌에서 일하는 남편을 바라보면 지금도 행복하다. 30인분 정도의 음식을 힘 하나 안 들이고 거뜬히 해내는 그의 손은 모래상자에 앉아서 모래를 가지고 노는 개구쟁이들 손처럼 자유자재로 움직인다. 현재 그는 저널리스트로 활동하고 있지만, 저녁마다 집에 오면 여전히 우리 집 주방장이다. 우리 집은 사람들이 많이 와서 먹고, 좋은 친구, 좋은 대화, 좋은 음식들을 즐기는 곳이다. 우리 아이들은 부모가 매일 저녁마다 함께 앉아서 맛있는 음식을 먹으리라는 것을 알며 자랐다. 사랑, 감각, 영혼, 우정, 공동체, 가족, 음식. 여기가 에덴동산...

고맙습니다, 하나님. 이제 배가 불러요.

그대가 영혼에 영양을 주어서 영혼을 깨우는 식사에 참여하시길. 그대가 포만감을 누리는 식사에, 사랑하는 사람들과 한 분 하나님에게 그대가 연결되는 식사에 참여하시길. 아멘.

이해의 열쇠,
기도와 공부

생명을 지탱하기 위해 육체에 음식이 필요하듯이, 영혼이 더 풍성해지기 위해서는 기도가 필요하다.

오늘 아침, 잠에서 깨어나 마음속에 가장 먼저 떠오른 것은 무엇이었나?

몇 년 전, 기도수업을 할 때 내가 학생들에게 던졌던 질문이다. 대답은 각양각색이었다. "우리 아기가 울지 않을까 걱정하고 있었어요." "과제 발표 연습을 하고 있었어요." "아이들 아침과 점심 도시락을 무엇으로 할까 고민하고 있었어요." "알람을 꺼야지 생각했어요." "이메일을 생각하고 있었어요." "커피 마시고 싶었어요."

"기도하며 일어난다면 어떨지 생각해 본 적은 없나요? 다시 깨어난 것에, 새날을 주신 것에 감사하는 기도 말이에요."라고 내가 물었다. 내 학생들은 대부분 세속적인 사람들이었고, 유대교 회당에서 기도할 기분이 들 때를 제외하고는 기도를 하지 않는다고 했다.

나는 "저는 기도의 한 문장 같은 간단한 것이 우는 아기를 다루는 방법을 바꿀 수 있고, 과제를 발표하는 방법을 바꿀 수 있다고 믿게 됐어요. 또 아이들에게 아침을 차려주는 방식을 바꿀 수 있으며, 매일 해야만 하는 일들을 새로운 태도로 할 수 있다고 믿게 됐습니다."라고 말했다.

그들의 표정에는 "설마 그럴까?" 하는 느낌이 가득했다. 나는 "우리가 실험 삼아 해보는 게 어떨까요? 일어나서 2주 동안 아침기도를 암송해 본 다음에 다시 이야기 해보죠."

다음 번 수업에서 학생들이 보인 반응은 감동적이었다. "아침마다 아이들에게 더 많은 인내심을 발휘하게 돼요." "집에 있는 시간이 재미있고 불평도 줄었어요." "잠이 잘 와요." "아침마다 알람을 더 이상 끄지 않고, 기도한 다음 침대에서 일어나 새로운 날을 시작해요. 설레는 마음으로."

그로부터 2년 정도 지났을 때 한 학생이 편지를 보내왔다. "랍비 레비님, 기억하실지 모르겠지만 저는 기도수업에 참가했던 사람입니다. 랍비께서 우리에게 해보라고 하신 후, 실은 아침마다 꼬박꼬박 기도드리고 있어요. 다른 사람들에게도 해보라고 권하고 있고요. 전보다 훨씬 깊이 삶의 신비들에 감사하고 있습니다. 그 수행은 제가 현재에 존재하도록 도와주고, 감사하는 삶을 살 수 있게 해주었습니다. 이런 선물을 주셔서 다시 한 번 감사드립니다."

아침기도처럼 간단한 것이 하루를 맞이하는 방법을 바꿀 수 있다. "내 영혼이 당신을 갈망합니다."라고 시편 기자는 외쳤다. 공허감이 밀려올 때, 더 이상 남은 게 없다는 기분이 들 때, 기도가 우리를 채우고 영혼을 되살린다. 기도는 우리를 진정시키고, 안심시키며, 희망을 다시 불러일으킨다. 공동체의 기도는 서로 다른 영혼들을 위대한 하나에 연결한다. 스스로 기도하면 혼자가 아니라는 것과 절대적 존재가 가까이 계심을 깨닫게 된다. 기도는 외면했거나 회피했던 꿈과 갈망, 모든 희망을 기억나게 해준다. 기도는 우리가 우리 안에서 외치는 영혼을 지닌 존재라는 것을 상기시켜 준다. 기도는 우리 안의 영혼이 말을 할 수 있도록 우리가 만드는 공간이다. 우리 내면의 삶이 분출되는 것이 기도이다.

잘 알려진 이디쉬 속담에 "네 입술에서 하나님의 귀까지."라는 말이 있다. 희망이 가득하지만 대담무쌍하기 짝이 없는 구절이다. 그 속에는 우주 만물의 하나님께서 너와 나를 보살펴주신다는 자신감이 담겨 있다. 그렇다, 기도는 담대함이다! 기도는 독백을 거절한다. 하나님을 가까이 끌어당기는 인간의 언어로 하나님을 우리 일상생활의 바탕으로 모셔오는 것이다. 경청하시는 하나님, 인생의 기쁨과 슬픔을 통해 우리와 함께하시는 하나님, 그리고 죽어가는 잿빛 같은 나날들에도 함께하시는 하나님.

랍비인 나에게 사람들이 가장 많이 하는 요청은 아마도 "저를 위해 기도해주세요, 랍비님!"일 것이다. 나는 사람들을 위해 기도할 수 있다는 것을 항상 영광스럽게 생각한다. 그러나 기도 요청을 받을 때마다 두려운 것 또한 사실이다. 하나님께서 자신들의 기도는 듣지 않는다고 생각해서 나에게 기도를 부탁하는 걸까? 기도는 올바른 형식이 필요하다고 생각해서일까? 아니면 자신들의 울부짖음을 듣게 만드는 마법의 주문을 자신들은 모른다고 생각해서일까?

약 20여 년 전에 입원해 있던 사람을 방문했을 때 경험한 일이다.

"랍비님, 저를 위해 기도해주세요. 저는 기도할 줄 모르거든요."라고 그 사람이 말하기에, 나는 "네, 기도할게요. 내가 어떤 기도를 드리길 바라는지 말씀해주시겠어요?"라고 했다. 잠시 생각에 잠겼던 그는 온 몸을 떨며 말했다. "하나님, 제 몸은 당신 것입니다. 하지만 이 세상에서 제 몸은 온통 제 가족들의 것입니다. 마음이 너무 아파요. 이렇게 제 자신을 사랑해 본 적이 없습니다. 주님, 제게 저를 위한 시간을 주세요. 하나님, 제게 시간을 주시길 바라며 기도드립니다."

기도할 줄 모른다던 사람의 영혼에서 쏟아져 나온 기도였다. 기도를 마친 그는 깊은 한숨을 내쉬었고, 나는 그의 얼굴에서 염려와 긴장이 사라지는 걸 보았다. 침착함이 갑자기 그를 덮쳤고 빛과 은혜도 그를 에워쌌다. 어떻게 기도가 치유하는지 내 눈으로 직접 목격한 장면이었다.

그 날 이후로 누군가 나에게 기도를 부탁하면 나는 항상 같은 질문을 던진다. "하나님께 뭐라고 말할까요?" 그러면 어김없이. 사람들은 자신들 안에 이미 있었지만 스스로 모르고 있었던 기도에 깜짝 놀라고 만다.

내가 어렸을 때 아버지가 나에게 기도를 가르쳐주셨다. 나는 기도의 멜로디는 좋아했지만 기도의 참 뜻을 이해할 수 없었다. "당신을 애타게 그리워하는 이 순간, 하나님, 제가 저의 기도입니다. 당신의 무한한 사랑으로 제게 응답하소서, 제게 응답하소서, 당신의 참된 구원과 함께."

어린아이 때 배운 그 기도가 영혼 안에 제자리를 잡기까지 수십 년이 걸리기도 한다. 그 기도에 흠뻑 젖어 있던 어린 내가 보인다. 거실 소파에 앉아 있던 그 아이는 다리가 너무 짧아서 발이 바닥에 닿지 않았다. 아버지가 자신의 영혼의 한 조각을 물려주며, 어린 딸이 그것을 받아 그녀 자신의 영혼으로 맞아들이기를 바라는 것이 보인다. 두꺼운 안경 뒤로 눈물에 젖은 아버지의 눈을 보며 왜 눈물이 거기 있는지 모르는 내가 보인다. 나는 그 기도가 내 안에서 어떻게 살아가고 있었는지, 내가 이해할 수 없었던 그 멜로디와 언어들이 어떻게 그 시간들을 견디고 있었는지를 바라본다.

이제 나는 그 말들을 이해할 수 있다. 기도가 절망적으로 느껴질 때, 하나님이라는 개념이 전통의 짓궂은 장난이라는 생각이 들 때, 나는 "저에게 응답하소서, 저에게 응답하소서!"라고 신음하며 살았다. 나는 내가 사랑하는 하나님께 가까이 다가가고픈 그리움과 그분의 현존 앞에 서고 싶은 깊은 갈망 속에서 살았다.

"제가 저의 기도입니다"라는 기도의 의미도 이해하게 되었다. 언어로는 영혼이 표현하고자 하는 것을 포착할 수 없을 때, 적당한 말이 없을 때 그렇게 분출되는 것이다. "내가 나의 기도이다!" 내 모든 것이 기도이다. 하나님, 당신께 바치는 나의 기도, 곧 내 모습 그대로, 내 몸과 영혼을 받아주소서! 나는 이 기도를 암송하고 있고, 내 눈은 눈물에 젖어, 시간의 경계를 뛰어넘어 아버지와 나의 영혼을 연결하는 아버지의 화음을 듣는다.

"쉐마, 이스라엘!" 혹은 "들어라, 이스라엘아!"는 유대인들의 가장 유명한 기도이다. 그것은 "들어라, 이스라엘아! 주님은 한 분 하나님이

시다."로 시작된다. 경건한 유대인들은 아침과 저녁, 잠들기 전, 속죄의 날 마지막에, 임종 때 이 기도를 드린다. 왜 하필 이 기도일까? 왜 하필 이 기도를 신명기에서 선택했을까?

나에게 그것은 유일신 신앙을 넘어서는 무언가를 표현하는 것이다. 우리에게는 오직 하나님 한 분뿐이라는 것을 상기시키고 있는 것이다. 우리 안에 있는 영혼은 이 진리를 알고 있기에 애써 우리에게 그것을 가르치고자 한다. 우리의 모든 것, 우리가 알고 있는 삼라만상은 모두 그 한 분(the One)을 반영하고 있다는 진실을 가르치고자 한다. 쉐마는 아인슈타인이 언급한 '전체'를 뜻한다. 유대교 신비주의 지혜서인 조하르(Zohar)는 그 '단일성'(unity)을 "하나님이 안 계신 곳은 없다."고 표현한다. 모든 피조물에 신성이 깃들어 있고, 우리가 보고 만지는 모든 것 안에 하나님이 계신다는 뜻이다.

쉐마는 우리가 하나님께 무언가를 청하는 우리의 부탁이 아니다. 쉐마는 하나님의 부탁이며 하나님의 기도다. 그것은 시간을 두고 메아리치는 하나님의 부르짖음이다. "들어라, 나의 사랑! 네 마음과 영혼과 네 힘을 다해서!" 들을지어다.

기도는 결과물을 받아드는 게 아니고 우리 기분을 좋게 하는 것도 아니다. 기도는 우리의 영혼이 영혼의 근원, 영혼들의 영혼과 연결되는 것이다. 영혼의 눈을 통해 볼 수 있게 하는 것이 기도이다. 일상의 은혜에 마음이 열리게 하며, 영혼의 가장 고결한 의도와 몸의 가장 고귀한 행동을 일치시키게 만드는 기도는 우리가 갈망하는 세상을 만들도록 우리 속에 불을 붙인다.

우리 영혼 깊은 곳에는 어떤 기도가 있을까? 영혼이 그 기도를 표현하도록 시간과 공간을 허용하지 않는다면, 우리가 그 기도를 알게 될 기회는 없다. 우리의 영혼이 우리를 놀라게 만들도록 하자. 영혼이 스스로 말하도록 기회를 주자. 시간을 내서 자신에게 물어보자. "내가 하나님께 말씀드리고 싶어 했던 건 무엇일까?" 저절로 말들이 터져 나오게 하자. 하나님께 우리 자신의 질문, 희망, 저항, 꿈, 감사를 드리자. 다른 사람들을 위해 기도하고 또 자신을 위해 기도하자. 이 세상을 위해서도 기도하자. 드릴 말씀이 있으면 무엇이든지 아뢰고, 응답을 조심스레 경청하자.

매일 이런 훈련을 하면 우리 안과 밖에서 변화의 조짐이 감지될 것이다. 조만간 우리가 기도하는 것을 갈망할 뿐 아니라 배우는 것도 갈망하고 있다는 것을 알게 될 것이다.

기도와 쌍둥이인 수행이 있다. 기도의 또 다른 면은 배우는 일이다. 비범한 학자인 랍비 루이 핀켈슈타인은 이렇게 정곡을 찔렀다. "내가 기도할 때는 하나님께 내가 말씀을 드리는 것이고, 내가 공부할 때는 하나님께서 나에게 말씀하신다."

지혜는 마법처럼 오지 않는다. 우리의 에고는 모든 해답을 얻으려는 환상을 가질지도 모르지만, 우리의 영혼은 공부하기를 갈망하고, 더 확장되고 넓어져 깊이 성장하길 열망한다. 배우기 시작하자, 성서의 단 한 구절부터 시작하자. 타는 목마름으로 현재의 삶을 충만하게 누릴 수 있기를, 또한 우리가 서 있는 바로 이곳에서 우리가 받을 수 있는 선물들을 갈망하자.

모든 히브리인의 이름은 이름의 첫 글자와 마지막 글자로 시작하고 끝나는 성경 구절과 연결되어 있다는 유대인의 전통이 있다. 영혼이 이 세상에서 다음 세상으로 건너갈 때, 천상 세계에 압도된 나머지, 이 세상에서의 삶은 까맣게 잊는다고 한다. 그러나 영혼은 그 성경 구절을 결코 잊지 않고, 바로 그 구절로 인해 영혼이 아래 세상에서의 이름을 기억하게 된다. 그리고 곧 모든 것이 다시 그 구절로 돌아온다고 한다.

나의 히브리 이름과 연결된 성경 구절은 "악한 것을 말하지 않도록 너의 혀를 지켜라, 남을 비방하지 않도록 네 입술도 지켜라."이다. 이 구절은 나의 선생님이 되어서 매일 나를 맴돌고 있다. 나에게 말을 삼가게 하고, 가능하면 다른 이들의 가장 좋은 면을 보게 만든다.

하나님과 연결되기를 갈망한다면 공부를 시작하라. 그러면 영원한 지혜를 얻게 될 것이다. 영혼 안에 말씀이 살아날 것이고 성경 구절들이 우리 이름을 부르기 시작할 것이다. 성경을 공부하자. 다른 종교 전통의 거룩한 경전들을 공부하자. 성경 주석들, 신비주의, 시와 문학책들을 읽자. 위대한 교사들과 학자, 나를 이끌어줄 멘토를 찾아내자. 새로운 지식, 이 놀라운 세상을 경험하는 새로운 방식에 개방된 태도를 갖자. 사교적이 되자. 짝꿍과 함께 공부하여 그 사람이 우리의 관점을 넓히고 우리의 고정관념에 도전하는 사람이 되게 하자.

솔직히 말하자면, 내 공부 짝꿍인 랍비 토바 어거스트가 없었다면 나는 무엇을 공부해야 할지 몰랐을 것이다. 토바와 나는 일주일에 한 번씩 만나 14년 넘게 공부하고 있다. 우리가 공부를 시작하기 전에 반드시 기도문부터 암송하는 이유는 그 날 우리의 공부를 통해서 어떤 예기치 못한 방법으로 우리의 삶이 드높여지기를 바라기 때문이다. 매주 우리의 만남은 우리의 꿈과 비밀, 상처와 희망에 대해 밀린 이야기들을 나누는 시간이기도 하다. 공부 시간에 산만하거나 피곤하거나 슬픈 날들도 더러 있었다. 그러나 배움이 헛되었던 날은 없었다. 그 날의 본문을 펼치고 함께 토론하면서 공부하다 보면, 얼마 안 가서 우리는 의미와 위안의 바다에서 헤엄을 치고 있음을 느낀다.

기도하고 배우라. 하나님께 말씀을 드리면 하나님이 그대에게 말씀하시게 하라.
그대가 복된 존재임을 알게 되기를,
그리고 복이 지금 그대를 에워싸며 영원히 함께 있기를 빕니다.
아멘.

자연의 품에서

날마다 숲으로 가는 어린 소년이 있었다. 소년의 아버지는 계속 숲으로 도망가는 아들에게 왜 매일 숲으로 가느냐고 다그쳤다. 아들은 대답했다. "하나님을 찾으려고요."

어떻게 해서든 아들의 마음을 돌려보려고 아버지는 부드럽게 타일렀다. "하나님은 어디에나 똑같이 계신다는 것을 모르겠니?"

"알아요, 아빠, 그런데 내가 어디서나 똑같지가 않아서요!"

우리는 모든 장소에서 똑같을 수 없다. 자연 속에 가면 우리가 피조세계의 일부임을, 광대하고 신성하며 영원한 것의 일부임을 알기 시작한다.

어느 날 나는 즉흥적으로 남편과 세콰이어 국립공원으로 캠핑을 가기로 했다. 시에라 산을 높이 올라가자 참나무와 유칼립투스나무들이 소나무와 레드우드로 바뀌었다. 갑자기 폭우가 쏟아지더니 온 세상이 새카맣게 변하며 번개와 천둥이 치고 우박까지 쏟아졌다. 우리는 흙탕길을 따라 길을 잃고 말았다. 곧 캠핑을 오자고 했던 것이 후회되기 시작했다. 사실 나는 브루클린에서 태어나 브루클린에서 자랐기 때문에 어디선가 나무가 자란다고 듣고는 살았지만, 솔직히 말해 자연과 나는 그리 따뜻한 관계를 맺어본 적이 없다.

결국 2600미터나 되는 높은 산에 차를 세워놓고 폭풍우가 지나가기를 기다렸다. 차 밖으로 나와 자전거로 100미터 정도 조금 더 올라갔더니 거기가 캠핑장이었다. 등에 등산 가방을 메고 하이킹을 해서인지 내 천식기가 발동했다. 숨이 심하게 차올라서 쉰 목소리가 났다. 괜히 오자고 했어. 나는 혼자서 중얼거리기 시작했다. 다시는 오지 말아야지!

해가 분홍색, 보라색, 붉은색으로 하늘을 물들이고 있는 황혼녘에 우리는 캠핑장에 도착했다. 나는 광활한 하늘과 장엄한 노거수들이 한눈에 바라보이는 곳에 섰다. 날이 어두워지고 있었고 나는 달빛과 별빛으로 환하게 반짝이는 하늘 앞에 서서 지극한 경외심을 느꼈다. 내 브루클린 영혼은 녹아서 사라졌다.

다음날, 남편과 나는 자전거를 타고 13km쯤을 더 달려 호수로 가서 물속으로 풍덩 뛰어들었다. 바로 그때 시야에 정면으로 들어온 거대한 삼나무 한 그루! 이천 년을 넘게 살아낸 나무였다. 그 나무에 깃든 강인한 영혼을 나는 단번에 느낄 수 있었다. 눈물이 흐르기 시작했다. 나무를 안고 감사의 기도를 속삭였다. 멈출 줄 모르는 생각의 기계였던 "나"는 온데간데없어졌다. 남은 것은 손을 뻗고서 무심하게 흐르는 존재뿐이었다. 아무런 생각, 무게, 땅, 몸, 마음, 나 같은 것이 사라졌다. 나를 씻어준 것은 "우리가 경험할 수 있는 최상의 아름다움은 신비입니다."라고 말한 아인슈타인이었다

자연 속에 있을 때 우리의 몸, 시력, 맥박, 호흡에 알 수 없는 변화가 일어나 영혼에 생동감이 살아나고 충족감을 느끼게 된다. "나를 푸

른 풀밭에 누이시고, 조용한 물가로 데려가신다. 당신은 내 영혼을 소생시켜주신다."는 시편 23편이 각별하게 다가온다.

집은 더위와 추위로부터 우리를 보호하지만 우리의 놀람, 경이감은 차단한다. 우리가 사는 세상이 숨이 멎을 정도로 아름다운 세상이지만 얼마나 자주 우리는 그 사실을 잊어버리는가.

우리의 영혼은 밀폐된 공간에서 벗어나 달빛, 별빛이 비치는 하나님의 집으로 들어가고 싶어 한다. 영혼이 우리에게 우리들의 소유물과 스마트폰에서 벗어나 풀과 나무 사이에 계신 하나님을 만나보라고 애원한다.

1700년대 후기에 살았던 하시디즘의 큰 스승 랍비 브라츠라프 나흐만은 제자들에게 날마다 야외에서 하나님과 대화하라고 가르쳤다. 자연의 품이야말로 영혼을 회복시켜주는 곳이라고 믿었던 그는 이렇게 말했다. "그런 명상에서 돌아온 사람은 종종 완전히 새로운 빛 속에서 세상을 보게 마련이다. 이전에 알던 세상과는 완전히 다른 새로운 세상을 만날 것이다."

랍비 나흐만의 감동을 주는 기도문을 여러분과 나누고 싶다.

온 우주의 주인이시여,
홀로 지낼 수 있는 힘을 주소서.
날마다 자연과 함께 하는 습관을 갖게 하소서
나무와 풀과 모든 성장하는 것들 속에서,
내가 홀로 기도하며 나의 주인인 단 한 분이신 당신과 대화를 주고받으며.

내 맘속에 있는 모든 것을 표현해도 될까요.

들판의 풀잎들과 잔디와 나무, 식물들이 내가 가까이 갈 때 모두 깨어나 나의 기도에 그들의 생명력을 불어넣게 하소서.

그리하여 나의 기도와 말이 모든 자라나는 것들의 생명과 혼을 통해 온전해지게 하소서.

초월적인 근원으로 인해 모두 하나이게 하소서.

영혼의 신부, 안식일

—휴식하며 영혼을 회복하기

어릴 적부터 나는 아버지가 당신의 일을 달가워하지 않는 걸 알고 있었다. 나는 아침마다 집을 나서는 아버지의 표정을 살피곤 했는데 아버지의 표정과 눈빛, 몸짓에서 싫어하는 기색이 다 드러났기 때문이다.

젊었을 때 아버지의 꿈은 교사가 되는 것이었지만 제2차 세계대전이 일어났을 당시 열여덟 살이었던 아버지는 군에 입대하기로 결심했다고 한다. 전쟁의 와중에 엄마를 사랑하게 되었고 제대하자 결혼을 했다. 할아버지는 아버지에게 할아버지가 하던 의류제조업을 물려받으라고 하셨다. 생계를 꾸려갈 수 있게 되고 나서 대학 진학을 왜 하지 않았을까? 짐작해보자면 꿈을 펼치는 것이 무슨 의미인지 알기도 전에 아버지는 자신의 영혼을 채우지 못하는 그 일에 매몰되어 버렸을 것이다. 모든 사람이 열정을 따라 살거나 좋아하는 일을 하며 살지는 않는다. 해야 하기 때문에 일을 할 때가 더 많다.

그러나 해가 뉘엿뉘엿 지기 시작하는 금요일 황혼녘이 되면 어머니는 양초에 불을 붙였다. 그러면 우리 집은 다른 세상에 발을 들여놓은 것 같다. 고소하게 닭 굽는 냄새, 정갈하게 차린 식탁에 식구들이 모여 서로 축복하고 사랑하며 대화를 나누었다. 다음 날 아침, 내가 이불 속에서 빠져 나와 아버지의 얼굴을 보면 아버지는 완전히 다른 사람이었다. 들뜬 목소리로 노래하며 회당 갈 준비에 여념이 없다가 "자, 이제 가자!" 하며 무도회에서 노래를 부르듯이 나를 불렀다.

회당에서 기도 숄을 두른 친구들에게 둘러싸인 아버지를 보면 귀족같이 보였다. 눈을 감고 노래를 부르는 다른 사람들을 봐도 마치 다른 세상으로 이주해 온 사람들 같았다. 낮에는 평범한 일을 하는 보통 사람들이 안식일이 되면 모두 하나님의 둘도 없는 외동딸, 외동아들이 되었다. 예언서를 암송하러 제대에 오르는 내 눈에 비친 아버지는 하나님 앞에서 가장 최적의 적임자로 그 자리에 오르는 것 같았다.

탈무드의 랍비들은 안식일을 일컬어 다가올 세상을 일별하는 날이라고 한다. 이 세상에서 천국을 엿보는 날이다.

안식일은 유대인들이 세상에 준 선물이다. 잘 보기 위해서는 반드시 뒤로 한 발 물러서야 하고, 등산을 계속하려면 중간에 쉬어야 한다. 유대인 수필가로 유명한 아하드 하암은 "유대인이 안식일을 지키는 이상으로 안식일이 유대인을 지켰다."고 말한 적이 있다. 그들이 어디에 있었던, 어떤 상황이었던 간에 지친 영혼들의 목을 축여주기 위해 앞에서 기다리는 오아시스 역할을 했기 때문일 것이다.

어떤 이들은 안식일을 금기의 날로 생각하지만 사실 안식일은 허락받은 날이다. 영혼이 다시 꿈을 꿔도 좋다고 허락하는 날이다. 우리가 얼마나 더 오래 경쟁하며 살아갈 수 있겠는가? 얼마나 더 스트레스와 걱정으로 찌들어야만 할까? 계속 놓치고 있는 것이 우리에게는 너무 많다. 이미 천국으로 가는 자유여행권을 받아든 우리가 그곳으로 가기 위해 구태여 다른 곳으로 갈 필요가 없다. 우리가 할 일은 쉬는 것이다. 그저 쉬는 것만으로 어떻게 천상의 영역으로 인도된단 말인가? 내가 아는 가장 좋은 방법은 우리가 어려서 새로운 음식을 꺼릴 때 어머니가 했던 말을 반복해 보는 것이다. "한 번 맛만 볼래?"

"무엇을 맛보라는 말인가요?" 헨리가 나에게 물었다. 헨리는 한창 성행하던 인터넷 스타트업을 개업하여 자신이 꿈꾸던 것 이상의 돈을 벌었다. 그는 아름다운 아내와 활기 넘치는 아들과 함께 행복하게 살아가는 서른여섯 살 된 젊은이였는데 "그런데, 무언가 빠진 것만 같아요."라고 말했다. "나는 불만을 쏟아낼 자격이 없어요. 내 인생은 대박이거든요. 건강, 사랑, 가족, 성공... 그런데 왜 공허할까요."

"그 공허함을 설명해보시겠어요?"

"알 수 없는 불안감이 지속된다고 해야 할지, 뭔가 잊어버린 것 같긴 한데 무엇을 잊어버렸는지는 모르겠어요."

함께 더 이야기를 나누다가 그는 퇴근해서 집에 가면 솔직히 더 심란해진다고 고백했다. 아들하고 논다고 해도 아들이 자기 일을 하는 동안 문자를 주고받는다는 것이 전부라고 했다. 아내랑 보내는 시간도 비슷했다. 잠자리에 들 때 두 사람 모두 아이패드를 가지고 들어간다며 "6개월 동안 잠자리를 못 했어요."라고 어색하게 말했다.

"잊었다고 하신 것이 자신의 영혼이 아닐까요? 영혼이 사랑하는 사람들과 연결해주잖아요." 내가 그렇게 말했더니 그는 "하지만 나는 내 꿈을 이루는 중입니다."라고 했다.

나는 "그런데, 헨리 씨의 영혼은 다른 꿈을 꾸는 건 아닐까요?"라고 물어보며 안식일을 한번 경험해 보라고 권했더니 그의 표정에 망설이는 기색이 역력했다.

"나에게 도움을 받기 위해 오셨으니까 이런 제안을 드립니다. 안식일을 하루 동안이라도 진정으로 경험해 보세요." 헨리와 나는 단 하루만이라도 일 생각을 하지 않고 지내는 것, 텔레비전이나 기술문명과 접속하지 않는 것, 촛불을 켜고 집에서 식사를 하는 것 등에 대한 이야기도 나누었다. 이어서 나는 하루 동안 쇼핑하지 않고, 심부름도 하지 않고 친구와 가족, 자연의 품에서 현재에 집중해보라는 조언을 했다. "금요일 밤에 시작합시다. 어느 금요일에 한번 시도해보는 겁니다. 안식일 전체는 걱정하지 마세요."

나는 돌아서는 그에게서 나를 찾아온 걸 후회하는 표정을 읽었다. 그렇게 숙제를 받게 될 줄은 몰랐을 것이며 할 일도 쌓여 있을 테니까 충분히 그럴 만 했다. 헨리로부터 소식이 한동안 뜸했는데 몇 주가 지난 어느 날 그가 찾아왔다. 다소 가벼워진 것 같아 보였다. 한결 편안해진 모습으로 그는 웃으며 말했다. "우리 시도해보았습니다."

"어땠어요?"

"첫 금요일 밤엔 손이 자꾸 휴대폰으로 가서 그냥 전원을 꺼버렸습니다. 팔 하나가 절단된 것 같더군요. 어디에선가 자꾸 벨소리가 나는 것 같아서 자꾸 전화기를 찾았어요."

"그래서요?"

"어떻게 감사를 해야 할지 모르겠습니다. 진짜 아빠가 된 느낌은 이번이 처음이었어요. 전에는 제가 속이고 있는 느낌이 들곤 했거든요. 아들과 노는 일이 재미있어졌고 아이의 눈 속을 들여다보며 함께 책을 읽어요." 헨리는 침을 삼켰다. "특별한 아이였지만 내가 아들을 받아들이려 하지 않았습니다. 지난 6개월 동안 아내와도 겉돌았는데 이제는 아내를 안고서 잡니다."

"터득을 정말 빨리 하시는군요."

"이상한 점은 금요일 저녁 하루만 안식일로 지냈는데 실제로 다른 날에도 영향을 끼쳤어요. 불안감은 사라지고 부자가 된 것 같습니다."

천국을 엿보기 위해서 해야 할 일의 리스트를 만드는 일을 쉬운 선택이라 생각한다면 그건 오해다. 한 시간 정도 스마트폰이 없어도 고문처럼 느끼는 이들이 있다. 기술문명은 우리 영혼의 활력—행복, 친밀감, 경이감, 창의성—을 서서히 빼앗아 간다. 영혼이 고갈되어 버리면 어떻게 열정적인 삶을 기대할 수 있겠는가? 영혼은 인류 역사상 그 어떤 시대보다도 더 이 시대의 우리에게 안식일 지키기를 바랄 것이다.

나는 지금 영혼이 우리가 안식일을 준수하길 바란다는 뜻으로 말하는 것이 아니다. 영혼은 우리가 안식일 속에서 살아가기를 바란다는 뜻이다. 천국을 일별하는 안식일은 시간 이상의 의미를 가졌다. 영혼이 목말라 하는 것을 얻기 위해 찾는 장소가 안식일이다. 안식일이 되면 우리는 그 분위기에 초대된다.

그러면 안식일은 어떤 장소일까? 어떻게 설명할 수 있을지 모르겠다. 나에게 안식일! 하면 어릴 적부터 눈 내린 풍경이 그려진다. 잠에서 깨어나 순백으로 덮힌 새로운 세상을 통해 바깥 풍경을 보면 낯익은 것들이 빛으로 하얗게 세례를 받은 것처럼 새로웠다. 그 날, 일상의 모든 리듬들이 변모하여 사람들은 마음껏 자유로움을 만끽했다. 마음을 가라앉히고 숨을 깊이 쉴 수 있었던 어떤 곳, 경외심으로 가득 차오르던 어떤 곳을 안식일로 생각해보면 어떨까.

우리들의 신앙이 어떤 종교 전통을 따르고 있는지와 상관없이 일주일에 하루를 로맨스, 가족, 공동체, 배움과 기도를 위해 따로 비워놓자. 관능, 육체적 쾌감, 좋은 음식, 자연, 노래의 날로. 이 세상에서 하나님을 맞이하는 안식일은 일상을 회복하는 법, 말하자면 일과 가정이 균형을 맞추고 산문과 시, 에고와 영혼이 조화를 이루는 법을 가르쳐준다. 지금 이 순간 영원에 잇대어 사는 날이 안식일이므로 안식일은 시간에 얽매인 우리를 해방시킨다. 더는 시계 따위에 휘둘리지 않게 해주고 조급함과 스트레스에서 벗어나게 해준다.

헨리가 깨달았듯이 안식일의 마법은 안식일이 아닌 날에도 흘러 들어간다는 데에 있다. 가버린 날들, 아직 오지 않은 날까지 "내 잔이 넘치나이다!"가 된다. 안식일은 그 주간의 영혼이다. 안식일 이전은 기대감과 열망으로 보내고, 안식일 이후는 보라색, 붉은색으로 물든 황혼녘의 하늘처럼 여운이 길다.

안식일에 대한 개념을 진일보시킨 사람들은 유대 신비주의자들이었다. 그들에게 안식일은 하루라는 시간 이상이었고, 하나의 장소 이상이었다. 신비주의 사상에서 안식일은 생생하게 살아 있다. 신비주의자들은 안식일에는 안식일의 신부라는 거룩한 영적 존재가 하늘에서 내려와 일주일에 하루씩 우리 곁에 머문다고 가르쳤다. 인간의 마음을 치유하고 지친 영혼을 달래주는 분이 안식일의 신부이다.

무엇인지 잊은 것 같은데 무엇을 잊었는지 모르는 불안감에 아직도 시달리고 있는가?

안식일은 우리를 위해 이 땅에서 은밀한 지혜를 드러낼 준비를 하고 우리 이름을 속삭인다. 우리는 그 신부와 인사하면 된다. 온 세상을 하얗게 뒤덮은 눈 내린 아침에 일어나 낯익은 삼라만상이 빛 속에서 깨끗하게 정화된 것을 보았듯이 눈부신 빛 속에서 흰옷을 입고 서 있는 그 신부를 보자.

그대의 모든 나날이 그 빛 속에서 빛나기를.

명상, 음악, 음식, 기도, 배움, 자연, 휴식. 우리의 영혼이 가장 좋아하는 것을 찾아 정기적으로 행하면, 우리 안에서, 그리고 우리 주변에서 변화가 시작되는 걸 볼 수 있다. 시간을 내서 더 깊은 고요함, 경이감, 배움을 경험하도록 하자. 그러면 우리는 더 넓은 시야, 더 큰 관점, 적은 두려움을 경험하게 될 것이다. 이것이 우리의 영혼이 진정으로 바라는 것이다. 그것을 반갑게 맞아들이자.

그대에게 펼쳐지려는 여정을 반갑게 맞이하기를.

확장된 영혼의 시각에 접근하기

"무의식이 지닌 일종의 착시적 망상."
―아인슈타인이 랍비 마커스에게 보낸 편지에서

영혼에게 영양분을 주어 회복시켜 주면 영혼은 그대를 회복시켜 주는 보상을 하게 마련이다. 그대가 생명의 힘(Life Force)을 두드림으로써 알아차릴 수 있는 최초의 미묘한 변화는 시각의 영역에서부터 시작될 것이다. 오로지 우리는 진실의 단면만을 눈으로 감지할 수 있을 뿐이다. 그대의 눈은 날마다 그대를 기만하여 헛된 길로 가게 하지 않는가. 하지만 영혼은 우리에게 치명적으로 결여되어 있는 전체를 보는 의식, 달리 말해 넓은 시각을 주고자 한다. 어떻게 실들이 임의적으로 엮이어 단 하나의 장엄한 태피스트리로 완성이 되는지, 보다 큰 그림을 우리는 곧 보게 될 것이다.

한 발 물러서면

몇 해 전 여름, 교통 위반 딱지를 떼인 적이 있다. 급히 회의에 참석하려던 참이었는데, 뒤를 돌아보니 경찰관이 나에게 불빛을 번쩍이고 있었다. 내가 차를 세우자 그는 기분 좋게 다가와, "아주머니, 방금 캘리포니아 롤을 완벽하게 해내시던데요."라고 했다. "내가 올림픽 경기를 보고 있었더군요. 아주머니의 그 구르는 솜씨에 점수를 매겼다면 나는 10점 만점을 다 드렸을 겁니다. 자, 메달 대신 위반 티켓을 드립니다."

"경찰관님, 저는 저 정지신호에서 분명히 멈췄는데요. 그런데 캘리포니아 롤이 뭡니까?"

"정지신호에서 속도를 줄이긴 했지만, 완전히 멈추지 않고 계속 앞으로 슬금슬금 가셨잖아요, 그걸 캘리포니아 롤이라고 합니다."

"저는 브루클린 출신인데요." 나는 웃으며 대답했다.

"그럼, 브루클린 베이글이라 하지요."

"앞으로 내가 완전히 멈췄다는 걸 어떻게 알 수 있나요?"

"브레이크를 밟고 셋까지 세요. 하나, 둘, 셋, 세다 보면 분명히 몸이 뒤로 당겨지는 느낌이 들 겁니다. 뒤로 갔다는 느낌이 없으면 아직 덜 멈춘 겁니다."

그에게 운전 방법을 알려줘서 고맙다는 인사를 하고 티켓을 받은 다음부터는 정지신호마다 하나, 둘, 셋, 하고 세었다. 몇 주 후에 온라인 교통학교에 등록하여 퀴즈들을 풀고, 최종시험을 통과한 다음에야 그 일은 마무리되었다.

그 일이 있었던 주말에 마야라는 젊은 여성이 찾아왔다. 그녀는 매력적이고, 스물세 살이었고 정신이 조금 없어 보였다. "랍비님, 어떻게 살아야 할지 잘 모르겠어요. 좀 도와주세요."

내가 몇 가지 묻기도 전에 그녀는 이미 "저를 도와주세요. 제가 어떻게 해야 할지 가르쳐주세요."라고 했다.

마야의 꿈은 뉴욕에 가서 브로드웨이에 진출하고 싶은 것이었다. 그것은 그녀의 오래된 꿈이었다. 그래서인지 LA 생활에서는 의욕이 생기지 않는다고 했다. LA 지역 극장에서 연기해 본 경험이 있는지 물어보았더니 없다고 했다. 그녀는 자신이 세운 마스터 플랜에 꽂혀 있어서 현재 생활에 몰두하지 못하는 듯이 보였다.

"지금 옷가게에서 일하고 있지만, 뉴욕으로 가고 싶어요. 평생 이렇게 산다는 건... 상상할 수 없어요... 지금 만나는 사람이 좋긴 한데 그 사람은 뉴욕으로 가기 싫대요. 평생을 그와 이렇게 산다는 건 상상할 수 없어요. 그리고 저는 여기도 좋지만, 평생 여기서만 사는 건 상상할 수 없어요. 언젠가 뉴욕으로 꼭 갈 거예요."

교통학교에서 나왔던 퀴즈가 떠올라서 그녀에게 불쑥 물었다. "마야, 차로 거리를 달리면 어느 정도 앞까지 내다볼 수 있어요? 반 블럭, 두 블럭, 아니면 도로 끝까지?"

마야는 뜬금이 없다는 표정으로 나를 쳐다보았다. "나에게 운전 테스트를 하는 특별한 이유가 있습니까?"

"두 블럭 정도까지만 볼 수 있어요." 내가 말했다. "단지 두 블럭이에요! 지금 이 순간, 남은 인생을 염려할 필요가 없답니다. 바로 앞에 있는 두 블럭만 생각하세요. 앞으로 두 달 동안 내가 행복하게 일할 수 있을까? 앞으로 두 달 동안 남자친구와 행복할 수 있을까? 앞으로 두 달 동안 이곳 LA에서 행복할 수 있을까? 연기자로서의 인생이란 어떤 건지 충분하게 생각해본 뒤에 LA에서 한 번 오디션을 받아 보는 건 어떨까 싶네요."

마야의 눈에서 눈물이 핑 돌았다. 숨을 한번 깊이 쉬고 난 그녀에게서 긴장감이 다소 풀려 보였다. 그런 다음 "두 블럭, 네, 두 블럭은 갈 수 있을 것 같아요. 두 블록이면 갈 수 있어요!"라고 말했다.

그녀가 돌아가고 나서, 나는 우리가 우리 자신의 차창 너머를 내다볼 수 없기에 얼마나 자주 고통을 받게 되는지를 생각해보았다. 우리는 혼란과 의심에 사로잡혀 있어서 어디로 가야 할지 몰라 두렵기만 하고, 앞길도 안 보인다. 그때 우리가 할 수 있는 전부는 첫발부터 떼어 앞을 향해 나가는 것이다.

가끔 앞길 대신 백미러를 보며 변할 수 없는 과거를 곱씹기만 할 때도 있다. 그럴 때 자꾸 충돌하고 부딪히는 건 이상한 일이 아니다!

마야처럼 우리는 그 계획을 정말 이루고 싶은지 스스로 묻지 않을 때도 있는데 그것은 우리가 자신의 에고가 세워 놓은 계획에 그냥 집착하고 있기 때문이다. 오래 전에 입력해 놓은 내비게이션의 최종목적지를 향해 터널 시야(tunnel vision: 앞이 똑바르지 않아 잘 보이지 않는 것)로 계속 가속 페달을 밟고 달려가기만 한다. 스쳐 지나가는 차창 밖 풍경을 보거나 가던 방향을 되돌릴 의향은 없다.

그러나 영혼은 묘한 내비게이션 시스템을 가지고 있다. 영혼은 과거, 현재, 미래를 동시에 보는데, 옛 현자들의 말처럼 세상 한쪽 끝에서 다른 한쪽 끝을 본다. 영혼이 계속 사는 것은 신의 시간이다. 과거와 미래를 살아가면서도 현재의 순간에 민감하게 열려 있는 하나의 의식이 우리 내면에 있음에도 불구하고, 우리의 에고는 자기가 세워 놓은 계획에 너무 집착한 나머지 마법처럼 아름다운 주변 세계를 잃어버린다. 우리가 에고를 우리 안으로 받아들이면 삶을 변화시킬 수 있는 열린 시야는 완전히 어두워진다.

사람들은 저마다 목표 하나에 고집스럽게 집착한다. 자신이 만든 계획에 그냥 꽂혀 있기 때문에 그것으로 인해 아프거나 오히려 계획 자체가 장애물이 되었는데도 방향 전환을 하지 않으려 한다. 심지어 그것 때문에 사랑하는 사람들이 상처를 받는데도 말이다.

최근에 40대 한 남성과 상담을 했다. 그는 "나는 과거는 그다지 후회하지 않아요. 그런데 미래에 대해서 후회가 가득합니다."라고 했다. 나는 그의 말을 이해해보려고 애썼다. 아직 오지 않은 미래를 어떻게 후회한다는 말이지? 갑자기 이해가 되었다. 우리는 일이 어떻게 진행되는지 알 수 있고, 세웠던 계획과 이미 가속도가 붙은 일의 추진력도 보인다. 그런데 우리는 자신이 며칠, 아니면 몇 년 동안 그 일에 빠져서 얼마나 허우적거리게 될지, 얼마나 절망적일지를 충분히 예측할 수 있다. 우리가 내린 결정, 우리가 저지른 실수들이 앞으로 저 멀리까지 계속 뻗어 있을 것만 같은 것이다.

그러나 우리들이 미래에 대해 저지를 수 있는 가장 무거운 죄는 희망을 잃는 일이다. 왜 미래를 후회하나? 미래는 정해져 있지 않으며, 우리에게 어딘가에 반드시 있어야 할 운명 같은 것은 없다. 에고가 세운 계획에 왜 자꾸 노예가 되어 얽매이려 하는가? 계획을 바꾸거나 되돌릴 수 있을 자유는 우리의 것이며, 삶의 이야기는 새로 쓰면 된다. 망가뜨린 것은 고칠 수 있으며, 우리 중 누구도 무력하거나 절망적인 사람은 없다. 다시 시작하면 된다.

하나님은 날마다 이렇게 말씀하신다. "너의 장래에 희망이 있다!"고. 설사 파괴적인 습관에 빠졌더라도 거기 머물 운명 같은 건 없다. 우리는 모두 삶의 방향을 바꿀 능력을 가졌다.

그렇다면 에고의 터널 시야를 치유할 해독제는 무엇인가?

싱거울 정도로 답은 간단하나 실천이 매우 어렵다. 우리가 계속 캘리포니아 롤을 하거나, 확실하게 멈추지 않은 상태에서 주위를 살핀다면 조만간 충돌은 불가피하다. 일단 완전히 멈춘 다음, 뒤로 당겨지는 느낌이 들 때까지 하나, 둘, 셋! 하고 세야만 한다는 경찰관의 충고는 유대인들이 일어서서 하는 침묵 명상, 아미다 기도(Amida prayer)와 거의 일치한다. 아미다 기도는 세 발자국 뒤로 간 다음에 기도를 시작한다. 왜 그럴까? 우리의 영혼이 이곳을 떠나 거룩한 장소에 들어간다고 생각하기 때문이다. 우리는 지금 우리가 서 있는 이 장소에서 뒤로 물러나야 거룩한 하나님의 현존 앞에 서게 된다.

속도를 늦추고 계획을 느슨하게 잡아 긴 안목이 생길 때까지 충분히 멈추면 우리에게 무엇이 드러날까? 계시이다.

우리가 알고 있듯이 대부분의 행운은 계획과 열린 개방성과 관련이 있다. 계획을 세운 후, 뒤로 세 걸음 물러나서 긴장을 푼 다음, 차분하게 다시 생각해보자. 계획이 바뀌고 일이 잿더미로 변했을 때 우리에게는 몰랐던 것들이 수없이 발견되고, 생명을 구하는 치료법이 보이며 또 누군가의 눈이 열리게 된다.

뒤로 물러나는 시간을 가져보면 전에 상상하지 못했던 해답들이 떠오른다. 숲 속을 산책하거나 박물관에서 어느 오후를 보내 보자. 따뜻한 반신욕도 좋을 것 같다. 우리의 집착을 풀어 영혼 스스로 자신을 표현하고 드러낼 수 있도록 여유를 주는 우리 나름만의 방식은 수없이 많지 않은가?

지난겨울, LA 중심가에 있는 그래미 박물관에 다녀왔다. 거기서 로큰롤 기념품들을 구경하다가 벽에 걸린 액자 안에 닳고 구겨진 종이 한 장이 있는 것을 발견했다. 종이엔 낙서도 있었고, 줄을 그어 지운 흔적도 있었다. "L.D.는 얼음이 천천히 녹는 느낌이다. L.D.는 맑아진 지 오래다."라고 손글씨로 적혀 있었다.

페이지 아래쪽엔 "H.C.T.S.—H.C.T.S. (그리고 나는 말하지) 괜찮아요."라고 쓰여 있고, 단순한 선으로 웃고 있는 태양을 그린 스케치가 있었다. 혹시 모를까봐 "Here Comes the Sun"이라는 비틀즈의 노래 가사를 적어 둔 게 보였다.

그 날 나는 어떻게 그 상징적인 노래가 세상에 나왔는지 알게 됐다. 조지 해리슨이 비틀즈의 멤버가 된다는 건 즐거움은 끝, "여기 서명", "저기 서명" 하는 사업 시작, 이라고 말한 적이 있다. 영국의 기나긴 겨울이 가고 봄이 막 시작되던 어느 날, 조지는 애플 스튜디오에 무단결근하기로 결심했다. 언젠가 그는 "멍청한 회계사들"로부터 도망친 일이야말로 진짜 구원이었다고 했는데, 에릭 클랩튼의 집으로 은둔해버린 그는 기타 하나만 들고 혼자 정원을 이리저리 돌아다니다가 종이 한 장를 꺼내들었다. 그때 세상에 태어난 것이 바로 "H.C.T.S."였다.

영감과 계시는 터널 시야에서 벗어날 때 얻어지고 경이감을 느낄 수 있는 틈과 여유가 있을 때 가능해진다.

때때로 삶은 우리의 계획을 박살내고서 모든 것을 원점에서 다시 생각해보라고 강요한다. 그의 숨 막히는 회고록 『죽음의 수용소』(Man's Search for Meaning)에서 빅터 프랭클 박사는 그가 아우슈비츠에 처음 도착했을 때 자신의 과학논문 원고를 외투 주머니에 숨겼다고 했다. 수용소 생활 초기에는, 소중한 반지나 아끼는 기념품 등을 여전히 소지해도 되는 줄 알았던 사람들이 꽤 많았다고 한다. 물론, 곧 그 모든 것들은 쓸모없는 것이 되고 말았다. 그는 아우슈비츠에 먼저 들어와 있었던 사람에게 다가가서 말을 건넸다. "보세요, 이건 과학책으로 나올 내 원고입니다. 당신이 뭐라고 하실지 잘 압니다. 목숨 걸고 탈출해야 한다고 하시겠지요. 그러나 저는 어떻게 할 수 없군요. 무슨 일이 있어도 이 원고만은 꼭 지켜야 합니다. 여긴 내 일생이 담겼거든요."

그 남자는 "빌어먹을!" 하고 내뱉으며 프랭클 박사를 조롱했다. 마치 "여기선 다 소용없는 일이야. 당신에게는 그 따위 종이 한 뭉치가 꽤 중요하지?"라고 말하는 것 같았다. 물론 그 원고는 사라졌고 프랭클 박사는 깊은 탄식에 빠지고 말았다. 아무도 생존할 수 없고, 어떤 유산도 살아남을 수는 없다는 생각에 그는 무너져 내렸다. 그에게 삶의 의미가 있었을까?

그러나 얼마 안 가서 그에게 삶의 의미에 대한 답을 얻는 사건이 생겼다. 몇 달이 지난 어느 날, 그에게 입고 있는 옷을 포기하라는 명령이 떨어졌다. 그리고 그는 먼저 가스실로 간 어느 순교자의 너덜너덜해진 옷을 받았다. 그는 그 옷을 입고서 자기가 원고를 숨겼던 그 외투주머니 안에 죽은 사람도 똑같이 종이 한 장을 숨겼던 것을 발견했다.

그는 그 종이를 꺼냈다. 쉐마였다. "들어라, 이스라엘아! 우리의 하나님이신 주님, 주님은 한 분이시다." 프랭클은 "내가 그 '우연'을 달리 어떻게 해석할 수 있었겠는가? 생각을 종이에 옮기려 하지 말고 생각을 살아내라는 도전으로 밖에는."이라고 썼다. 그는 생을 바쳐 할 일은 원고를 쓰는 일이 아니라 이처럼 지극히 비참하고 비인간적인 상황에서도 매순간을 의미 있게 살아야 한다는 사실을 깨달았다.

해방 후, 프랭클은 기억을 더듬어 사라진 논문을 가까스로 재구성해냈다. 그러나 그 논문이 그의 걸작이 아니라는 것이 판명되었다. 오히려 그가, 지옥에서조차 삶의 의미와 목적을 발견할 수 있는 인간의 능력에 관해 쓴 책이 놀랍게도 지속적인 성공을 안겨주었다.

뒤로 세 걸음 물러나는 법을 배우게 되면 우리는 의외의 돌파구가 있어 놀라게 될지도 모른다. 우리에게는 참된 무엇에, 정직한 무엇에 우리 자리를 양보할 능력이 있으며, 뜻밖의 은총을 기꺼이 맞이할 능력이 있다. 영혼이 우리의 방어기제를 뚫고 들어와 귓속말로 "새로운 비전과 영감에 양보해라. 그것들이 지금 오고 있다!"라고 속삭인다면 그 순간을 꽉 붙들자.

그렇다, 나는 멋진 일들이 다가오고 있다고 굳게 믿고 있다, 달콤한 축복이. 새로운 개방을 향한 문은 매일 우리 앞에 활짝 열린다. 열린 문을 보고 그 개방성을 움켜잡는 일이 우리의 도전이다.

세 걸음 후퇴하는 수행을 했을 때 우리가 새로운 장소에 와 있다는 것을 알게 될 것이다. 그리고 우리에게 의미 있는 삶과 거룩한 목적을 이루는 길을 안내해 줄 우리의 영혼, 힘과 지혜로 가득 차서 우리 앞에 서 있는 우리의 영혼을 만날 수 있을 것이다.

자, 이제 영혼의 여정에 충실할 준비가 되셨나요?

바투 잡은 계획을 느슨하게 잡는 것이 겁나고, 주위를 둘러볼 수 있을 정도로 충분히 뒤로 물러섬으로써 터널 시야를 확장하는 것이 두려우며 영혼이 그대의 삶의 여정에 길잡이가 되도록 허용하는 것이 두렵다면, 조지 해리슨처럼 하나님께서 "괜찮아!"라고 하신다는 것을 상상하자.

넓은 영혼의 눈으로

베스와 에릭이 그들의 결혼식을 일주일 정도 앞둔 무렵이었다. 두 사람은 내 사무실 소파에 앉아서 나를 쳐다보며 서로의 눈길은 피했다. "무슨 일 있어요?"라고 내가 물어보았지만, 묵묵부답.

나는 기다리는데 베스가 울기 시작했다. "에릭이 턱시도에 빨간 운동화를 신고 결혼식을 하겠대요. 우리 결혼식을 장난인 줄 아는 것 같아요!"

그러자 에릭은 퉁명스럽게 "식탁보는 어떻고! 식탁보, 식탁보. 식탁보 소리만 들어도 지긋지긋해요. 베스는 분홍, 우리 엄마는 파랑. 나는 마구 쪼아대는 두 마리 닭 사이에 꼼짝없이 갇혀 있는 형편이라고요."라고 내뱉었다.

나는 그들 맞은편에 앉아 웃을 수밖에 없었다. 한 쌍의 커플이 인생을 전체적으로 설계하기보다는 이렇게 하루를 계획하며 자질구레한 것에 집착하는 것을 그 날 처음 보았던 건 아니다.

딱 부러지게 서로 비난만 하는 이 커플에게 더 늦기 전에 혼인을 접으라고 충고하는 사람도 있을 것이다. 하지만 나는 전혀 걱정하지 않았다. 온 몸이 경직될 만큼 화가 나 있는 그들을 바라보았다. 그 폭탄을 제거할 방법을 알고 있어서였다. 자질구레하고 사소한 문제에서 벗어나 서로를 향한 고마움과 관용을 되찾게 되도록 그들을 부드럽게 인도해야 하는 것이 나의 역할이다.

내가 좋아하는 시편 중의 한 구절이 있다. "나는 내 옹졸함에서 하나님을 불렀고, 하나님은 광활한 넓이에서 나에게 응답하셨다." 나는 이 구절을 좋아해서 내 자신에게 항상 이 노래를 불러준다. 때로 묵상할 때 만트라로 사용하기도 하고. 나에게 이 구절은 우리들이 몸과 마음, 자아에서 비롯된 모든 짐과 삶이 가하는 온갖 무게를 등에 지고 하나님 앞으로 나가지만 우리에게 주시는 하나님의 선물은 우리 영혼이 가진 확장성, 숨 쉼, 개방성을 경험하는 능력이라는 뜻으로 읽힌다.

우리에겐 옹졸함을 확장성으로 바꿀 능력이 있다.

어떤 일인들 우리에게 일어나지 않겠는가. 비극이나, 실패, 혹은 누군가 우리에게 모욕을 주는 일 등. 우리는 그 고통스런 사건과 그것에 대응하는 우리의 태도 사이에 실제로 넓은 공간이 존재한다는 사실을 너무 자주 잊는다. 본능적으로 반응함으로써 우울, 질투, 화, 상처, 절망 등에 빠질 수 있으며, 후회할 언행을 저지를 수 있다. 아니면 더 넓은 곳으로 들어가 그 고통스런 상황에 대해 좀 더 긍정적이고 신중하게 대처하는 묘안을 강구할 수 있다.

영혼은 우리가 묵상할 때, 원숭이처럼 쉴 새 없이 뛰어다니는 마음을 지켜보는 바로 그 존재처럼 광활한 곳에 머물러 있는 힘이다. 우리가 겪은 일들에 대해 영혼은 에고의 반사적 반응에 비해 훨씬 더 사려 깊고 열려있는 이해를 한다.

넓은 영혼의 공간에서 조금 더 많은 시간을 보낸다면, 우리는 자기가 삶에 어떻게 반응하길 원하는지에 대해서 생각보다 훨씬 많은 선택권을 가졌다는 것을 알게 될 것이다.

영혼의 드넓은 창공으로 들어가는 것에 익숙해질수록 우리는 주변 사람들에게 더 온유해진다. 후회할 말을 하기 전에 멈추고 숨부터 쉴 것이다. 사람들이 괴롭히거나, 심지어 누군가와 언쟁을 벌이더라도 우리는 다른 반응법을 선택할 것이다.

결혼을 코앞에 두고 내 앞에서 서로 쪼아대던 베스와 에릭은 그 이후 어찌 되었을까? 사랑을 다 잊은 듯이 보였던 그들에게 나는 무슨 말을 했을까? "자, 운동화 얘기는 나중에 해요. 먼저 나도 두 분에 대해 좀 알아야지요. 두 분이 처음 만났을 땐 어땠나요?"

그저 이 한 마디로 옹졸하게 맞서 있던 문제에서 벗어나 그들은 자기들의 깊고 넓은 인연을 반추했다.

처음에는 침묵이 감돌았다. 에릭이 먼저 입을 열었다. "제가 우르쓰 카페에 있었는데, 내 눈길이 그냥 앉아서 커피를 홀짝이며 책을 읽고 있는 이 눈부시게 아름다운 생명체에 가서 멎어버리더군요. 그리고 속으로 생각했어요, 만약 내가 용기를 내어 그녀에게 말을 걸 수 있다면, 그리고 그녀가 나를 보고 웃어준다면, 나는 세상에서 가장 운이 좋은 남자일 거야!"

베스가 웃으며 말했다. "그래서 저 사람이 나에게 다가오며 웃고 있었는데, 글쎄 두 앞니 사이에 큰 음식 조각이 끼어 있더라구요."

두 사람은 동시에 웃기 시작했다. 그리고 갑자기 베스는 컨버스 하이탑 운동화가 에릭의 기발한 성격과 얼마나 잘 어울릴지 알게 되었고 그가 그것을 신어도 결혼식은 망가지지 않을 것이라는 것도 알았다. 실제로도 따뜻함과 멋이 풍겼을 것 같다.

그런 다음, 에릭은 테이블보에 대해서 베스 편을 들어주지 못해 미안하다고 고백했고, 자기 어머니 취향이 별로인 것을 잘 알고 있다고 시인했다. "네가 아름다운 것들을 얼마나 좋아하는지 알고 있어. 그리고 네가 특별한 것을 만들기 위해 얼마나 세심한 신경을 쓰는지 나는 언제나 감탄하고 있어."

이내 눈물과 웃음이 뒤범벅이 되었고 굳었던 그들의 마음도 녹았다. 베스와 에릭 이야기는 어떻게 끝났을까. 어느덧 15년이 흘렀다. 행복하게 결혼한 둘 사이엔 아들 둘에 딸 하나가 있다.

"나는 내 옹졸함에서 하나님을 불렀고, 하나님은 광활한 넓이에서 나에게 응답하셨다."

사실 우리가 다투는 언쟁은 대부분 사소한 이야기들이다. 그러나 우리가 그것들을 키워서 뿌리를 내리게 하거나 조심하지 않으면, 사소한 것이 우리를 지배하고 만다. 광활한 영혼의 넓이에 기대어 보면, 다른 이들 속에 깃든 영혼의 풍성함이 더 잘 보일 것이다. 그들이 얼마나 우리에게 소중한 사람들이며, 또한 그들이 지닌 좋은 자질에 감탄하게 된다.

옹졸한 마음은 눈앞에 있는 것만 본다. 넓은 영혼의 눈은 평생 따라다니며 괴롭히는 문제의 답을 알고 있다. 영혼의 드넓은 창공은 계시이자, 예언이며 모든 것이 갑자기 맑아지고 우리를 피하던 길이 갑자기 눈앞에서 열리는 "아하!"의 순간이다.

그와 같은 일은 성경에 나오는 하갈에게도 일어났다. 하갈과 그녀의 아들 이스마엘은 사막으로 쫓겨나 외롭게 떠돌아다니다 물마저 떨어지게 되었다. 아들이 곧 죽게 될 거라고 생각한 하갈은 눈앞에서 아들이 죽어가는 광경을 차마 볼 수 없어서 아기를 덤불 곁에 내려놓았다. 성서에서는 그 순간을 "하나님이 그녀의 눈을 열어서 우물을 보게 하셨다."고 묘사한다.

정말 그것은 기적 같은 일이었다! 우물이 아니라, 자기 바로 앞에 무엇이 있는지 볼 수 있는 눈, 그것이 기적이었다.

옹졸한 곳에서는 우리에게 선택의 여지가 없다고 착각을 한다. 영혼의 눈으로는 우리에게 선택권이 수없이 많다는 것을 안다.

기도 생활에서도 마찬가지다. 때때로 우리는 우리의 협소함에서 짜잘한 부스러기들을 구하는 기도를 드린다. "하나님, 제가 이걸 조금만 더 가질 수 있으면 얼마나 좋을까요." 그러나 그 대신 우리가 무엇이 가능한지에 대한 큰 비전을 포착할 수 있다면 얼마나 좋을지를 상상해보자. 이사야 선지자가 말했듯 "눈을 들어 주위를 살펴보라!" 우리를 필요로 하는 세상을 보라. 받은 은총을 세어 보라. 진정한 영향력을 끼칠 수 있는 자기의 잠재력을 보라. "그때, 그대는 보게 되고 빛나게 되리라." 영혼의 눈으로 보면 주위의 세상에 영향을 끼칠 수밖에 없다.

넓은 시야로 모든 관계가 치유되거나 모든 문제가 해결된다는 뜻인가? 아니다.

오히려 영혼의 넓은 시야는 실제로 어떤 문제가 있음을 깨닫고, 내려놓을 때라는 것을 안다. 너무 오래 너무 많은 걸 참았지만 그것도 끝이라는 것. 직업, 관계에 너무 오래 정착했다는 것. 너무 오랫동안 부정하고 가장해 왔지만, 이제는 새로운 희망과 새로운 축복을 받아들일 준비가 된 열린 눈, 열린 가슴으로 진실과 마주할 시간이라는 것을 안다.

옹졸함에서 광활한 창공으로 가는 여정이 어디 쉬울 리가 있겠는가. 그러나 우리는 모두 몽유병에서 깨어나고 싶어 한다. 우리는 모두 충만한 삶을 가로막고 있는 장벽을 무너뜨리고 싶어 한다.

시야를 넓혀서 영혼의 눈으로 보려면 단계를 거쳐야 하는데 영혼의 광활함을 향해 한 걸음만 나아가도 연쇄 반응이 일어나게 된다.

먼저 호흡에서 시작된다. 가만히 앉아 있는 시간을 따로 떼어 둔다. 꾸준하고 천천히 고른 호흡을 하는 데 집중한다. 기억하자, 영혼과 호흡이 연결되어 있다는 것을. 눈을 감고 조용히 "나는 내 옹졸함에서 하나님을 불렀고, 하나님은 광대한 넓이에서 나에게 응답하셨다."는 구절을 반복해본다.

몸속으로 더 많은 공기를 들여보낼 때, 우리가 영혼의 관점에 양보할 때, 영혼의 광활함은 감정으로까지 흘러들어 우리가 더 이상 자동적인 반응을 하지 않게 한다. 자연스런 반사작용이란 화를 내거나 방어적인 태도를 말한다. 그 대신에 "나는 화나지 않아. 마음이 아플 뿐이지!"라는 것을 알아차리게 된다.

감정이 열리면 오관도 열린다. 그것은 영혼의 관점에서 세계를 보기 시작한다는 뜻이다. 영혼의 관점은 눈으로 이동하여 이전에 보이지 않던 것을 보게 되고, 그 다음엔 귀로 이동하여 전에 듣지 못했던 것을 듣게 된다. 머지않아서 우리 생각에도 전염이 되어 새로운 창의력과 통찰력을 가지고 우리는 새로운 각도에서 문제를 짚어보기 시작할 것이다.

그 다음 영혼의 넓은 눈은 팔과 다리로 여행을 한다. 그리고 사람들과 경쟁하는 대신 마음을 열어 그들을 날개 아래 품어주기 시작한다. 새로운 방식으로 사람들과 교류하고 새로운 방식으로 사람을 이해하기 시작한 것이다.

나는 우리 모두 영혼의 광활함이 진실하고 영속적인 변화의 길임을 알게 되기를 기도한다. 위대한 유대인 철학자 마이모니데스는 그의 책 『회개의 법칙』(Laws of Repentance)에서 이런 말을 했다. 참된 변화는 미안하다는 말로 일어나지 않고, 자기가 상처를 준 사람에게 용서를 구한다고 일어나는 것이 아니라고. 그렇다면 누군가와 화해함으로써 변화가 생길까. 사과한다고 신뢰를 얻는 것이 아니고 변화를 통해 신뢰를 얻는다. 변화는 우리에게 잘못된 행동을 유발시킨 동일한 조건에서 마무리되겠지만 이번엔 다른 선택을 하는 것이다. 같은 상황이지만 성찰을 하고 이번에는 다르게 행동한다. 영혼과 함께 그곳에 앉아 새로운 길을 선택한다.

그러면 자신이 변했다는 것을 알게 된다. 비로소 우리가 다른 사람이 되었다는 것을 알게 된다.

우리에게는 자신의 영혼이 풍부하고 확장된 버전을 가지게 되었노라고 주장할 힘이 있다. 그것은 기적이나 신비가 아니다. 다만 우리 영혼의 넓은 공간에서 보고 행동하려는 우리의 의지일 뿐이다.

"나는 내 옹졸함에서 하나님을 불렀고, 하나님은 광활한 넓이에서 나에게 응답하셨다."

그대의 옹졸한 시선, 옹졸한 논쟁, 옹졸한 분노에서 벗어나길 바랍니다.
그대의 영혼이 머무는 곳에 넓은 곳으로 들어가 모든 것에 관대하게 반응하길 기도합니다. 용서하고, 고치고, 부드러워지길 기도합니다.
그대 마음이 열리길 기도합니다. 광활한 창공이 준 선물은 그대의 것. 그것은 이미 그대 안에 있는 것.
하나님이 그대와 함께 하셔서 이제로부터 영원히 그대를 통해 일하시길 빕니다. 아멘.

우리 스스로 말하는 "진실"

2015년 6월 4일, 목요일 저녁. 나는 시부모님과 나란히 앉아서 남편이 고등학교 졸업식 축사를 하는 모습을 지켜보고 있었다. 남편은 축사를 통해 기자의 호기심과 어떤 사건도 즉각적인 판단에 기대지 말고 다각도에서 조명하라고 말하고 있었다. 그가 자랑스러웠다.

시부모님을 모시고 저녁식사를 하고 나서 남편과 집으로 돌아오는 길이었다. 집 근처에 이르렀을 때 나는 남편에게, "여보, 내 차 뒤에는 주차하지 말아요, 내일 아침은 토라 모임이 있어서 일찍 집에서 나가야 하는데 차를 막으면 안 돼요!"라고 말했다.

남편은 알겠다며 길가에 주차했다.

다음 날 아침, 집을 나와 이리저리 둘러보아도 내 차가 보이지 않았다. 동네 이곳저곳을 돌아다니며 나는 혼자서 중얼거렸다. 차가 어디 있지? 어디로 갔지? 차가 그냥 사라질 리가 없잖아...

나는 남편에게 전화를 걸어 차를 다른 데로 옮겨놨느냐고 물었다.

"아니, 당신 차에 손도 대지 않았는데?"

우리는 차를 도둑맞았다는 것을 알았다. 남편이 경찰에 신고하라고 했다. 나는 그 날 밤에 있을 나슈바 예배 준비를 하고 있었기에 내가 원하는 것은 오로지 그 날 하루는 공부와 평화, 묵상 속에서 지내는 것이었지만, 어쩌면 하나님께서는 다른 계획을 하고 계실지 모른다는 생각이 들었다. 그래서 내가 차 분실 신고를 하자 경찰관은 "자동차 등록번호를 불러보세요."라고 했다.

"차 안에 있어서 지금은 모르겠습니다."

긴 하루가 될 것 같은 예감이 들었다.

늦은 오후가 되어서야 비로소 나는 진지하게 묵상할 수 있게 되었고 마음을 가라앉힐 수 있었다. 차는 단지 물질적 소유물에 지나지 않는다고 스스로 다독였다. 우리 가족이 건강하고 편안한 것만으로도 감사했다. 다행히 보험에 들어 있고, 일이 수습될 때까지 차는 빌리면 되지 않겠는가.

그 날 밤 나는 나슈바 예배를 인도하면서 도둑맞은 내 차와 찝찝한 내 기분에 대해 설교했다. 나는 유명한 이디쉬 격언, "인간이 계획하고, 하나님은 웃으신다."를 인용했다.

이튿날 남편은 이웃들에게도 조심하라고 말했다. 집에 있어도 나는 자꾸 불안해지기 시작했다. 남편은 보안회사에다 얼마나 빨리 보안 장치를 설치할 수 있는지 문의했다. 그리고 홈디포에 가서 움직임 감지 센서등을 사오고, 우리 집 주변에 1.8미터 높이의 울타리를 설치하려고 했다.

나는 내 차 안에 헤로인 주사기와 깨진 약병들이 가득 차 있는 것과 도색이 완전히 벗겨진 차를 상상했다.

그 다음 주부터 나는 차 안에 무엇이 있었는지 하나하나 생각해내려고 애썼다. 무얼 잃어버렸지? 손 글씨로 적은 내 설교가 있었다. 그 원고는 컴퓨터에 저장해두지 않아서 영원히 잃어버리게 생겼다. 명상 수업 학생들의 편지도 모두 차 안에 두었는데... 나는 항상 내 학생들이 명상을 통해 배운 것에 대해 스스로에게 편지를 쓰라고 한다. 막 그 편지들을 부치려던 참이었다.

내 차 안에 두지 않은 유일한 편지는 내가 나에게 쓴 편지뿐이었다. "요즈음 나는 정말로 내 영혼에 더 긴밀하게 연결되고, 보고 들으며, 그 순간에 더 많이 존재하는 법을 배우고 있다."고 썼었다.

그로부터 3주 정도 흘러갔다. 그때까지도 나는 기분이 언짢았고 집 안에 있어도 불안하기 짝이 없었다. 내 차 안에 있어서 다시 볼 수 없는 것들 때문에 속이 상했다. 자꾸 깨진 약병과 헤로인 주사기를 상상했다. 그리고 내 차를 찾느라고 어디서나 두리번거렸다. 파란색 프리우스가 지나가면 내 차가 아닌지 번호판부터 살폈다.

어느 날, 보험회사 직원이 차량 도난 사건의 과정과 내가 받게 될 보상금 액수를 알려줬다.

그런데 바로 그 날 느지막한 시간에, 내 조카 사리가 전화를 했다. 사리가 동부 LA 중심가 가까이, 다소 스케치 풍의 동네에 있는 아파트로 막 이사를 간 무렵이었다.

"이모, 이모 차량 번호가 어떻게 되지? 8CXC874 아니야?"

"맞아. 내 번호 맞아. 사리야, 너 내 차 봤니?"

"응, 이모. 봤어!"

"어디서? 동부 LA에서?"

"할머니, 할아버지 댁 손님 주차장에서."

나는 아찔했다. 혼란스러워서 죽을 것 같았다. 도둑들이 내 차를 거기까지 끌고 갔나?

그 순간, 갑자기 전부 생각났다. 내가 차를 시댁에 두고선 까맣게 잊어버린 것이었다.

내가 얼마나 웃었는지 눈물까지 나왔다. 웃음이 파도처럼 밀려왔다.

아들아이가 나의 웃음소리를 듣고선 내 방으로 들어와 뭐가 그렇게 재미있느냐고 물었다. 자초지종을 이야기했더니 아들은, "엄마, 이제부턴 나도 멍청한 일 좀 저질러도 된다는 허가증을 받았네요. 간혹 무책임한 짓을 해도 무방하겠죠, 엄마는 2만 불짜리 차도 잃어버렸으니까요?"

아들과 나는 렌트한 차로 시댁에 갔다. 집안으로 들어가서 모두 한바탕 웃었다. 그때까지도 내가 언제 차를 그곳에 주차했는지 기억나지 않았다. 한 가지 분명했던 것은 도둑 따위는 없었고, 그 도둑은 나였다. 거기다 차를 두고 새까맣게 잊었던 나! 모두 함께 그 한 달 동안을 되짚어보다 갑자기 나에게 떠오르는 게 있었다. 남편이 축사를 했던 날 밤, 나는 내 차를 몰고 시부모님 댁에 갔었다. 그가 호기심과 이야기의 모든 각도를 탐구하라고 했던 날! 우리 셋은 그곳에서 카풀을 했다.

내 차로 가서 차 안을 들여다보았다. 완벽한 상태였다. 깨진 약병, 헤로인 주사바늘, 긁힌 자국 같은 건 없었다. 3주 동안 아무도 차에 손을 댄 흔적도 없었다. 학생들의 명상편지들이 그대로 있었다. 나 자신에게 쓴 명상편지가 꼭 사실이 아니었던 것 같다. 보고 듣는 것도 그 순간에 존재하는 법에 그렇게도 서툴렀으니 말이다.

남편이 귀가했다. 내 차 뒤에 주차를 하고 집안으로 들어와서 그가 물었다. "어떻게 된 거야?" 남편은 정말 어리둥절해 했다.

"내내 어머님 댁 손님 주차장에 세워놓았더라고." 이제 완전히 새로운 웃음과 눈물의 물결이 일었다.

분명히 이것은 "인간이 계획하고, 신이 웃는다!"의 경우가 아니라 "인간은 잊고 신이 웃고 모든 사람이 웃는다!"의 경우에 해당되었다.

이상한 점은 6월 4일, 목요일 밤에 남편과 나는 우리 집 진입로에서 내 차를 보았다. 우리 둘 다 봤었다.

가끔 내가 귀걸이 한 짝을 잃어버리고 온 집안을 헤집어 놓을 때가 있다. 하지만 이번엔 단 1초도 내 차를 찾거나 내가 왔던 길을 되짚어보질 않았다. 목요일 밤, 남편과 나, 우리 둘 다 진입로에서 내 차를 보았다는 내가 만들어낸 진술을 철석같이 믿었기 때문이다.

훔친 차로 시내를 달릴 수는 없는 노릇이어서 남편이 경찰서에 전화를 걸어 "우리 차를 찾았습니다. 음... 차를 잃었던 게 아니고 저희들이 다른 곳에다 주차를 해놓고, 그만..."이라고 했다.

경찰관은 남편의 이야기를 곧이들으려 하지 않았고 어찌된 영문인지 경위를 조사하러 집으로 와야 한다고 했다.

밤 11시경, 경찰관 두 사람이 우리 집에 왔다. 나는 너무 당황했기 때문에 거실에 숨어서 남편이 경찰관들에게 하는 말을 엿들었다. 그들의 대화는 이랬다.

경찰관이 "어떻게 된 일입니까? 차는 어디서 찾으셨지요?"라고 묻자, 남편은 사건의 전모를 털어놓았다. 경찰관은 다시, "누가 그 차를 부모님 댁에 세웠습니까?" 하고 물었다.

"제 아내가요."

"부인께서 어떻게 그것을 잊어버릴 수 있었을까요?"

갑자기 남편이 나를 불렀다. "여보!"

"응?" 내가 부끄럽게 대답했더니, 남편이 "아내가 좀 당황한 것 같네요."라고 했다.

나는 나가서 경찰관들을 만났다.

"사실 관계를 확인해야 하니까 좀 도와주세요. 조서 작성을 해야 합니다. 그런데 참 믿어지지 않는 얘기네요."

남편이 나서서, "자기 차를 어디에 세웠는지 잊어버리는 경우가 종종 있지 않습니까?" 하고 물었다.

"아니요, 저는 처음입니다."

"그런데, 그 날 밤 저희는 분명히 제 차를 진입로에서 실제로 눈으로 봤다고 확신했거든요."라고 내가 말했다.

"그 날 밤, 취하셨나요?"

"아니요. 맑은 정신이었습니다."

경찰관은 여전히 미심쩍어했다. "부인께서는 시부모님 댁 주차장에 왜 차를 세워두셨습니까? 3주 동안이나? 6월 4일부터?"

"모르시겠어요? 지금 말씀하시는 그대로입니다."라고 나는 진땀을 빼며 설명했다.

갑자기 경찰관의 표정이 변했다. 미소를 거두고 그는 말했다. "간혹 경찰들도 뭔가를 보고는 총을 봤다고 확신하고 총을 쐈는데 총이 없었던 경우들이 있습니다."

그 말을 들으며 나는 사실이 아닌 사실을 창조하고 존재조차 하지 않은 것을 보는 인간의 마음이 지닌 위력에 대해 생각하기 시작했다.

내 차를 잊어버린 사건은 한바탕 웃음으로 이어진 악의 없는 실수였지만, 커다란 고통을 남기는 우리 스스로에게 말하는 "진실"이 있다.

오래 전 일이다. 내가 처음 랍비가 되었을 때, 안식일마다 회당에 오시곤 했던 이지(Izzy)라는 80대 어른이 있었다. 그분은 아내를 먼저 저 세상으로 보낸 분이었다. 산타 모니카에 있는 작은 아파트에서 혼자 살면서 심한 이디쉬 악센트로 더 이상 없는 세상에 관한 말을 하며 남들과는 그다지 어울리지 않는 조용한 사람이었다.

그분에게 가벼운 말을 거는 일이나 짤막한 대화를 나누는 일조차 쉬운 일이 아니었지만 그분 마음을 열게 만드는 한 가지 주제가 있었다. 아들 하우이만 화제에 올리면 되었다. 그러면 그분의 얼굴은 온통 자부심으로 환하게 빛났다.

하우이는 필라델피아에서 엔지니어로 일하며 살았다. 나는 하우이가 이민자의 후예라는 독특한 짐을 짊어지고 산다는 느낌을 받았다.

그러던 어느 날, 이지가 돌아가시자 장례를 치르기 위해 하우이가 왔다. 나는 이지의 작은 아파트에서 그를 만나 장례절차를 의논하고 있었는데, 하우이가 아버지의 금 만년필을 손에 쥐고 있는 걸 보았다.

그는 그 만년필이 너무 소중해서 자기가 갖겠노라고 했다.

그도 아버지처럼 말수가 적고 조용했다. 그러더니 "랍비님, 아버지는 나를 한 번도 사랑한 적이 없어요."라고 했다.

"무슨 말씀이세요? 아버님 말문을 열게 한 사람은 하우이 씨뿐이었는데요."

하우이는 몸을 떨었다. "랍비님, 나는 아버지를 한 번도 기쁘게 해 드린 적이 없었던 것 같아요. 아버지 기대에 맞춰 살아갈 수 없다고 느꼈거든요."

잠시 나는 생각해보았다. 만약 그가 내 신도로서 나를 찾아와 "랍비님, 우리 아버지는 나를 한 번도 사랑한 적이 없어요."라고 말했다면, 내가 그의 아버지를 만나 본 적이 없으니 그의 현실 인식이 타당하다고 느꼈을지도 모른다. 어쩌면 그를 위로하며 이렇게 말했을지도 모른다. "아버지의 사랑을 받아본 적이 없으니 정말 안 됐네요."

그렇지만 난 그의 아버지를 잘 알았고, 나에게 이 이야기의 빈 칸을 채워야 하는 신성한 의무, 거룩한 책임이 있음을 알았다. 하우이의 경험을 부인하기 위해서 내가 그 자리에 있었던 건 아니다. 내가 알고 있는 것을 그에게 증언해야 했다.

"아버지가 결함이 있는 아버지였을 수도 있고 까다로운 분이었을 수도 있어요. 하지만 내가 아는 한 가지 사실이 있습니다. 그건 꼭 아셔야 하는 중요한 것입니다. 내 말을 듣고 받아들이셔야 해요. 그분은 온 마음과 영혼을 바쳐서 하우이 씨를 사랑했습니다."

눈물이 하우이의 뺨을 타고 흘러내렸다. 그는 흐느꼈다. "아버님의 사랑을 받아들이셔야만 해요. 아버님은 떠나셨지만 아들을 향한 그분의 사랑만큼은 부인해선 안 됩니다. 만년필을 소중히 간직하듯이 아버지가 남긴 사랑도 귀중한 유품으로 간직하셨으면 좋겠어요."라고 나는 말했다. 하우이는 나를 포옹하며 "감사합니다, 감사합니다, 내게 꼭 필요한 말씀이었어요."라고 했다.

사실이 아니라고 스스로에게 말하는 "진실들"이 있다. 우리는 우리가 뭔가를 안다고 생각하거나 누군가 나에게 상처를 준다고 생각한다. 마음이 우리에게 농간을 부리는 때다. 우리는 여기서 큰 그림, 말하자면 영혼의 넓은 시각으로 보아야 한다. 그리고 이 사람을 달리 어떻게 이해할 수 있겠는가? 내가 이 상황을 달리 어떻게 알겠는가? 라고 자문해보아야 한다. 우리는 우리가 알고 있다는 생각에 너무 갇혀 있어서 지금 이곳에 진짜 있는 것을 볼 기회조차 갖지 않는다. 그리고 우리가 잃어버린 것이 확실하다고 확신하는 것들은 실제로 사라진 것이 아니라 우리가 찾았다고 할 때까지 그곳에서 기다리고 있다.

아론은 랍비 마커스의 부켄발트 소년들 중 한 명이었다. 그는 온갖 지옥을 거쳤으며 모든 사람을 잃었다. 해방 이후, 그는 프랑스에 있는 어느 보육원으로 가게 되었다. 보육원에 처음 도착했을 즈음에는 편지 한 통, 전보 한 장만이라도 오길 고대하며 살았다. 그리고 그는 이모나 삼촌 중 그 누구 한 사람이라도 생존해 있어 자기를 찾으러 와 집으로 데려가길 간절히 바라고 있었다. 세월이 지나도 아무것도 오지 않았고, 아무도 찾아오지 않았다. 아론은 희망을 거두었고 기대도 접었다.

열망 또한 접었다.

모든 희망을 접었던 어느 날, 아론은 어린 동생 우리(Uri)가 살아서 독일의 슈바르츠발트(Black Forest) 부근, 어느 보육원에서 지낸다는 소식을 들었다. 당장에 동생을 찾으러 가려고 짐을 꾸렸다.

일주일이 걸려서 그는 동생이 있는 보육원에 도착했다. 아론은 두 형제가 만나 서로를 품에 안고 눈물로 재회하리라는 기대를 하고 있었다. 그러나 아론이 우리 쪽으로 달려가자 우리가 소리쳤다. "너는 내 형이 아니야! 그냥 가! 너는 죽었어! 모두 죽었어! 너는 내 형이 아니란 말이야!"라고.

이 어린 가슴에 무슨 일이 벌어졌는지 이해할 수 있겠는가? 열두 살 소년 우리는 이미 이 세상에 자기 혼자만 남았다는 사실과 화해하고 있었던 것이다. 누군가 그 어린 소년에게 다시 마음을 열라고 할 수 있을까? 누군가 그 어린 우리에게 상실의 위험을 다시 감수하라고 할 수 있을까? 그에게 다시 버려질 아픔을 다시 감수하라고 말할 수 있을까? 그 꼬마는 더 이상 하려 하지 않았다.

이것이 정신 나간 행동으로 보이는가? 나는 이와 똑같은 문제 때문에 친밀감을 형성할 능력이 없는 어른들을 많이 보아왔다. **어떻게 나 자신을 내려놓을 수 있을까? 어떻게 하면 다시 나를 해칠 수 있는 힘을 다른 사람에게 줄 수 있을까?** 마음을 여는 고통은 정말 아프다.

아론은 동생 우리를 두고 떠나려 하다가 취침시간에 동생이 있는 보육원 밖, 반짝이는 별빛 아래 들판에서 잠을 잤다. 다음 날, 아론은 한 마리 오리처럼 동생 뒤를 말없이 따라다녔다. 동생이 아무리 못 본 척 해도. 별빛이 반짝이는 들판에서 아론은 다시 밤을 지새우며 떠나려 하지 않았다. 어디도 가지 않았다.

한 달 동안을 그렇게 지냈다. 동생이 일어나면 말없이 동생 뒤만 따라다녔다. 그렇게 아론이 동생 뒤를 졸졸 따라 다니던 어느 날, 우리가 멈춰 서서 형을 돌아보고 말했다. "알았어, 그래 넌 내 형이야! 나는 이제 곧 이스라엘로 갈 거야! 나랑 같이 가!"

한 달쯤 지나서 두 고아 형제는 이스라엘로 가는 배를 함께 탔다.

우리가 잃어버렸다고 확신하지만 사라지지 않은 것이 있다. 그것들은 우리가 그것들을 발견하여 되찾아가기를 기다리고 있다.

실제 우리를 기다리고 있을지도 모르는 무엇인가를 잃어버렸다고 확신하고 있는가?

아마 포기해버린 관계일 수 있고 놓아버린 꿈일 수 있다. 아마 신앙일지 모르고, 잃어버린 우리의 참된 자기(true self)일지 모른다.

우리 안에 있는 영혼은 우리가 기억할 수 있고, 놓친 것을 찾을 수 있게끔 도와주기 위해 이곳에 있다.

때때로 하나님에게 버림받은 것 같고 길을 잃어 외롭게 느껴질지도 모르지만, 하나님은 우리를 잊으신 적이 없다. 아침저녁 묵묵히 우리를 뒤따라 다니시며 눈동자처럼 지켜보고 계신다.

탈무드에는 언제나 나를 괴롭히는 하나의 문장이 있다. "나는 잃어버리지 않은 것을 찾고 있다." 잃어버리지 않은 것을 찾고 있다.

우리는 잃어버리지 않은 무엇을 포기한 것이 있다. 아마 우리 자신일 것이다. 희망을 잃어버렸을 때 우리는 마음에 떠올릴 수 있는 최악의 이야기를 믿지만 그것이 사실인 적은 별로 없다.

우리 영혼은 우리의 길을 환히 밝히고 어둠 속에서 무엇을 잃어버렸는지 보여주려고 이곳에 있다.

"네추말레, 내 안경이 어디 있냐? 안경 좀 찾아다오!"라고 늘 묻던 우리 할아버지가 자꾸 생각난다. 그러실 때마다 나는 "할아버지, 바로 할아버지 머리 위에 있네요!"라곤 했다. 그리고 우리는 웃었다.

잃어버리지 않은 것을 찾고 있다.

우리는 받은 것이 헤아릴 수 없이 많다. 너무 착하고, 너무 힘이 세다. 넘치는 재능과 비전과 희망, 그리고 인내심과 신앙심. 그리고 때로 우리에게 주어진 것을 잊는다.

우리는 우리 것을 되찾기 위해 이곳에 있다.

그러나 되찾기 위해서 경찰에 신고할 필요가 없는 이유는 아무도 훔쳐 간 사람이 없어서다. 축복이 우리들의 눈에 띄게 되길 안타깝게 바라면서 이곳에 있다.

우리의 재능도 사용되어지기를 바라며 이곳에 있다. 사랑도 우리를 기다리고 있다. 풍성함과 치유와 기쁨도 모두 우리를 기다린다. 그리고 하나님은 우리와 동행하시며 언제나 우리 편이시다.

그대를 맞이하는 달콤한 시간이 "어서 와!" 하며 열리기를 기도합니다. 아멘.

태피스트리 속의 숨겨진 연결

2015년 10월 어느 화요일 저녁, 초급반 학생들에게 나는 '후사'(*husa*) 명상을 가르치고 있었다. 학생들에게 한쪽으로 기운 냄비 받침과 그것을 자랑스럽게 냉장고에 걸어두는 어머니에 대한 은유를 제시했다. 우리는 판단하지 않고 사랑하는 것이 무엇을 뜻하는지, 그 모든 불완전함에도 어떤 것을 소중하게 여기고 아끼게 되는 것은 무슨 의미인지에 대한 이야기를 나눴다. 결점 속에 깃든 아름다움을 보고, 연약하고 부서진 사람들에 대한 경외심을 느끼기 위해서. 연민이 깊어지고 마음이 활짝 개방되었던 공감 가득한 밤이었다.

그런데 사실, 그즈음 나는 좌절감에 빠져 헤매는 상태였다. 내 마음에서 랍비 마커스가 떠나지 않았고, 그가 꿈에서도 나타났다. 그의 고통, 슬픔, 신앙의 위기, 깊은 상실감 등을 상상했다. 나에게 이토록 깊은 울림을 주는 아인슈타인의 답변은 무엇에 대한 답변이었을까?

그 날 밤, 집에 돌아와 혼잣말을 했다. "'후사,' 조금 더 기다려보자, 합력해서 선을 이루는 순간이 올 거야!" 그러고 나서 나는 카탈로그에서 물건을 하나 주문했다.

며칠 지나 남편이 나에게 물었다. "여보, 이상한 소포가 우리 집으로 잘못 배달된 것 같아. 유치원 미술시간에나 필요한 물건들 같은데?"

내가 주문했다고 웃자 남편은 조금 놀랐다.

나는 소포를 풀어서 금속 틀 위에 알록달록한 고리들을 위로, 아래로, 위로, 아래로 서로 엮기 시작했다. 이제 어른이니 어릴 적보단 잘 만들 것 같았는데 그렇지가 않았다. 여전히 한쪽으로 기울어진, 그 모든 불완전함에도 예쁜 나만의 냄비 받침이 완성되었다.

나는 나의 아름답고 형형색색인 냄비 받침을 내 서재의 벽, 아인슈타인의 편지 사본 옆에 걸어놓았다.

랍비 마커스의 편지와 '후사'를 생각해 보고 나는 가만히 속삭였다. "언젠가 이 느슨한 실들을 하나로 엮어서 태피스트리를 완성시켜야지."

그리고 일주일 정도 흘렀을까. 나는 뉴욕타임스를 읽고 있다가 제2차 세계대전에 참전한 알란 골럽이라는 어느 미군 병사에 관한 기사를 보았다. 그는 해방 후, 에슈베게라는 독일 도시에서 누더기 차림의 헝가리 유대 소녀들을 발견한 사람이었다. 소녀들은 독일 집단수용소에서 노예가 되어 굶주린 상태였다. 알란은 그들에게 옷을 만들어 입힐 천을 사러 가게에 갔는데 가게 주인은 팔지 않겠다고 거절했다. 그러자 그는 총을 꺼내들고서 자기 뜻에 협조해달라고 주인을 설득했다.

소녀들은 이 천으로 멋진 옷을 만들어 입었다. 그들의 첫 번째 옷으로서 그토록 오래 동안 입은 옷이었다. 스물세 명의 소녀들은 모두 자기들이 만든 아주 똑같은 옷을 입었는데, 누군가 그들이 포즈를 취하고 웃고 있는 모습을 사진에 담았다.

그로부터 70여 년이 흐른 후, 뉴욕타임스는 그 사진 속에 있는 세 명의 소녀들이 자기들의 존엄성을 회복시켜주기 위해 천을 확보해 준 사람과 다시 만나게 되었을 때, 그 이야기를 재조명하며 그것을 신문에 실었던 것이다.

나는 타임지에 게재된 같은 옷을 입은 소녀들의 사진을 들여다보았다. 그런데 소녀들에게 둘러싸인 채 사진 한가운데 서 있는 이 사람이 누구란 말인가? 랍비 로버트 마커스였다.

내 눈을 믿을 수 없었다. 내 심장이 마구 뛰었다. 나는 당장에 타임지 기자 이브 칸에게 전화를 걸어, 생존한 분들 중에 이 사진 가운데 있는 남자를 기억하는 사람이 있는지 물어보았다. 이브는 나에게 몇 가지 단서를 주었다.

다음 날 아침, 이볼랴 마코비치가 투박한 악센트와 할머니 같은 따스함으로 전화를 받았다. 나는 "선생님! 랍비 마커스, 그러니까 선생님과 다른 분들이 함께 찍은 사진의 한가운데 서 있는 남자 분을 기억하세요?"라고 물었다.

이볼라 선생은 웃었다. "아주 오래 전 일이네요. 마말레! 나는 모든 걸 다 기억합니다. 나는 그분을 무척 가깝게 느꼈어요."

"어떤 것을 기억하고 계시나요?"

"나는 그 날을 명확하게 기억해요. 마말레, 말하기 참 어렵네요. 나는 그분과 매우 가까웠어요. 오래 동안 그분을 못 뵈었네요."

"랍비 마커스는 1951년에 돌아가셨는데 그분을 친절한 분으로 기억하시나요?"

"결코 잊지 못할 일들이지요, 그분은 아주 특별하셨어요. 우리를 늘 보살피셨어요. 필요한 것을 챙겨주시고, 우리를 보러 오시고 우리에게 이야기도 해주셨어요. 우리 모두 그분을 무척 좋아했습니다."

"혹시 랍비 마커스가 아인슈타인에게 편지를 쓴 것은 아십니까?"

"모르겠어요."

이볼라 선생은 피곤해 했다. 요양사가 선생을 도와주었다. 그녀는 "마말레, 잘 지내요. 하나님이 함께 하시길." 하며 전화를 끊었다.

사진 속에 있는 다른 사람들에게도 연락을 해보려고 했지만 거의 모든 사람들이 고인이 되었고, 살아 있는 몇 분은 정신적 혼란을 겪거나 너무 허약해서 말을 할 수 없었다. 그러나 타임지 기자 이브는 라우리 골드스미쓰 하이트너라는 사람과 나를 연결해주었다.

라우리의 아버지, 카알은 해방 이후 에슈베게의 군 통치자로 배치된 군인이었다. 아마도 그는 랍비 마커스를 알고 있었을 것이다.

나는 라우리에게 전화로 물어보았다. 그녀는 자기 아버지는 돌아가셨지만 아버지의 서류들을 찾아보고 랍비 마커스에 대한 언급이 있는지 알아보겠다고 했다.

그녀는 나에게 물었다. "어떻게 이 랍비 마커스라는 사람에게 관심을 가지게 되었나요?"

"이상한 이야기입니다. 사실은 우연이었어요. 나는 알버트 아인슈타인이 우주에 대해 서술한 문장에 깊은 감명을 받았고 그것을 계기로 랍비 마커스를 향한 나의 여행이 시작되었어요."

라우리가 활기를 띠었다. "등골이 오싹해지네요. 눈물도 흐르고요."

"왜요?"

라우리는 "우리 아버지에 대해 알아보려고 전화하셨지만, 랍비께서 아인슈타인에 대해 언급하시니 우리 어머니가 어렸을 때, 아인슈타인의 집에서 산 적이 있다는 말씀부터 드려야 할 것 같군요."

"네에? 무슨 말씀인가요?" 이 모든 조각들이 서로 교차되어 짜맞춰져 가고 있어서 나는 기절할 것 같았다.

"아인슈타인은 1929년 독일의 카푸스라는 마을, 호숫가에 자신의 꿈의 집을 지었어요."

카푸스에 있던 아인슈타인의 여름별장을 나는 알고 있었다. 아인슈타인은 그곳에서 자기 생각 속으로 도망치는 것을 무척 좋아했다. 그곳은 공상을 하고 그가 우주의 이치에 대한 사색을 하기에 안성맞춤인 장소였다. 그의 친구들이 그의 쉰 번째 생일 선물로 준 보트를 그는 거기에 보관했다. 아인슈타인은 혼자서 보트를 타고 나가 보트가 자기를 데리고 어디로든 떠다니게 놔두곤 했다. 카푸스에서 경험한 더할 나위 없이 완벽한 삶에 대해 그는 이렇게 감정을 드러내어 기록한 적이 있다. "돛단배, 탁 트인 전망, 고즈넉한 산책, 비교적 고요함. 천국이 따로 없다." 카푸스에서 아인슈타인은 그의 유명한 통일장 이론, 그가 결코 풀 수 없었던 그 이론을 새김질하며 고민하는 시간을 가졌다.

어쩌면 아인슈타인으로 하여금 "내가 믿는 것"이라는 글을 쓰도록 영감을 준 것은 그 호숫가의 아름다운 풍경이었을지 모른다. 그 글은 아인슈타인이 자기 신앙의 토대를 분명하게 밝힌 에세이였다.

"우리가 경험할 수 있는 최고의 아름다운 감정은 신비입니다. 신비야말로 모든 진정한 예술과 과학의 요람에 깔린 근본적인 감정입니다. 이런 감정이 낯설고, 더 이상 놀라움이나 경외심을 품지 못하는 사람은 꺼진 촛불처럼 죽은 사람에 불과합니다. 우리가 경험하는 것들 이면에는 우리의 정신으로 파악이 불가능한 것들이 존재하며, 그것의 아름다움과 숭고함은 간접적으로만 다가옵니다. 이것을 종교심이라 할 수 있겠지요. 이런 의미에서, 오로지 이런 의미에서만 나는 독실한 종교적 인간입니다."

1932년에 이르렀을 때, 모든 유대인은 당시 독일에서 고조되는 불길한 조짐을 감지했다. 아인슈타인 역시 위험이 임박했음을 알아차렸다. 칼텍(Caltech)에서 강의할 일정이 있어서 세 달 동안 미국에서 체류하기로 한 그는 미국으로 떠나기 바로 전 날 밤, 보물처럼 여기던 집을 둘러보며 아내 엘사에게 말했다. "집을 잘 둘러보아요. 다시는 볼 수 없을지 모르니까." 그의 예감은 적중했다. 1933년 초반, 히틀러가 독일 수상이 되었고 아인슈타인은 친구에게 이런 편지를 썼다. "히틀러 때문에 독일 땅 밟기가 두려워지네."

나는 라우리에게 "어머니는 어떻게 그 모든 것에 적응하셨나요?"라고 물었다.

카푸스에 있던 아인슈타인의 집은 유대 어린이들의 작은 기숙학교 바로 옆집이었다고 한다. 1930년대 초, 히틀러의 권력이 막강해지자 유대인 부모들은 자녀들이 안전하게 다닐 수 있는 학교를 물색하고 있었다. 라우리는 당시 그 기숙학교는 아이들을 영국이나 스위스로 보내기 전에 안전하게 피신시키는 피난처 역할을 했다고 말했다.

라우리에 의하면 아인슈타인이 카푸스를 떠나기 전, 기숙학교의 여교장인 게르투르드 파이어탁에게 "내가 없는 동안 학생들이 저의 집에서 지내게 하세요."라고 했다고 한다. "그때 우리 외조부모님들도 열 살이었던 제 어머니를 안전하게 지낼 수 있도록 카푸스로 보내셨대요. 어머니는 거기서 여섯 달 동안을 지내셨답니다."

아인슈타인이 카푸스를 떠난 지 얼마 되지 않아서 나치는 그의 집을 급습했고, 그가 아끼던 보트도 압류해버렸다. 더 이상 그곳은 어린이들에게 안전한 피난처가 아니었다. 1938년 크리스털나흐트(Kristallnacht, 유대인들의 상점들을 파괴한 밤)의 여파로 그 어린이들은 체포되어 처형당했다. 게르투르드 파이어탁 교장도 아우슈비츠에서 처형당했다. 아인슈타인이 그처럼 사랑했던 그의 집은 히틀러를 추종하는 젊은이들의 기숙사가 되었다.

다시 한 번 아인슈타인과 랍비 마커스가 신비롭게 교차하며 내 영혼에 얽히고설키고 있었다. 나는 내 벽에다 걸어놓은 냄비 받침을 쳐다보았다. 위로, 아래로, 위로, 아래로 엮인.

나는 내가 여러 세계, 즉 산 자와 죽은 자의 세계, 과학과 종교의 세계, 무한과 유한의 세계, 마음과 영혼의 세계를 이어주는 실 한 가닥을 잡아당겼다는 사실을 다시 한 번 깨달았다.

실들이 너무 많다. 어떻게 내가 이 실들을 엮을 수 있을까?

인내심이 필요했다. 나는 보트를 탄 아인슈타인이 그랬던 것처럼 앞으로 펼쳐지는 이야기들이 이끄는 대로 나를 맡겨볼 작정이었다.

바로 그때 나는 책상 위에 놓인 책을 펴보았다. 내 시선은 아인슈타인이 말한 이 문장에서 멈추었다. "인생은 거대한 태피스트리(여러 가지 색실로 그림을 짜 넣은 직물)입니다. 개인은 이토록 거대하고 기적적인 직물 속에 짜인 평범한 한 가닥 실오라기일 뿐입니다."

그렇다.

그대가 연결하는 마법의 실마리를 보게 되기를, 그 귀중한 통찰의 섬광이 그대가 걷는 길과 모든 나날들을 환하게 밝혀주기를 기도드립니다. 아멘.

행동할 능력

"이런 착시적 망상에서 벗어나 자유로워지려는 노력은 진정한 종교가 추구하는 하나의 화두입니다."

—아인슈타인이 랍비 마커스에게 보낸 편지에서

자유는 단지 마음 상태만이 아니라 행동의 변화다. 우리의 생각은 우리를 계속 마비 상태로 만들 수 있고, 우리가 생각을 치유할 때조차도 우리가 행동하기까지는 진정 자유로운 것이 아니다. 생명의 힘, 그 영혼 속의 푸른 불빛이 우리를 일으켜 움직이게 한다. 몸이 영혼을 필요로 하는 것만큼 영혼도 몸이 필요하다는 사실을 기억하라.

위대한 신학자이자 활동가였던 랍비 아브라함 요수아 헤셸은 이 성스러운 상호의존성의 힘을 이렇게 설명했다. "혼이 없는 몸이 시체이듯이 몸이 없는 혼은 귀신이다." 바로 이런 이유로 헤셸이 앨라배마 주 셀마에서 마틴 루터 킹 박사와 가두행진을 벌인 후 집에 돌아와서 "우리의 다리가 노래했다. 말은 없었지만, 우리의 행진이 예배였다. 나는 내 다리가 기도하는 것을 느꼈다."라고 썼다. 우리의 꿈과 기도는 영혼에서부터 일어나지만, 그 열망을 성취하기 위해 영혼은 몸이 필요하다. 변화는 의지와 행동을 결합할 때 일어난다.

고루한 경향성 벗기

2년쯤 전이었을까. 누군가와 얘기하는 도중에도 어깨너머로 혹시 더 만날 만한 주요 인물은 없는지 두리번거리는 사람들이 모인 할리우드 파티에 간 적이 있다. 바로 내 옆에 있는 사람이 심리학자인 것을 알고, 나는 그의 일에 관해 물어보았다. 과음 탓이었는지 그는 퉁명스럽게 내뱉었다. "사람들은 정말 안 바뀝니다. 별 것 아닌 것엔 어느 정도 적응하는 것 같이 보여도 사람들은 안 바뀝니다. 내 말 믿으세요." 샴페인이 있고 음악이 흐르는 이 호화로운 파티에서 그는 나와 진지한 대화를 이어갈 마음이 없어 보였다.

"나는 많이 보았는데요." 나는 내 직업이 랍비라고 밝히고 나서 계속했다. "알코올 중독자들이 술을 끊는 걸 봤고, 중년의 위기 속에서 다시 공부를 시작하여 직업을 바꾸는 사람도 보았고, 인이 박힌 몹쓸 습관에서 벗어나는 사람들도 봤는데요. 어떤 사람들은 깊은 슬픔과 트라우마, 강간의 상처를 극복해내던데요. 숨어 있던 힘으로 병마와 싸워 이겨내는 사람들도 보았습니다."

그렇게 냉소적인 그 심리치료사가 안 됐다는 생각이 들기 시작했다. 물론 그의 환자들은 더욱 안 됐다는 느낌이 들었다.

침묵을 깨고 그는 "랍비님, 내가 한번 상담을 받으러 가도 될까요?"

라고 물었다. 나는 이메일 주소를 주며 언제든지 오라고 했다. 우리가 만나서 일종의 심도 있는 대화를 주고받았다고 말할 수 있다면 얼마나 좋을까. 천박한 그 칵테일파티에서 우연히 만난 이후로는 그 사람의 소식은 듣지 못했다. 냉소적인 테라피스트 앞에서 큰소리로 대담한 주장을 펼쳤지만, 내 마음 한구석은 그의 발언으로 인해 다소 흔들렸었다. 과연 우리가 변할 수 있을까? 우리 대다수는 우리가 오래 씨름하던 문제들을 가지고 여전히 씨름한다. 아니면 새로운 길을 향해 나아가다가도 다시 우리의 오래된 익숙한 습관으로 되돌아간다.

변화의 영역에서 나는 우리가 두 극 사이에 살고 있다고 믿는다. SOS와 SOS라는 두 극. 처음 SOS는 "Save Our Ship"(우리 배를 구하라)이라는 대단히 끔찍한 것이다. 우리는 침몰하고 있다. 진정한 SOS는 변화를 위한 비옥한 땅이다. 마침내 영혼이 "너는 변하지 않으면 죽는다!"고 외치는 소리를 들을 수 있는 곳에 이른다. 우리가 진실에 눈을 뜨기 전 꽤 큰 속임수를 경험할 수가 있다.

훨씬 더 바꾸기 어려운 것은 두 번째 SOS이다. "Same Old Stuff"(똑같은 옛 것). 바닥을 경험한 적이 없는 사람들은 어떤 사람들일까? 자기 패배적인 방법으로 불평하는 것에 익숙해진 사람들이다. 생명을 위협하지 않으나 우리를 괴롭히는 패턴들이 있다. 우리의 성질, 우리의 흐트러짐, 우리의 부러움, 계속 주저앉는 우리의 무거움, 우리의 조급함, 우리의 게으름, 우리의 욕망.

우리는 평생 우리를 부르는 영혼의 소리에 귀를 기울이지 않고 살 수 있다. 그러나 그런 진실한 순간과 마주하지 않는다면 변화를 위한 자극은 거의 불가능하다.

어떻게 하면 우리는 "똑같은 옛 것"에서 벗어나 실질적이며 지속이 가능한 변화를 이끌어낼 진실의 장소로 옮겨갈 수 있을까?

우리의 상승(ascent)을 가능하게 하는 열쇠는 시간과 시기이다.

우리를 진일보시키는 하나의 열쇠는 영혼의 눈을 통해서 시간을 볼 수 있는 우리의 능력이다. 시간에 대한 영혼과 에고의 이해는 서로 판이하게 다르다. 불멸하는 영혼은 물질세계에서 머무는 우리들의 삶이 찰나에 불과한 것을 안다. 영혼의 관점에서 보면 우리가 낡은 파괴적인 습관을 되풀이하며 보내는 모든 순간들은 끔찍한 순간이다. 영혼의 눈은 모래 알갱이들이 인생이라는 모래시계를 빠져나가는 것을 본다. 영혼은 우리에게 날마다 이런 말을 한다. "시간이 조금밖에 남아 있지 않은 걸 아시나요? 똑같은 옛 것이 당신을 죽이고 있어요. 그것을 당신이 깨달을 수 있다면."

영혼은 모든 것이 너무 짧고 또한 너무 아름답다는 것을 우리가 알았으면 한다. 영혼은 하루하루, 한순간, 한순간이 결코 낭비될 수 없는 소중한 선물임을 알기를 바란다.

영혼의 도움으로 "똑같은 옛 것"(Same Old Stuff)의 중력에서 벗어나 진정한 SOS의 단계로 끌어올리는 방법을 우리가 배울 수 있다.

똑같은 옛 것에서 벗어나 변화의 길로 나아가는 하나의 방법은 긴박함의 불꽃을 높이는 일이다. 예측되는 옛 습관에서 벗어나는 또 다른 길이 있다. 그것은 우리에게 새로운 가능성의 틈이 열릴 때 그것을 인지하여 우리가 그 기회를 붙잡는 능력에 달려 있다.

　우리가 자신의 상태를 직시하고, 몽유병을 돌파할 수 있는 열린 틈은 항상 있기 마련이다. "그걸 갖고 싶다. 정말 갖고 싶다."는 욕망의 연결고리를 우리가 중단시킬 때가 있는데, 만약 우리가 그 기회를 포착하고 환영하면 그때가 바로 우리의 SOS이다.

　갑자기 어떤 것이 우리를 깊이 관통해 들어올 때가 있다. 사랑하는 사람과 무심하게 한때를 즐기는 동안 예상치 못한 평안함이나 거룩함 같은 감정. 책에서 공감하는 언어의 힘, 멜로디의 힘, 자연과 하나가 되는 힘, 공동체에서 기도의 힘, 가르침의 힘, 오래 전에 누군가 해준 충고의 힘 같은 것들이다. 갑자기 우리가 들어야 하는 그런 교훈이 우리를 단지 씻어낼 뿐 아니라 깊은 울림을 준다.

　그것을 두려워하거나 끔찍한 순간이 닥쳤다고 생각하지 말자. 그것은 희망의 감정이며 새로운 가능성이 감지되는 때이다. 영혼이 길을 안내하는 소리를 들을 수 있을 정도로 아주 고요한 순간 아니던가.

　랍비들은 이런 순간을 은총의 순간이라고 표현한다. 히브리어로 이런 열린 틈은 '엣 랏촌'(*Et Ratzon*)이라 부르며, 우리들의 갈망이 신성한 갈망과 만나 충족되는 순간을 뜻한다. 평소에 잠겼던 문이 열리는 영적인 순간이 바로 이 때다. 더 넓은 렌즈를 통해 인생을 조망하고, 사물을 큰 그림에서 보는 순간, 회피하던 진실과 대면하는 순간, 양극이 조화를 이루는 순간, 저 높은 데를 향하는 인간의 그리움과 그것에 닿으려는 신의 그리움이 만나는 순간, 세상을 바꾸려는 영혼의 갈망과 행동으로 옮기려는 육체의 갈망이 만나는 순간, 똑같은 옛 것(Same

Old Stuff)의 고통스러운 잔소리가 눈앞에서 사라지는 순간이다.

영혼의 도움으로 그런 열린 틈을 계속 유지하는 방법을 배울 수 있다.

은총의 순간은 안개처럼 증발하거나 아니면 지속적인 변화로 이어질 수 있다. 그것은 그 은총을 기꺼이 지키고 공경하는 우리의 의지에 달렸다. 그토록 소중한 순간을 단지 기억에 남기기보다 그 순간을 지켜 그것이 우리 내면에 살아 있도록 하자.

하시딕 사상에서는 아가서의 한 구절이 그런 순간적인 열림으로 얻어진 지혜를 유지하는 열쇠가 된다고 본다. 아가서의 연인은 말한다. "그를 꼭 끌어안고 보내지 않을 거야." 은총의 순간에 접근하는 방법은 그와 같다. 소중한 삶을 필사적으로 붙잡아 결코 놓치지 말자. 그것을 알아차리고, 맞아들여서 "가슴에 새긴 봉인"이라는 아가서의 구절처럼, 우리의 삶에 영원히 남는 흔적이 되게 하자.

그렇다, 나는 온 마음으로 우리가 변할 수 있다고 믿는다. 자기의 전기나 생물학적 조건은 바꿀 수 없어도 자기의 운명을 바꿀 수는 있다.

최근에 나는 생존해 있는 우수한 물리학자들 가운데 한 분인 킵 쏜(Kip Thorn) 박사를 그의 칼텍 연구실에서 인터뷰할 기회가 있었다. 나에겐 무척 영예로운 일이었다. 나는 그에게 아인슈타인이 말했던 우리 모두 그 일부인 '전체'가 의미하는 것이 무엇인지를 설명해 달라고 부탁했다. 그는 "랍비님, 우리는 자기 자신을 고정된 별개의 분리된 실체로 보기도 하지만, 사실 우리의 몸엔 우리가 태어났을 때와 똑같은 세포는 단 한 개도 없습니다."라고 했다.

모든 것은 끊임없이 재탄생되고, 새로워지고, 교체된다.

물론, 변화가 하룻밤 사이에 일어나는 것은 아니지만 우리의 열망이 우리 곁에 있는 신성한 열린 틈을 감지할 수 있게는 해준다. 그 신성한 열린 틈이 우리와 함께 놀고 함께 깨어나도록 하자. 영혼의 눈을 통해 세상을 보고 싶은 간절함이 일상 속에 스며들어 꿈속에까지 스며들게 하자.

그대 주위에 더 많은 열린 틈이 있을 뿐 아니라 더 많은 공간이 있다는 것도 눈치채시길 빕니다. 마법의 공간입니다. 그대의 "똑같은 옛 것"이 참된 지속적 변혁으로 바뀌기를 빕니다. 아멘.

영원한 임신

유대인들의 새해 첫날인 로쉬 하샤나가 돌아오면, 사람들은 히브리 성서의 한 구절인 "하욤 하랏 올람"(*Hayom harat olam*)을 자꾸 되풀이하며 암송한다. 보통 "오늘 세상이 태어났다!"로 번역되는 구절이다. 얼핏 들으면 무척 즐겁게 들린다.

서두르지 말자. 그 이야기에는 더 많은 의미가 내포되어 있으니까. 사실 나는 그 의미에 대해 시간을 내어 생각해 본 적이 없다. 나의 스승인 타마르 프랭키엘 박사님으로부터 "오늘 세상이 태어났다"라는 구절의 진정한 맥락과 의미를 요즘에 와서야 비로소 배웠다.

실제로 이것은 완전한 절망 속에 빠져 있던 예언자 예레미야의 외침이다. 예레미야는 그의 일생을 유대 백성에게 하나님의 말씀을 전하며 보냈다. 그는 사람들에게 제발 삶의 방식을 바꾸라고 간청하며 부패, 죄, 물질만능주의, 헛된 제사와 천박한 기도를 제발 멈추라고 했다. 백성들이 그의 외침을 귀담아 들었을까? 천만에.

오히려 그들은 예레미야를 비난하며 무시했다. 그는 사람들에게서 버림을 받고 말았다. 아무도 듣지 않는 예언자 역할에 그는 신물이 났다. 차라리 태어나지 않았기를 바랐다. "내가 태어난 날은 저주받은 날", "우리 어머니가 나를 출산하지 않았다면. 어머니의 자궁이 영원히 임신을 했다면!"이라고 말했다.

어머니의 자궁이 영원히 임신을 했다면.

이것이 유대인들이 그토록 기쁨에 차서 암송하는 말이다. 그 히브리 구절을 제대로 해석하면 "오늘 세상이 태어났다"가 아니라 "오늘은 영원히 임신한 날"이다. 즐거운 구절이 아니다. 저주에 훨씬 가깝다. "오늘은 영원히 임신한 날"의 정확한 뜻은 무엇인가?

오늘은 영원히 임신한 날이라는 예레미야의 말의 실제 의미를 알고 나자, 내가 임신 9개월일 때 내 친구 헬렌의 갓난아기를 내 무릎 위에 올려놓았던 기억이 생생하게 떠올랐다.

헬렌은 브루클린에서 태어났고, 나 역시 브루클린 태생이다. 헬렌이 다닌 예쉬바 플랫부시 고등학교는 내가 다닌 학교이기도 하다. 고등학교 때 헬렌과 우리 오빠 데이비드는 절친이었는데 졸업한 후에는 서로 왕래가 없었던 모양이다.

그로부터 한참 지나서 헬렌과 그녀의 남편 리치가 이스라엘에 간 적이 있었다. 우리 오빠가 이스라엘에 사는 것을 알던 헬렌은 오랜 벗을 찾아 갔다. 그들이 함께 만나 이야기를 나누다 오빠는 "근데 너 코넬 대학에 갔었지? 내 동생 노미도 코넬 갔었어."라고 말했단다. 또 헬렌이 LA로 이사 간 사실을 알고는 "노미도 LA에 살아, 거기서 우리 노미는 랍비야."

헬렌은 우리 사이에 일치점이 많은 것에 놀라워했다. 헬렌이 의과대학을 다녔고 내가 신학교를 다녔다는 사소한 몇 가지만 빼면 우리에겐 겹치는 점이 꽤 많았다. 우리 둘은 사람들을 치유하는 직업까지 가졌다.

헬렌이 내가 인도하는 기도 모임에 나오기 시작하면서 우린 다시 연결되었다. 나와 공유하는 것이 많은 사람을 LA에서 만나게 된 것이 그토록 큰 위안이 될 줄이야.

어느 날, 내가 헬렌에게 전화를 걸자 그녀는 "노미, 어떻게 지내? 잘 지내지?"라고 물었다. 나는 "정말 메스꺼워 미칠 지경이야. 근데 좋은 일이야. 나 임신했거든!"

헬렌은 "나도 임신했어!"라고 했다. 우리는 마구 웃었다.

매달 우리는 서로의 상태를 비교했고, 우리 배는 함께 다달이 불러갔으며 꿈과 기도와 기대를 나누었다.

7월이었던 내 출산 예정일보다 헬렌의 예정일은 두 주 빨랐다. 7월 초, 그녀는 사랑스러운 남자아기를 낳았다. 며칠 후 내가 헬렌을 만나러 갔더니 엄마가 되려고 태어난 사람처럼 헬렌은 행복해 보였고 자연스러웠다. 버터볼 칠면조 같은 나는 거의 터져버릴 정도로 거대한 몸집이었다. 갑자기 헬렌이 그녀의 갓난아기를 내 무릎에 올려놓는 순간 나는 비명을 질렀다. 겉으로 미소를 지어야 하는 건 알았지만 너무 놀란 나머지 표정을 감추지 못한 것이다.

내 속마음은 이랬다. "세상에! 내가 무슨 생각을 했던 거지? 이건 아니야. 난 아기를 원하지 않아. 난 아직 엄마가 될 준비가 안 돼 있어. 아기를 좋아하지도 않잖아! 지금 이대로의 생활로 충분해. 제발 여기서 멈췄으면 좋겠다. 지금 여기서. 그럴 수만 있다면... 영원히 임신 상태였으면..."

어떻게 영원한 임신을 원하는 것을 건강한 정신이랄 수 있겠는가. 영원한 임신이란 영원히 보류된 생명 상태에 있다는 뜻이 아닌가. 나는 이 구절이 경고로 다가오기 때문에 유대인들이 새해가 되면 이것으로 기도한다고 생각한다.

우리 한 사람 한 사람, 우리 삶 어딘가에서 우리는 영원히 임신을 한다. 이미 잉태된 것들이 "제발 태어나게 해줘요!"라고 애원하고 있다. 아마도 그것은 창조적인 노력, 즉 책, 그림, 시, 노래, 대본, 이야기, 사업 아이디어 등일 수 있다. 어쩌면 직업을 바꾸는 일도 그에 해당할 것이다. 개인적으로 꿈을 꾸며 모색했으나 실제로 아무 일도 하지 않는 것도. 때로는 "미안합니다." 혹은 "사랑합니다." "용서합니다." 등과 같은 한 마디도. 입 안에서는 준비를 끝냈는데 입 밖으로 쏟아낼 용기가 없는 말도 그런 것이다.

영원한 잉태는 축복이 아니므로 대부분은 그로 인해 좌절의 고통을 겪는다.

어쩌면 그것은 우리가 붙잡아 두고 출발을 늦추는 일일 수도 있다. 우리는 떠날 시간이 되었음을 알고 있다. 괜찮지 않은데 괜찮다고 가장했던 것들을 멈춰야 할 때라는 것을 우리는 안다.

어쩌면 이미 완성한 작품을 너무 두려워서 세상에 내놓지 않고 있는지 모른다.

스캇 탄세이는 나의 영성공동체인 나슈바에 오래 참여해 온 사람이다. 나와 만난 이후로 그는 우리 모임 행사 때마다 사진을 찍겠다고 했다. 그래서 행사 때마다 그는 줄곧 우리의 스냅사진을 찍어 왔다.

스캇은 어릴 때부터 사진 찍는 일에 열정적이었는데 특히 파노라마 사진 찍는 것을 좋아했다. "랍비님! 전 넓은 풍경이 좋아요."라고 말하는 그는 이십대 때부터 진지하게 사진에 매달렸었다. 유사 파킨슨 증상 때문에 오른팔이 떨렸지만, 그는 항상 적절한 순간에 손을 안정시키는 방법을 찾아내어서 떨림 증상이 자기가 좋아하는 일을 방해하게 놔두지 않았다.

40여 년 동안 온 세계를 누비며 그는 수천 장의 기막히게 멋진 파노라마 사진을 찍었다. 빙하, 산 정상, 바다, 도시 풍경, 일출, 구름, 해질 무렵, 무지개 등등. 무려 2만 장 가량의 사진을 40여 년 동안 찍어왔지만 그는 그 중에서 단 한 장도 인화하지 않았다. 단 한 장도. 그를 가로막았던 것은 무엇이었을까? 그는 자신감이 없어서 그랬다고 내게 말했다. 다른 사람들의 평가가 너무 불안했고 두려웠다고 했다. 그러나 스캇의 불안감엔 더 깊은 다른 이유가 있었다.

여섯 살 때, 그는 비행기 사고로 아버지를 잃었다. 그 트라우마 때문에 일상적 공포감이 그에게서 평생 떠나지 않았다. 알 수 없는 일이 일어날 것만 같아서 영혼이 까맣게 그슬렸다고 했다. 갑작스레 소중한 것을 빼앗길 것 같은 느낌 때문에 자기 사진들은 자기만이 간직하겠다는 결심을 했단다. 그래서 사진을 점점 더 많이 찍으면서도 그는 단 한 장의 사진도 인화하지 않았던 것이다.

"그냥 못 했지요,"라고 그는 말했다. "나는 나 자신도 나의 재능도 밖으로 드러낼 수 없었어요."

2012년이 되어서 스캇은 용기를 내어 인쇄소에 갔다. 그곳에서 그는 인쇄 기술과 그것의 매력을 전부 알게 되었다. "사진의 원판을 작곡가의 악보에 비한다면, 인화는 공연에 견줄 수 있습니다."라는 위대한 사진작가 안셀 아담스의 말이 떠오른 순간이었다. 스캇은 악보를 손에 들고 연주는 하지 않았던 스스로를 발견했다. 그해, 내가 두려움을 극복하여 잠재력을 발산하라는 내용의 설교를 한 적이 있었는데, 스캇이 그 예배에 우연히 참석했다. 아마도 그 설교 내용 중에서 무엇인가가 스캇의 방어벽을 깨고 그의 영혼 깊은 곳에 빛을 비추었던 것 같다. 그 날 그는 "더 이상은 변명할 구실이 없군!"이라고 혼잣말을 했다. 여러분도 그 순간을 은총이라고 할 것이다.

며칠 후, 스캇은 스스로 다짐했다. "오케이, 우리 랍비 레비님께 이 사진을 인화해서 드려야겠다. 그분에게 내 감사의 표시를 하고 싶다." 그래서 그는 몇 달 전에 찍은 내 남편과 두 아이들의 사진을 인화해 나에게 내밀었다.

어쩌면! 정말 아름다운 사진이었다! 해변에서 찍은 것이었다. 어찌 그리도 생생할 수 있을까. 스캇은 완벽하게 행복한 순간을 포착했다.

그것이 스캇이 최초로 인화한 사진이었다. 갑자기 그를 사로잡고 있던 주문(呪文)이 깨졌다. 그는 자신의 이미지들을 세상에 내보이는 것이 별로 어렵지 않음을 알았다. 사람들이 그의 작품을 주목하기 시작했다. LA 지역의 화랑 두 곳에서 그의 작품을 전시했다. 나는 최근에 라이카 갤러리에서 열린 그의 전시회에 다녀왔다. 안셀 아담스도 그를 대단하게 여겼으리라고 확신한다. 풍경들이 모든 벽을 가로질러 뻗어 나간 정말 훌륭한 작품들이었다. 그의 작품 하나를 구입하려고 나는 파노라마 작품 하나를 골랐는데 그의 파노라마 작품 하나가 만 달러에 팔리는 것을 보았다.

스캇에게 자신의 예술작품을 다른 이들과 공유함으로써 무엇을 배웠는지 물었다. "랍비님! 나에게 재능이 있다는 것을 알았고, 내가 할 일은 그저 나 자신이 되는 거였습니다." 이어서 그는 "하나님께서는 우리에게 재능을 주셨습니다. 그 재능들을 사용하세요. 부끄러워하지 마시고요. 저는 이제 예순한 살입니다. 다른 사람들이 내 작품을 좋아하지 않아도 괜찮아요. 내 작품도 괜찮고 나도 괜찮습니다."라고 말했다.

40년 동안 그는 아름다움을 포착해냈고, 이제 그는 그 아름다움에 생명을 부여하고 있다. 세상을 밝게 비추는 하나의 방식으로.

우리는 무엇을 영원히 잉태하고 있을까? 무엇이 우리를 망설이게 하는가? 어떤 이에게 그것은 타인이 내리는 평가를 두려워하는 것이다. 어떤 이에게 그것은 스스로 내린 평가를 두려워하는 것이다. 익숙한 그 음성이 들린다. "이건 별로야! 나에겐 재능이 없어!" 어떤 이에게 그것은 책임감에 대한 공포다. "난 아직 받아들일 준비가 안 됐어! 아직 변할 준비가 안 됐어!" 어떤 이에겐 그 영원한 잉태가 에고의 오만함일 수 있다. "이 일을 하려면 시간을 다 써도 모자랄 텐데. 내일이면 내가 할 수 있어." 어떤 이에게 그것은 의지 부족, 몸에 밴 타성이다.

우리들이 영원히 임신한 상태로 살고 싶은 것은 그 편한 상태를 우리가 좋아하기 때문이다. 현재 상태로 그냥 살아가는 게 쉽기 때문이다. 변화보다 현상 유지하는 것이 훨씬 더 쉽다. 바로 이 지점에서 예레미야가 그의 잊을 수 없는 구절과 함께 다가온다. 오늘은 영원히 임신한 날. 그것은 우리에게 앞을 향해 나아가서 일어나라고 손짓하는 영혼의 목소리를 되울려주는 것이다.

여러 목소리가 우리를 멈춰 세우지만 우리를 응원하는 음성은 영혼의 목소리다. 왜 그럴까? 영혼은 혼자서 자기 일을 실현하지 못해서다. 우리의 행동이 필요하다. 영혼은 잠재력의 세계에 친밀하고 익숙하다. 영혼이 이 세계로 내려와서 "실현"(fulfillment)이라는 말의 의미를 알 수 있게 되었다.

오늘은 영원히 임신한 날! 영원한 잠재력의 상태에서 머물 것인가, 아니면 생명으로 부화될 것인가? 우리는 그 선택의 기로에 서 있다.

우리는 이 세상을 보다 아름답게 만들 잠재력을 가지고 태어난 축복받은 사람들이지만, 우리 스스로 자신만의 잠재력을 발휘하지 않는 한, 우리만의 특별한 재능으로 세상에 출산할 것은 아무것도 없다.

즉시, 이 순간 우리의 영혼이 우리에게 간청하는 소리를 들어보자. "나는 지금 생명으로 출산할 무엇을 내 손에 붙들고 있는가?" 그것이 무엇인지 알겠는가? 무엇을 영원히 잉태하고 있는지 알겠는가?

우리는 영원히 갇혀 있을 운명이 아니다. 우리가 행동하겠다는 결심을 굳힐 방법은 여러 가지가 있다.

나는 우리의 잠재력을 행동으로 바꾸는 다섯 가지 방법을 나누고 싶다.

기도하기. 우리의 소망을 그냥 하나님께 알리자. 그리고 돌파할 힘을 구한 다음, 답을 기다리자.

다른 사람들에게 말하기. 가족이나 친구들, 신뢰하는 멘토에게 마음을 열면 영혼의 짐이 가벼워질 것이며 또한 행동하고자 하는 멋있는 동기도 생길 것이다. 사랑하는 사람들에게 자신이 가만히 앉아 알을 부화시키지 않았다는 사실을 털어놓자.

정직은 또 다른 중요한 요소다. 자신의 삶을 살펴보고 생명력을 불어넣지 않은 채 가사상태로 남겨놓은 데가 없는지 찾아보자. 실현되지 않은 잠재력과 대면할 시간을 갖자.

귀 기울여 듣고 보는 일이야말로 우리 여정에서 가장 중요한 요소들이다. 추진력을 회복시켜주는 신문기사, 책, 영화 속에서 공감의 어휘들을 만났던 은혜의 순간을 적극적으로 수용하자. 우리를 응원하는 영혼의 음성에 귀 기울이고 한 걸음 앞으로 나아가자.

고통을 느끼는 일은 어쩌면 다섯 가지 중 가장 어려운 일일 것이다. 이것은 우리 대다수가 삶에서 심하게 저항하는 일을 해야 하기 때문이다. 불편을 자처하는 일이다. 앞에서도 말했듯, 우리는 똑같은 옛것(Same Old Stuff)을 진짜 SOS로 전환하기 위해서 절박함이라는 불꽃을 키울 수 있는 힘을 가졌다. 물론, 때로는 추진력과 용기가 우리를 이끌어가기도 한다. 그러나 훨씬 자주 경험하는 것은, 누구나 충분히 고통을 겪어야만 영원한 임신 상태로 살아가지 않는다는 것이다. 아픔 없이 할 수 있는 일은 없다. 우리는 우리가 잠재력을 실현하지 않은 채 그럭저럭 잘 살아가고 있다는 인식, 영혼의 그 깊은 아픔을 점점 깨닫게 된다. 일단 우리가 그 고통을 경험하면, 다가오는 변화를 억제하는 것은 무리일 것이다.

헬렌이 출산한 이후, 2주 정도 지난 다음부터 내 몸이 불편해지기 시작했다. 거대해진 몸은 소화가 잘 안 됐고 속이 쓰렸다. 편안하게 앉을 곳, 설 곳, 잘 곳, 먹을 곳이 없었다. 갑자기 아기가 내 몸 밖으로 나올 때까지 기다리지 못할 것 같았다. 얄궂게도 뱃속의 아기가 마음을 바꿨다. 세상에 나오지 않기로 작정한 모양이었다. 예정일이 열흘이 지났다. 나는 위아래로 점프를 하거나 조깅과 달리기를 해보았으나 모든 게 헛수고였다. 심지어 LA 타임지에 소개된 식당을 찾아갔다. 그 식당의 발사믹 샐러드에는 임신부들에게 좋은 분만 촉진 성분이 들어 있다는 신문기사를 읽어서였다. 나는 남편과 함께 그 식당으로 달려가 보니 식당 전체가 예정일을 넘긴 가여운 임신부들로 만석이었다. 겨우 자리를 잡고 앉자 웨이터가 다가와, "발사믹 샐러드를 주문하실 거지요?"라고 먼저 물었다. 발사믹 샐러드를 먹어도 아기는 나오지 않았다.

결국 유도 분만을 했다. 정말로 사랑스럽고 축복받은 아기가 이 세상에 왔다. 지금 나의 큰아들 아디는 스물세 살이다. 그 날 이후 나는 영원한 임신을 바란 적이 단 하루도 없다.

그대 안에서 태어나기를 기다리는 것이 무엇인지를 깨닫게 되기를 빕니다. 오늘은 영원히 임신한 날입니다. 그러나 그대는 출산할 능력이 있습니다. 돌파하여 자유로워 지십시오. 오늘은 그대가 꿈속에서 살아갈 것인지, 출산하여 세상을 환하게 밝힐 것인지를 결정하는 날입니다. 그대가 생명을 택하기를 기도합니다. 아멘.

제3부

사랑의 힘에 귀 기울이기

친밀감과 부름을 알아내는 열쇠

우리가 생명의 힘을 키우고 더 넓은 비전, 더 큰 자유, 그리고 행동할 수 있는 힘을 얻어감에 따라, 불꽃 속의 노르스름한 빛, '루아흐'(*Ruach*)라 부르는 영혼의 두 번째 층인 사랑의 힘을 맞아들일 준비를 한다. '루아흐'는 가슴에 담긴 지혜로서 감정과 특히 사랑의 영역을 말한다. 사랑의 힘에 귀를 기울여보자. 우리의 방어심을 낮추어 우리가 서로 친밀감을 경험하도록 도와주는 것이 바로 사랑의 힘이다. 그것은 또한 우리의 소명에 우리를 열어주는 영혼의 측면이기도 하다. 영원하신 한 분은 영원의 장소에서뿐 아니라 우리 내면에서도 문을 두드리고 계신다. 우리에게 우리의 영혼이 여기서 완수해야 할 사명을 우리가 발견하도록 도와주는 것이 바로 '루아흐'(*Ruach*)다.

사랑을 깊게 배움

"인간은 자기 존재와 생각과 감정이 그 나머지 다른 것들과 동떨어진 분리된 것이라고 느낍니다."

―아인슈타인이 랍비 마커스에게 보낸 편지 중에서

사랑의 힘은 감정의 영역에서 아주 중요한 역할을 한다. 그것은 우리에게 일생동안 얻은 상처들로 인해 돌로 변한 굳은 심장을 녹이는 법과 우리에게 고통을 준 사람들을 용서하는 힘을 찾는 법도 가르쳐준다. 우리에게 참된 친구가 되게 하고 사랑을 나누는 진정한 파트너가 되게 하는 것은 '루아흐'(*Ruach*)이다. 그리고 그것은 우리가 영혼을 지니고 부모노릇하게 하는 힘을 주고, 순수하고 무조건적인 사랑을 주는 것과 같은 사랑의 힘이다.

돌 같은 심장, 살 같은 심장

어김이 없다. 해마다 유대교의 대축제일인 욤 키푸르(속죄일)가 다가올 무렵이면 나는 불안한 꿈을 꾼다. 올해도 다르지 않았다. 내 꿈은 이러했다.

나는 많은 사람들과 함께 아름다운 캠프에서 휴가를 보내고 있었다. 숲이 우거지고 평화로운 곳이다. 틀림없이 피정 중이었다. 밤이 되어 나무로 지은 오두막집 안에 모두 둥그렇게 둘러앉아 있는데, 갑자기 사람들이 내가 무슨 말인가 할 것을 기대하고서 나를 쳐다보고 있다는 사실이 순간적으로 나에게 분명해진다. 나는 말을 하지 않는다. 그때 누군가 나에게 "그런데, 랍비님! 욤 키푸르는 무슨 뜻이지요? 속죄일의 본질은 무엇인가요?" 하고 물었다.

내가 사람들을 둘러본다. 막 답을 하려는데 내 마음은 텅 비었다. 머릿속도 하얗다. 마치 이런 질문은 전혀 생각한 적이 없던 것처럼. 욤 키푸르에 대해서도 전혀 모르는 사람처럼. 나는 당황한 나머지 허둥거렸다. 그러던 차에 내 말문이 열려 말이 술술 나오기 시작했다. 내 말이 아닌 말들이었다.

나는 내가 사람들에게 하는 말을 듣고 있다:

욤 키푸르는 우선 두 가지 주제로 요약할 수 있습니다. 첫째 "그리고 나는 너의 돌로 된 심장을 제거하여 살처럼 부드러운 심장을 주리라."

그리고 두 번째... 나는 두 번째 주제에 대한 기대감으로 몸을 앞으로 내밀고 있는 사람들을 보고 있다. 나 역시 내가 무슨 말을 할지가 궁금하다. 나는 말한다, 그리고 두 번째는 "그리고 나는 너의 돌로 된 심장을 제거하여 살처럼 부드러운 심장을 주리라."

바로 그때 잠에서 깨어났다.

이렇게 이상한 꿈을 꾸다니... 자꾸 꿈 생각이 났다. 생시였다면 나는 절대로 그 질문에 그런 식으로 대답하지 않았을 것이다. 내면을 성찰하며 변화하라고 했을 것이다. 에스겔서 36장 26절, 한 구절만 인용하지도 않았을 것이다. 그리고 똑같은 구절을 두 번 인용하고서 왜 거기에 두 가지 주제가 있다고 말했는지 도무지 의아하기 짝이 없었다.

나는 꿈을 이렇게 해석했다. 우리가 진정으로 소망하고 기도하는 모든 것은 결국 돌로 된 심장을 살로 된 심장으로 바꾸는 것으로 귀결된다고. 가슴이 돌처럼 굳었다면 친밀함이나 변화에 대한 희망, 혹은 용서의 기회 같은 가능성을 믿을 수 없을 것이다.

그러나 주제 하나만을 언급해놓고 속죄일에 두 가지 주제가 있다고 했는지 여전히 이해할 수 없었다. 그런데 내 말 속에 두 가지 주제가 함축되어 있었다는 것을 갑자기 깨달았다. 먼저, 제거하기에 무척 까다롭고 미묘한 돌처럼 굳은 심장부터 도려내야 한다. 그런 다음에 그 자체로 예술인 살로 된 부드러운 심장으로 대체해야 한다.

살로 된 심장이란 무엇이며, 돌로 된 심장이란 또 무엇인가? 어떻게 살로 된 심장이 돌로 변하나? 금식의 날이 대체 이와는 무슨 상관인가?

유대 신비주의자들은 사랑의 원천은 심장이 아니라고 한다. 그들은 영혼의 두 번째 차원인 '루아흐'라는 사랑의 힘(Love Force)에서 사랑이 흘러나온다고 본다. 이 더 높은 차원의 영혼이 심장을 깨워 사랑을 주고 또 사랑을 받아들이게 한다. 심장과 영혼의 조화가 이루어져야 사랑이 일어난다. 심장이 얼어붙으면 사랑하는 영혼은 자신을 표현할 수 없고, 다른 영혼이나 하나님과 연결할 수 없다. 사랑을 받아들이는 능력이나 사랑을 나누는 능력이 없다면 영혼은 약해지고 바싹 말라버린다.

심장과 영혼의 관계가 속죄일과 어떤 상관이 있을까?

욤 키푸르 전날 밤이 되면, 유대인들은 콜 니드라이(Kol Nidrei)라는 기도를 낭송하는데 그것은 맹세를 무효화해달라고 청원하는 기도이다. "우리의 서원을 서원이 되지 않게 하소서. 우리의 맹세를 맹세가 되지 않게 하소서!" 왜 유대교에서는 그렇게 쉽게 사람들의 족쇄를 풀어줄까? 기도를 하고 나서 이렇게 말하는 것이 가능한 일인가? "별 것 아닙니다. 언약을 지키지 않으셔도 됩니다. 당신의 말씀은 정말로 중요하지 않습니다."라고? 가능하지 않다.

우리는 개방적이고 많은 호기심으로 삶을 사랑하는 마음으로 시작하지만, 세월이 흐르고 부침을 겪으며 서서히 가슴이 상처로 멍이 든다. 삶이 누구에게나 얼마든지 잔인해질 수 있어서다. 누군가는 우리 기를 꺾고, 누군가는 우리에게 모욕을 주고, 누군가는 우리를 배반하며, 누군가는 우리의 심장을 찢어 놓고, 누군가는 우리를 버리고, 하나님께서도 우리의 기도에 응답하지 않으신다. 그래서 우리는 맹세하기 시작한다. 우리 모두 알고 있는 맹세들이다. "다시는 그런 어리석음에 빠지지 않을 테다! 다시는 그에게 말을 걸지 않을 거야! 그 사람이 나에게 한 일을 결코 용서하지 않을 테야! 다시는 내 자신에게 해로운 행동은 하지 않을 거야!" 그리고 하나님께도 비슷한 맹세를 한다. "다시는 기도하지 않을 겁니다!"

우리는 자신이 한 맹세들을 가슴에 차곡차곡 새긴다. 그렇게 그것들을 새기고 천천히, 날마다, 세월을 두고, 우리의 개방적이고 호기심 가득했던 가슴을 돌로 바꿔 간다. 이해할 수 있지 않은가? 누가 그런 상처를 또 다시 입고 싶겠는지!

물론, 우리의 다짐엔 한 가지 문제가 있다. 돌 같은 심장이 밀려드는 공격으로부터 결코 우리를 보호해 줄 무기는 아니라는 점이다. 뿐만 아니라 그것은 우리에게 밀려들어오는 사랑과 놀람과 축복을 받아들이기 어렵게 만든다. 그리고 돌로 된 심장은 우리의 영혼 깊숙한 데 깃들어 있는 온갖 선함들 ─사랑과 용서, 기쁨과 자발성, 그리고 낭만을 표현하지 못하게 가로막는다.

우리는 조심스러워지고, 지배하려 하고, 판단하며, 냉소적이 되어 엄격해진다. 또한 감정의 영역을 무척 조심스럽게 제한한다. 행복하다/슬프다, 재미있다/지루하다 정도로만. 그렇지만 영혼은 빛에도 소리에도 반응하고, 고통과 열락에도 반응할 수 있는, 그렇게 감정의 모든 영역을 경험할 수 있기에 아파한다.

바로 그런 이유 때문에 유대인들이 해마다 콜 니드라이를 낭송한다고 나는 믿는다. 그들은 자신이 뱉어내고, 자기 가슴을 옥죄게 만들었던 그 맹세를 이제 아예 없애고 싶어 한다. "우리들의 맹세를 맹세가 되지 않게 하시고, 우리들의 서원을 서원이 되지 않게 하소서!"

꿈에서 내가 보았던 장면과 쏟아낸 말을 생각하면 놀라움을 금할 수 없다. 왜 그런 꿈을 꾸게 됐을까? 내 영혼이 나에게 하려는 말은 무엇일까? 내가 배워야 하는 것은 무엇일까? 사실 내가 에스겔서의 구절을 가지고 꿈을 꾼 것은 내가 돌로 된 심장이 어떤 것인지 알고 있어서였다는 생각이 든다. 나는 내면에서 그렇게 살아왔다.

아버지가 살해당한 일은 내 인생을 뒤엎은 지진 같은 사건이었다. 하루 전까지만 해도 나는 행복한 가정에서 즐거움을 추구하는 호기심 가득하고 발랄한 사춘기 아이였다. 그러나 이후의 내 세계는 산산조각이 났고, 나는 돌처럼 심장이 차가워지는 것이 어떤 것인지 금세 알게 됐다. 나는 언제나 분노에 차있었다.

연약하고 상처받기 쉬운 내가 몹시 싫었다. 강하지 못한 엄마도 싫었다. 나를 떠나버린 아버지가 미웠다. 머리 모양이나 파티처럼 시시한 데에 관심을 쏟는 친구들이 싫었다. 지금은 죽어 버린 아름다운 날들을 상기시키는 안식일과 명절들이 싫었다. 나는 하나님이 하신 모든 위대한 일들에 관한 가짜 약속이 담겨 있는 기도문들이 싫었다. 정말? 도대체 하나님이 어디 계시는데? 아무 일도 하지 않는 하나님이 미웠다.

열다섯 살이던 나는 이런 맹세를 했다. "이제 나는 나밖에 없어.

아무도 필요 없단 말이야!"

내 안엔 폭풍이 난폭하게 불고 있었지만, 겉으로 티를 내지 않는 게 내 목표였다. 하긴 그건 모든 고등학생들의 목표이기도 하다. 난 **괜찮아, 아무렇지도 않아. 나는 완벽하잖아! 나는 올 A야.** 나를 동정하지 말아달라고! 그냥 너무 가까이 오지만 말아달라고! 내가 그 개코같은 느낌으로 살아가게 하지 말아줘!

내가 고등학생이었던 어느 날 오후였다. 수업 중간에 확성기가 울렸다. "나오미 레비! 듣고 있어요? 나오미 레비 학생은 학생상담실로 오기 바랍니다." 그런 치욕은 다시없을 것이다. 학교에서 도대체 누가 내 의지와 상관없이 나더러 상담을 받으러 오라 한단 말인가? 그것도 학교 전체에 울리는 확성기로? 나를 쳐다보는 반 친구들의 눈이 내 눈에 들어왔다. 저 애 아버지는 살해됐대!

나는 주위를 돌아보지 않으려고 애를 쓰며 자리에서 일어나 상담실로 갔다. 상담실 방문 앞에는 미세스 슈바르츠라는 선생님 이름이 적혀 있었다. 안으로 들어가 선생님을 보자, 나는 그분이 긴 소매에 긴 스커트를 입고 가발을 쓴 유대 경건주의자임을 알았다. 아주 딱 제대로 만났네!

자리에 앉자 나도 모르게 손으로 입을 막았다. 그녀와 상담을 할 수밖에 다른 방법이 없다는 사실이 너무 화가 나고 속상했다. 틀림없이 "아빠 이야기를 해보렴," 혹은 "집에서 어머니와는 어떻게 지내니?" 아니면 "너는 어떻게 지내니?"라고 물어볼 거라고 확신했다.

나는 그녀에게 눈곱만큼의 곁을 주지 않으리라는 자신이 있었다.

그러나 내 눈에 눈물이 그렁그렁해졌다. 눈물이 나를 배반하고 있었다. 나는 눈물을 억제하려고 젖 먹던 힘까지 썼고, 또 상담선생님이 내가 억제하고 있는 폭발, 곧 내 안의 폭풍이 내 에너지의 전부를 흡수하고 있음을 안다는 것도 알아차렸다.

선생님은 "그래, 나한테는 아무 말 안 해도 좋아. 나 만나러 다시 안 와도 돼!"라고 하시며 "근데 울음을 멎게 하는 방법 몇 가지 가르쳐줄까? 울지 않는 법을 내가 가르쳐줄게."라고 말씀하셨다.

선생님의 반응이 나에게는 의외였다. 선생님은 내 단단한 벽에 구멍을 내려고 하지 않았다. 오히려 "그 벽을 네가 지탱할 수 있도록 내가 도와 줄 수 있어."라고 말씀하시는 것 같았다. 선생님이 내 편이라는 뜻이었다. 그분에게는 내가 잘 보이고 이해가 된다는 뜻이었다. "이제부터 나는 나밖에 없을 거야!"라고 맹세했지만, 선생님은 내가 혼자가 아니라고 말씀하시고 계셨다.

일어나서 상담실을 나오려는데 선생님은 "눈물이 나와도 괜찮아질 때가 올 거다. 정말이야, 눈물이 반가울걸!"이라고 하셨다.

1년 후, 아버지 추도 1주기가 되었을 때 나는 열여섯 살이었다. 그때 나는 캠프 친구들과 함께 처음으로 이스라엘 여행을 갔다. 우리는 예루살렘 서쪽 벽인 코텔(Kotel)에 갔었는데, 벽까지 다가가 난생 처음 고대의 석벽을 만져보았다. 점점 더 가까이 다가가서 냄새를 맡았다.

코텔의 냄새를 맡았다. 코텔에서는 아빠 냄새가 났다. 글쎄, 우리 아빠 냄새라기보다는 아빠 겨드랑이 냄새 같았다.

거기 그렇게 서서, 눈을 감고, 팔을 양쪽으로 활짝 펴고, 내 몸을 석벽에 밀착시켰다. 어찌나 가까이 대고 있었던지 내가 서 있는지, 누워 있는지 구별조차 안 되었다. 마치 내가 아빠의 겨드랑이에 코를 파묻고 있는 것처럼. 나는 울기 시작했다. 벽이 녹아내리는 듯했다.

내 가슴 속에 나에게서 한 번도 떠난 적이 없는 우리 아빠가 계신 것을 깨달았다. 그리고 내가 아는 것보다 훨씬 더 깊은 지혜와 사랑을 가슴에 간직한 엄마가 계신 것도 깨달았다. 나에게는 나를 아끼고 나 역시 아끼는 내 형제자매들이 있다. 나를 끝까지 응원하는 친구들이 있다.

그리고 내게는 약간 절룩거리시는 하나님도 계신다. 주님, 제 기도 들으셨나요? 당신은 약간 절룩거리시지만, 다시 당신을 사랑하게 됐어요, 전보다 훨씬 더 깊이요. 당신은 제가 상상했던 것보다 능력은 형편없어도 우리가 생각하는 것보다는 훨씬 훨씬 완벽하셔요.

그리고 나에겐 내가 있다. 나는 결국 그렇게 약하지도 않았다. 나 자신이 되어도 괜찮다. 나약해지는 것도 괜찮다. 갑자기 나는 내가 했던 맹세를 지웠다. 더는 혼자 가야 할 필요가 없었다. 나는 혼자가 아니었다.

단 한 번도 나 혼자였던 적은 없었다.

무엇이 돌이 되어버린 내 가슴을 녹였을까? 우리들의 온갖 방어기제를 뚫고 들어와 때로 소중한 기억들을 소생시키는 것은 감각적 기억들이다. 코텔에서 나에게 일어났던 일이 바로 그런 것이었다. 애니메이션 영화 "라따뚜이"에서 못된 레스토랑 비평가가 라따뚜이 맛을 보다가 즉각적으로 자기 어머니가 차린 밥상으로 옮겨가는 순간 같은 것이다. "엄마!"

나는 비로소 코델에 관한 저 유명한 히브리 노래에 "돌이 된 심장을 가진 사람들이 있으나, 살로 된 심장을 가진 사람들도 있지요."라는 노랫말이 들어 있는 이유를 알 것 같았다.

돌 같은 심장 도려내고 살로 된 말랑말랑한 심장을 획득하는 일은 일회적인 수행으로 되는 게 아니다. 돌처럼 딱딱한 마음은 영원히 사라지지 않고 남아 있다. 상실을 경험할 때마다, 좌절을 겪을 때마다, 새로운 도전을 시작할 때마다, 언제든지 되돌아와서 우리 내면의 그 익숙한 자리를 차지하려 든다. 생동감과 온유함, 취약함을 유지하기 위해서는 좀 더 큰 용기가 있어야 한다.

현재의 내게는 상실감과 아픔 같은 감정들이 꼭 필요한 감정이라는 것을 알 때 기분이 좋아진다. 왜냐하면 우리가 황홀함과 행복함, 괴이함, 버림받음 같은 감정을 느낄 수 있는 살로 된 심장을 가진 살아 있는 생명체라는 뜻이기 때문이다. "절대 용서하지 않겠다!"는 맹세를 내려놓자. 완고한 태도도 내려놓자. "절대 내가 먼저 사과는 안 한다!"는 맹세도 내려놓자. 하나님에 대해 가졌던 불평도 내려놓자. 용서하자. 삶을 용서하자. 그 여자를 용서하자. 그 남자를 용서하자. 나를 용서하자. 우리의 맹세를 맹세가 되지 않게 하소서! 그 방어벽 대신에 살로 된 심장으로 갈아 끼우자.

그 바윗덩어리를 품고 다니려면 엄청난 에너지가 소모된다. 내려놓자. 아마 우리가 품고 있는 상처, 분노, 질투, 죄의식, 분노가 있을지 모르겠다. 내려놓자. 심장을 움켜쥐고 있는 손아귀를 풀어주자. 우리의 영혼이 우리 자신에게로 돌아오라고 부른다. 우리는 우리의 유연함으로 돌아가기를 갈구하고 있다.

진정 빛나는 우리의 영혼의 빛을 흐리게 만드는 오물들을 제거할 힘이 우리에게 있다. 하나님께서도 한결같이 속삭이신다. "나를 위해 너의 작은 바늘구멍을 열어라, 그리하면 내가 전차가 지나갈 수 있을 만큼 넓혀 주리라!

아마 이때가 영혼이 우리에게 묻는 소리에 귀 기울이기 좋은 시간이 아닐까. "무엇을 회피하고 있나?" "무엇 때문에 그렇게 두렵나?" 아마 이 순간이 우리가 자문해 볼 적기일 수 있다. "나에게 맞서서 돌처럼 딱딱해진 심장은 누구의 심장인가? 나의 심장은 도대체 누구에게 맞서자고 돌처럼 차갑게 굳어진 것인가?

노력과 의도에 따라 우리가 우리의 영혼과 몸, 돌로 된 심장을 정말로 거기에 쏟는다면 놀랄 만한 부드러움을 우리는 충분히 경험할 수 있다. 그러나 부드러워진 것을 경험했더라도 다 끝난 건 아니다. 그저 시작했을 뿐이다.

내 꿈에 나온 구절을 기억해보면, 두 단계가 있다. 첫째 단계는 돌로 된 심장을 제거한다. 살로 된 심장은 두 번째 단계에서 얻는다. 다시 문을 닫고 옛날의 패턴으로 되돌아가려는 충동이 있을 때 우리가 열린 채로 있으면 살로 된 심장을 얻는다.

그러나 일단 일상적인 일과 일상적인 부드러움을 시작하면 예기치 않은 선물이 뒤따른다. 사랑의 힘(Love Force)이 우리에게 쏟아 붓는 선물들이 그것이며 우리가 살로 된 심장을 획득하는 길도 그것이다.

눈에 띄는 변화는 호흡에 있다. 얕고 짧던 호흡이 편안해진다. 답답한 가슴이 뚫리는 것 같다.

사람들과의 언쟁에서도 변화가 온다. 이기려고 하기보다, 듣고 나서 자기 이야기를 한다.

부모 역할도 달라질 것이다. 덜 엄격해지고 즐거움을 추구할 것이다.

일에 접근하는 방식도 변한다. 밀어붙이거나 억지로 업적을 내기보다 영감, 새로운 아이디어, 경쟁 아닌 협업에 양보할 것이다.

아마 운전 습관도 달라질지 모른다. 고속도로 진입로에서 누군가 새치기할 때 혈압을 높여 화를 내며 경적을 울리거나 욕설을 퍼붓는 대신 이렇게 자기를 다독이게 될지 모른다. 하루 중 단 1초인데. 저걸 어째, 이 이가 늦은 모양이네! 그리고 그에게 먼저 가라는 신호를 보낼 것이다. 그리고 나서 자신을, "나는 사람들을 돕는 사람이지!"라고 생각할 것이다.

기도 생활도 변한다. "주세요, 주세요!" 대신에, 고마운 마음에서 우러나온 "하나님, 감사합니다!"로

사랑의 삶도 변할 수 있다. 데이트하면서 "도대체 이 루저는 무엇이 잘못된 걸까?"라고 생각하는 대신, "이 사람은 어떤 장점이 있을까?"라고 생각하게 될 것이다.

결혼생활도 변할지 모른다. 지루한 일상에서 낭만이 찾아드는 생활로.

신문을 읽는 방식마저 변할 수 있다. 무고한 이들이 겪는 고통 앞

에서 "그것은 내 문제가 아니다!"라고 말하는 대신에 우리를 휘저으며 사로잡는 무언가가 있어 혼자 이렇게 중얼거리게 될 것이다. "내가 이것을 위해서 할 수 있는 일은 무엇일까? 어떻게 도울 수 있을까? 모르는 척할 수는 없다!"

전반적으로 우리는 삶에 대해 덜 불평하고, 걱정은 줄어서 크게 기뻐하고 더 자주 경이로움을 느끼며 넓고 깊은 감정의 폭으로 살아갈 수 있을 것이다.

그러면 우리로부터 발산되는 빛으로 인해 사람들이 자연스럽게 우리 가까이에 모일 것이다. 그것은 우리 영혼의 빛이다. 직장에서, 집에서, 오랜 친구들이 "어떻게 된 거야? 뭐가 변한 거니? 너 멋지게 보이는데, 비밀이 뭘까? 새 치료사? 새 항우울제? 새 다이어트? 새로운 운동?"이냐고 물어볼 것이다. 그러면 이렇게 우리는 대답할 것이다. "내 비밀은 에스겔서 36장 26절. 나는 돌처럼 굳은 심장을 살로 된 부드러운 심장으로 바꾸는 중이야!"

탈무드에 나오는 그 당혹스러운 문구가 나에게 새삼 떠오른다. "나는 잃어버리지 않은 것을 찾고 있다." 우리 삶의 역설 아닌가. 우리는 우리가 이미 받은 것을 찾느라고 시간을 보낸다. 그래서 하나님은 "너희들이 볼 수만 있다면!"이라고 우리를 향해 외치신다. 그 관계들이 여기 있다. 우리가 할 일이란 단지 관계를 정비하는 일이다. 살로 된 심장이 여기 있다. 우리가 할 일이란 단지 그곳에 가까이 다가가는 것뿐이다. 경이로움과 기적들로 가득한 세상이 여기 있다. 우리가 할 일이란 단지 그것을 알아차리기만 하면 된다.

영화 "문스트럭"(Moonstruck)에는 내가 좋아하는 말이 나온다. 쉐어가 엄마에게 니콜라스 케이지와 혼인하고 싶다는 말을 할 때다.

그녀의 엄마가 묻는다. "로레타, 너 그 사람을 사랑하니?"

"네, 엄마, 너무 많이 사랑해요."

엄마가 말한다. "저런, 어쩌면 좋니!"

돌로 된 심장을 내려놓고 살로 된 심장으로 교체하기 위해서는 커다란 용기가 필요하다.

두려워하는 이유가 있는가? 그렇다.

상처받을 가능성이 있는가? 그렇다.

누군가 내 가슴을 찢어 놓을 수 있는가? 그렇다.

하지만 돌로 된 심장을 녹이기 위해 노력할 가치가 있는가? 그렇다.

왜? 더 이상 죽은 삶을 살고 싶지 않기 때문이다. 그 벽을 부수기 위해서는 용기가 필요하지만, 오, 그 보상은.

우리는 소중하다. 우리는 거룩하다. 우리는 사랑받고 있다. 우리는 강하다. 이것을 잊지 말자.

우리 모두 에스겔의 "그대의 돌로 된 심장을 제거하고 살로 된 심장이 그대가 찾던 삶을 되찾게 하소서."라는 예언을 성취할 힘을 발견하기를 기도드립니다. 아멘.

용서함으로써 '힐링'

나와 내 친구 레이철은 서로 16년 동안 알고 지낸 사이다.

몇 년 전, 레이철이 겪은 사건을 여기서 나누고 싶다. 그때 그녀는 마흔여덟 살이었고 남편 래리와는 20년 동안 행복하게 살고 있을 때였다. 열여덟, 열다섯, 그리고 일곱 살짜리 아이들을 둔 그녀는 아이들에게도 훌륭하고 헌신적인 엄마였다. 그녀는 항상 여러 일을 동시에 잘 아우를 줄 알았다. 엄마로서, 카풀 운전사로, 전문직 여성으로, 한 박자도 놓치지 않는 엔터테이너로 최대한 효율적으로 자신의 역할을 완벽하게 수행하는 흔치 않은 여성이었다. 말하자면 완벽주의자이며 여러 역할을 동시에 수행하는 멀티태스커(a multitasker)였다.

남편 역시 성공하여 파티에서 상원의원을 만나거나 대통령까지 만나는 신바람 나는 인생을 살고 있었다.

"나는 축복받은 사람이야!"라고 그녀가 내게 말할 때 잘못된 일 따위는 일어나지 않으리라는 기운이 그녀 주위에서 빛났다.

그런 그녀에게 위기가 닥쳤다. 놀이 약속 때 어느 엄마가 자기 아이를 조금 늦게 데리러 왔다면, 레이철은 그녀에게 망각증 환자라는 딱지를 붙였을 것이다. "나는 비판을 잘 하고, 독선적이며 실수하는 사람을 견디지 못하는 인간이었어!"라고 레이철은 말했다.

2011년 7월 20일 수요일, 그 날 역시 레이첼에게는 전형적인 슈퍼맘 데이였다. 아침에 일어나 운동을 했다. 일곱 살 된 막내 죠시가 잃어버린 열쇠를 새로 만들고 나서, 큰아들 제이미를 애플 매장 앞에서 픽업할 계획이었다.

같은 날, 아내와 아들과 함께 가게를 운영하는 팔십대 초반의 유대인 노인 잭은 아들 케빈과 낚시를 가기로 했다. 잭은 가게 건너편에 있는 은행에 잠시 다녀오려고 손에 수표책을 들고서 막 길을 건너던 참이었다. 화창한 날이었고 인생은 아름다웠다.

차를 몰면서 레이첼은 그 날 처리할 일들을 머리에서 하나씩 지워가며 막내와 놀이 약속을 한 아이의 엄마 전화를 기다리던 중이었다. 여전히 아침에 입은 운동복 차림이었고 죠시는 뒷좌석에 있었다. 놀이 약속 전화를 놓치지 않으려고 휴대폰을 차 중앙 콘솔에 붙여 놓았다. 그런데 휴대폰이 거기에서 튕겨져 나와 보조석 바닥으로 떨어졌다. 어디에 떨어졌는지 찾으려고 그녀는 손으로 바닥을 더듬었다.

아마 영화였다면, 어느 행복한 여름날이 어떻게 갑자기 끔찍한 파국으로 변하는지 예고하는 불길한 사운드트랙이나 대화들이 있었을 것이다. 레이첼은 휴대폰을 잡으려고 1초 정도 시선을 돌렸을 뿐인데, 다시 고개를 들었을 때는 사람이 건널목을 건너가고 있었다. 손에 수표책을 든 잭이었다.

비명을 지르고 전화기를 내던지며 급브레이크를 밟았다. "겁에 질려 놀란 눈으로 할아버지가 나를 쳐다보셨어. 근데 차가 제 때 멈추지 않는 거야. 내가 그분을 치고 말았어!"

모든 일은 찰나에 일어났다. 자고 있던 죠시가 너무 놀라서 물었다. "엄마, 무슨 일이예요?"

"어머, 어머, 사람을 쳤나 봐!" 레이철은 비명을 질렀다. "너는 여기 있어!"라고 죠시에게 말하고는 밖으로 뛰어 나와 노인 옆에 무릎을 꿇고 앉았다. 뒤에서 여자가 비명을 지르며 그녀에게 욕을 퍼부었다. "아니, 사람을 못 봤어요?" 행인들이 몰려들기 시작했다.

레이철이 외쳤다. "구급대 좀 불러주세요!"

잭 곁에 꿇고 앉아 레이철은 "괜찮으실 겁니다. 구급차가 오고 있어요." 계속 같은 말을 되풀이 했다. 잭의 부인 한나가 비명을 지르며 뛰어왔고 아들 케빈도 달려 왔다.

시간이 멈췄다. 끝끝내 구급대원들이 올 것 같지 않았다.

레이철은 잭의 바지가 찢어진 것을 보았다. 피가 많이 나지 않았다. 그냥 팔만 부러지신 것 같다고 혼자서 생각을 했다. 더 이상 심각한 상태가 아니기만 바랬다. 이분에게 아무 일도 없게 해주세요! 간절하게 기도했다.

경찰관이 와서 레이철에게 음주측정 테스트를 했다.

죠시는 이제 차 밖으로 나와 있었다. 겁에 질린 아이는 보도 위로 올라갔다. 바로 그 때 레이철의 삼촌이 그 근처 카페에 앉아 있다가 이 모든 광경을 보고 있었다. 기적 같은 일이었고, 그가 천사였다. 삼촌이 죠시의 마음을 달래며 집으로 데려갔다.

충격을 받은 레이철은 멍해졌다.

그 날 밤, 레이철은 잭이 얼마나 심각한 상태인지 알게 되었다. 두

개골, 갈비뼈, 엉덩이, 척추가 골절됐고, 뇌출혈이 있었다. 의사들은 그 날 밤을 넘기기 어렵다고 말했다.

레이철은 "그동안 내가 알던 삶이 끝났다!"고 중얼거렸다. 그리고 "하나님, 제발 그분에게 아무 일도 없게 해주세요!"라고 기도했다.

잭은 병원에서 첫 날 밤을 넘겼다. 레이철은 걱정 속에서 뜬 눈으로 지샜다. 그분은 반드시 이겨내실 거야. 아직 그분의 때가 된 건 아닐 거야. 제발, 제발, 제발 그분을 살려주세요!

하루하루 지나갔다. 레이철은 촛불을 켜놓고 기도드렸다. 잭 할아버지를 만나러 병원에 갈 수가 없다는 걸 너무 잘 알았다. 할아버지를 친 사람이 자신이 아니던가. 하지만 레이철의 대리인 자격으로 그녀의 랍비는 병실 문 밖에서 잭을 위해 기도를 드렸다. 레이철에게 큰 위로가 되었다. 레이철의 변호사는 피해자 가족과 접촉해선 안 된다고 주의를 주었고 경찰들도 역시 연락하지 못하게 했다. 그녀는 그분 가족들에게 편지를 썼지만 부칠 수 없었다. "나를 증오할 거야. 내가 사악한 인간인데 어떻게 그분 가족들 앞에 얼굴을 들 수 있겠니!"라고 나에게 말했다.

되도록 멀리 거리를 두고 지냈지만 변호사와 상관없이 사죄의 말을 하고 싶어서 견디기 어려웠던 날, 이 사고를 담당한 경찰관에게 부탁했다. "그분 가족과 접촉하지 말라고 하셨지만 편지도 안 될까요? 편지라도 보내고 싶습니다."

5분 정도 지났는데 그 경찰관이 다시 전화를 했다. "나쁜 소식입니다. 잭이 방금 돌아가셨답니다."

레이철의 바닥이 두 번째 무너졌다. 최악의 상황이 되었다. "나는 바닥없는 나락으로 떨어지는 것 같았어. 땅에 닿지 않고 아래로, 아래로, 아래로 떨어지다 가라앉는 것 같았어. 내 자신에게로 떨어지고, 공포와 절망의 혼돈 속으로 가라앉는 것 같았어."

그녀는 온 몸을 떨면서 형사사건 변호사 사무실에 앉아 있었다. 자신이 형사범이 되리라는 상상을 어떻게 해 볼 수 있었겠는가? 엄마가 필요한 아이들 셋과 남편이 있는데 이런 혼란의 도가니 속에서 앞으로 어찌 살아갈 수 있을까?

레이철은 "할아버지 가족들에게 애도의 말을 전하고 싶은 마음이 너무도 간절했지만 나는 할 수가 없잖아."라고 했다. 그래서 날마다 잭을 위해 비탄에 잠긴 이들을 위한 '카디쉬'(*Kaddish*, 애도의 기도)를 드리기로 했다.

잭이 세상을 떠난 후 얼마 지나지 않아 레이철은 나를 만났다. 하나님, 잭, 잭의 가족, 그녀 자신으로부터 어떻게 용서를 구해야 할지를 물었다. 내가 구체적인 방편을 알려주겠다고 말했던 기억이 난다. "시편부터 읽으며 시작할 수 있어." "시편은 깨어진 마음을 들고 온전히 하나님 앞으로 나가 그분께 손을 내미는 것이므로, 그것이 바로 치유이지!" 나는 또 레이철에게 그녀만을 위한 '카메아'(*Kamea*)라 부르는 신성한 부적 하나를 만들어 주었다. "마법의 부적은 아니지만, 하나님이 언제나 너와 함께 하신다는 것을 기억하게 도와주는 부적이다. 또 너의 가장 지극하고 깊은 기도와 현실을 결합해 줄 거란다."

하나님의 은총에 관해서 그녀에게 말한 기억도 난다. "은총은 아무것도 받을 자격이 없는 우리들이 받는 사랑이다. 그분은 우리가 자격이 있어서 사랑을 하시는 것이 아니고 다만 우리가 부족하고 나약해서 사랑하신다."

레이철에게 기도 책을 사서 읽으라고 했다. 아침에 일어나서 하는 기도와 잠자리에 들기 전에 하는 기도를 알려주었다.

그때 레이철이 물었다. "나는 그분의 부인과 아드님에게 용서를 구하고 싶은데 할 수가 없어. 그분들도 내 말을 듣고 싶지 않을 거고. 할아버지에게도 용서를 빌고 싶은데 영원히 할 수 없게 됐어."

"하나님께 용서를 구할 수 있고 네 자신부터 용서하는 길을 찾아야 할 테지만 할아버지 가족들에게 용서받고 싶은 마음에 집착하지는 말아. 그 마음을 내려놓아. 언젠가 문이 열릴 수도 있고, 또 문이 영원히 열리지 않을 수도 있으니까."

그리고 나는 "할아버지에게 구하는 용서는 이렇게 하면 어떨까? 마이모니데스의 『회개의 법칙』(Laws of Repentance)에 나오는 것을 너에게 가르쳐주고 싶어. 마이모니데스는 죽은 사람에게 범한 죄가 있으면 그 무덤에 찾아가 그의 영혼에게 용서를 구하라고 했어."라고 말했다.

"나도 용서를 구할 수 있다는 말이지? 정말 나도 할아버지께 용서를 구할 수 있다는 말이지?"

"그렇다니까. 그것은 고대 유대인들의 전통이었어."라고 나는 말했다. 지치고 슬펐던 레이철의 눈이 조금 빛났다.

그녀는 날마다 시편을 읽었다. 시편의 말씀들은 빙빙 도는 머릿속에서 그녀를 빠져나오게 했고 두려움도 가라앉혀 주었다. 누군가의 탄식을 읽는 것, 그 자체로 위로가 되었다. 그녀에게 좋아하는 시편 구절을 물었더니 "바로 이 구절. '한숨을 짓다가 나는 지쳐버렸습니다. 밤마다 내 침상은 눈물로 젖었고 나의 의자는 녹았습니다.'"라고 했다.

천천히 레이철은 친구들에게도 털어놓기 시작했다. 친구들에게 털어놓고 나서는 숨 쉬는 일이 조금씩 가벼워지기 시작했다.

그녀는 아침 기도와 밤 기도를 시작했다. "꿈같은 상태로 이끌어달라는 말들이 거기 있어서 정말 좋았어. 밤이 몹시 무서웠었거든. 그리고 현실로 돌아가는 그 가혹한 아픔이 나를 씻어줄 때 깨어난다는 구절도 무척이나 좋았어." 레이철은 말했다. 기도서는 공황 상태에 빠진 그녀를 차츰 거기서 나오게 해주었다.

레이철이 마이모니데스의 충고를 실천하는 날이 왔다. 잭의 묘지까지 차를 몰고 가며 그녀의 심장은 두려워서 쿵쾅거렸다. 풀 위로 올라섰더니 임시로 표시해 둔 잭의 무덤이 보였다. 레이철은 영혼과 영혼끼리 대화를 잭과 하기 시작했다. 잭에게 용서를 구하고, '카디쉬'로 기도를 드렸다. 눈물이 파도처럼 밀려왔다. 바람 한 줄기 불어오지 않는 무더운 날이었다. 영혼을 다 쏟아내고 나자 갑자기 어디선가 가벼운 바람이 불어와 그녀를 스쳤다. 어떤 징표가 아니었을까 생각했다. "할아버지가 내 말을 들으신 것 같았어."

욤 키푸르(속죄일)가 다가오고 있었고, 레이철은 성전에서 하나님을 대면할 일에 정신이 아득해졌다. 그녀는 이렇게 얘기했다. "전엔 나는 죄 같은 것은 저지른 적이 없다고 확신했었어. 그런데 지금은 내가 살인자라고 느껴져. 사고였다는 건 알고 있지만 나는 한 사람의 생명을 빼앗았잖아!"

레이철은 "용서를 준비하는 방법"이라는 토라 수업을 신청했다. 선생님이 하는 말은 모두 비난처럼 들렸다. "죄"라는 단어는 그녀를 겁에 질리게 만드는 말이었다. 이 수업에서 자기와 같은 죄로 씨름하는 이는 아무도 없을 거라고 확신했다. 회개를 설명하는 선생님이 실제로 이런 말을 했다. "지금 나는 살인을 말하는 게 아닙니다. 여러분들이 시어머니를 험담하는 죄를 말하는 거예요."

레이철의 호흡은 점점 가빠지다 수업이 끝나 밖으로 나왔을 땐 숨을 거의 쉬기 어려울 지경에 이르렀다. 그런데 갑자기 자신이 있는 그곳이 그녀가 어릴 적에 살던, 앞으로 펼쳐질 아름다운 미래를 꿈꾸며 자라나던 바로 그 동네임을 깨달았다.

거기 서서 레이철은 부르짖었다. "오, 주님! 제가 무슨 일을 저질렀나요. 제가 한 사람의 생명을 빼앗았어요." 그리고 그녀의 영혼 깊은 곳에서부터 우러나온, 자신만의 격렬한 고통의 시편을 하나님께 올렸다.

나의 신음 소리를 듣고 계신가요, 주님.
절망감으로 저는 어지럽습니다.
당신 현존 앞에서 저의 몸이 떨립니다.
당신이 저의 증인이십니다.

욤 키푸르는 하늘의 재판정에서 하나님과 대면하는 엄청나게 두려운 날이었다. 레이철은 죄책감, 고통, 고뇌 때문에 쥐어짜는 통증을 느졌다. 가슴을 치며 참회의 기도를 암송했다. 레이철이 나에게 이런 말을 했던 기억이 난다. "나는 그동안 한 번도 진짜 기도를 하지 않았다는 생각이 들었어. 그냥 찬송을 따라 불렀고, 가사를 읽었던 것 같아. 모든 기도가 나를 위해 씌어졌음을 이제야 깨닫게 됐어."

욤 키푸르는 심판받는 날이지만, 치유가 시작되는 날이다. 자비와 용서의 날.

레이철은 또 다른 법정에도 서야 했다. 그녀는 경범죄 차량 과실치사 혐의로 기소되었다. 지역 신문에 그녀의 사고에 관한 기사가 났다. 레이철은 "나는 벌거벗겨진 것 같았다!"고 말했다. 약사, 잡화점 직원, 자기를 아는 사람들이 모두 뒤에서 수군거리는 듯했다.

해변에서 오렌지 색 조끼를 걸치고 레이철은 소매치기범이나 마약사범들 같은 다른 죄수들과 함께 노역을 시작했다. 그녀는 "나의 죄는 모든 이들의 범행을 이기고도 남는 것!"이라고 말했다. 너무 부끄러워서 아무에게도 자기 죄목을 말하지 못했다.

매일 하는 화장실 청소와 해변의 모래 고르기가 그녀의 치유에 도움을 주었다. 저녁이 되면 몹시 지치고 쓰라렸다. 차라리 마음은 더 쓰라리고 더 아팠으면 좋을 것 같았다.

어느 날, 오렌지색 조끼를 입고서 죄수들을 태우고 다니는 운전기사에게 자신의 죄목을 털어놓았다. 그는 친절했고 따뜻했다. 판단하는 대신 "저런, 몹시 힘드셨겠네요."라고 위로했다. 아무도 자기를 판단하지 않는다는 것을 그때 깨달았다.

레이철은 내가 그녀에게 만들어 준 부적을 항상 지니고 다녔다.

"걱정주머니를 만지듯이 그것을 만지곤 한단다. 대나무의 촉감을 느끼며 그 안에 담긴 의미도 생각해보곤 했어."라고 말했다.

일 년이 흘러 레이철은 심리치료를 받으며 기도문과 시편을 암송하며 지냈다. 그러나 어떻게 자신을 용서해야 할지는 여전히 몰랐다. 자신이 괴물처럼 느껴지고, 사랑스럽거나 사랑받을 자격이 없는 듯했다.

그런데 하나님의 용서와 자비가 감지되기 시작했다. "하나님께서 그처럼 오만함이 가득한 사람도 사랑하신다면, 남편이 아직도 나를 사랑한다면, 아이들이 나를 여전히 사랑하여 안아준다면, 내 친구들이 나를 사랑한다면 나도 나 자신을 사랑하는 방법을 틀림없이 알게 될 거야. 나도 새로운 기회를 가질 자격이 있을 거야!"

레이철은 회당과 학교에서 청소년들에게 강연을 시작했다. "강연이 정말 커다란 도움이 되더라." 공개적인 고백이어서였다. 그녀는 새로운 청중들에게 자신의 과오를 고백할 때마다 차츰 가벼워져 갔다. 늘 강연 전에는 한 생명을 구하게 해달라는 기도부터 드리고 시작했다. "여러분이 문자메시지를 읽기 위해 도로 위에서 시선을 돌리는 시간은 눈을 감고 축구장을 운전하는 시간 만큼이다."라고 강조했다. 그리고 학생들에게 자기의 고백 기도문을 받아 적으라고 간곡히 부탁했다. "당신 앞에서 문자메시지를 보내며 운전하는 죄를 저질렀습니다. 당신 앞에서 빨간 신호등에 이메일을 읽는 죄를 저질렀습니다." 그리고 그것을 부모님과 친척들에게도 보여드리라고 했다.

2년이 흐르고 3년이 지나갔다.

해마다 레이첼은 잭을 추모하는 촛불을 밝혔다. 잭의 가족들에게 언젠가 용서를 구하는 때가 오기만을 꾸준히 기도드리고 있었지만, 그 날이 오리라고는 생각조차 못했다. 그녀는 정기적으로 한나와 케빈에게 만나줄 의향이 있는지 물어보곤 했다. 대답은 항상 "아니!"였다.

3년 반이 지나갔다. 레이첼은 다시 한 번 연락을 해보았다. 이번엔 "그러자!"였다. "내가 3년 반 동안이나 기다려오던 순간이 드디어 왔다!"

레이첼은 "쿰바야"(Kumbaya, 흑인 노예들이 'come by here'를 어설프게 했던 발음에서 온 말. "주여 여기 우리와 함께 하소서.")의 순간까지는 기대하지 않았었다. 최악의 순간만을 홀로 준비해 왔을 뿐이다. 그녀는 "내가 바란 것은 단지 그분들 눈을 보면서 얼마나 죄송한지 말할 기회를 갖는 것뿐이었다."라고 했다.

잭의 가족이 다니는 회당에서 그들의 랍비와 레이첼, 레이첼의 랍비가 만나기로 했다. 만나기로 한 날, 레이첼은 한 시간 가량 먼저 도착했다. 두려웠고 어찌할 바를 몰랐기 때문이었다. 가슴이 뛰었다. 안으로 들어서자, 랍비의 사무실 유리창으로 한나의 뒷모습이 눈에 들어왔다. 하얗게 질리며 몹시 두려워졌다. 잭이 길에 쓰러졌을 때, 그들이 거리로 달려 나왔던 그 잔인하기 짝이 없던 날로부터 삼년 반이 지난 이후, 그들을 처음 만나는 순간이었다.

레이첼은 안으로 들어서며 "안녕하세요." 하고 고통스럽게 인사했다. "나는 그분들이 나에게 뛰어 들어 고함을 치고, 울부짖으며 때리고 상처를 줄지 모른다는 각오를 하고 있었다."고 레이첼은 나에게 말했다. 하지만 한나는 여왕처럼 우아하며 아름다웠고, 케빈 역시 품격이 있었다.

레이철이 먼저 입을 열었다. "이렇게 뵙고 말씀드릴 기회를 주셔서 정말 감사합니다. 얼마나 죄송한지 알려드리고 싶었어요. 날마다 할아버지 생각과 제가 저지른 일을 생각했습니다. 제가 변했다는 것도 알려드리고 싶었어요. 죄송합니다, 제가 할아버지의 목숨을 빼앗아서 정말 죄송합니다."

한나는 종이 몇 장을 손에 들고 있었다. 그리고 레이철을 보며 "제가 글을 썼는데, 별로 좋지 않네요. 그래서 읽지 않으려고 해요."라고 하며 도로 그것을 가방에 넣었다.

대신 한나는 "그냥 이야기나 합시다."라고 했다.

말들이 쏟아져 나왔는데, 그 말들은 꼭 해야 했던 것이었고, 꼭 들어야 했던 말이었다.

그때, 랍비들이 제안했다. "오늘 이 순간, 이 자리에 우리를 모이도록 도우신 하나님께 감사드리며 서로를 위해 축복할 수 있을까요?"

그래서 그들은 함께 손을 잡고 기도드렸다. "우리의 주님이신 하나님, 우주의 통치자시며 우리에게 생명을 주시고, 그 생명을 이어가게 하셔서 오늘처럼 기쁜 날을 맞이하게 하신 주님, 마땅히 당신을 찬미하나이다."

모두 울었다.

한나는 레이철에게 "그래, 아드님은 어떻게 지내요?" 하고 물었다.

레이철의 마음이 녹았고, 눈물이 터져 나왔다. 그녀는 나에게 이렇게 말했다. "그분은 남편을 잃은 분인데, 오히려 죠시를 걱정하시더구나. 너무 따뜻하셨어."

그런 다음, 케빈이 "제가 한 번 안아드려도 될까요?"라고 했다.

레이철이 말했다. "나로 인해 깊이 상처 입은 이가 나를 안아주겠다니!"

"그다음엔 할머니가 나를 안아주시기에 그 품에서 울며 죄송하다는 말만 되풀이했어." 레이철은 자기를 안아주는 한나를 엄마처럼 느꼈다.

한나는 "하나님께서 자매님에게 축복하시길 빌어요."라고 했다.

응답 없는 황량한 기도를 드리는 동안, 레이철은 이 기적 같은 영혼의 만남을 체험하리라고 생각하지 못했다.

실내는 고요했다.

그때, 한나가 침묵을 깨며 "이제 제막식을 할 마음의 준비가 됐습니다."라고 했다.

그 삼 년 반 동안 그녀는 남편의 비석을 세우지 않았다. 마침내 그녀의 마음이 준비가 되었다. 한나의 영혼이 마침내 마무리해야 할 허락은 용서였다.

그 날은 모든 사람을 거룩하게 치유한 아주 중요한 날이었다.

잭이 저 세상으로 떠난 지 4년이 흘렀다. 레이철은 자기가 저지른 사건과 겪어낸 일은 평생 극복할 수 없는 일임을 알고 있다. "그것은 나의 일부."라고 그녀는 말한다.

그러나 레이철은 그 사건을 겪어 내며 자신이 성장했음을 시인한다. 우리 내면에 악몽 같은 최악의 상황조차 극복하도록 도와주는 무엇이 있음을 알았다. 자신을 용서하는 법, 자신을 파괴하는 수치심을 용납하지 않는 법, 타인을 용서하는 법을 배웠다. 이 시련을 겪는 동안 그녀는 차츰 온유해졌다. 우리 모두 하나님의 자녀이며 우리 모두 실수한다는 점을 어렵게 배웠다. 어떤 이들은 돌이킬 수 없는 끔찍한 실수를 할 수 있다는 것도 배웠다. 레이철은 다른 이들을 비판하지 않는다. 그녀는 용서함으로써 치유되는 힘을 알게 되었기 때문이다.

다른 이들의 말을 경청하게 된 그녀는 두 가지 일을 동시에 하지 않는다. 동시에 두 가지 일은 불가능함을 안다. 그녀는 자기 이야기를 통해서 사람들이 이 사실을 알기를 바랐다. 지금까지 멀티태스킹에 성공했더라도 앞으로도 성공하지는 않는다는 것을. 차 안이 사무 공간이 되면 위험하기 짝이 없다. 운전 중에 문자를 주고받거나 이메일을 확인하며 전화를 거는 일, 혹은 길에서 시선을 떼는 행동은 자신과 타인을 모두 위험에 빠뜨리는 일이다. 차도 일종의 무기이므로 운전할 땐 우리의 모든 신체적 정신적 기능이 동원되어야 한다.

레이철은 나에게 이런 말도 했다. "나는 항상 하나님을 느꼈는데, 이제는 하나님과 연결되어 있음을 느껴. 전에는 몰랐던 느낌이야!"

"나는 그 비극이 일어나기 전의 행복한 레이철로 돌아가기를 바랐지만 그 시작점으로 되돌아갈 수 없다는 것을 이젠 안다!"고 했다. "나오미, 나는 첫 번째 출발점에 있지 않고, 두 번째 출발점에 있다."

아마 우리는 인생에서 겪은 일들이 예전 그대로, 다시 정상으로 돌아오기를 기도하고 있었는지도 모른다. 단언컨대 그런 일은 일어나지 않는다. 누구에게도 그런 일은 없다. 그렇게 될 수도 없다. 우리가 이 세상에 온 이유는 정상으로 돌아가기 위해서가 아니다. 다른 새로운 곳으로 돌아가는 능력을 우리는 실제로 부여받았다. 보다 더 높은 차원으로. 보다 더 큰 지혜로. 무감각함을 뚫고 진정한 곳으로. 더 깊은 정직함으로.

원한을 붙들고 있는가? 사과하지 못하고 있는가? 누구와 절교를 했는가? 이러한 우리들의 회피가 얼마나 성장을 가로막는지 알고 있나? 자신이 늦추고 있는 용서에는 앞을 향해 나아가게 하는 자유로운 힘이 있다는 것도 알아야 한다.

용서는 기적이다. "용서해 줘!", "용서해!"라는 단순한 말 한 마디가.

나는 우리가 겸손과 용기와 연민을 찾아내어 이와 같은 축복의 말을 할 수 있기를 기도한다. 이런 말을 아낌으로써 인생을 허비할 셈인가? 지금 여기서, 치유의 힘을 지니고 있는데도 불구하고 무덤까지 마이모니데스의 처방전을 끌고 가서 거기서 가슴 치며 후회할 작정인가?

우리는 부드러움을 지향하면서 살아간다. 우리는 은총의 날, 승천의 날을 희구한다. 자, 출발점에서 솟아올라 두 번째 출발점으로, 그리고 어느 더 높고 높은 곳으로 오를 것인가?

은혜와 사랑, 용서와 치유 속에서 계속 날아오르십시오. 아멘.

거룩한 두려움

"내가 무슨 생각을 하고 있었던 걸까요?" 번민 속에서 앞뒤로 몸을 흔들던 릭은 풀이 죽어 있었다. 그는 "내가 무슨 생각을 하고 있었던 걸까요, 랍비님?" 하고 같은 말을 반복했다. 그리고 자신의 불륜 사건과 아내와 가정, 강아지를 잃게 된 경위, 무엇보다 딸로부터 존경심을 잃게 된 아픔까지 털어놓았다. 어떤 대화도 거부하는 딸의 태도가 그에게 가장 가슴 아픈 일이었다.

슬픔과 후회에 휩싸인 채 내 앞에 앉아 있는 릭이 안쓰러웠다. 누구든 시간을 되돌리고 싶은 순간이 있기 마련이니까.

행동하기 전에, 그 행동이 미칠 파급효과를 고려할 수만 있다면! 내 말과 행동이 시간을 두고 미칠 파문을 알 수만 있다면! 사람들은 보통 사건이 생기고 난 후에 나를 찾아온다. 불륜 후, 비행을 저지른 후, 분노를 폭발시킨 후에. 행동의 결과를 깨달은 다음부터 우리는 후회를 시작한다. "내가 무슨 생각을 하고 있었던 걸까?"

똑같은 실수를 되풀이하지 않게 해주는 몇 가지 방법이 있다. 내 안의 영혼은 우리가 자신의 높은 자아에서 벗어나려고 하면 경종을 울린다. 우리는 그 소리를 알고 있다.

문제는 다급하게 외치는 영혼의 목소리에 우리가 무감각하다는 것이다. 우리는 영혼의 외침을 외면하고 경시하는 데는 전문가들이다.

변화하려면, 우리는 우리를 단념시키고 합리화하는 저급한 유혹의 소리보다는, 영혼의 높은 소리를 경청해야만 한다. 그리고 인생은 얼마나 영혼에 주의 깊게 귀 기울이느냐에 달려 있다는 것을 이해해야만 한다. 우리의 그 행복이라는 것과 우리가 애착을 갖게 된 그 모든 것은 바로 듣는 능력에 달려 있다.

릭이 나와 상담을 하며 "내가 무슨 생각을 하고 있었던 걸까요?"라고 말한 것은 나에게 그의 강력한 욕망과 싸우는 기술을 가르쳐달라고 간청한 것이었다.

나는 그에게 "부정적인 사고의 긍정적인 힘을 아셔야 합니다."라고 했다.

"네?"

"거꾸로 생각하시면 됩니다." 릭은 내가 용기와 낙관론 운운하며 낙관적인 말로 자기를 격려해주기를 바랐던 것 같다. 오늘날 우리 사회엔 설교단이나 자기계발서를 통해, 어둠의 중요성에 무게를 두기보다는 빛을 강조하며 과다한 영적 지혜를 주려는 분위기가 만연해 있다.

그러나 내가 릭을 안내했던 길은 경고하는 영혼의 다급한 음성의 볼륨을 높이는 것이었다. 나는 릭에게 지상에 있는 우리의 세계를 반영하는 천상의 세계에 관한 설명을 시작했다. "로르샤흐 잉크반점 패턴(개인에게 잠재해 있는 기본적 성격구조를 분석하기 위한 투사법의 하나)이나 요세미티 국립공원의 거울 호수를 생각해 봅시다."라고 내가 말했다.

릭은 열심히 듣고 고개를 끄덕거렸다. "우리와 접해 있는 영적 세계는 가까이 있습니다. 마치 내 몸을 따라 그림자가 생겨나듯이." 릭은 수긍했다. 나는, 유대 신비주의 전통에서 이와 같은 방법으로 어떻게 천상에 존재하는 하나님의 신성한 속성을 담은 생명나무와 그 신성한 속성을 반영하는 인간 속에 존재하는 생명나무를 상상하는지 그에게 설명했다. "인간은 바로 그 천상에 존재하는 생명나무를 본 따서 창조되었습니다."라고 나는 말했다.

그리고 나서 릭에게 창밖을 좀 내다보지 않겠느냐고 했다. "잠시 창밖에 서 있는 저 나무를 좀 보세요." 늙어서 단단해진 무화과나무였다. "나무 밑 부분을 보면 땅 밑에 있는 뿌리의 구조는 가지와 잎처럼 정교하게 뻗어 있습니다. 그곳에서는 아주 많은 일이 일어나고 있습니다. 우리가 알 수 없는 일이지요. 카발라(유대 신비주의)의 천상의 나무는 하나님의 거룩한 성품을 담고 있어서 이 지상에서 자라는 나무처럼 자라지 않아요. 그 자양분 가득한 뿌리는 하늘에 뿌리를 두고, 가지와 잎은 우리를 향해 뻗어 내리고 있습니다."라고 말했다. 릭은 눈을 감고 그 나무를 상상해보기 위해 애썼다. 나는 그에게 "우리를 향해 아래쪽으로 거꾸로 자라는 나무를 한 번 그려보세요."라고 했다.

나는 그때부터 그에게 거룩한 균형 작용에 대한 이야기를 했다. 특별히 여러분들과도 나누고 싶다. 생명나무는 우리를 향해 내뿜는 신성한 두 가지 속성을 가졌다. 사랑과 두려움이라는 속성. 사랑과 두려움은 언제나 음양처럼 서로를 견제한다. 사랑은 영혼에서 흘러나온 분출물이고 물처럼 쏟아져 퍼진다. 그러므로 사랑에는 항상 위험이 도사리고 있다. 제한이 없는 사랑은 자식의 성장을 저해하는 부모와 같아 질식시키거나, 제방이 없는 강물처럼 흘러넘쳐 길 위의 모든 것을 휩쓸어버린다. 억제되지 않은 사랑은 해안 없는 바다와 같고, 억제할 댐이 없는 사랑의 강물은 홍수가 되어 우리를 완전히 삼켜버리고 만다.

억제되지 않은 사랑은 엄청난 재능을 가졌지만 규율 없이 자란 사람이 맞닥뜨리는 도전과 같은 것이다.

현대 미국 사회가 사로잡힌 긍정 숭배 사상의 뿌리에는 이 같은 억제되지 않은 사랑이 깔려 있다. 나이키는 "그냥 저지르라!"(Just do it!)고 하지만, 성경은 "하지 말라!"고 한다. 용기를 북돋우는 일이 잘못되지는 않았으나, 억제되지 않은 에고는 우리를 파괴하고, 족쇄 없는 욕망은 우리를 거룩한 길에서부터 먼 곳으로 내몬다.

거기로 두 번째 신성한 속성, 두려움이 찾아온다. 두려움은 사랑과 균형을 맞추기 위해 여기 우리 곁에 있는 것이다. 그 두려움은 우리를 불구로 만들거나 잠재력의 실현을 방해하는 낮은 차원의 두려움이 아니다. 그러나 거룩한 두려움, 그 거룩한 두려움은 삼가함, 경외심, 떨림이다. 모든 것을 한꺼번에 잃을 수도 있다는 두려움이다. 내면에서 멈춰!(Stop)라고 말하는 힘이 그것이다. 그것은 발설하기 전에 생각하고, 행동하기 전에 결과를 저울질해 보고, "보내기" 버튼을 누르기 전에 숙고하는 순간을 가지라고 말하는 음성이다. 모든 걸 짓밟기 전에 우리가 지닌 것들의 아름다움을 인식하자.

유대인들의 결혼식에서는 하객들이 "행운을 빈다!"라고 환호하기 전에 신랑이 유리잔을 밟는 풍습이 있다. 이 특이한 의식에 대해 내가 좋아하는 설명이 있는데 그것은 탈무드에 나오는 것이다. 탈무드에는 랍비가 결혼식 때 유리잔을 깨뜨려 모든 하객들을 놀라게 하면서 이렇게 외친다. "모든 축하 잔치에는 떨림이 있어야 한다."

결혼식 날은 기쁘고 즐거운 잔칫날이며 동시에 신성한 언약을 맺고, 두려운 책임이 시작되는 날이다. 그러나 정작 우리는 너무 쉽게 사랑만을 강조하고 떨림 같은 것은 애써 외면하려 든다. 우리의 모든 관계는 헌신을 요구하고 심지어 두려움도 요구한다. 결혼식은 성역이며 삶의 토대를 세우는 일이 아니던가. 그런데도 우리는 파티에만 힘든 공을 들이고 경외심은 대수롭지 않게 여긴다.

거룩한 두려움과 공황장애는 같지 않다. 오히려 하나님이 창조하신 광대무변하고 웅장한 우주 앞에서 자신이 한낱 미물에 지나지 않음을 인식할 수 있는 사고의 명료함이며 침착함이다. 또한 영혼이 우리를 흔들어 깨워 얼마나 자신이 깊이 축복받은 존재인가를 자각하는 힘이다.

유대인의 대축제일(High Holy Days)을 사랑과 평화의 날이라 부르지 않고 경외의 날(Days of Awe)이라 부르는데, 그 축제일 동안 유대인들은 "주님, 부디 저희를 두려움으로 가득 차게 하소서!"라고 기도한다. 도대체 어떤 정신 나간 사람이 두려움을 간구하는가? 더 두렵게 해달라고 도대체 누가 애원한단 말인가?

그러나 지혜로운 이들은 영혼의 경보음에 주의 깊게 귀 기울이는 일이 무엇을 의미하는지 안다. 기도란 높은 차원의 두려움을 구하는 행위이다. 말하자면 삶을 낭비할까 두려워하는 두려움, 인생을 포기할지 모른다는 두려움, 내게 주어진 소명을 깨닫지 못할지 모른다는 두려움처럼 보다 높은 차원의 두려움을 간구하는 것이다. 기도는 일종의 자기보호 행위이다. 우리는 얼마나 잘 알고 있는가, 어두운 감정이 우리에게 가르쳐주는 지혜를.

거룩한 두려움에 대한 나의 설명을 들은 릭은 이렇게 말했다. "랍비님, 처음엔 무슨 말씀인지 몰랐습니다. 한데 지금은 부정적인 사고의 긍정적인 힘이 무슨 뜻인지 이해합니다."

두려움은 영적인 선물이다. 경외심은 우리가 거룩한 상태로 존재하고 있다는 증거다. 우리의 취약성이 우리의 힘 아닌가.

두려워함을 두려워하지 말고, 두려움에서 벗어나려 하지 말자. 거룩한 두려움은 이미 우리에게 내재되어 있는 신적인 속성이다. 우리로 하여금 새로운 지평에서 삶을 변화시키는 열정과 능력을 갖고 살아가게 하는 힘이 그 거룩한 두려움이다. 그것을 발견하기 위해 먼 곳까지 갈 필요가 없다. 그것은 바로 우리 안에 있으니까. 신비한 균형 속에서 거룩한 사랑과 거룩한 두려움을 쥐고 거꾸로 선 나무가 우리 안에 있다는 사실을 알고 있나.

나는 그 신비로운 조화와 균형 속에 거꾸로 매달려 아래를 향해 가지와 잎을 뻗은 나무를 머릿속에 그려보려고 애를 써왔지만, 지난 1월, 병원에서 천식 진단을 받기 전까지는 그려지지 않았다. 그 날 나는 내과병원에 앉아 있었다. 의사가 의료용 포스터를 보여주며 천식에 관해 나에게 자세히 설명해주려던 참이었다. 나는 그녀가 내민 그 도표를 보는 순간, 숨이 그만 턱 하고 막히고 말았다. 헐! 내가 그토록 오래 묵상해 오던 천상의 생명나무를 이렇게 마주하고 있다니! 의사는 "랍비님, 인간의 폐는 거꾸로 세워진 나무와 같습니다."라고 했다. 나는 깊은 앎에서 비롯된 긴 숨을 내쉬며 "정말 그렇군요!"라고 말했다.

하나님의 숨결은 인간을 통해 흐른다. 인간 속에는 신의 속성이 강력한 균형을 잡고 있다. 인간의 뿌리는 하늘에 있다.

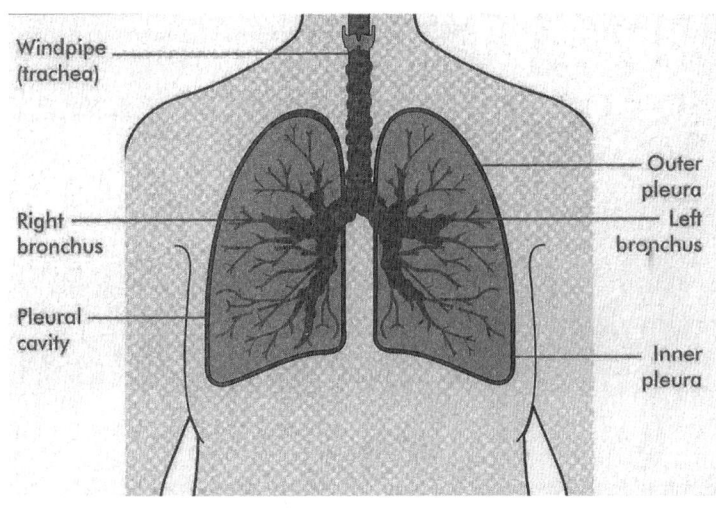

거룩한 두려움은 우리의 구원이다. 성스러운 두려움이 우리를 안내하여 우리의 감정이나 생각을 위로 끌어올리게 하자. 나의 몸 안에 있는 그곳에 가만히 손을 대어 보자. "멈춰!"라는 음성이 들리는가. 행동에 옮기기 전에 우선 생각을 하자. 천천히 주의 깊게 듣자. 우리 삶이 고마워할 것이고, 우리 영혼이 고마워할 것이며, 우리 가족과 친구들이 고마워할 것이다. 고통이 줄어들게 될 것이고, 사랑하는 이들에

게 상처도 덜 주게 될 것이다. 다급한 경고음에 촉각을 세워 영혼의 주의를 환영하며 맞아들이자. 그 안에 경외심이 있다.

대답은 그대 안에 있습니다. "내가 무슨 생각을 하고 있었던 걸까?"라는 후회 속에 머무르지 말고, "제가 이미 가진 것에 감사합니다. 저는 얼마나 복 받은 존재입니까." 하며 거룩한 두려움의 영역에서 살아가는 힘을 얻길 기원합니다. 아멘.

진정한 친구

외할아버지가 일흔네 살 되셨을 때, 갑자기 심한 우울증이 찾아왔다. 아무도 왜 그런지 알 수 없었다. 하루 종일 의자에 앉아 할아버지는 사람을 빤히 쳐다보기만 하셨다. 그는 목숨 바쳐 사랑한 사람과 결혼을 하여 혼자 지낸 것도 아니며, 대가족, 일가친척들, 그리고 근처에서 배우자와 함께 사는 성인이 된 세 자녀, 아홉 명의 손자손녀들에게 둘러싸여 살아왔다. 그가 개업한 소매업은 가족들이 모두 매달려서 일할 정도로 번창했지만 할아버지는 일에서 손을 떼고 의자에서만 지냈다.

어느 날 엄마가 할아버지 곁에 앉아 물어보았다. "아버지 왜 그러세요? 무슨 일 있으세요?"

잠시 잠자코 계시던 할아버지는 "이제 아무도 없다!" 하셨다. 할아버지는 건강의 복을 받으셨고, 아내와 자식, 손자손녀들에게 둘러싸여 지내시는 다복한 노인이어서 처음에 엄마는 그 말을 이해하지 못했다. "키비츠(kibbitz) 할 사람이 하나도 없다."라고 할아버지는 덧붙였다. '키비츠'는 이디쉬어로 친구들과 격의 없이 지내는 모든 것을 두루 일컫는 단어다. 몰려다니며, 농담하고, 수다피우고, 놀리고, 이야기하고, 마음의 짐을 풀어놓고, 귀 기울여 들어주고, 킬킬거리는 등등...

몇 주 전에, 할아버지는 절친들의 모임에서 마지막 남은 친구마저 땅에 묻고 오셨다. 옛 고국에서 온 노인들은 가슴까지 벨트를 맨 멜빵바지를 입고 모여 체스를 두고 차를 마시며 함께 시가를 피우곤 했다. 이제 모두 떠나신 것이다.

엄마는 비로소 할아버지의 깊은 상실감을 이해했다. 엄마가 "무슨 말씀이세요, 아빠? 우리가 있잖아요, 아빠의 가족들이 여기 이렇게 있는데요."라고 말하는 건 핵심을 놓치고, 상실감의 깊이를 과소평가하는 말이다. 대신에 엄마는 "그러게요, 아빠. 정말 슬프시지요, 이해해요."라고 말씀드렸다.

살면서 외로웠던 적이 있었는가? 아마 새로운 동네로 이사를 했거나 아무도 모르는 새 학교에 전학을 갔거나 새 직장에 출근했을 때 그럴 수 있지 않을까. 스쿨버스에서 누구 곁에 앉을지, 누구랑 점심을 먹을지, 쉬는 시간에 누구와 놀지 몰랐던 때를 생각해보자. 마음이 헛헛했던 기억은 선명하게 오래 남는다. 우정 없는 삶은 고통스럽다. 아예 친구가 없는 것과 단 한 명의 친구라도 있는 것의 차이는 잃은 것과 찾은 것의 차이만큼 크다.

대학시절, 나는 외로웠다. 쓸쓸하게 외롭게 돌아다니며 유령처럼 캠퍼스를 배회했다. 친구 없이 지내는 삶은 죽은 거나 마찬가지였다. 그러다 레베카를 만났다. 그 친구는 "나 영화관에서 일한다, 한번 놀러 와! 내가 공짜 팝콘 줄게." 했다. 그녀는 나를 좋아했다! 내가 그 친구에게 좋은 인상을 주려고 힘들이지 않아도 되었다. 그녀에게 사랑은 어렵지 않았다. 나는 별로 힘들이지 않고 레베카의 친구가 되었다. 누군가가 나를 알아보고 무리 속에서 나를 친구로 삼아주었으니 나는 살아 있는 사람이 되었고 세상도 나를 알아주는 듯했다. 더 이상 나는 유령이 아니었다.

유대인들이 오랫동안 만나지 못한 친구와 재회했을 때, "죽음에서 부활한 자여, 복 받을지어다!"라고 축복하는 것이 바로 이런 이유 때문이 아닐까 싶다. 우정은 영혼에 생동감을 불어넣는다. 지속적인 우정이란 거리와 시간으로 인해 떨어져 있었더라도 다시 만났을 때 시간이 전혀 흐르지 않은 것처럼 느끼는 것을 말한다.

성경 속에서, 진정한 사랑의 전형은 낭만적으로 맺어진 남녀 간의 결속이 아닌 다윗과 요나단 사이의 우정이었다. 왕자와 새롭게 등장한 샛별 사이의 유대감은 만나자마자 즉시 깊어졌는데 그것은 모든 논리를 뛰어넘는 만남이었다. 왕자 요나단이 다윗을 두려워하고 그에게서 위협을 느낄 이유가 충분했는데도 불구하고 오히려 요나단은 다윗을 흠모하며 신뢰했다. 요나단의 영혼이 다윗의 영혼과 서로 뒤섞이어 요나단은 자기 자신을 사랑하듯 다윗을 사랑했다. 그 사랑을 위해 요나단은 기꺼이 친구를 위해 자기 왕권을 포기하려고 했다. 요나단이 죽자, 다윗은 이렇게 애도했다. "내 형제 요나단, 너를 잃고서 나는 말할 수 없이 슬프다. 너는 내게 가장 소중한 사람이었다. 어찌 여인을 향한 사랑이 이보다 클 수 있겠는가." 진정한 우정은 낭만적인 사랑을 초월할 수 있다는 뜻이다. 우정은 영혼으로 연결된 것이므로.

영혼은 이 세상에 들어오며 다른 영혼과 연결되고 싶은 깊은 갈망을 품는다. 내 안의 영혼은 친밀함과 정직함을 강하게 희구한다. 왜 그럴까? 내 주변에 있는 모든 사람 안의 영혼이 그러하기 때문이다. 영혼은 가족의 사랑, 인생의 동반자와의 낭만적 사랑을 그리워한다. 그러나 영혼의 구원은 참된 벗과의 사랑으로 이루어진다.

배우자를 미치도록 사랑해도 그가 결코 채워줄 수 없는 빈자리가 여전히 우리 안에 있음을 안다. 짐짓 자신의 짝이 자기를 완전히 채워줘야 한다고 생각하는 사람들을 만나면 나는 걱정된다. 우리 안의 빈 공간을 채우는 법은 오직 친구들만이 알고 있어서이다. 배우자가 듣지 않아도 친구들은 듣고, 배우자는 흥분해도 친구들은 위로한다. 아름다움은 시들고, 낭만도 가뭇없이 사라지지만, 친구들은 외모, 젊음, 성적 매력에 개의치 않는다.

몇 년 전, 한 젊은 부부가 우리 공동체에 들어왔다. 제프와 데니스. 데니스가 임신하여 가족들의 손길과 지지가 필요했기에 그들은 가족들이 가까이 사는 LA로 왔다. 제프는 데니스의 친구들이 방해꾼이 될 줄을 꿈에도 생각하지 못했던 모양이다.

제프가 나를 찾아와 불만을 터뜨리며, 데니스의 두 친구 마고와 앨리가 위협적이라고 했다. 제프는 데니스를 혼자 독차지하고 싶었다. 데니스 삶에서 가장 중요한 사람은 자신이어야 했으므로. 그는 그녀의 친구들을 참고 견디긴 했으나 내심으로 줄곧 두 친구들이 그저 사라져주기만을 바랐다. 나는 제프에게 넌지시 충고했다. 지금 분개하고 있는 아내의 친구들이 얼마나 귀한 존재가 될지 두고 보라고.

6년이 흘러갔다.

데니스가 서른여덟 살이 되었을 때 처음으로 유방암 진단을 받았다. 제프는 자신감이 사라지고 그녀에게 무슨 말을 해야 할지, 그녀를 위해 자기가 얼마나 강해져야 할지, 어떤 위로의 말을 건네야 할지 감이 잡히지 않았다. 데니스를 잃게 될지도 모른다는 두려움에 사로잡힌 그는 자신의 미래만을 생각했다. 데니스 없이 어떻게 살아가지? 어떻게 혼자 아이들을 키우지?

곧 마고와 앨리가 달려와 집안일을 장악했다. 식사준비, 카풀, 놀이 약속, 의사 면담, 기도, 얘기 들어주기, 기분 북돋워 주기 등. 제프는 그들의 도움을 환영했다. 그는 더 이상 이 두 사람의 권력자 여성과 그들과 아내의 유대감 때문에 주눅이 들지 않아도 되었다. 그들이 자신에게 얼마나 행운인지 그제야 비로소 깨달았다.

데니스가 유방 절제술을 받던 날, 제프는 전에 느껴 본 적이 없던 내적인 힘을 발견했다. 그는 꿋꿋하고 변함없이, 다정하고 충실하게 아내 곁을 지켰다. 그 날 저녁, 집으로 돌아와 잠시 아이들을 안아 안심시키고 나서 집안의 구석구석을 둘러보았다. 마고는 저녁 식사 후, 설거지를 하고 있었고, 앨리는 아이들을 목욕을 시키고 나서 잠옷을 갈아입히고 있었다. 그는 "두 분이 안 계셨다면 제가 어찌 됐을까요?"라고 했다. 그는 감사했다, 하나님께서 아내에게 이 두 수호천사를 보내주셔서 말할 수 없이 감사했다.

친구는 깊은 절망과 마법을 통해 나를 이해할 것이다. 나이가 무슨 상관이 있을까. 오랜 벗과 함께 있으면 장난기가 발동하고 유쾌함이 넘친다. 우정에는 우리를 고갈시키지 않고 다시 보충해주는, 주는 것이 받는 것이고 받는 것이 주는 것인 성스러운 균형이 있다. 나의 비밀을 터놓고 말할 수 있는 사람, 나를 솔직하게 만드는 사람이 진정한 벗이다. 세상에서 썼던 가면을 벗고, 나의 영혼을 적나라하게 드러낼 수 있는 사람이 진정한 벗이다. 우리는 그런 사람에게 "나를 봐! 네가 내 영혼을 다 알고 있는데 너에게 내가 밉상으로 보일 리가 없다!"라고 말할 수 있다.

오랜 세월, 나는 수많은 사람들과 상담을 했다. 그들은 가족이 이해해 주지 못하고 서로 연결되지 않는 데 대한 실망감을 나에게 털어놓는다. "그 아이가 내 동생이니까 사랑해야만 하는 건 압니다. 하지만 나는 내 동생이 그냥 싫어요!" 가족은 어쩔 수 없이 붙어 있어야 하지만 친구들은 우리가 선택한 사람들이다.

지혜롭게 선택하자. 영혼의 소리를 주의 깊게 경청하자. 영혼은 누가 나를 끌어올리고, 누가 나를 끌어내리는지 이미 알고 있다. 타인에 대해 비판적이며 판단을 하는 사람, 허풍쟁이와 수다스러운 사람은 피하자. 많은 지인과 피상적으로 맺어진 온갖 관계들이 있을 수 있다. 페이스북에서는 그런 사람을 친구(friend)라 한다. 나는 그런 사람을 친구라 하지 않고 우호적인 사람들(friendlies)이라 부른다. 스스로 물어보자. 이 사람은 내 친구일까? 아니면 단지 우호적인 사람들일까? 우호적인 사람들을 많이 두었을 수 있겠지만, 그러나 진정한 내 친구는? 수호천사들이다.

그대들에게 수호천사가 있기를 기도합니다.

영혼의 동반자

탈무드에서 우리는 창조 작업이 일단 마무리되어 갈 즈음, 창조주께서 새로운 임무를 맡았다고 들었다. 결혼 중매였다. 창조주가 개입하기에는 사소한 문제라고 생각한다면, 이 사실을 알아야 한다. 영혼을 결합시키는 일은 그분이 홍해를 가른 일만큼이나 힘든 일이라는 것을. 랍비들은 아담과 하와의 중매를 필두로 하나님의 중매 작업은 지금까지 진행 중이라고 한다.

영혼의 동반자(soulmate)를 이디쉬어로는 '바셔트'(bashert)라고 하는데, '숙명 지어진', '예정된'이라는 뜻이다. 그것은 영혼들의 영혼(Soul of Souls)이 이미 내 영혼에 가장 알맞은 사람을 지정했다고 믿는 믿음이다.

또 다른 탈무드의 구절에는 한 아이가 이 세상에 태어나기 40일 전에, 하늘의 음성이 이 아이의 혼기가 찼을 때 누구와 맺어질 운명인지 선포한다는 이야기도 있다. 신비주의 지혜서 조하르는 본래 영혼은 복합적 존재로 존재하다가 이 세상에 내려오기 직전, 하나님이 그 영혼을 둘로 쪼개어 절반의 영혼을 각각 두 개의 다른 육체에 들여보낸다고 주장한다. 영혼은 자신의 온전함을 회복시켜줄 사람을 찾기 위해 지상에서 세월을 보낸다.

거룩하신 분이 이미 내 배필을 점지해 놓으셨을까? 하나의 영혼에 오직 하나의 짝만 가능할까? 자유의지를 부정하며, 하나님이 우리를 자유롭게 창조하셨기 때문에 마이모니데스까지도 이 '바셔트'라는 개념과는 힘겨운 씨름을 했다.

그러나 '바셔트'는 사랑으로 연합하는 영혼의 신비를 부정하지 않는다. 내가 남편 랍을 만나 사랑하게 됐을 때 나도 이런 경험을 했다. 만나자마자 바로 그렇게 된 건 아니다. 나보다 먼저 그가 나를 알아보았다. 나를 처음 만났던 날, 그는 친한 친구에게 "나는 저 여인과 결혼할 거다."라고 했다고 한다. 나는 더 느렸다.

우리는 내가 다니는 회당 복도에서 스쳐 지나가며 만났다. 랍은 어느 정통파 랍비가 우리 회당 건물을 빌려서 하고 있던 강의를 듣는 학생이었다. 그 랍비는 학생들에게 "우리의 여성 랍비 한 분을 만나보시겠어요?"라고 물었다.

랍은 나를 보자마자 그의 짝이 될 것으로 확신했지만 나는 그를 만났던 기억이 없다. 금요일 저녁과 토요일 아침의 내 기도예배 때에 그가 나오기 시작했다. 그는 율법 토론 모임 후에도 늦게까지 남아 있었다. 그리고 어느 날부터는 내 아가서 수업에 달짝지근한 간식들을 챙겨오곤 했다. 그는 그다지 종교적인 사람이 아니었고 회당에 다니는 사람도 아니었지만 나는 그런 사실을 전혀 눈치채지 못했다. 나는 그가 하나님에 빠져 있는 사람이라고 생각했기 때문에 나에게 빠져 있는 줄을 몰랐다. 우리 결혼식 날, 랍비들이 서른 명 정도 참석했었는데, 우리 시동생 마크가 이렇게 건배했다. "형, 나는 형이 유대교인인지 전혀 몰랐어!"

나는 영혼이 머리보다 먼저 안다고 굳게 믿는다. 머리로는 내가 랍을 내 양떼 중의 한 명으로 만났지만, 깊은 영혼의 차원에서 무언가 다른 일이 펼쳐지고 있었던 것이다. 마치 내가 평생 그를 알고 지낸 것처럼 그는 내게 친숙하게 느껴졌다.

어느 날 수업 후, 그는 나에게 나가서 차를 마시자고 했다. 나도 그러자고 했다. 혹시 누군가 우리가 함께 카페까지 걸어가는 것을 봤다면 안 어울리는 커플이라 했을 것이다. 온라인 데이트 사이트에서 그의 이력을 봤다면 나는 분명히 거절했을 것이다. 그는 티셔츠 차림에 찢어진 청바지에 슬리퍼를 신고 있었고, 나는 정장 스커트 차림이었다. 하지만 우리가 함께 앉는 순간 이내 내 영혼은 내가 집에 돌아왔다는 것을 알았다.

사람들이 "이 사람이 나에게 맞는 사람이라는 것을 어떻게 아나요? 영혼의 동반자를 어떻게 알아보나요?" 하고 물을 때가 있다. "처음에는 긴장할 수도 있고, 한 사람이 다른 사람을 따라 잡으려면 시간이 조금 걸릴 수도 있겠지만 머지않아 서로를 집처럼 느낄 것"이라고 나는 말한다.

하시디즘의 창시자인 바알 셈 토브의 유명한 가르침이 있다. "모든 사람에게서 천국에 이르는 한 줄기 빛이 솟아오른다. 그리고 함께 할 운명인 두 영혼이 서로를 발견하면 그들의 빛이 함께 흐르게 되어, 그들의 결합된 존재에게서는 더욱 밝은 빛이 솟아오른다." 그 두 개의 빛은 강렬하고 상호보완적이어서 마침내 하나가 된다.

하나의 영혼에 오직 하나의 배필만 정해져 있는 건 아니다. 나는 영혼이 이 온 우주에서 한 사람 이상의 사랑을 찾을 능력을 지녔다고 믿는다. 그래서 부부가 이혼한 후에, 또는 배우자와 사별한 후에 재혼할 수 있는 것이 아닐까. 아픔을 겪고 나서도 삶은 계속되며, 죽음 이후에도 역시 삶은 지속된다.

영혼은 사랑을 발견하고 그 사랑을 지속시키기 위해 어떤 역할을 할까? 영혼이 스승이다. 영혼은 사랑을 재촉할 수 없다는 것을 영원히 상기시켜준다. 참고 기다리고 인내해야 한다. 또한 용기를 모아 나의 경계심을 풀어 다른 사람을 내 안에 모셔 들여야 한다. 취약함이 사랑을 여는 열쇠다. 영혼은 다급한 열정과 돌진하는 사랑도 하루하루의 일상 속 현실에 반드시 닻을 내려야 한다고 일깨워주기 위해 여기에 있다. 그렇지 않으면 헬륨을 주입한 풍선처럼 사랑은 날아가 버리고 만다. 사랑이 무쇠처럼 단단할 것 같지만, 사실 사랑으로 맺어진 관계는 나의 관심, 나의 보호, 나의 돌봄을 필요로 하는 부서지기 쉬운 물건과 같다. 사랑은 다만 정직, 헌신, 친절, 타협, 그리고 신뢰가 있는 곳에서만 더 더욱 풍성해진다. 중매가 잘 되면 두 영혼은 너무 완벽하게 맞아 결국 한 몸을 이룬다.

그대가 기도해왔던 사람을 발견하길 기원합니다. 그대의 영혼의 동반자가 그대의 가슴, 그대의 집, 그대의 몸, 그대의 영혼 속으로 들어오길 바랍니다. 사랑하는 사람이 그대의 삶과 그대의 일상 속에, 그대의 생각과 호흡으로 들어오기 바랍니다. 아멘.

결혼생활과 영혼

신랑신부를 앞에 두고 그들을 결합시키기 위해 전통적인 유대교 혼인축복을 암송할 때, 나는 그 마지막 축복은 우리에게 신성한 관계를 유지시키는 다섯 가지 자질을 가르쳐준다는 것을 상기시킨다. 끝까지 유지되는 신성한 관계란 하나님의 영원한 임재를 맞이하는 것이다. 그 다섯 가지 경건한 자질은 기쁨, 로맨스, 우정, 동지애, 그리고 평화다.

기쁨(Joy). 커플들과 혼인예비상담을 할 때마다 언제나 나는 그들에게 똑같은 질문을 한다. "당신은 상대의 어떤 점을 가장 보물로 여깁니까?" 매번 거의 똑같은 대답이 돌아온다. "그녀의 유머감각이요." 혹은 "그가 나를 웃기는 방식요." 정말 그렇다. 관계는 일과 책임을 요구하지만, 영혼은 웃음, 알아차림, 포기하는 능력 등을 서로에게서 발견한다. 인생은 너무나 고단하므로 사랑으로 서로의 짐을 들어주어야 한다.

유대인들의 혼인식에서는 기쁨을 한 단어로 표현하지 않는다. 크게 기뻐함, 행복, 노래 부르기, 춤추기, 축하, 의기양양 등 여섯 가지 표현을 한다. 자기 애인이 평생의 동반자인지 긴가민가하면 스스로 이렇게 물어보자. "이 사람이 나를 웃게 만드는가?"

로맨스(Romance). 열정과 화학반응이 없는 혼인이란 어떤 것일까? 로맨스는 돈으로 살 수 없는 천부의 선물이다. 대부분의 커플들은 출발점에선 로맨스의 지복을 누린다. 우리의 도전과 책임은 신성한 지복을 가꾸고 지켜내는 일이다. 커플들이 로맨스를 언제나 주어질 걸로 착각한다면 그것은 큰 실수다. 시간이 지나면 열정이 사라지고 로맨스는 싸워 지켜야만 재생되고 다시 살아난다.

우정(Friendship)은 연인들이 서로 대화하고 기쁨을 나누고 재미있게 지내는 능력이다. 아가서의 "이 이는 내 사랑이고 이 이는 내 친구라오!"가 이런 능력을 상기시켜준다. 우리는 둘 다가 되는 법을 배워야 한다. 화학반응과 달리 우정은 높은 곳에서 부여된 것이 아니다. 정직하게 쌓아가고 충심으로 얻는 것이 깊고 참된 우정의 자질이다. 혼인은 우리가 깊이 있고 지혜롭고 축복받은 친구로 성숙할 책임을 지운다.

동지애(Camaraderie)는 형제자매애와 비슷하다. 근친상간이란 뜻이 아니다. 그것은 피다. 깊게 흐르고 흐뭇하며 연인을 가족이라고 부르고 싶은 욕구이다. 동지애는 혼인식 날 마법처럼 이뤄진다. 내 사랑이자 친구였던 사람이 나의 핵가족으로 변모하기 시작한다. 혼인예식을 치르며 장차 평생 함께 할 신랑신부들에게 나는 언제나 동일한 말을 반복한다. "오늘 이후로 모든 것이 같을 테고 아무것도 같지 않을 겁니다. 같은 연인, 같은 집, 그리고 창조주의 빛 속에서 모든 게 새로울 것이며 재생될 것입니다."

평화(Peace). '샬롬'(shalom)이라는 히브리어는 "평화"와 "충만한 온전함"을 뜻한다. 우리는 독특하고 별개의 특성을 갖고 사랑의 관계를 시작한다. 때로 그런 차이들로 인해 적대감, 분노, 거리감이 생길 수 있다. 그러나 '샬롬'의 의미는 그 차이들 때문에 훨씬 더 온전해진다는 뜻이다. 그러기 위해선 내가 그대와 함께여서 훨씬 성숙할 수 있다는 걸 보는 비전이 있어야 한다. 또한 그대를 위해 내가 타협해야 하고 여유로워져야 하며 그대에게서 배우게 될 것을 아는 겸손함도 있어야 한다.

유대 신비주의 사상에는 "침춤"(*Tzimtzum*)이라는 개념이 있다. 작아짐, 축소를 뜻하는 말이다. 태초에 창조주께서 모든 공간을 채우셨다. 그러나 세상을 만들기 위해 창조주께서는 다른 것에게 공간을 내어주느라 당신은 일부러 축소시키셨다. 창조는 사랑의 행위였다. 신성을 축소해 사랑을 완성한 행위였다.

혼인생활에서 우리가 추구하는 평화와 충만한 온전함은 이러한 축소의 신성한 과정을 통해서만 오로지 이뤄진다고 나는 믿는다.

커플들을 오래 상담해오며 내가 발견한 점은 배우자 사이에 생긴 고통과 아픔의 가장 일반적인 원인은 자기만의 방식을 고집하는 완고한 성격과 관련이 있다는 점이다. 굽히지 않는 성격 때문에 다투는 부부와 대화를 하며, 그들에게 각각 나는 이런 말을 하게 된다. "당신은 일주일에 하루 저녁이라도 가고 싶은 식당을 고르잖아요. 당신은 마음대로 집안을 꾸미잖아요. 보고 싶은 영화를 골라서 볼 수 있잖아요. 문제는 바로 이겁니다. 모든 걸 내가 하고 싶은 대로만 하려는 태도, 바로 그게 문제입니다."

다른 누군가와 함께 살겠다고 다짐을 했으면 작아지는 그 거룩한 기술을 배우는 내적 자원을 발견해야 한다. 우리는 성장을 위해 축소되어야 한다. 다른 이를 내 안으로 모셔 들이려면 이전의 나보다 훨씬 용량이 커져야 한다. 올바른 주파수에 맞추려면 사랑하는 이의 말에 귀를 기울여야 한다. 우리가 작아질 수밖에 없는 까닭이 사랑은 우리가 한 사람을 인정하고 보고 들어야 하기 때문이다.

이것을 어떻게 해낼 수 있을까? 에고에 이끌리지 말고 영혼에 맡기자. 내 영혼은 내 안에 켜진 하나님의 촛불이다! 촛불은 천상의 세계에서 내려와 우리 안으로 들어오기 위해 축소된 것이다. 그 촛불은 타협하는 기술, 잘 듣는 기술, 사랑하는 사람의 영혼과 연결하는 모든 기술을 다 알고 있다. 내 영혼은 내가 사랑하는 사람과 잘 지낼 뿐 아니라 춤추고, 놀며, 알콩달콩 지내기를 바란다. 에고로 으스대지 말고 영혼을 드러내자. 그러면 완고한 언쟁은 이해, 웃음, 포용에게 길을 내줄 것이다.

부부를 위한 축복

하나님께서 그대들에게 평생토록 웃게 하는 복을 내리시길 기도합니다. 해를 거듭하며 그대들의 열정이 강렬해지길 기원합니다. 그대들의 우정이 깊이와 힘 속에서 진화하기를 기원합니다. 그대 가족의 결속이 깊고 튼실해지길 기원합니다. 하나님이 그대들에게 거룩한 평화의 복을 내리시어 두 영혼이 하나가 되어 전체를 이루게 하소서. 아멘.

영혼 챙기기

몇 년 전에 강연이 있어서 시카고에 갈 일이 있었다. 비행기 시간에 맞추려니 새벽 다섯 시에 일어나야 했다. 기내는 만석이어서 답답했고, 내 좌석도 가운데 자리였기에 옴짝달싹 할 수 없었다. 착륙한 후 호텔로 가려고 택시를 잡았다. 기사는 빅터라는 러시아인이었다. 내가 그에게 호텔 주소를 막 알려 주고 났는데 그때 나의 소중한 친구에게서 전화가 왔다. 상사와 오고간 언쟁 때문에 내 조언을 듣고 싶어서였다. 나는 그 상황에서의 최선의 대처법을 신중하게 조언했다. 전화를 끊으며 "드디어, 평화의 순간!"이라는 생각이 들었다. 그런데 갑자기 "저, 선생님!" 하는 소리가 들렸다.

"네."

"제 결혼생활 이야기를 해도 될까요?"

"네에?"

내가 친구에게 조언하는 방식이 기사님 마음에 들었던 모양이다.

"내 아내가 나를 내쫓았습니다. 다시 그 사람에게 돌아가려고 노력해야 할까요?"

나는 택시 기사와 이런 대화를 나눠도 되는지 도저히 믿을 수가 없었다. "무슨 이유로요?" 그는 이야기를 다 털어놓았다. 어떻게 부인과 만나 사랑에 빠져 결혼하고 아이까지 낳았는지를. "그런데 점점 힘들어졌어요. 돈, 싸움, 내가 아내를 속였습니다. 어떻게 생각하세요? 내가 아내와 다시 결합해야 할까요?"

"왜 틀어졌는지 짐작할 수 있도록 얘기해 보세요."

나는 내가 마치 영화 '문스트럭'에서 고해성사를 듣는 신부 같았다.

"돈 문제요?"

"아니요."

"싸움요?"

"아니요."

"아내를 속여서인가요?"

"네, 그겁니다."

"그렇지만 내가 미안하다고 했고, 전부 내 잘못도 아닙니다. 어쨌든 서로 이렇게 얽힌 데에는 우리 둘 다의 책임이 있는지도 몰라요."

"기사님, 당신은 신뢰를 요구할 수 없어요. 신뢰는 얻어야 하는 것이죠. 말씀하셨듯이 두 사람 모두의 책임일지도 모르지만, 탱고는 둘이 추는 춤이니까 자신의 스텝은 자기에게 책임이 있지요."

"그러니까 제가 아내에게로 돌아가야 한다는 말씀이네요?"

"내 생각이 아니고 기사님이 원하는 일이므로 변화하고 신뢰를 얻으려면 뭔가 스텝을 준비하셔야 합니다."

"스텝! 아, 그렇군요. 이제 알 것 같아요. 스텝!"

"스텝, 스텝," 그는 계속 중얼거렸다.

그러더니 갑자기 운전대를 탁 치며 웃었다. "고맙습니다. 이제 스텝의 뜻을 알게 됐습니다."

스텝(STEPS)

거룩한 관계는 거창한 몸짓이나 엄청난 인기가 아니고, 누군가에게 마음이 강하게 끌리는 것도 아니다. 그것은 삶을 구성하는 사소한 일상의 세부사항들이다. 말조심하고, 식욕을 억제하는 법. 오래된 자기 패배와 해로운 패턴에서 날마다 벗어나기. 겹겹이 쌓아둔 방어기제 푸는 법 배우기. 행동을 통해 신뢰를 얻는 법을 배우고 재차 신뢰하는 법을 배워서 한 번 더 받아들이는 준비하기.

그런데 받아들임의 기술은 녹록하지 않다. 어떻게 신뢰하는 법을 배울 수 있을까? 1년, 혹은 10년 동안이 아니고 평생을 어떻게 상처받고 공격받는 취약함을 유지하며 동시에 개방적인 태도를 견지하는 용기를 얻게 될까?

홍해를 건넌 사건은 이스라엘 자손들이 자유를 찾아가는 여정이었지만, 그들의 사십 년 동안의 광야 체험은 고행(*schlep*)이었다. 그리고 그 고행은 출애굽 자체만큼 소중한 경험이었다. 인간은 타자 없이 존재할 수 없다. 삶의 모든 곳에서 우리는 나 아닌 사람들과 살아간다. 결혼한 배우자, 안착한 직업, 나를 통해 세상에 태어난 아이. 그런 한 걸음 한 걸음의 스텝들, 그처럼 단순하고 성스러운 행위들, 그것들이 삶을 구성하는 소중한 세부사항들이다.

첫눈에 반한 사랑은 하늘이 준 선물이다. 로맨스, 화학반응, 돌진하는 감정, 그 아찔함! 그러나 결혼생활은 완전히 그와 별개의 것이다.

사랑에 빠져서 무언가 굉장하고 강력한 감정을 경험했어도 낭만적 감정이 사라졌을 때, 경제적으로 궁핍해졌을 때, 삶의 압박이 가중될 때 우리는 어떻게 해야 하나?

고난을 겪는 사람들을 보며 흔히 시간이 약이라고 하지만, 성적 욕구는 시간이 가면서 감퇴한다. 세월이 갈수록 열정은 낯익은 일상에 양보한다. 우리가 이불 속까지 따라온 지루함과 스트레스를 막을 도리가 있을까? 영혼이 열어준다. 영혼은 하루의 압박감을 뒤로하고, 예측 가능한 일상을 강렬하고 경이로운 마법 같은 만남으로 변형시키는 데 일조한다. 한때 그토록 환하게 빛났던 열정을 다시 불타오르게 하는 법을 영혼이 우리에게 가르쳐준다. 몸은 지치고, 정신은 산만해져도 영혼은 항상 우리가 결합하여 낭만적으로 되는 길, 황홀해지는 길, 하나됨의 축복으로 가는 길을 보여주려고 애태운다.

모든 사람의 기도가 이것이 아닐까? 분리되었다는 저주로부터 해방되는 일. 온전히 알려지고 이해받는 일. 언어를 초월하고 육체를 초월하는 지식.

지속적인 결혼생활을 이어가려면 인내의 중요성과 인내의 대가만이 아니라, 빛나는 시절과 우울한 시절 속에 담긴 순수한 위엄과 우아함, 아름다움을 꿰뚫어 보는 통찰력 역시 지녀야 한다.

한 쌍의 부부가 긴 세월 동안 거둬들인 축복에는 설익은 사랑이 따를 수 없는 무언가가 있다. 그것은 파트너십, 유대감, 지친 나그네 위에 나뭇가지를 덮어 그늘을 드리워주는 웅장한 고목 안으로 깊이 흐르는 하나가 된 영혼 같은 것이다.

끊임없이 거짓말하거나 배신하는 배우자 곁에 남아 있어야 한다는 말이 아니다. 인내 자체가 이상일 수는 없다. 사랑이 사라진 결혼생활, 회복 불가능하게 깨지고 파괴된 관계만 남게 됐을 때 인내란 사실상 실수에 불과할 수 있다.

결혼을 하고서도 영혼을 챙기자는 말은 불화가 생겼을 때 영혼을 챙기자는 의미다. 부부들은 건전한 방식이거나 해로운 방식으로나 어떻게든지 다투기 마련이다. 배우자의 단점이 눈에 띌 수 있을 텐데, 사실, 눈에 띄어야만 한다. 그러나 그것을 남편이나 아내의 본질적 결함으로 여기는 것과는 아주 다르다. 사랑하는 사람을 신뢰하는 일과 그들에게도 다시 솟아올라 변화할 수 있는 능력이 있음을 신뢰하는 일이 중요하다. 나의 파트너도 실수할 수 있지만, 그가 본질적으로 어리석거나 잔인하거나 몹쓸 인간이 아님을 신뢰해야 한다. 모든 이들 안에 담긴 영혼은 맑고 깨끗하며, 하나님의 촛불이다. 우리는 사랑하는 사람을 소중히 여기는 법을 배워야 하고, 그들의 온갖 결점에도 불구하고 그들 속에 깃든 신성함을 보는 법을 배워야 한다.

나는 언젠가 부부의 수명을 연구한 논문을 읽은 적이 있는데, 연구자들은 부부가 얼마나 오래 동안 함께 살 수 있을지 놀라운 정확도로 예측할 수 있었다고 한다. 부부의 수명을 결정하는 가장 중요한 요소 가운데 하나는 단어 하나로 요약된단다. 경멸(disdain). 부부는 언쟁하고 싸우고 서로 동의하지 않을 수 있다. 배경이 다르고 심지어 취향과 선호하는 것도 차이가 있을 수 있다. 그러나 부부에게 죽음의 입맞춤은 경멸이다. 나는 이런 걸 많이 보아 왔다. 우리 모두가 그런 슬픈 광경을 목격했을 것이라고 나는 확신한다. 남편이나 아내가 그의 배우자를 짜증으로 혹은 분노로 대하는 것을 넘어 완전히 경멸해버리고 마는 것을. 그와 같은 무자비하고 파괴적인 환경에서 어떤 영혼이 꽃을 피울 수 있을까.

분노와 압박감을 느끼는 순간에 반응하는 자신의 방식을 조심하라. 내 성질이 앞에 있는 모든 걸 태우는 불길이 될 수 있기 때문이다. 말조심하고, 혀를 자제하여 파괴와 복수심에 불타는 내 안의 목소리를 감아 들여야 한다.

기억하자. 사랑하는 이로 인해 언짢고, 상처받고, 화나고, 심지어 좌절감을 느낀다 해도 그것이 대수가 아니라는 것을.

그러나 그 긴장된 상황에서 영혼을 챙긴다면 그녀 안에 무엇이 옳은지, 그이 안에 무엇이 신성하고 소중한지 보이기 시작한다. 영혼이 개입되면 누구도 경멸할 수 없다.

세월을 보낼수록 그대 사랑의 결속은 더 깊어지기를. 건강하고, 유쾌하고, 낭만적이며 평화로운 축복을 누리시길. 아멘.

영혼과 부모 역할

라이언의 부모인 그렉과 샤론은 명문 아이비리그에 다니던 대학생 때 만나 서로 사랑에 빠졌다. 그렉은 라이언이 어렸을 때 대학 동아리 활동을 회상하며 추억에 잠기곤 했다. 그렉은 대학 풋볼광이었다. 그렉과 샤론은 아들이 자기들의 모교에 입학하게 되자 기뻐서 어쩔 줄 몰랐다. 그렉은 주요 경기가 있을 때에는 비행기를 타고 가서라도 관람하겠다는 야무진 희망을 품고 라이언에게 풋볼 동아리에 들어가라고 부추겼다. 그리고 여학생을 사귀고 파티에도 가보라고 틈만 나면 말했다.

라이언이 입학하기 전 어느 늦여름 오후, 그가 나를 찾아 왔다. 완전히 얼이 빠진 표정이었다. 그는 조금 뜸을 들이다 삼키고 있던 말을 쏟아냈다. "랍비님, 저는 게이예요." 그는 풋볼이나 동아리 같은 것은 전혀 관심이 없고, 의상 디자인 쪽으로 경력을 쌓고 싶다고 했다. 나는 라이언에게 그가 자신의 정체성을 이해하고 있어 얼마나 기쁜지, 또 나를 자신의 진실을 공유할 만큼 안전하게 느꼈다는 것이 얼마나 영광스러운 일인지 말했다.

라이언은 "부모님께 말씀드리기가 너무 두려워요. 실망을 끼친다는 느낌이 어떤 것인지 모르실 겁니다."

라이언에게 너무 미안한 마음이었다. 자신의 존재 자체, 그러니까 자신의 행동 때문이 아니라 '내가 누구'라는 정체성 때문에 부모에게 절망을 안긴다고 믿을 때 얼마나 극심한 고통을 겪게 될까 싶어서였다.

자식의 영혼을 확실하게 파괴하려면 부모는 자식에게 "내가 나로 사는 것"이 아닌 다른 사람처럼 살라는 기대와 요구를 하며 닥달하면 된다. 부모의 공감, 관심, 사랑을 받기 위해 자신을 왜곡하는 아이들과 나는 얼마나 자주 상담을 했던가.

나는 라이언에게 부모님이 결국 이해하실 테니 고백해보라고 했다. 그가 아빠엄마에게 커밍아웃하고 나자 곧바로 그렉과 샤론이 나를 찾아 왔다. 그들은 분명히 흔들리고 있었다. 그렉은 "우리 가족에게 죽음이 찾아온 것 같다."라는 말만 반복했다.

어느 정도 대화를 나누고서 나는 부드럽게 물었다. "라이언이 동성애자라는 눈치를 전혀 못 채셨나요?"

그때, 샤론이 그렉을 돌아보며 "여보, 우리는 언제나 그 애가 게이인 걸 알았어요. 그냥 알고 싶지 않았던 것뿐이지!"라고 했다. 새로운 시작이 시작됐다.

알고 있으면서도 알고 있는 것에서 우리는 종종 도망칠 때가 있다. 부모 역할은 신성하다. 부모 역할은 자기 자신의 영혼과 친구가 되어야 하는 일이다. 왜냐하면 영혼이 육아에 대해 알고 있기 때문이다. 그리고 우리는 마음을 내려놓고, 우리가 소중한 영혼을 맡고 있음을 이해해야 한다. 그렇다, 우리가 한 소중한 영혼을 기르고 양육하는 축복을 받은 영혼은, 내 자신의 연장이나 복제품이 아니며 내가 미처 완수하지 못한 일—내 영혼이 못 다 이룬 임무가 무엇이든지—을 마치기 위해 이 세상에 온 것도 아닌 영혼이다. 부모로서 우리의 임무는 우리를 통해 이 세상에 태어난 영혼이 오롯이 스스로 성장하여 길을 펼쳐감으로써 이 세상을 밝게 비추도록 여지를 주는 것이다.

출애굽기는 모세가 시내산 꼭대기에 서서 십계명을 선포할 때 일어난 유명한 계시를 묘사하고 있다. 그들이 하늘에서 내려온 거룩한 교훈을 받은 곳이 바로 시내산이었다. 그러나 그들이 결코 경험하지 못했던 아래로부터 온 것을 경험했던 곳 역시 시내산이었다. 무엇이 두 번째 계시였을까?

시내산에서 하나님께서 이스라엘 자손에게 열 가지 계명을 맡기셨을 때 그들의 반응은 이러했다. "우리가 그것을 행할 것이며 들을 것이며 이해할 것입니다." 그들이 이렇게 말을 하자 하나님께서 깜짝 놀라셨다고 랍비들은 해석한다. 너무 놀라신 하나님께서 물어보셨다. "누가 천상의 비밀을 내 자손들에게 누설했느냐?"

하나님께서 보이신 반응을, 부모가 말해주지도 않았고 먼저 가르쳐주지도 않았던 것을 아이들이 직관적으로 해낼 때 부모들이 느끼는 감정에 대입해 보자. 그들이 비약적으로 발달하는 과정을 보며 부모는 "어떻게 저것을 배웠을까?" 아니면 "누가 저것을 가르쳐 줬을까?" 하며 깊은 감명을 받는다.

그러면 그토록 하나님을 깜짝 놀라시게 한 이스라엘 백성들이 알아낸 천상의 비밀은 무엇이었을까? "우리가 그것을 행할 것이며 들을 것이며 이해할 것입니다." 이 말에 하나님께서 왜 그렇게 놀라셨을까?

우선, 이성적으로 그 말의 순서를 이해하기 어렵다. 보통 먼저 듣고 이해하고 난 다음, 그것이 말이 되고 그럴 만한 가치가 있어야 비로소 행동할 결심을 하게 되는 게 아닌가. 이유도 모르는 채 행동하는 것이 그처럼 거룩한 일인가? 왜 그것이 천상의 비밀이었을까?

우리는 이미 내재되어 있는 육체적 본능을 갖고 세상에 태어난다. 작년에 농장에서 막 태어난 염소 한 마리를 본 적이 있는데, 아무도 아기 염소에게 다리를 세워 일어서는 법을 가르쳐 준 적이 없고, 젖을 빠는 법을 보여준 적이 없는데도 갓 태어난 염소는 어미에게 달라붙어 젖을 빨고 있었다. 정확하게 젖 빠는 법을 알고 있었다. 아무도 우리에게 배고플 때 밥 먹는 법을 가르쳐주지 않았고, 아기에게 불편하면 울음을 터뜨리라고 가르친 적이 없다.

육체가 가진 본능적인 앎처럼 영혼의 바탕에도 이미 짜여진 영적인 본능이 있다. 그러나 그것은 오묘하기 그지없어서 우리 대다수는 그 영적 본능에 접근하는 법을 모른다. 그것이 합리적 이성이 "먼저 그것을 설명해주면 내가 결정하겠다."라고 말하는 이유이다.

그러나 높고 신성한 일에는 영혼이 가진 것을 아는 것과, 그 아는 것이 너무 분명하다는 것을 아는 것이 있다. 영혼은 알자마자 즉시 "나에게 의지해!"라고 한다. 나는 지금 충동적이고 위험한 행동에 관해 말하는 게 아니다. 영혼과 먼저 상의하지 않고서 육체적 욕구나 에고의 야망을 따를 때 우리는 그런 위험한 도약을 한다. 영혼이 우리에게 무엇이 가장 적합한지를 아는 바로 그 순간, 그 신성한 순간에 대해 지금 나는 설명하고 있는 것이다. 그 이상을 알 필요는 없다.

그것이 시내산에서 이스라엘의 자손들이 받은 두 번째 계시다. 그것은 스스로의 계시로서 율법이 미치는 범위 안에 있다. 천상의 비밀은 이미 우리 내부에 심어진 음성인데 그것은 본능적으로 무엇이 옳고, 무엇이 진실이고, 하나님이 우리에게 원하는 것이 무엇인지 안다.

자녀들을 어떻게 용감하게 키우고 어떻게 성공시키며, 어떻게 자존감 높은 아이로 기르는지 알려주는 육아도서들은 시중에 넘쳐난다. 그러나 나는 모든 부모들이 마음 깊은 곳에서는 어떻게 자식을 영혼이 있고 자신에게 진실한 따뜻한 인간으로 성장시킬지 알고 싶어 한다고 믿는다. 영혼이 본능적으로 알고 있는데 굳이 육아 입문서까지 읽을 필요가 있을까.

나는 큰아이 아디를 낳고서 처음에는 엄마로서 길을 잃은 기분이었다. 젖먹이는 것, 목욕시키는 것, 기저귀 가는 것, 아기가 울 때 달래는 법 등 아는 게 하나도 없었다. 병원에서 퇴원한 후, 아기를 데리고 집으로 돌아오며 나는 이런 생각을 했다. "그들은 바보가 아닌가? 이것은 분명히 아기를 위험에 빠뜨리는 짓이다!" 나는 연약하기 짝이 없는 새 생명을 집으로 데려가는 일이 몹시 두려웠다.

내가 아들의 요구에 전문가가 되어 그의 소리를 이해하고 달랠 수 있을 때까지 그리 오래 걸리지 않았다. 육아는 정말 두려운 일이지만 "엄마의 직감"이란 표현은 영혼이 아는 것을 달리 묘사한 말이다. 우리가 영혼의 안내를 받으며 양육한다면, 아이들도 자신의 영혼을 아는 사람으로 자랄 것이다.

이 진실을 배우기 위해서, 우리는 단지 영혼 안에 이미 새겨진 소리를 들으면 된다. 자신의 영혼을 보고, 믿고, 이해할 수 있을 때 비로소 우리가 아이들의 영혼을 보고, 믿고, 이해하게 된다. 그들이 그들로 살아 갈 수 있도록 키우자. 내가 내 아이를 볼 수 있으면, 진정으로 그의 영혼을 볼 수 있으면, 내 아이 역시 타인을 풍성하게 이해하는 법을 배우게 될 것이다. 그것이 다정함, 곧 배려의 비결이다.

나의 친구 일레인 헐은 러시아에서 태어난 니일이라는 예쁜 아기를 입양했다. 얼마 되지 않아서 니일이 자폐라는 사실을 알게 됐다. 아기를 시설에 맡기라는 의사도 있었고, 러시아로 돌려보내라고 충고하는 친구도 있었다. 그러나 일레인은 가장 불확실하고 고통스러웠던 때에도 그 아기를 선물이라고 생각했다. 그녀에게 전문가의 조언 같은 건 필요가 없었다. 왜냐하면 일레인의 영혼은 니일의 영혼에서 나오는 소리를 들을 수 있었기 때문이다. 일레인은 영혼을 아는 길을 자신의 일생의 과업으로 만들었다. 일레인은 "기적의 프로젝트"라는 단체를 설립하여 젊은 자폐환자들의 재능과 열정을 음악과 연극을 통해 이끌어 내는 활동을 했다. 드라마, 음악, 예술을 통하여 "기적의 프로젝트"에 참가한 학생들은 자신의 영혼을 표현하는 법을 배워 사람들이 그들을 거룩한 선물로 받아들이도록 영감을 주었다.

몇 년 전, 젊은 아기 엄마 다이애나가 내게 전화를 걸어 눈물을 흘리며 호소한 일이 있다. 아들 찰리가 뇌성마비여서 휠체어를 타고 다닌다고 했다. 찰리가 아홉 살 생일을 맞이하던 날, 촛불을 끄는 그에게 소원을 빌어보라고 했더니 "올해는 제가 걸을 수 있게 해주세요."라고 했다고 한다.

다이애나는 울면서 이 이야기를 했다. 그녀는 찰리에게 아무 말도 할 수 없었다. 내가 이렇게 물어본 기억이 난다. "찰리에겐 어떤 재능이 있죠?"

그녀는 찰리의 재능을 열거하기 시작했다. "현명하고, 친절한 데다 아량도 있답니다. 명랑하기까지 해요..." 잠시 말이 없던 다이애나는 영혼의 확실함으로 말했다. "하나님께서 찰리에게 걸을 수 있는 다리 대신 날 수 있는 날개를 주셨어요. 나는 그 애에게 자신의 날개를 찾는 법을 가르쳐주면 되겠어요."

영혼은 인생의 모든 상황에 대한 답을 안다. 부모라면 모두 시련과 두려움과 좌절을 겪지만, 영혼은 모든 단계, 모든 저항, 심지어 모든 위기들조차 현재와 미래에 축복이 될 것임을 안다.

부모들이여! 여러분에게 하나 더 제안하고 싶다. 자식에게 복을 빌어주자. 유대인들은 안식일이 시작되는 금요일 저녁이면 부모가 아이들 머리 위에 손을 얹어 복을 빌어주는 풍습이 있다. 나도 내 아이들이 태어난 다음부터 쭈욱 그렇게 해오고 있다. 내 아이들은 이제 다 성장하여 집을 떠나 살고 있지만 매주 금요일만 되면 나에게 전화를 걸어 "엄마, 축복해 주세요."라고 부탁한다. 딸은 모임 중이어도, 아들은 술집에 있어도 항상 그런다.

여러분도 자녀들에게 복을 빌어 주고 나를 믿어 보시라. 아이들과 멀리 떨어져 있더라도, 그곳이 이 세상이건 저 세상이건, 그들 머리 위에 손을 얹어 영원히 복을 빌어 주자. 사랑하는 사람을 위해 복을 비는 일은 아무리 늦었어도 늦은 것이 아니다.

전통적인 유대인 안식일 축복기도에서, 사람들은 자기네 자손들이 부계와 모계의 선조들처럼 성장하길 빌며 사제의 축복(Priestly Blessing)을 암송한다. "하나님께서 복을 내리시어 너를 보호해주시기를 빈다. 하나님의 빛이 너를 비추어 네가 은총으로 가득차길 빈다. 하나님께서 너와 함께 하시어 네게 평화가 깃들기를 빈다."

분명, 자식이 부계 모계의 한 사람처럼 성장하길 바라는 것이 아름다운 일이긴 하나 그들이 그들만의 고유한 영혼으로 자라도록 축복하는 것이 더 중요하다고 나는 생각한다.

부모들이 자녀들에게 빌어주도록 내가 작성한 축복기도를 여러분께 소개하려고 한다.

네 안에 잠재된 모든 재능들이 세상에서 길을 찾게 되기를.
네 모든 선한 생각이 네 행동 속에 드러나기를.
네 모든 배움이 지혜가 되기를.
네 모든 노력이 열매 맺기를.
네 가슴에 깃든 모든 사랑이 네게 다시 돌아오기를.
하나님께서 네 몸이 건강하도록, 네 영혼이 늘 즐겁도록 복을 내려 주시길.
하나님께서 너를 밤낮으로 눈동자처럼 살펴주시어 온갖 해로움에서 지켜주시길.
네 모든 기도들이 응답받기를. 아멘.

그리고 독자들이여, 그대들을 위한 축복기도를 드립니다.

영혼이 날아오르는 법을 가르쳐 주어, 그대가 날아오르기 시작했을 때 하나님께서 놀라 기뻐하시며, "누가 너에게 이 천상의 비밀을 가르쳐 주었느냐?"라고 말씀하시길 빕니다. 아멘

거룩한 부르심

"마음의 평화에 한껏 도달할 수 있는 유일한 길."
—아인슈타인이 랍비 마커스에게 보낸 편지에서

사랑의 힘이 우리 내부에서 점차 강하게 되는 동안 우리는 우리를 끌어당기는 소리를 감지하게 된다. 어쩌면 우리가 부르심을 받는 것이겠다. 그 부르심은 직업에만 해당하지 않는다. 시종일관 우리를 강하게 끌어당기는 신성한 부르심이 있는데 우리는 그 부르심에 무엇인가 다른 것이 있음을 알고 반응한다. 심지어 삶의 시련들이 부르심을 아는 열쇠가 될 때가 있다.

우리에겐 날마다 해야 할 일이 있다. 매순간 누군가 나를 불러내 나의 모든 재능과 힘을 사용하기를 바란다. 그러나 누가 자기의 소명을 그토록 분명히 알 수 있겠는가? 그리고 그 부르심을 차라리 무시해버리거나 벗어나고 싶을 때 부르심에 응답할 힘은 어디서 찾을 수 있는가? 우리는 이미 우리 몸과 마음, 에고가 매일 작동하는 방법을 알고 있다. 영혼이 작동하는 법을 알게 됐을 때 우리 인생이 어떻게 변하는지 상상해보자.

나는 우리 안에 있는 영혼이 우리가 깨어나서 여기서 주어진 이번 생을 살아내라고 독려한다고 믿는다. 오직 나만을 염두에 두고 평생 동안 울리는 예언의 메아리다.

영혼의 부름

몇 년 전, 노스캐롤라이나에 강연이 있어서 간 적이 있는데, 기사가 공항으로 갈 준비를 하고 호텔 밖에서 나를 기다리고 있었다. 차 뒷좌석에 들어가 앉자 그가 물었다. "부르심(call)을 언제 받으셨나요?" 나는 택시회사에서 받은 전화로 오해했다가 그의 질문이 소명에 관한 것임을 곧 깨달았다.

성경은 내 등골을 오싹하게 만드는 신과의 인간적 만남을 묘사하고 있다. 그것은 바로 내 대학 시절, 아버지의 영혼을 옆에서 느껴 어찌할 바를 모르고 당황하고 있을 때 버크 박사가 나에게 말하려고 했던 것이다. 버크 박사는 "나오미, 자네는 위대한 예언자 전통, 아브라함, 모세, 드보라, 사무엘의 전통에서 태어나지 않았나? 그분들이야말로 하나님의 현존을 경험한 분들이 아니신가?" 그분은 나를 이렇게 안심시켰다. "자네가 정신 줄을 놓고 있는 게 아니라네. 영혼을 만나고 있다네... 자네 아버님의 영혼을."

부르심을 듣거나 나에게 무엇이 요구되고 있는지를 이해하는 것은 항상 쉽지 않다. 성서에서 어린 사무엘은 자신을 부르는 목소리를 듣고서 그것을 그의 스승, 엘리의 호출이라고 추측한다. 이 어린 초보자는 엘리를 세 번이나 찾아가고 나서야 그 부름이 스승의 호출이 아니었다는 것을 알게 된다.

예언자 요나의 문제는 다르다. 그는 부르심을 분명히 들었으나 그 부름에 유념하는 대신 그것에서 도망치고 만다. 때로 우리는 우주가 우리에게 원하는 바가 무엇인지를 알고, 우리 자신의 재능도 이해하지만 그것을 억누를 때가 있다. 어떤 이들은 부름이 엄청난 노력을 필요로 하기 때문에 거기서 도망친다. 또 다른 이들은 자신이 받은 바로 그 선물을 폄하하기 때문에 부름을 받고서도 회피해버린다. 영혼은 모두를 한 방향으로 이끌고 있어도 에고가 다른 계획을 세우고 있다.

내 딸 노아는 갑상선기능저하증이 있어 꽤 자주 혈액검사를 받아야 한다. 감사하게도 딸아이의 정맥은 피검사에 그야말로 비협조적이다. 담당자들은 노아가 "구르는 정맥"을 가졌다고 했다. 그 애의 정맥은 마음이 있는지 너무 잘 놀란다는 것이다. 간호사가 어렵사리 정맥을 찾아내는 찰나에 바로 도망가 버린단다. 첫 번째 팔에다 여러 번 주사기를 꽂아 혈액 채취를 하고 나서 어쩔 수 없이 다른 팔로 바꿔도 결국은 아무런 성과 없이 끝나버린다. 히팅 패드를 가져와서 겨우 한 방울이라도 얻고 나면 또다시 주사기를 꽂아야 한다.

작년에 혈액검사를 받으러 갔을 때 일이다. 노아의 혈액을 채취하던 사람은 키가 2미터가 넘는 40대 후반 정도 되어 보이는 흑인 남성이었다. 그 사람 손이 너무도 커서 저 큰 손으로 보이지 않는 노아의 섬세한 정맥을 찾아낼 수 있을까 하는 의구심이 들었다. 그는 딸의 왼팔을 보더니 금세 그 팔은 안 된다며 앞으로 왼팔은 절대 내놓지 말라고 충고했다. 오른팔에서 바로 정맥을 찾아내 일이 쉽게 끝났다. 내 입에서 나도 모르게 "감사합니다, 하나님." 하는 말이 새어 나왔다.

그 사람도 덩달아서 "네. 하나님, 감사합니다."라고 했다.

내가 '하나님께 감사한다'는 게 무슨 뜻인지 그에게 묻기 전까지 그가 했던 말이 허공에서 맴돌았다.

그때 그가 자기 마음을 터놓았다. "내가 어렸을 적엔 하나님께서 주신 이 선물을 인정하고 싶지 않았습니다. 더 큰 포부가 있어서 계속 이 일을 피했어요. 그러나 하나님께서 나에게 여기에 재능을 주셨고, 나는 이 일을 참 잘 해내고 있죠." 그는 아주 오랫동안 농구 선수가 되려는 꿈을 꾸었지만 끝내 그 꿈은 이루지 못했다고 한다. "여기에 얼마나 재능이 있는 줄 모르셨군요. 천부의 재능을 가지셨고, 사람들을 이렇게 돕고 계시잖아요."라고 나는 말했다.

명망 있는 교육자 파커 파머가 이런 말을 한 적이 있다. "우리의 가장 강력한 은사는 일반적으로 자신이 소유하고 있다는 사실을 거의 알지 못하는 것이다."

그러므로 우리는 종종 영혼의 알짬을 거스르는 무언가를 동경한다. 에고가 자신의 계획을 세우고 있어서이다. 파머는 "소명"(vocation)이란 라틴어의 "음성"(voice)에서 파생되었다고 한다. 그는 "내가 추구하는 목표"가 아니라 "내게 들리는 소리"가 소명이라고 했다. 소명은 의지에서 비롯되는 게 아니다. 듣는 데서 비롯되는 것이다.

우리 큰아이 아디는 초등학생이었을 때부터 집안을 뱅글뱅글 돌면서 뛰어다니기 시작했다. 한 번 시작하면 몇 시간 동안 그랬다. 정말 괴상하기 짝이 없는 행동이었다. 내 친구들은 아디의 정신을 다른 쪽으로 분산시켜 그 괴이한 행동을 없애라고 충고하곤 했다. 나 역시 약간 걱정이 되긴 했다. 저 아이 머릿속에서 무슨 일이 일어나고 있는 걸까? 무슨 걱정이라도 있나? 기분이 언짢은가? 그래서 아디에게 물었다. "아디, 뛰어다니며 무슨 생각을 하니?"

아들은 "나 혼자 이야기하고 있어요."라고 했다.

나는 "아, 그래? 엄마도 그 이야기를 정말 듣고 싶어지는 걸. 그걸 한번 써보면 어떨까?"

그다음부터 아디는 쓰고 또 썼다. 해적, 난파선, 용감한 영웅들과 어울려 다니는 카우보이들, 악당들 이야기였다. 우리 아디는 뛰어난 이야기꾼이었다. 쓰는 것도 뛰는 것도 아디는 한 번도 중단하지 않았다. 그가 다닌 고등학교 크로스컨트리팀 주장이 되었고, 지금은 뉴욕에서 극작가로 활동한다.

삶에서 길을 찾는 일은 방향을 선택하는 것과는 아주 다르다. 자신의 길을 발견하는 것은 영혼의 목소리, 즉 이미 우리 안에 새겨진 부르심을 밝혀내어, 두려움을 직시하고 그 참된 목소리를 들을 수 있는 용기다.

내가 좋아하는 아가서의 구절 가운데 하나는 연인이 "그대의 음성을 듣게 해주오, 그대 음성은 내게 달콤하다오."이다. 옛날의 랍비들은 이것을 하나님께서 우리 저마다에게 "그대의 음성을 듣게 해주오, 그대 음성은 내게 달콤하다오."라고 말씀하시는 것이라고 주장했다.

시간과 용기가 있어야 우리의 목소리를 찾아낸다. 타인이 살아가는 방식을 흉내 내거나, 남들이 우리에게 투사하는 기대에 부응하려고 우리는 안간힘을 쓰며 세월을 낭비한다. 아니면 우리 스스로가 투사한 것에도.

너무도 자주 우리는 에고의 부름에는 주의 깊게 귀 기울이면서 영혼의 부름은 무시한다. 나는 고등학생들이 자신을 완전히 소진시켜 명문 대학에 들어가고 난 이후로 비참해지는 모습을 많이 보았다. 그들이 그러는 이유는 그 학교가 자신의 영혼과 어울리지 않기 때문이라고 말한다. 사람들은 허영심은 만족시키나 영혼을 무감각하게 마비시키는 영향력이 강한 사회적 신분을 추구한다. 관계에서도 마찬가지의 실수를 많이 저지른다. 외모와 부를 사랑과 혼동한다.

영혼의 부름에 자신을 맞추면 마치 인생이 예기치 않게 제자리를 찾은 것만 같고, 심장을 조이던 두려움은 고귀한 목적의식에 자리를 내주기 시작한다.

2차 세계대전 당시, 지옥 같은 유럽에서 랍비 마커스가 병사들을 돌보던 중에 집으로 보낸 편지들을 읽으면서, 나는 뜻밖에 그가 아내 페이와 나누었던 강력한 깨달음을 만났다.

내 사랑하는 당신,
전장에서 거친 하루를 보내고 이제 본부로 돌아왔소...
내게 중요한 것은 전쟁터에서 싸우는 이 젊은이들에게 어느 정도까지의 희망을 불어넣을 수 있을지, 하는 것이오. 우리가 애쓰고 있는 더 나은 세상을 위해 그들이 지성적인 사고를 하도록 하고, 적들로 인해 위축되는 그들을 위로하고, 그들에게 시련과 위험이 닥쳤을 때 내면의 영적 평화를 찾도록 돕는 정도까지 말이오. 신기하게도, 내 사랑 당신, 이런 일을 하다 보면 내게서 모든 두려움이 사라진다오. 그것은 아주 신나고 유쾌한 방식으로 나를 몹시 행복하게 만든다오.

당신을 항상 가장 사랑하는 남편, 봅이

우리가 하도록 지음받은 일을 할 때에는, 비록 그 때문에 시달림을 당할지라도 우리 기분은 고양될 것이고, 충족감을 맛보게 될 것이다.

그대 영혼이 그대에게 부르심을 발견하라고 부르고 있습니다. 귀 기울이세요. 그대의 영혼이 그대를 진실한 일, 진실한 사랑, 모든 면에서 진실로 이끌게 하십시오. 아멘

적임자

랍비 마커스와 아인슈타인이 주고받은 편지 자료를 수집하던 중, 나는 뜻밖의 전보를 받았던 한 여성을 주목하게 되었다.

랍비 마커스가 부켄발트 수용소로 들어갔던 날, 그는 그곳에서 기적적으로 생존해 있던 천여 명의 유대인 소년들을 발견했고, 제네바에 있는 유대 어린이 복지재단, OSE에 전보를 쳤다.

제네바 OSE에서 일하던 주디스 페이스트라는 젊은 여성은 그 기적 같은 전보의 수신자였다. 주디스는 겨우 스물한 살이었고 사회복지학을 공부하고 있었다. 나치가 프랑스를 점령했을 때 그녀의 아버지는 체포되어 아우슈비츠에서 학살당했다. 나머지 가족들은 발각될지 모른다는 끊임없는 공포에 시달리며 숨어서 지냈다. 어찌어찌 하여 주디스와 그녀의 어머니, 그리고 두 어린 동생들은 국경을 넘어 스위스의 안전한 곳으로 몰래 빠져나갈 수 있었다. 몸은 비록 자유로워졌지만 그녀는 극심한 고통을 겪어야 했다. 끔찍한 불면증에 시달렸고, 음식도 겨우 넘겼다.

그리고 바로 그곳에서 주디스는 기적적으로 살아남은 그 소년들에 대한 소식과 그들의 이름을 읽고 있었다.

1945년 4월, 전쟁이 끝났다. 어떤 이유에서인지 주디스는 한 번도 만난 적이 없는 이 소년들에게 즉각적인 동질감을 느꼈고, 그때부터 그들을 찾을 계획을 세웠다. "제 아버지가 아우슈비츠로 끌려갔기 때문이겠지요, 아이들이 무척 가깝게 느껴졌어요."라고 그녀는 말했다.

주디스가 부켄발트 소년들을 만날 방법을 모색하고 있을 때, 랍비 마커스는 그들 중 245명을 기차에 태워 프랑스 노르망디에 있는 에뀌이 보육원으로 데리고 갔다. 소년들이 도착하자 그곳은 순식간에 아수라장이 되어버렸다.

어른들은 조그만 친절에도 감사하는 불쌍하고 예의 바른 아이들이 올 것으로 기대하고 있었다. 그러나 그들이 맞이한 아이들은 전혀 딴판이었다. 소년들은 화를 폭발하거나, 만나는 사람마다 의심의 눈초리를 보내곤 했다. 그들은 특히 의사만 보면 질겁하곤 했는데, 아우슈비츠에서 악명 높았던 새디스트 요제프 멩겔 박사가 떠올라서였다. 아이들은 거의 말을 하지 않았다. 그들은 과격하기 짝이 없었고, 집요하게 음식을 훔쳐다 비축해두곤 했다.

남자아이들은 거의 자기 이름을 기억조차 못했다. 어른들이 "네 이름이 뭐니?"라고 물으면 강제수용소 때의 죄수번호로 대답했다. 삭발한 머리, 차가운 깡마른 얼굴, 눈 주위에 다크 써클, 아이들은 모두 그렇게 비슷비슷해 보였다. 모두들 웃거나 미소 지을 줄 몰랐으며, 놀지도 못했다.

이 소년들을 관찰한 전문가들은 아이들이 폐인이나 다름이 없으며 회복 불능으로 손상된 상태라는 가혹한 진단을 내렸다.

어느 날 오후, 에뀌이 보육원의 상담사들은 소년들에게 프랑스식 특별 간식으로 까망벨 치즈를 주었다. 부켄발트 소년들은 이 꾸릿꾸릿한 악취가 나는 치즈 냄새를 맡자마자 당장 자신들이 독살될 거라고 확신했다. 어른들을 향해 거친 분노를 폭발하며 소년들은 치즈를 마구 내던지기 시작했다. 통제할 수 없는 그들의 행동은 날마다 계속되었다.

그런데 이와는 눈에 띄게 다른 날, 소년들의 기억 속에 영원히 새겨진 날이 있었다. 그 날 랍비 마커스가 소년들을 만나러 보육원에 온 것이다. 그를 만난 소년들은 흥분했고, 랍비 마커스는 그들을 다시 만나게 되어 더할 나위 없이 기뻤다. 소년들은 랍비에게 달려가 그를 빙둘러쌌다. 그리고 모두 풀밭 위에 앉았다. 소년들은 랍비 마커스가 무슨 말인지 할 것으로 생각해 잔뜩 기대에 부풀어 있었다.

랍비 마커스는 말을 하고 싶었고, 그래서 말을 하려고 막상 입을 열었는데, 목이 메어 아무 말도 나오지 않았다. 그를 바라보던 소년들은 자신들을 향한 랍비의 깊은 사랑에 뭐라 할 수 없는 마음이 움직였다. 자신들의 구세주 안에 깃든 부드러움과 상처입기 쉬운 연약함을 바라보고 있었다. 어른이 우는 걸 본 적이 언제였던가. 그들 자신의 눈물 또한 오래 전에 다 말라버리지 않았던가.

소년들의 방어벽은 온데간데없이 사라지고 자신들을 자유의 몸으로 이끌어준 랍비와 함께 울기 시작했다. 그들 가운데 한 명은 랍비 마커스의 방문을 이렇게 표현했다. "그 랍비께서 우리에게 영혼을 되돌려주셨죠. 그분이 우리 속 깊은 곳에 묻어둔 감정들을 일깨워준 겁니다." 랍비 마커스와의 재회가 그들에게 기억의 수문을 열어주었다.

과거와 완전히 차단되었던 소년들은 그때부터 부모와 형제자매들을 기억했고, 가족들과 지내던 이야기를 처음으로 나누기 시작했다. 랍비가 돌아가자 소년들은 다시 회복 불능한 상태로 돌아갔다.

몇 주 후, 에꾸이 보육원의 100명의 소년들은 프랑스의 앙블루와라는 다른 보육원으로 옮겨갔다. 앙블루와는 안식일이나 코셔 음식 준수를 원하는 소년들을 위한 보육원이었다.

앙블루와에서도 아이들은 끝없이 싸우고, 끝없이 음식을 훔치며 간담을 서늘하게 하는 행동을 멈추지 않았다. 헝가리에서 온 소년들과 폴란드에서 온 소년들은 밤만 되면 자기들이 함께 쓰는 방안에서 치고받으며 싸웠다.

랍비 마커스가 보낸 전보에 이름이 올라 있던 부켄발트 소년들 가운데 일부가 앙블루와 보육원에 와 있다는 소식을 듣게 된 주디스는 곧장 그리로 갈 일정을 잡았다. 주디스는 그곳으로 가라는 부름을 받았다고 느꼈다.

어느 목요일 오후, 그녀가 앙블루와에 도착하여 소위 폐인들이라고 낙인이 찍힌 소년들을 처음으로 만났다. 그들은 싸늘하고 냉담해 보였고, 그녀의 존재 같은 건 안중에도 없어 보였다. 하지만 주디스는 안식일이 돌아왔을 때, 소년들이 어린 시절부터 기억했던 기도문을 낭송하는 모습을 지켜보았다. 그들은 정말로 몰두하여 열심히 낭송했다. 직감적으로 주디스는 소년들이 싸늘하지도 냉정하지 않다는 걸 알았다. 말로 다 할 수 없는 공포감과 상실감으로 인해 그들이 꽁꽁 얼어 버린 상태였던 것이다.

주디스가 앙블루와에서 처음 며칠을 지내는 동안, 보육원 책임자가 사표를 냈다. 인내가 한계에 이르렀다고 했다. 그는 자기를 완전히 무시하는 소년들의 태도와 무분별한 행동 때문에 소름이 돋았다고 했다. 전문가들처럼 그 책임자도 소년들을 이렇게 진단했다. "이 애들은 사이코패스로 태어났고, 천성적으로 차갑고 무관심하다." 그는 나치의 집단수용소에서 수많은 어린이들이 죽어갈 때, 이 소년들이 살아남을 수 있었던 건 애당초 그들의 차가운 성격 때문이었다고 넘겨짚기까지 했다.

마땅한 후임자를 찾지 못하자 OSE는 주디스에게 후임자가 되어 달라고 부탁했다. 그렇게 해서 스물두 살의 불면증에 시달리던 망명자 신분의 젊은 여성이 앙블루와 보육원의 원장이 되었다. 그녀는 이제 아우슈비츠에서의 죽음의 행진과 부켄발트에서 벗어난 100명의 소년들을 떠맡게 되었다. 엄마의 따사로운 품에서 뜯겨 나온 아이들, 부모와 형제, 친구들의 죽음을 목격한 아이들. 가족, 가정, 미래, 남은 것이라곤 아무것도 없는 아이들. 전문가들로부터 구제할 수 없으며 회복도 불가능하다고 진단받은 아이들. 그들의 운명은 봉인되었다. 100명의 교정 불가능한 폐인들, 사이코패스들로.

어떻게 이 스물두 살의 젊은 아가씨가 그처럼 많은 비행소년들을 다룰 수 있었을까? 상상을 초월하는 도전이었다. 그녀에겐 보육원 행정가로서의 경험이 없었다. 정신과 의사도 아니었다. 사회복지학 공부를 하고 있었지만 수료하지도 못했다. 더구나 선생님도 아니었다.

인생은 이처럼 가끔 우리에게 한계를 넘어 일어서라고 강요할 때

적임자 *253*

가 있다.

내가 주디스에게 물었다. "OSE에서 책임자가 되라고 했을 때 두려우셨습니까?"

"나는 내 자신을 확신하고 있었어요. 전혀 괘념하지 않았죠."라고 그녀가 대답했다.

"정말요? 조금도 두렵지 않으셨군요?"라고 나는 되물었다.

주디스는 "내가 그 자리에 적임자라고 확신했거든요. 내가 그 일에 가장 적임자라고 확신했던 것이죠!"

그 대답이 내 마음에 쏙 들었다. 그녀의 대답은 맡은 일을 망치지 않고, 너무 많이 생각하지 않으며, 영혼이 임무를 마칠 때까지 도우리라는 다짐에서 나온 확실성과 명료함을 완벽하게 포착한 말이었다.

주디스는 앙블루와에서 보낸 시절을 나에게 이야기하면서 계속 "확신"이라는 말을 사용했다. 자신이 부름받은 일을 하고 있다는 마음속 깊은 곳에서의 앎이었다.

100명의 폐인을 맡게 되면서 그녀는 "어떻게 하면 이 아이들에게 희망과 웃음이 되살아나게 할 수 있을까?"하는 고민을 시작했다. 실제로 전혀 특수교육을 받은 적이 없던 주디스가 유대인 메리 포핀스가 된 것이다.

그녀는 자신의 첫 번째 도전은 소년들에게서 신뢰를 얻는 일이라는 걸 알았다. 모든 소년의 이름을 외우는 것이 최우선 과제였다. 한 아이의 이름을 불러주는 것은 그들의 유일무이한 정체성을 회복시켜 주는 일이라는 것을 알고 있었기 때문이다. 주디스는 소년들에게 이름을 불러서 인사를 했고, 그 때마다 아이들이 희미하게나마 미소를 짓는 걸 감지했다. 또한 그녀는 되도록 이디쉬어 공부를 많이 하려고 했다. 유창한 독일어를 하는 그녀를 소년들이 좋아할 리 없고, 소년들 또한 프랑스어는 한 마디도 못했다.

주디스는 자신이 할 일은 소년들이 부모와 형제 이야기를 터놓고 할 수 있도록 마음의 문을 열어주는 것이라고 생각했다. "그들은 말을 해야 했고, 나는 그걸 들어주었어요." 니니 울프라는 대단히 남다른 젊은 여성에게 주디스는 도움을 청했다. 대부분의 소년들이 이 아름다우면서도 온정적인 니니에게 점점 더 빠져들기 시작했다. 돌처럼 굳어버린 그들의 심장이 녹기 시작한 징조였다. 소년들은 그만 어찌 할 줄 몰라 하며 니니에게 홀딱 빠져버렸다.

그 다음, 주디스는 소년들이 음식을 끊임없이 훔쳐서 비축해두는 버릇을 고쳐야겠다고 마음먹었다. 누가 그 아이들을 비난할 수 있을까? 소년들은 굶주림이 어떤 건지 너무 오랫동안 뼈저리게 알고 있었다. 이 문제를 해결하는 방법으로 주디스는 자신의 본능을 믿기로 했다. 소년들에게 이제부터 부엌은 하루 24시간 열어 둘 것이고, 먹고 싶을 때는 언제든지 와서 마음껏 먹을 수 있다고 설명했다. 하룻밤사이에 절도와 비축이 사라졌다. 이내 부엌은 보육원의 영혼이 되었다. —모든 집에는 영혼이 있지 않은가. 부엌이 소년들이 모이기 좋아하는 장소로 바뀌었다. 특히 니니 주변으로.

다른 친구들과 함께 부엌 근처에서 어슬렁거리지 않는 한 소년이 있었다. 그는 혼자 앉아서 글을 쓰고 일기를 썼다. 그 친구가 비사교적

이어서 그랬을까? 오타쿠여서? 아니면 어쩌면 이 글쓰기가 어떤 기회의 시작이었을까?

이제 음식을 훔쳐가는 문제를 해결하고 나자 주디스는 다른 문제에 봉착했다. 헝가리계와 폴란드계 소년들이 방안에서 벌이는 싸움을 중지시켜야만 했다. 그건 작은 문제가 아니었다. 그들은 서로 치고받다가 구타당하고 부상을 당했다. 그녀는 보육원의 생활 현황을 곰곰이 생각해보다가 천진난만할 정도로 단순한 해결책을 찾아냈다. 전임 원장은 나이에 따라 아이들의 방을 배정했었다. 주디스는 새로운 규칙을 정했다. 같은 고향에서 온 친구들끼리 방을 써도 된다고 했다.

신의 한 수였다.

이제 소년들은 같은 고향, 같은 유대인 촌에서 온 친구들과 같은 방을 쓸 수 있게 되었다. 여덟 살짜리가 열여섯 살짜리와 같이 지내도 친밀감에서 오는 위안이 있었다. 큰 아이들이 작은 아이들을 돌보았고 작은 아이들은 형들을 잘 따랐다. 아이들은 방문 앞에 고향 이름을 적어놓았다. 싸움도 공격도 그쳤다.

그녀는 아주 작은 개선이 어떻게 소년들 사이에서 큰 변화를 일으켰는지 눈으로 똑똑히 보았다.

날이 갈수록 소년들은 개선되어 갔지만, 여전히 끔찍한 장면들과 기억들에 시달렸다. 대다수의 아이들은 부모와 형제들이 그들 곁으로 영영 돌아올 수 없다는 것을 믿지 않으려 했다. 그들은 기다리며 헛된 희망을 품고 있었다. 그 즈음 속죄일이 돌아오고, 죽은 이들을 추모하는 예배인 '이츠코르'(*Yizkor*)의 시간이 다가왔다.

소년들 사이에서 논쟁이 벌어졌다. 주디스는 그들의 토론을 엿들었다. 더러는 고인을 추모하는 '카디쉬'를 암송하는 건 잘못이라고 주장했다. 부모형제들이 죽지 않았을지도 모른다는 이유였다. "그들이 죽기라고 한 것처럼 그들을 추모하다니, 얼마나 두렵고 면목 없는 일이냐!"고 아이들은 우겼다.

다른 아이들이 반박했다. "너도 아우슈비츠에 있었잖아? 네 눈으로 가스실과 연기, 시체들을 보았잖아! 여자들과 어린아이들에게 어떤 일이 있었는지 목격했었지? 왜 아직도 환상을 품고 있냐? 우리들은 돌아가신 분들을 추모하는 '카디쉬'를 암송해야만 해!"

결국, 한 그룹의 소년들이 저항하며 회당 밖으로 나가버렸다. 남은 아이들은 우두커니 서 있었고, 거칠고 냉정하게 맞섰던 그들의 겉모습은 사라졌다. 상상해보자. 60명의 소년이 모든 것과 모든 사람을 애도하는 광경을. 엄마, 아빠, 형제, 자매, 할아버지와 할머니, 숙모와 숙부, 사촌들과 온 고향 마을 사람들을 애도하는 광경을. 그들은 한 목소리로 낭송하기 시작했다. "이스가달, 베이스 카다쉬, 쉐미, 라바."

앙블루와에서 드린 '이츠코르' 추도식은 소년들의 삶에 획기적인 전환점이 되어, 애도자의 '카디쉬'를 낭송할 수 있게 되었다. 그것은 떠나보내는 의식이었고, 미래를 향해 발을 떼어놓으며 새 날을 맞이하는 채비였다. '카디쉬'를 낭송한 아이들의 표정에서 놀라운 변화를 보았다고 주디스는 나에게 말했다. "아이들은 자신들이 누군가를 잃었다는 사실을 받아들일 수 있게 되었죠. 그들은 무척 달라 보였어요. 덜 절망적으로 보이더군요. 작별인사를 할 수 있게 된 것이지요."

곧, 주디스와 소년들은 앙블루와에서 따베흐니라는 프랑스의 다른 도시에 있는 새 보육원으로 갔다. 그들은 거기서 빨리 적응할 수 있었다. 주디스가 소년들에게 허드렛일을 도우라고 했는데 그들은 내키지는 않았지만, 모두 열심히 안식일 준비를 했다. 왜냐하면 그 일이 어릴 적에 집에서 지낼 때의 향수를 불러일으켰기 때문이었다. 메나쉬라는 이름을 가진 소년은 다른 큰 형들과 함께 예배 인도할 날을 기다렸다.

이따금 길을 잃고 허기진 고아들이 보육원 문을 두드리며 함께 살 수 있는지 묻곤 했다. 이런 결정을 독단적으로 내리지 않고, 주디스는 소년들에게 의견을 물었다. "너희 부모님들이라면 어떻게 하셨을까? 그 아이를 환영하셨을까?" 소년들에게 새 친구들을 주체적으로 맞아들이도록 자극을 주려고 그랬던 것이다.

주디스는 무슨 일을 하고 있었나? 모든 통제와 자유를 빼앗긴 아이들에게 절제의 감각을 회복시키고 있었다. 아이들은 이제 결정을 내릴 줄 알았다. 그와 동시에 자신들이 떠나왔던 그리운 집을 회상할 수 있게 되었다. 한때 사랑을 받았고 또 여전히 다시 사랑받을 수 있는 존재라는 것, 누군가를 사랑할 수 있다는 것을 알게 되었다.

이제 소년들의 머리카락이 자라고, 볼에 살도 올랐다. 주디스에게 새로운 영감이 떠올랐다. 소년들을 기차에 태워 사진사에게 데려가서 사진을 찍어 주기로 한 것이다. 이들은 정체성을 잃은 아이들이었다. 집단수용소에는 거울 같은 게 없었다. 아이들은 사진 속 자신의 얼굴에 그만 매료되고 말았다. 사진이 그들의 본래 모습을 충분히 담아내지 못했는데도 말이다. 주디스가 내게 말하기를 "나는 그들이 자신들이 생생하게 살아 있음을 보았다고 생각해요."

이어서 미소가 돌아오고 웃음소리도 돌아왔다.

어느 날, 그녀는 파리의 오페라 하우스에서 공연하는 "마술피리"를 관람시켜주기 위해서 소년들의 티켓을 구입했다. 맨 앞줄 발코니 자리였다. 주디스는 말했다. "매우, 매우, 가슴이 뭉클한 밤이었지요." 돌아오는 기차 안에서 소년들의 얼굴에 남아 있는 꿈같은 표정을 보고 그녀는 정말 기뻤다. 주디스는 그들의 돌처럼 굳어진 가슴 속에 새 생명을 불어넣어주며, 어떻게 그들이 날마다 부드러워져 가는지를 보았다.

주디스는 상상했던 것 이상으로 성공을 거뒀다. 회복 불능의 소년 무리를 한 가족으로 만들었고, 보육원을 가정으로 만들었다. 실로 그녀는 아이들에게 영혼을 되돌려준 것이다. 그러나 얼마 지나지 않아 소년들이 하나씩 차례로 떠났다. 그들이 생존해 있음을 알게 된 친척들이 데려 가기 시작했기 때문이다. 남아메리카로, 미국으로, 캐나다로, 이스라엘로, 호주로 떠났다. 주디스는 나에게 말했다. "한 아이가 떠날 때마다 남은 아이들이 더 힘들었지요."라고. 물론 그녀는 떠나는 아이가 더 힘들었을 거라는 걸 알았다.

그들이 견디어내고 고통스럽게 겪은 상실감을 전혀 이해하지 못하는 새 가족, 새 학교, 사회에서 어떻게 아이들이 적응할 수 있을까?

해외에서 초기에 도착한 편지들은 그녀의 가슴을 미어지게 했다. 볼리비아로 간 아이는, "내 두 형이 나를 잘 받아주지만 나를 이해하진 못해요... 형들은 내 팔에 새겨진 수용소 죄수 번호를 다른 사람들에게 막 보여주려고 해요. 나는 이상한 동물이고 박물관의 살아 있는 진열품인가 봐요... 나는 일자리를 구할 거예요. 돈을 벌어서 따베흐니로 돌아갈 겁니다. 아무도 그곳의 내 자리를 빼앗아 가지 않을 거고, 언제까지 남아 있을 거라고 빨리 답장해 주세요."라고 썼다.

주디스는 손을 모으고 앉아 이렇게 초기에 받은 편지에는 답장을 쓰지 않았다. 그들에게도 적응할 시간이 필요해서였다. 소년들은 차례차례 떠나갔고, 2년이 지난 1947년엔 아무도 남아 있지 않았다.

주디스는 이제 스물세 살이었고, 남달랐던 보금자리는 사라졌지만 스스로 대견스러웠다. 어쩌면 다시는 그 소년들을 볼 수 없을지 모르지만 자신의 역할을 잘 수행했다는 것에 위로받으며, 희망을 품고 그들을 떠나보냈다.

"내가 아이들을 보살핌으로써 아이들이 나를 보살폈습니다. 나는 매우, 매우 나를 확신했어요. 그들 때문이었죠. 나는 매우, 매우 강함을 느꼈어요. 그리고 그들을 도울 수 있어서 정말 감사했어요."

아름답고 놀라운 삶이 그녀를 기다리고 있었다. 사랑, 결혼, 훌륭한 자식 셋, 손주 열일곱, 64명의 증손주. 사회복지학으로 받은 석사, 박사학위도.

폐인으로 진단받았던 소년들은 모두 어떻게 되었을까? 소위 회복불능의 싸이코패스들? 그들은 모두 성공하여 존경받는 학자, 회계사, 의사, 화가, 전기기술자가 되었다. 즐겨 예배를 인도 하곤 했던 메나쉬는 랍비이자 학자인 메나쉬 클라인이 되어, 브루클린에 있는 하시딕 사회의 랍비 지도자로서 그 자리에 적임자가 되었다. 그는 25권의 탈무드 해석집을 출판했고, 탈무드 학교 교장이 되었다. 납달리 라우 라비. 그는 이스라엘의 하레츠 신문사 기자가 되었다. 그 후 모쉐 다얀의 오른팔 역할을 하다가 이스라엘 국방부 대변인이 되었고, 나중에 뉴욕 주재 이스라엘 영사가 되었다. 그의 동생 룰렉. 그는 이스라엘의 아슈케나쥐 랍비 대표인 랍비 마이어 라우가 되었다. 칼만 칼리크슈타인은 세계적인 핵물리학자로서 뉴욕대학 교수가 되었다.

그리고 끝없이 일기장에 글을 쓰던 그 소년. 그의 이름은 엘리 위젤. 그는 그의 작품 『밤』(*Night*)의 초안을 주디스가 앙블루와 보육원을 보살피던 시절에 썼다.

앙블루와에서 주디스가 소년들을 만난 후 20년이 지난 어느 날, 그녀는 뉴욕에서 열리는 부켄발트 해방 20주년 기념축하연에 오라는 초대장을 받았다. 부켄발트 소년들이 보낸 초대장이었다. 주디스는 "그들이 주최하여 나의 뉴욕 여행비용을 모두 지불했더군요."라고 했다.

뉴욕으로 가는 동안, 주디스는 앙블루와에서 찍었던 소년들의 사진을 뚫어질 정도로 들여다보고 또 보았다. 20년은 긴 세월이다. 과연 그녀가 그들을 알아볼 수 있었을까?

꽃다발을 든 그들이 공항에서 주디스를 기다리고 있었다. 그녀는 "정말로 가슴이 뭉클했던 밤이었어요."라고 했다.

이분들의 재회가 상상이 가는가? 행사를 위해 뉴욕으로 날아온 이분들 대다수는 20년 동안 서로 만나지 못했었다. 거의 모두 결혼을 해서 자식들도 있었지만, 이들은 시간이 전혀 흐르지 않은 듯 서로를 반겼다. 옛날 별명까지 모두 기억하고선 서로서로 놀리며 농담까지 했다. 여전히 "빨강머리"라고 불리는 사람은 실제로 완전히 대머리가 되어 있었다.

저녁 만찬이 시작되자 긴 회색 턱수염을 기른 랍비, 메나쉬가 자리에서 일어나 새로운 시작을 위한 축복기도를 드렸다. "우리에게 생명을 주셨고, 그 생명을 이어가게 하셨으며, 우리가 이토록 즐거운 순간까지 이르게 도와주신, 오, 우주의 통치자이신 우리의 주님, 감사드립니다."

이어서 메나쉬는 "오늘 모임은 가족들이 살아 돌아올 거라는 희망 때문에 몇 사람이 '이츠코르' 예배를 거부했던 앙블루와에서의 그 속죄일(욤 키푸르)의 연장입니다. 오늘밤 우리는 부모님과 친척들이 결코 돌아오지 않는다는 것을 압니다... 자리에서 일어나서 그분들을 추모하며 '카디쉬'를 낭송합시다."

뺨을 타고 흐르는 눈물과 함께 부켄발트 소년들은 한 목소리로 "이스가달, 베이스 카다쉬, 스메이 라바."라며 '카디쉬'를 낭송하기 시작했다.

고인들을 추모하고 나서, 그들의 생명을 되돌려주는 데 지대한 공헌을 한 그 여인을 기리는 순간이 왔다. 내가 주디스에게 물었다. "그들이 뭐라고 했나요?"

그녀는 겸손하게 대답했다. "고맙다고 했어요." 그리고 또 같은 말을 반복했다. "매우 가슴 뭉클한 만남이었습니다."라고.

그녀의 그 회복 불능의 비행 소년들과 나눈 체험을 바탕으로 주디스는 『부켄발트 아이들』(The Children of Buchenwald)이라는 책을 썼다. 그 책의 서문은 주디스에게 진심으로 쓴 편지였다.

사랑하는 주디스,

... 당신은 아셨습니까, 우리가 당신을 가엽게 여겼던 것을? 우리 마음은 많이 미안했어요... 당신은 우리를 교육할 수 있다고 생각하셨지요... 하지만, 우리는 불신을 가지고 당신을 재미로 지켜보았답니다...

어떻게 우리 길들이기에 성공하셨습니까?... 우리처럼 괴상망칙하고 공포에 시달리는 아이들을 교육하는 일이 어찌 쉬웠겠습니까... 더구나 당신에게는 가이드라인조차 없었지요.

우리는 당신이 우리를 도와주는 것도, 이해하는 것도 원치 않았습니다... 사실, 모든 아이들이 폭력이나 허무주의를 선택할 수 있었지만, 당신은 우리를 자신감과 화해의 방향으로 인도해 내는 일에 성공하셨어요. 미래와 지역 사회를 위해 우리가 하나씩의 몫을 선택할 수 있도록 당신은 우리를 지지하고 격려해 주셨습니다.

주디스, 당신이 우리에게 얼마나 깊고 큰 의미 있는 존재신지 알고 계십니까?

엘리 위젤

나는 주디스에게 물었다. "엘리 위젤이 이 시대에 양심의 소리가 되리라고 어렴풋하게나마 짐작하셨던가요?"

그녀는 웃었다. "그만큼 주목받을지는 몰랐습니다."

얼마 전에 쥬디스는 93세 생일을 맞이했다. 2년 전 여름, 나는 예루살렘에 사는 그녀를 찾아갔다. 그녀는 남편 클로드와 함께 은퇴자 전용 아파트에 살고 있었다. 노인을 만날 것으로 예상했었는데 쥬디스는 실은 대단한 에너지와 체력이 좋은 정력적인 여성이었다. 그녀는 자신의 업적을 대수롭지 않게 여기고 있었다.

함께 자리에 앉자, 나는 쥬디스에게 아인슈타인이 랍비 마커스에게 보낸 편지, 그러니까 나를 그녀에게 이끌었던 그 편지를 읽어도 괜찮은지 물어보았다. "네, 읽어주세요."

쥬디스는 세 번을 읽어달라고 했다. 그녀는 편지를 깊이 사색하는 것처럼 보였다. 드디어 그녀는 "네, 네! 이것은 위로의 말입니다... 네! 마음의 평화입니다."

그리고 쥬디스는 말했다. "더 오래 얘기하고 싶은데, 아시다시피 제가 피아노 레슨을 받아야 해서요." 쥬디스는 피아노 선생님 옆에 앉아 그녀가 완성하려는 고전음악 악보를 훑어보기 시작했다.

나는 쥬디스로부터 참으로 여러 가지를 배웠다. 그녀는 내게 영혼의 부름을 따를 때 일어나는 일을 가르쳐 주었다. 그녀는 내게 자신이 그 자리에 적임자라는 것을 알 때 생기는 자신감을 가르쳐 주었다.

삶은 우리 모두에게 상처를 입힌다. 괴로운 기억들이 살아날 때 우리 내부에서 차라리 문밖으로 나가라는 목소리가 들린다. 부켄발트의 소년들이 차마 '카디쉬'를 낭송할 수 없었을 때처럼 말이다. 차라리 아픔을 무시하고 부정하라는 목소리도 들린다. 그러나 주디스가 나에게 가르쳐 준 것처럼, 과거의 어디에선가 우리를 위해 축복해준 누군가가 있다. 그리고 그 축복들, 그 축복들은 영원히 죽지 않는 것이다. 세월은 축복을 소멸시킬 능력을 갖지 않았다.

20년은 바람처럼 눈 깜짝할 사이에 사라질 수 있다. 문득 우리의 머리를 쓰다듬어 주던 손, 엄마의 그 부엌 냄새, 그 웃음소리, 그 미소, 그 사랑, 그 교훈들이 다시 한 번 떠오를 것이다. 계속 우리를 위해 축복하고 있는 축복들. 감미로운 새로운 날들마다 영원히 우리와 함께할 감미로운 기억들.

그리고 우리가 받았던 그 축복들은 우리에게 다른 이들을 축복하고 치유할 힘과 꿈을 준다.

그 일에 그대가 가장 적임자임을 알기를, 그대가 "확신"한다고 말하면서 소신을 굽히지 말고 당당하게 살아가기를, 다른 이들의 영혼을 소생시키는 꿈으로 가득 차 있기를, 다른 이들을 살리는 일이 그대의 영혼을 살리는 일이라는 것을 알기를 빕니다. 아멘.

영혼의 잡아당김

로스앤젤레스 지역 랍비들은 해마다 8월 말이 되면 연례행사 중 하나로 대축일 설교 세미나에 참석한다. 각 방마다 후끈하게 달아오른 열기가 분위기 전체로 퍼진다. 기조강연이 끝나면 쉬는 시간이다. 여러 강좌가 동시에 진행되므로 어떤 강좌에 들어갈지 망설이게 되었다. "저 방에 들어갔다가 지루하면 어쩌지?" "저 아래 홀에서 쓸 만한 아이디어들이 넘치면 어쩌지?" 하면서.

어렵사리 하나를 선택하여 들어간 다음에도 제대로 거기에 집중을 못하는 것은 옆방에서 유용한 토론들이 더 활발하게 진행되는 것 같아서다.

일정을 마무리한 다음 나는 당장 바륨(신경안정제)을 먹어야 할 것 같았다. 집으로 돌아오는 길에 랍비 친구에게서 전화를 받았다. 그는 "오늘 어땠어요? 설교거리 될 만한 게 좀 있었나요?"라고 물었다.

"아니요, 온종일 저는 내가 엉뚱한 데 와 있다는 생각만 했어요. 세션 3에 들어갔지만, 옆방인 세션 4에서 사람들의 웃음소리만 들리더군요. 저 방에서 오가는 내용들이 궁금해서 혼났습니다."

친구는 "세션 4요? 내가 있던 방인데... 말은 무성했지만 별 특별한 건 없었어요, 정말이에요!"라더니 "아니, 하루 종일 아무것도 못 건지

신 거예요?" 했다.

그 순간 딱 꽂히는 게 있었다. 엉뚱한 방, 엉뚱한 수업, 엉뚱한 장소! 우리는 인생을 엉뚱한 데서 낭비하고 있다는 불안감에 얼마나 자주 시달리는가! 어디에 있더라도 무엇인가 놓치고 살아가는 것 같다. 수천 갈래 방향으로 분산되는 마음이 우리를 헤집어 놓곤 한다. 그리하여 정작 영혼이 이끄는 힘에 대한 감수성엔 무감각해진다.

우리를 잡아당기는 힘은 참으로 수천 갈래다.

많은 직장인들이 이 같은 좌절감을 얼마나 자주 토로하는가? "집에서는 직장에 있어야 할 것 같고, 직장에선 집에 있어야 할 것 같아요." 결국 직장에서 즐겁게 일하기 어렵고, 집에서 편히 쉴 수 없다.

성서에서는 카인이 동생 아벨을 죽였지만 그는 사형을 면했다. 그에 대한 형벌은 "너는 도망자로 살며 온 땅을 떠돌게 되리라."였다. 카인은 쉬지 못하고, 고향을 찾을 수 없는 벌을 고스란히 떠안았다. 그것은 죽음보다 더 혹독한 형벌이 아닐까? 아, 그런데 우리 모두가 카인의 후예들이 아니던가! 얼마나 많은 이들이 몸을 눕힐 장소를 찾지 못하여 헤매고 있나?

전도서에 대한 랍비들의 한 주석에는 "누구도 자기가 원하는 걸 반도 못해 보고 죽는다."는 말이 있다. 모든 것을 원하는 인간의 문제는 새롭진 않다. 인류의 시간만큼 해묵은 문제다.

첫째, 그것은 부러움과 연관된다. 저 여자가 소유한 것을 나도 갖고 싶다. 그의 인생은 정말 부럽다. 저런 집, 저런 차, 저런 직업, 저런 배우자, 저런 몸매, 저런 휴가, 저런 아이들.

그런데 그것을 그냥 부러움으로 볼 수 없다. 안절부절은 선택이 가진 역설 중의 일부이다. 나는 선택의 자유를 누리고 싶다. 그러나 나는 정말 자유를 선택하고 싶지도 자유를 포기하고 싶지도 않아!

최근에 로이 바우마이스터가 쓴 『의지력』(*Willpower*)이라는 책을 읽었는데, 그 책에서 '결정하다'(decide)의 어원이 '살인하다'(homicide)의 어원과 같다는 흥미로운 사실을 알게 됐다. 결정한다는 것은 다른 선택의 가능성을 모조리 없앤다는 뜻이다. 그러나 우리에게는 다른 모든 대안들을 그대로 살려두고, 우리의 모든 선택 가능성을 열어놓으려는 강렬한 욕구가 있다.

모든 것을 한꺼번에 다 해낼 능력이 없다는 것을 우리들의 속내는 깊이 알고 있다.

기술의 발달이 우리에게 주는 허황된 희망은 우리가 동시에 이곳 저곳에 존재할 수 있다는 것, 그래서 이곳이든 저곳이든 굳이 선택할 필요가 없다는 것인데, 이것이야말로 우리에겐 시대적 도전이다. 그런 발상은 오만이며, 동시에 여러 가지 일을 해도 시달릴 게 없다는 잘못된 신념에 불과하다.

우리 생각이 시달리고, 독창성이 시달린다. 우리들의 관계와 일, 몸과 감정이 시달린다. 우리 영혼이 시달린다.

얼마 전에 어느 랍비 한 분이 전화를 해서, 사춘기에 들어선 아들이 자기와 대화하지 않으려 한다고 했다. 그는 아빠로서 아들과 거리감이 있었고, 별로 아빠 역할도 못 했었다고 했다.

그는 흐느끼면서 "이제야 보이네요. 내가 투명인간이었는데 이제 와서 아이에게 다가가려 하니, 아들 녀석이 아예 내 얼굴을 안 보려 하네요. 아이가 나를 그토록 끌어당기던 모습이 기억이 나요. 어린 녀석이 지금도 나를 끌어당기며, '아빠, 이거 좀 봐' 하는 듯해요. 나는 그럴 때마다 아이더러 '지금은 안 돼! 제발 그만 좀 해!'라고만 해서인지 이제는 다가갈 수조차 없게 됐네요."라고 말했다.

누가 지금 우리를 세게 끌어당기고 있는가? 우리는 지금 무엇을 무시하고 있는가? 나는 어린 자식이 부모를 끌어당기듯이 지금 영혼이 우리를 끊임없이 끌어당기고 있다고 믿는다.

시종일관 인생살이를 통해 영혼은 우리를 끌어당기고 있다. "저것 좀 봐!" 우리에게 아름다운 것을 보여주려고 영혼은 계속 노력한다. "제발, 잠시 멈추고 저것을 좀 봐 보라고!" "이 사람과 조금만 더 시간을 보낼 수 없을까?" "저런 지혜를 배워보면 어떨까?" "조금 천천히 할 수 있겠니?" 하지만 우리 에고는 다른 계획이 있고, 우리 몸은 할 일이 더 있으며, 우리 마음은 더 헝클어져서 산만하기만 하다.

파커 파머는 우리가 고요해지면 영혼이 우리에게 말을 건다고 했다. 그는 영혼을 만나는 일은 숲에서 사슴을 만나는 일 같다고 한다. 우리 모두 그곳에서 조용하게 숨 멎게 하는 아름다운 동물을 바라보고 있었던 적이 있다.

강가 숲에 있다는 상상을 해보자. 바야흐로 땅거미가 지고 있고, 보이는 것이라곤 온통 나무 밖에 없는데 사슴 한 마리가 내 눈에 띈다.

천천히. 얼마나 숨을 죽여야 하나. 얼마나 고요한가. 아주 작은 소리도 저 녀석이 놀라 도망가게 할 수 있으므로 인내한다. 사슴의 눈을 가만히 응시한다. 살짝 가까이 다가가 본다. 아기 걸음마로. 그리고 멈춰 선다. 사슴을 바라본다.

그리고 이처럼 소중한 만남에 감사한다.

영혼을 만나는 것도 이와 같다. 영혼은 나에게 할 말이 있다. 나에게 줄 것이 있다. 그러나 우리가 끊임없이 영혼 만나는 걸 두려워만 한다면, 우리는 우리 자신의 영혼, 다른 이들의 영혼, 하나님의 영혼과 어찌 참으로 만날 수 있을까?

우리가 지금 놓치고 있는 것을 알기만 하면 된다. 잃어버린 모든 순간을 인식하면 된다. 언젠가 읽은 랍비의 사자후가 기억난다. "그렇다. 그대들이 저지른 죄를 회개할 수는 있으나, 인생은 그대 곁을 스쳐 지나가고 있는데 그대가 깊은 잠에 빠져 있을 때, 회개가 도대체 무슨 소용이겠느냐. 그대는 뭘 변화시켜야 할지조차 모를 터인데."

성경에는 하나님이 당신 자신을 계시하실 순간을 대비해 모세를 준비시키는 장면이 나온다. "나를 향하여 산으로 올라와라! 그리고 거기 있어라!" "올라와라!"라는 말씀은 이해할 수 있다. 그런데 왜 "그리고 거기 있어라!"는 말을 덧붙이셔야 했는가? 모세가 달리 어디로 가려고 했던가? 이미 모세가 산꼭대기에 올라가 있었다면 왜 굳이 "그리고 거기 있어라!"고 하셨을까?

이 구절에 관해 내가 좋아하는 해석을 소개한다. 하나님께서 "그리고, 거기 있어라!"고 하신 까닭은 우리가 비록 하나님의 현존 앞에 서 있어도 생각은 여전히 저 아래 땅에 고정돼 있기 때문이라는 설명이다.

그러므로 모세조차도 산꼭대기에서 하나님의 현존 앞에서 그분과 독대할 때 자신의 산만함과 씨름해야 했다면, 끊임없이 끌려 다니는 우리는 어떻게 하나님 앞에서 마음 챙김을 유지할 수 있겠는가?

우리를 끌어당기는 것이 비단 영혼뿐이겠는가? 하나님도 그러신다. 하시디즘의 창시자 바알 셈 토브는 하나님은 우리를 부르시는 일을 결코 멈추지 않으신다고 가르쳤다. 날마다 하나님의 음성은 영원한 곳에서부터 울려온다. 평생 우리를 잡아당기며 잔물결처럼 퍼진다. "내 자녀들아, 돌아오너라!" 그러나 슬프게도 우리는 그 소리가 안 들린다.

아니, 귀로는 들을 수 없어도 우리의 영혼은 들을 수 있다. 돌아오라는 그 음성은 조금씩 커진다. 길 잃은 곳에서 이제는 돌아오라고 날마다 하나님은 우리를 조금씩 끌어당기고 계신다. 그리고 아주 작은 소리로 속삭이신다. "돌아와라!"

"나는 곯아 떨어졌으나 내 심장이 깨어 있는 것은 사랑하는 이의 목소리가 문을 두드리고 있어서다." 나는 아가서의 이 구절을 무척 좋아해서 우리의 혼인반지 안에 새겨 넣었다.

비록 잠에 곯아 떨어졌어도 몸의 일부가 깨어 있어 문 두드리는 소리를 듣는 것이다. 사랑은 문을 두드리는 일이다. 영혼은 문을 두드리고 있다. 하나님도 문을 두드리신다.

하나님의 끌어당기심은 우리를 산만하게 하는 또 다른 방해요소가 아니다. 그것은 트윗이 아니다. 생명줄이다. "**붙잡으면 내가 너를 들**

어 올려 줄게. 붙잡으면 이 세상이 천국보다 훨씬 아름답다는 걸 보여줄게."

끌어당김이 무엇인가? 우리가 "할 일" 목록이 끌어당기는 것이 아니다. 반드시 해야만 하는 일이 끌어당기는 게 아니다. 그것은 내가 그것을 하기 위해 태어난 일이 끌어당기는 것이다. 우리는 너무 자주 "무엇이 나에게 필요한가?"라는 음성을 추종한다. 그러나 실은 "무엇이 나에게 필요한가?"는 끌어당김이 아니다. "어디서 나를 필요로 하는가?"가 끌어당김이다.

그러한 끌어당김에 우리는 어떤 반응을 할까? 그 소중한 은혜의 순간처럼 대부분의 경우 우리는 그것들을 듣고선 백일몽처럼 흘려보낸다. 그렇지 않으면 "지금 말고!" 또는 "나는 못해!"라고 한다. "나는 그 정도로 강하지 못해, 나는 그 정도 재능이 없어, 나는 별로 잘 하지 못해!" "나는 아직 그 일을 할 정도가 아니야!"

우리는 어떤 방식으로 다른 사람들을 끌어당길까? 누군가의 관심을 얻으려 하지만 정작 관심을 얻지 못한다. 이해받고 싶고, 사랑받고 싶고, 감사받고 싶다. 누군가의 기억에 남고 싶다. 이 깨지고 아름다운 세상을 귀하게 여겨 변화시키고 싶어진다.

어쩌면 우리는 끌어당기는 방법을 잊었는지 모른다. 묻기가 두려울 수도 있다. 오래 전에 끌어당겼다가 외면당한 기억이 있을지도 모른다. 거절당하는 게 두려울 수 있으며 그냥 할 말이 없는지도 모른다.

우리는 하나님도 끌어당긴다. 그것을 기도라 하지 않겠는가?

폴란드 피아젝츠노의 위대한 랍비 칼로니무스 칼만 샤피라는 홀로코스트에서 학살당한 분으로 기도에 관한 기막힌 표현을 남겼다.

때로 이런 일이 일어납니다. 하나님께 말로 기도하거나 무엇인가를 구할 필요가 없다고 느끼게 되는 일이. 그럼에도 불구하고 우리는 말로 표현하기 어려운, 그러니까 자신을 하나님께 전부 던져 어린 아이가 아빠에게 사랑스럽게 조르듯이 조르는 자신을 느끼게 될 것입니다. 아빠에게 특별히 원하는 것이 없어도 괜히 신음하고 한숨지으며 "아빠, 아빠!" 하는 아이처럼 말입니다. 아빠는 "왜 그래, 원하는 게 뭔데?"라고 묻습니다. "아무것도 없어요." 그래도 계속 "아빠, 아빠!" 부릅니다... 또한 때로 말이나 단어 없이 애타는 바람, 하나님께 구할 것 없는 염원 같은 걸 느낄 때가 있지요. 그것이 바로 우리 영혼이 "우주의 주인이시여, 우주의 주인이시여!" 하며 부르는 침묵의 성가입니다.

영혼은 기도한다. "하나님, 저는 당신이 거기 계신다는 것만 알면 됩니다." 그것으로 족하다. 말없이 그냥 부르고, 내 소리가 들리기만을 바라는 것으로 족하다

"나는 이것을 원합니다. 내가 저기에 있었더라면!" 따위의 우리의 모든 안절부절은 우리를 혼란에 빠뜨리는 에고의 장난질에 불과하다. 실제로 어떤 일이 일어나고 있지만, 우리가 놓치고 있다. 이유는 진짜가 아닌 것에 너무 정신이 팔려 있기 때문이다.

끌어당김은 우리가 타인들과 한 약속 이상이다. 또한 자신과의 약

속 이상이다. 영혼의 끌어당김이 우리들의 약속이다.

몇 주 전, 커다란 시련을 겪고 있는 한 분이 내게 이렇게 물었다. "랍비님! 수호천사를 믿으시나요?"

잠시 생각을 해보았다. 그 사람에게 급히 희망을 드리고 싶지 않았고, 나 역시 좀 솔직해지고 싶은 심정이었다. "저도 모든 위험이란 위험을 단번에 싹 쓸어 없애는 힘 같은 것은 믿지 않습니다. 대신 치어리더들을 확실히 믿지요."

유명한 랍비의 말을 인용하자면 "풀잎 한 장, 한 장마다 그 나름의 천사가 있어서 그 천사들이 풀잎 주위를 떠다니며 '자라나라, 자라나라!' 하며 속삭여준대요."

우리 안에서 우리에게 "자라나라, 자라나라!" 하고 속삭이는 영혼의 끌어당김을 생각해 보자.

그리하여 이 끌어당김을 알아차린 순간이 사라지지 않게 하자. "이 것이 무엇일까?" 하며 스스로에게 묻자. 그에 연결되자. 그리고 내 안으로 들여보내자. 사랑하는 사람을 안듯이 꼭 붙들자. "나는 그를 꼭 끌어안고 다시는 보내지 않을 거예요."라는 아가서처럼.

소중한 인생에 찾아온 거룩한 끌어당김을 붙듭시다. 그리하여 그것들이 그대를 축복의 길로 인도하기를 기원합니다. 아멘.

취약함의 힘

우리는 어떻게 어떤 사명에서 영혼을 따를 수 있을까? 이성적인 마음은 "너의 장점을 활용하라!", "너만의 재능과 열정을 보라, 그리하면 길이 열릴 것이다."라고 말한다. 그러나 영혼은 "너의 모자라는 약점도 보라!"고 속삭인다. 바로 그 모자라는 점이 일생의 과업을 성취하는 열쇠가 될지도 모른다.

앨런 라비노비츠 박사는 멸종위기 동물들의 서식지 확보를 위해 지구에 남은 마지막 야생지대를 트레킹해서 온 세계적으로 존경받는 동물학자다. 그는 야생 고양이과 동물을 보호하는 비영리기구 "판테라"(Panthera)의 공동창립자이자 최고경영자이다. 타임지는 그를 "야생동물 보호분야에서의 인디애나 존스"라고 칭한 적이 있다.

나는 운전을 하고 가다가 라디오에서 그를 처음으로 만났다. 그가 하는 이야기를 듣던 중 나는 마치 주문에 걸린 듯 그의 이야기에 빠져들었다. 그에게서 왠지 중요한 영적 지혜를 얻을 것 같은 기분이 들어 그를 직접 만나보고 싶은 마음이 생겼다.

그러나 막상 인터뷰하던 날 우리는 서로 무척 어색했다. 주로 "내셔널 지오그래픽" 잡지와 인터뷰하는 데 익숙한 그가 무엇 때문에 랍비와 대화를 나누고 싶었겠는가?

불쑥 튀어나온 그의 어조에서 대담을 짧게 끝낼 생각을 한다는 걸 나는 알아차렸다. 하지만 우리의 이야기는 이틀 동안이나 이어졌다. 그는 우리의 대화가 그동안 자신이 한 대담 중 가장 긴 것이었다고 말했다. 그것은 동물학자가 랍비에게 무진장한 영적 지혜를 줄 수 있음을 증명한 셈이다.

앨런이 나에게 가르쳐 준 것을 나도 여기서 나눠보고 싶다.

내가 그에게 물었다. "도대체 1950년대 브루클린에서 태어난 유대인 소년이 어떻게 멸종위기에 처한 호랑이, 표범, 재규어와 교감하며 외딴 정글에서 일생을 보내게 되셨나요?"

그는 "어렸을 때 나는 매우, 매우 심하게 말을 더듬었어요."라고 말했다. 그는 당시 사람들은 말더듬이를 다루는 법을 몰랐다고 설명했다. "다른 아이들이 '지적장애아 반'이라고 부르는 특별반에 나를 배정한 것은 뉴욕시의 공립학교 시스템이었습니다. 우리 특별반 아이들은 소위 '정상적' 학교 시스템에 지장을 주면 안 되는 존재들이었지요." 말더듬이가 너무 심한 앨런은 아예 사람들과의 대화를 그만두고 말았다. 그의 이야기를 듣고 있노라니 주위로부터 아무런 이해를 받지 못하는 생기 넘치는 한 꼬마 아이가 머릿속에 그려졌다.

그의 부모님은 그를 도와주기 위해 혼신의 힘을 쏟았다. "나의 부모님은 선한 싸움을 하려고 애를 쓰셨는데 단순한 중산층 유대인이었던 그분들도 그 싸움을 어떻게 해야 하는지는 모르셨습니다." 아무튼, 그분들은 할 수 있는 모든 노력을 다 했다. "아버지와 어머니는 심리치료, 최면치료, 약물치료, 정신과 등 나를 안 데리고 다닌 데가 없었지요. 나를 정상아로 되돌릴 수 있을까 하여 언젠가 한 번은 충격요법 약까지 먹인 적이 있어요." 모두 소용없는 일이었다.

앨런은 스스로를 분노와 상처로 가득한 아이였다고 표현했다. 학교에서는 하루 종일 말이 없었고, 함께 놀거나 말을 할 친구도 없었다.

"이해해주는 친구가 한 명도 없었나요?" 내가 물었다.

그는 웃었다. "나의 감정을 표현할 수 있는 유일한 생명체는 나의 애완동물들뿐이었어요." 놀랍게도, 동물들과는 전혀 말을 더듬지 않고 완전하고 유창한 문장으로 대화할 수 있었다. 슈퍼맨처럼 그는 이중생활을 했다. 낮이 되면 어눌해져서 따돌림을 당하던 그가 클라크 켄트가 공중전화 부스 안에서 변신하는 것처럼, 밤이 되면 침실의 옷장 속으로 숨어 들어가 자기의 진짜 정체성을 드러낼 수 있었다. "학교에서는 가장 이상하고 최악의 지진아로 취급받다가 집에 돌아와서는 어둡고 좁은 옷장 속에서 바다거북, 카멜리온, 햄스터, 뱀들 같은 뉴욕 애완동물들과 이야기를 나누곤 했지요." 앨런은 동물들이 그를 이해한다고 믿었고, 그 역시 동물들에게 깊은 공감을 했다. 앨런은 "나는 동물들이 나처럼 목소리가 없다는 걸 알았어요. 그들도 감정과 생각을 갖고 있지만, 사람들은 그들을 아무것도 갖지 않은 것처럼 대합니다. 그래서 어느 날, 내가 목소리를 되찾아 말더듬는 법을 조절할 수 있게 되면 동물들을 위해 내 목소리를 사용하리라는 맹세를 했죠."

그의 아버지는 그의 분노를 달래주려고 앨런이 가장 좋아하는 장소로 자주 데려가주셨다. 브롱스 동물원의 빅 캣, 그러니까 큰 고양이과 동물의 낡은 우리가 그가 가장 좋아하는 곳이었다.

나도 어렸을 때 그 캣 하우스에 가본 적이 있었다. 그러나 나에게 그곳은 악취가 진동해서 메스껍고 우울해지기만 하는 곳이었다. 그래서 나는 물었다. "그 빅 캣 우리가 왜 그렇게 좋으셨나요?"

"무척 헐벗고 더러운 콘크리트 감옥에는 큰 고양이과 동물들이 서로 앞뒤로 연이어 살고 있었습니다. 사자가 있었고 호랑이들이 있었고 재규어도 한 마리 살고 있었죠. 그 낡고 오래된 우리 안에선 어떤 강한 에너지와 파워가 발산되고 있었지만, 그건 한낱 갇힌 힘에 불과했어요. 내 마음이 바로 그 갇힌 에너지에 끌렸습니다. 풀어달라고 애원하며 감옥 속에 사로잡혀 있는 그 에너지에요."

"말더듬이 소년이 공감할 수 있는 것이었겠네요?" 내가 말했다.

앨런은 "그것은 내가 내 안에서 느끼는 에너지와 똑같은, 내 머릿속에 갇혀 밖으로 분출하지 못하는 그것과 같다는 것을 이해해서인지 나에게 곧바로 입력이 되더군요."라고 말했다. 그는 다시 이렇게 이어갔다. "나는 언제나 두 마리 중에 한 녀석에게 다가가서 난간에 몸을 기대고 가능한 한 우리에 내 얼굴을 바짝 대고, 내 방 옷장 속 녀석들에게 속삭이던 것처럼 그 빅 캣들에게 속삭이곤 했어요. 내 마음 속 이야기를 털어 놓았죠. 그리고 녀석들이 무엇을 느끼는지 내가 알고 있다는 이야기도 했죠."

빅 캣 우리를 떠나며 앨런은 동물들에게 언제나 같은 말로 속삭였다. "내가 우리들이 함께 가서 살 곳을 찾아낼게. 내가 우리들이 함께 살 곳을 반드시 찾아낼게!" "사실 제가 어렸을 때는 그게 무슨 뜻인지 몰랐던 것 같아요. 언젠가 이렇게 야생 생물학자가 되어 그들 같은 빅 캣을 보호하게 될 줄은 정말 몰랐습니다. 내가 아는 것은 그들이 나와 같다는 것과 어떻게든 우리가 함께 살 장소를 내가 찾아내겠다는 것뿐이었어요."

결국, 앨런은 뉴욕 북부에 있는 어느 병원에서 집중치료를 받은 후 말을 통제하는 법을 터득했다. 앨런은 열아홉 살이 되어서 마침내 말을 하게 되었다. 아이러니하게도, 일단 말은 하게 되었는데 그는 정작 자신이 인간 사회의 일원이 되고 싶지 않다는 것을 깨달았다. "정상적인 사회에 합류하게 되어 너무나 흥분은 되었지만 아무도 내 흥미를 끄는 대화를 하지 않았습니다." 동물들과 함께 하는 일은 반갑기 짝이 없는 탈출구였다. 그는 동물학과 야생동물 보호 분야를 연구했다.

벽장 속에 사는 애완동물과 대화를 나누던 외로운 말더듬이 소년은 그렇게 야생동물 보호 분야의 거장이 되었다. 그는 어릴 때 동물들에게 했던 두 가지 약속을 지키기로 결심했다. "내가 목소리를 찾게 되면 그것을 너희들을 위해 쓸게!", "내가 우리들이 함께 가서 살 곳을 찾아낼게!"

앨런은 그 약속을 지켰다. 남아메리카의 벨리즈를 세계 최대 재규어 보호구역으로 지정했고, 미얀마에 세계 최대 호랑이 보호구역을 확보했다. 재규어들이 멕시코에서 아르헨티나까지 자유롭게 활보할 수 있도록 "재규어 통로"라는 대규모 서식지를 마련한 일이야말로 가장 의미 있는 앨런의 치적이었다.

"동물을 보호하는 일이 자신에게 부여된 신성한 소명이라고 확신하셨나요?"라고 내가 물었다.

그는 웃었다. 그는 하나님께 아주 오랫동안 분노했었다고 말했다. 수년 동안 말더듬이로 고통당하며 "왜 하필 나란 말인가? 왜 하나님은 자식에게 이와 같이 가혹한 고통을 주는가?"라며.

그러나 수십 년을 야생상태 그대로 보존된 정글에서 살아오는 동안 그는 자신이 비로소 하나님께 돌아왔음을 알게 되었다. 나에게 그 체험을 들려줄 수 있는지 물었다. 그는 "내가 그렇게 이야기하면 랍비께서 이런 질문을 하실 줄 알았습니다."라며 웃었다.

"나에게 하나님은 현존, 즉 모든 것을 감싸고도는 에너지입니다. 과학에 대한 이해가 깊어질수록 경이롭고 신비한 세계에 대한 이해도 깊어집니다. 인간의 앎이 너무 작다는 깨달음도 깊어집니다. 우리가 결코 파악할 수 없는 경지가 엄연히 존재하니까요."

나는 오래 전에 배운 신비주의적 가르침이 떠올라 그의 이야기가 더 감명 깊었다. 그 가르침엔 신이 왜 나를 이곳에 두셨는지 알기 어렵다면, 자신이 가장 크게 도전 받았던 곳, 말하자면 지금 가장 방해받고 있는 삶의 영역에서 해답을 찾으라고 권유한다.

나는 다시 앨런에게 질문을 던졌다. "몹시 고통스럽던 말더듬이 장애가 박사님의 소명을 깨닫게 만든 하나의 요소였던가요?"

앨런은 활기를 띠었다. "랍비님, 나는 누구 앞에서도 말을 더듬고 싶지 않았어요. 그러나 지금은 그것이 내게 주어진 선물이라고 진심으로 믿어요. 지금의 나를 있게 해준 선물이 바로 그것이니까요. 말더듬이처럼 혹독한 경험이 없었다면 이 일을 결코 해내지 못했을 겁니다."

그때 나는 말더듬이로 잘 알려진 모세 이야기를 꺼냈다. 모세를 자신과 닮은 인물로 여긴 적이 없었는지 물어보며 나는 말했다. "언어장애로 일생을 시작한 모세는 겁이 많은 말더듬이였다가 가장 위대한 예언자이며 설교자로서 생을 마감했습니다. 여러모로 모세와 박사님은 유사한 점이 많은 듯합니다. 모세는 유대인을 해방시켰고, 박사님은 맹수들을 해방시켰습니다."

앨런은 깜짝 놀랐다. 그는 "말더듬이가 위대한 설교자가 됐다는 사실이 제게는 크게 놀랄 만한 일이 아닙니다."라고 했다.

그 날의 대화는 거기서 끝났다. 이튿날, 우리가 다시 대담을 시작했을 때, 앨런은 밤새 우리가 나눴던 이야기를 곱씹어보았다고 하며, "랍비님이 나를 모세에 비유하더라는 말을 아내에게 했더니 매우 기뻐했다."고 전했다.

나는 "좋은 비교입니다."라고 대꾸했다.

"랍비님은 실제로 나에게 그것에 대해 꽤 깊이 생각해보도록 자극을 주신 겁니다. 내가 하는 일에 보다 높은 뜻이 있는지는 평소에 생각하지 않았던 것입니다." 그는 항상 자신의 삶이 사명(mission)을 가지고 있다고 생각은 했어도 그것을 하늘이 주신 신성한 사명으로까지 여기지는 않았다.

나는 웃으며 말했다. "박사님이 말씀하실 때 딱 그런 것 같았습니다." 그는 자신의 말더듬이 장애를 경이로운 재능이라고 했다. 그것이 사람을 읽는 법까지 가르쳐 주었기 때문이다.

"사람의 마음을 어떻게 읽으십니까?"

"사람들이 말하지 않을 때 나는 그들 속에서 나는 가장 큰 소리를 듣습니다. 항상 말과 말 사이에 귀를 기울이고 있지요. 사람들이 말을 멈추거나 침묵할 때 그들의 마음을 읽습니다."

나는 앨런의 말에 꼼짝할 수 없었고, 그의 침묵에도 꼼짝할 수 없었다.

그는 이렇게 덧붙였다. "사람들은 내가 지나치게 의도적으로 바라본다고 생각합니다. 사람들을 이해하려고 그러는 것인 데도요. 말은 나에게 부적절하게 느껴져요."

"영혼에 관한 말씀처럼 들리네요."

"랍비님, 언어는 우리와 함께 일하는 유한한 상자에 불과합니다. 우리가 말을 할 때 깊은 자아에서 나온 말을 하나요? 어떻게 무한한 감정의 둘레를 유한한 말로 감쌀 수 있습니까? 타인의 영혼에 닿는 데 무슨 말이 필요하겠습니까."

영혼을 따르는 일은 위용 넘치는 멸종위기의 동물을 추적하는 일과 참으로 비슷하다. 조용한 영혼의 외침을 놓치기 쉽듯, 영혼의 잡아당김과 부름도 묵살하기 쉽다. 우리를 인도하기 위해 영혼은 여기 있지만 우리는 언제, 어느 곳에서 영혼이 필요한지 모른다. 영혼이 우리가 기대하지 못한 아주 먼 곳으로 우리를 데려갈지 모른다. 방향을 찾기 어렵다면, 앨런처럼, 우리가 벗어나려고 몸부림치던 바로 그 지점, 우리의 가장 깊은 아픔의 근원이 되는 그곳에서부터 찾아나가야 한다.

우리가 지닌 약점과 우리가 겪는 시련으로 인해서 우리는 산산조각이 날 수 있다. 그러나 만약 그것들을 우리가 수용할 수 있다면 우리는 그것으로 자기실현을 이룰 수 있다. 나는 내 고통들을 누구에게도 주고 싶지 않지만, 나의 고통과 아픔이 나의 소명이었으며 또한 내가 사람들을 위로하는 영감의 원천이었음을 안다. 나는 항상 그것에 대해 감사드린다.

앨런은 "왜 하필 나란 말인가?"라고 묻곤 했었다. 그러나 이제는 "나라고 왜 안 되나?"로 바꿔 묻는다. "시련에 어떤 의미가 있을까? 그것을 선하게 만들 수 있는 사람에게 시련은 선하다."

어쩌면 우리의 내일을 여는 열쇠가 지금 우리가 겪는 도전 속에 숨겨져 있을지도 모를 일이다.

여러분이 겪는 가장 큰 도전은 무엇인가요? 우리는 모두 삶 속에서 저마다 고군분투하고 있다. 장애물이 영혼의 부름을 따르는 관건일 수 있다.

인생은 공평하지 않다! 그것에 대해 화를 내는 것은 당연하다. "왜 하필 내가?"라고 묻는 것은 당연하다. 자연스런 일이다. 그러나 우리가 자연스러워지려고 여기 이렇게 존재하고 있을까! 아니다! 우리는 자기 자신에게 왜 그렇게 적은 기대를 하고 있나?

우리 안에는 아직 두드려서 깨워보지 않은 힘이 있다. 삶에는 어떤 목적이 있지 않은가. 숭고한 목적! 우리 모두 가능성이다. 수치심을 자부심으로 교체하자. 스스로를 높일 때 다른 이들을 높여줄 수 있기에.

그대가 저주를 축복으로, 두려움을 힘으로, 가장 큰 장애물을 가장 큰 시작으로 전환하는 삶을 살아가길 기도합니다. 아멘.

노동에 영혼을

자정이 지나 전화벨이 울렸을 때 나는 곤하게 자고 있었다.

몽롱한 잠기운 속에서 떨리는 남자 목소리를 들었다. "랍비님, 케이트가 자살시도를 했어요." 케이트의 아빠 크레이그였다. 그는 울고 있었다.

케이트는 나와 함께 성년식(*mitzvah*) 공부를 하고 있던 밝은 눈빛을 가진 열두 살 소녀였다. 나에게 질문 공세를 퍼부으며 그것을 즐기던, 하나님에 대한 비판도 거리낌 없이 하던 아이였다. 나는 질문하는 것을 언제나 환영한다고 했고, 이스라엘의 본래 의미도 "하나님과 씨름한 자"라고 상기시켜 주었다. 아무 옷이나 걸쳐 입고 병원으로 달려갔다.

케이트는 폐쇄병동에 있었다. 그녀의 부모를 복도에서 만났다. 엉망으로 무너져서 움츠러들어 있었다. 아이의 엄마 로렌은 희미한 목소리로 자꾸 "왜? 도대체 왜?"라고 중얼거리기만 했다.

나는 케이트와 둘이서만 이야기할 수 있는지 물었다. 두 사람은 내 등을 떠밀다시피 하며 그렇게 해달라고 했다. 병실 문 앞에 경찰복을 입은 키가 크고 근육이 발달한 남자가 버티고 있었다. 그 사람은 나를 따라 병실까지 들어왔다. 마치 범죄자 다루듯 케이트를 취급하면서 거칠게 윽박질렀다. "이제 이런 어리석은 짓을 다시 저지를 생각 같은 건 없겠지? 나는 너의 감시요원이야. 그래서 너를 지켜야 해. 이 방에 널 해칠 물건 같은 건 아예 없으니까 여기서 조용히 지내도록 해. 절대로 어리석은 생각은 하지 마! 나는 저 문 밖에 계속 서 있을 거야!" 고함을 치던 감시요원이 나가고 나자 우리 둘은 해방감을 느꼈다.

나는 케이트에게 다가가 그녀를 끌어안았다. "널 보러 왔으니 안심해."

케이트는 "왜 그랬는지 모르겠어요. 정말이에요. 제가 무슨 생각을 하고 있었는지 모르겠어요. 그냥 일어난 일이에요." 그러더니 아주 조용해졌다. 나는 괜한 말로 괴롭히고 싶지 않아서 아이가 그냥 조용히 있게 놔두었다.

시간이 조금 흐르자 아이는 "무섭다."며 내 손을 잡았다. 손이 얼음장 같았다. 손에 온기가 돌아오도록 나는 그 애 두 손을 비볐다. 조금 있다가 누군가 문을 두드렸다. 경호원이 바뀌었다. 근무 교대를 했던 모양이다. 새 사람은 먼저 사람보다 키가 훨씬 더 컸고 근육도 더 발달해 보였다. 이런 거구의 몸을 가진 위인에게서 어떤 지혜로운 언사가 나올 수 있을지 의아했다.

그가 우리에게 다가왔다. 침대 끝에 걸터앉아 케이트에게 말을 건넸다. "마이클이라고 해요. 선한 목자께서 날 학생의 수호천사가 되어주라고 보내셨네요. 그래요. 여기서 학생을 잘 살펴서 해로운 일은 없게 할 테니 걱정하지 말아요. 학생을 안전하게 보살피는 일, 그것이 바로 내 직업이니까요."

케이트의 얼굴에 안도감이 스쳤다. 고마움에서 우러나온 눈물도 흘렸다. 그녀는 이렇게 낯선 사람이 그토록 따뜻하리라고는 예상하지 못했던 것 같았다. 나도 그랬다. 내 손 안에 있는 케이트의 손이 따뜻해졌다. 새로운 경비원은 자리에서 일어나며 "나는 문 밖에 있을게요. 필요한 일이 있으면 나를 불러요. 잊지 말아요, 내가 학생의 수호천사, 마이클인 거!"라고 했다.

벌써 이십여 년 전의 일이다. 며칠 후 케이트는 퇴원을 했고, 치료를 시작했다. 강인하고 자신감 있게 자라서 지금은 결혼도 했고, 어린 딸까지 둔 삼십대이다.

그 날 밤의 기억은 너무 많은데 특히 두 경비원과 얽힌 사연이 내 마음에 선명하게 남아 있다. 첫 번째 사람은 에고와 지배 욕구를 무의식에 깔고 자신의 직업에 종사했던 반면, 마이클은 연민과 자애와 빛을 바탕으로 자신의 직업을 충실히 수행했다. 그는 자신의 직업을 신성한 소명으로 여겼고, 영혼으로 충만해 있었으며 영혼과 합치되어 있었다.

어떤 직업이든 그것에 접근하는 방법은 우리 자신이 선택한다. 선택의 능력을 우리 스스로 가지고 있기 때문이다. 일을 완수하는 데 초점을 맞출 것인가, 아니면 하늘이 맡긴 일을 하기 위해 우리가 여기 있다는 것을 이해할 것인가. 사람들에게 존중하라고 요구할 것인가, 사람들로부터 칭송을 받을 것인가.

무엇을 챙겨서 일터로 발걸음을 옮길 것인가? 에고인가, 영혼인가? 매일 아침 일어나서 "나는 신성한 소명을 받았다"고 믿는다면 우리의 모습은 어떻게 달라질까? 히브리어로 "천사"를 뜻하는 단어는 "메신저"를 의미하며, 그 이상의 의미가 없다. 천사는 날개를 가진 동물이 아니라 이유가 있어서 지금 여기 있다는 것을 아는 영혼이다.

사람들을 위협하며 줄을 세우는 힘든 노역으로 직업을 인식할 것인가, 아니면 영혼을 일터로 데려와 선한 주님이 이 세상 어느 한 구석을 돕고 치유하기 위해 나를 이곳으로 보내신 것으로 이해할 것인가? 사람을 지배하여 나에게 그들을 순응시킬 것인가, 아니면 내적인 힘의 원천에서 끌어올린 능력으로 다른 이들과 함께 보다 높은 선을 위해 동참하도록 자극할 것인가?

선택은 우리 것이다. 직업이므로 완수하고 말 것인가, 아니면 내일의 약속을 함께 나누기 위해 씨를 뿌리고 높은 기다림으로 인내할 것인가? 열정, 인내심, 창의성을 키워주는 함께 일하는 협업의 기풍을 조성하자. 언젠가 실로 기적 같은 수확을 거두게 될 것이다. 그 진력 속에 만나 본 적 없는 수많은 삶을 변화시킬 수 있는 힘이 잉태되어 있다.

노동을 신성한 과업으로 이해하는 데 어려움이 느껴지는가?

한때 부름을 느꼈거나, 한때 열정으로 불타오른 적이 있었을지 모르지만 이제 와서 그 느낌을 기억하기 어려울 수도 있을 것이다

아침에 깨어나 간밤에 꾼 꿈이 생생히 기억나다가도 침대 밖으로 나올 즈음엔 손가락 사이로 빠져 나간다. 머리에 남아 있는 것 같긴 한데, 가물가물하다가 증기처럼 사라져버린다.

만약 우리가, 여러분과 내가 하나님의 꿈이라면 어쩌지요? 만약

하나님께서 우리 꿈을 꾸셨는데 하나님 손가락 사이로 우리가 빠져 나가 사라져버린다면 어쩌지요? 그분이 끊임없이 우리와 연결해보려고 시도하신다면 어쩌지요? 내가 한때 꿈꾸었던 그 사람은 지금 어디 있을까? 왜 그는 구체화되지 않았을까? 왜 그는 시간을 낭비하고 있을까? 왜 그는 자기 재능들을 모를까? 왜 그는 영혼의 약속을 살아내지 못할까?

나만을 통해서 살고 싶은 삶이 있다. 나만을 통해서 빛나길 기대하는 빛이 있다. 나에게서만 실현되길 기대하는 희망이 있다. 내가 들어 올려주길 원하는 고통이 있다. 나를 기다리는 한 세계가 있는 것이다.

에덴으로부터 하나님의 부르심은 여전히 계속되고 있다. "너 어디 있니?" 그 부르심은 무관심한 우주를 향해 부르는 공허한 부르심이 아니다. 우리 각자에게 개인적으로 부르는 부르심이다.

그러므로 내 영혼이 맡은 임무를 수행하길 원한다면 우리는, "네, 저 여기 있습니다."라고 반응해야 한다. 반드시 아멘으로 인생의 부름에 응답하는 법을 터득해야 한다. 전체의 흐름에 일부가 되기 위해서, 선함의 통로가 되기 위해서 말이다. 자신의 왜소함과 빈약함을 우리는 능가한다. 우리는 에고가 필요로 하는 허영심과 헛된 칭송보다 훨씬 크다.

심지어 우리는 우리가 기도하는 것보다 훨씬 크다.

기억하자, "하나님의 촛불이 인간의 영혼"임을. 세상에 빛을 밝히기 위해 우리가 이 세상에 보내진 것이다.

그 이후 수호천사 마이클을 만난 적은 없지만, 이 세상이든 저 너머이든 어디에 살고 있든지 여전히 그는 우리를 지키고 있으리라. 선한 주님께서 그에게 원하시는 대로.

중세 시인 예후다 할레비는 "시온의 노래"(Song of Zion)에서 "나는 모든 그대들의 노래를 위한 하프이다."라고 했다. 그것이야말로 우리들이 하나님께 인생길을 모색하며 구하는 바 아니었던가! 현의 한 줄 한 줄, 코드 하나하나를 익숙하게 아는 하나님의 손길이 우리를 멋지게 연주해주길 바라던 바가 아니었던가.

그것이 열쇠다.

주님, 저로 하여금 당신의 악기가 되게 하소서, 저는 당신의 하프입니다.

저를 꿈꾸어 주세요, 당신의 꿈은 여전히 살아서 제 안에 있어요. 저를 도구로 써주세요, 제가 선함을 위해 당신의 악기가 되게 하소서. 저에게 빛을 비추시면 환히 빛나겠습니다.

저를 연주해주세요 주님, 저는 당신이 저를 통해 꾸는 꿈, 저 부르신 그 꿈을 이룰 준비가 되었답니다. 아멘.

영혼의 적수

안드레아는 다큐멘터리 영화제작자가 될 꿈을 꾸는 30대 초반의 여성이다. 그녀가 나를 찾아온 것은 자기 자신이 못마땅했기 때문이었다. 꿈꾸어 오던 프로젝트를 만들기 위해 지원금까지 받아 놓았지만, 영화제작 일에 투신하지는 않고 귀중한 시간만 죽이고 있었다. "랍비님, 저는 알람 소리를 듣고서도 계속 스누즈 단추를 눌러요. 정오 무렵에 일어나서 인터넷 검색을 하다 보면 나도 모르는 사이에 하루가 다 가버리고 말아요. 악마가 제 어깨 위에 앉아 있는 것 같아요."

"예쳐(Yetzer)와 싸우고 있군요."

"무엇과 싸운다고요?"라고 그녀가 되물었다.

나는 우리들 모두 각자가 벌여야 하는 끝없는 싸움에 대해 안드레아에게 말했다. 영혼의 임무가 완수되어 갈 즈음은 영혼의 적수를 깨울 가능성이 커지는 때이다. 어디선가 이런 목소리가 유혹한다. "그 일은 별다른 성과도 없을 텐데, 왜 그렇게 들볶아?"

누구의 음성일까?

우선, 시간을 내어 내가 깊이 원하는 것이 무엇인지 생각해보자. 무엇을 위해 기도하고 있었으며 진정으로 무엇을 열망하고 있었던가? 마음속에 그려보자. 그것은 무엇과 같은가? 열망이 느껴지긴 하는가?

그 깊은 열망에 이름을 붙였으면 두 번째 질문을 해보자. 뜨거운 열망의 불길을 담을 만한 적당한 그릇을 준비했는가? 언젠가 하시디즘 교훈을 공부한 적이 있었다. 거기에 영혼의 사명을 완수하는 열쇠는 불과 난로와의 균형인데, 난로는 불이 계속 타오르도록 유지해주는 그릇이라는 가르침이 있었다. 불이란 정열, 아드레날린, 우리에게 생기를 주어 반짝거리게 하는 위에서 오는 축복을 뜻한다. 난로를 불과 비교했을 때 난로가 훨씬 덜 매혹적인 것은 난로는 단지 타오르는 불을 유지시키는 그릇이기 때문이다.

그런데 난로는 얼마나 견고한가? 어떻게 해야 난로가 불을 맞이하여 그 불씨를 오래도록 살려둘 수 있을까? 불길이 걷잡을 수 없게 번지지 않도록 토대는 마련했는가?

이것이 불과 난로의 성스러운 균형이다.

사랑의 영역에서 나의 에고가 너무 넓게 차지하진 않았는가? 누군가 들어올 수 있도록 충분히 뒤로 물러서는 법을 배웠는가?

입과 관련하여, 말과 절제 사이에서 균형을 유지하고 있는가? 숨을 들이쉬고 어떤 말이든 뱉는 사이에서의 균형은?

사실, 불의 강력한 기초를 쌓는 일은 일관성과 관련되어 있다. 사랑 속에서 매일 보살피고, 소명을 실천하는 것처럼 모든 면에서 한결같음을 유지하는 것이다. 분명한 것은 우리가 벼락치기 공부나 밤샘 공부로 그 한결같은 일관성을 배울 수 없다는 사실이다. 그것을 성취할 수 있는 방법은 오직 하나뿐, 견고한 난로를 준비해야 한다. 하시디즘 가르침에서는 견고한 난로 없는 열정은 구멍 난 주머니를 차고 분주하게 돌아다니는 사람 꼴이라고 한다. 우리는 날마다 신성한 은혜와 거룩함의 불꽃을 받고 있지만 이미 받은 자신만의 그 축복을 담을 그릇을 제대로 준비하지 못하여 그 복들을 온데간데없이 사라지게 하고 만다.

우리가 이미 견고한 기초를 세웠더라도 때로 나쁜 손님을 맞이하기도 한다. 랍비들이 말하는 영적인 힘, 즉 우리 자신만의 재능과 신성한 소명을 전복시키려는 '예처'(Yetzer)에게 우리가 편안한 거처를 내주었을 때가 바로 그때다.

'예처'(Yetzer)를 어떻게 설명할 수 있을까?

탈무드에는 사람마다 선한 충동과 악한 충동을 함께 가지고 태어난다는 가르침이 있다. 인간의 내면에는 선한 세계가 있지만 히브리어로 "예처 하라"(Yetzer Hara)로 알려진 악한 충동은 호시탐탐 우리가 지닌 고결한 의지와 행동이 서로 결합하지 못하도록 우리의 관심을 딴 데로 돌리려고 한다.

우리를 꼬드기는 유혹자이며 적수가 '예처'인데, '예처'의 음성은 항상 우리의 발전과 성장을 막을 방법을 찾고 있다. 영혼의 사명을 거의 성취할 즈음이면, '예처'가 문을 박차고 들어와 우리를 뒤흔든다. 영혼의 강적인 '예처'는 우리를 기다리고, 우리가 인생길로 통하는 문에 들어서자마자 우리를 막을 궁리부터 한다. 그것이 우리를 기다린다. 우리를 비틀거리게 하고 싶어 안달을 한다. 갖은 수단과 방법을 동원해서 교활한 전술을 펼치고, 주의를 분산시키고, 사기를 꺾으려고 하며 갈팡질팡하게 만들려고 한다. '예처'는 우리가 무엇을 바꿔야 하는지 알지 못하게 한다. 또한 과하게 일을 벌이게 만들어 결과적으로 우리를 무능하게 만든다. 우리들의 파괴적 성향을 더욱 부채질하기도 한다. '예처'는 세속적인 욕망으로 우리를 꾀고 물질적 소유에 목마르게 한다. "거기 희망 같은 건 없다!"고 속삭이며 절망을 유도하기도 한다.

아인슈타인이 랍비 마커스에게 보낸 편지에서 서술했던 우리들의 특성, 우리가 나머지 전체와 분리되어 있다는 착시적 망상을 주입하려 하는 것이 '예처'다. '예처'는 우리를 기만하여 제한된 시각을 갖게 하고, 거짓 진실을 우리에게 먹이고, 성숙보다는 안정 상태를 유지하라고 꼬드긴다. 눈을 가리고 귀를 막는 음성이다.

프로이드가 이드에 대해 가르치기 오래 전부터 이미 랍비들은 '예처'를 영원한 적수로 정의했다. 랍비들은 '예처'를 이드처럼 인간을 충동하는 엔진으로 이해했다. 랍비와 '예처' 사이의 드라마틱한 마지막 결전 이야기가 탈무드에 나온다. 랍비들이 마침내 '예처'를 덫으로 잡아 감금시키는 데 성공했다. 그들은 의기양양해졌다. 드디어 그들이 최종적으로 '예처'를 박멸시켜 세상의 악을 제거하게 된 것이다. 그러나 '예처'가 감금 상태에 있는 사흘 동안 랍비들은 삶이 멈췄다는 것을 알게 되었다. 닭들은 알을 낳지 않았다. 만약 '예처'를 죽이기까지 한다면 세계도 망할 것이라는 사실을 랍비들은 깨달았다. 울며 겨자 먹기로 그들은 '예처'를 풀어주었다.

이 이야기 속에 '예처'의 역설이 담겨있다. 우리가 생존하기 위해 '예처'가 필요하긴 하지만, 그것을 억제하지 않고 방치해 버린다면 우리와 우리들 둘러싼 모든 것을 파괴하려들 것이다. '예처'는 우리의 적수이지만 그것 없이 우리는 살아갈 수 없다.

'예처'를 반드시 악령의 힘이라 할 수는 없다. '예처'는 대부분의 시간을 호머 심슨(미국 서민층 가정을 그린 만화 시리즈의 가장)처럼 우리 안에 게으르고 멍청하게 둥지를 틀고 앉아 우리가 아무 일도 끝내지 못하도록 감시한다. 그러니 잠시 스스로에게 이렇게 물어보자. "나는 호머에게 어떻게 나의 내면의 집을 내주었던가?" 랍비들의 교훈처럼 '예처'는 처음엔 방문객이었다가 우리가 경계하지 않는 틈을 타 집주인 노릇을 한다.

우리 안에 '예처'를 편하게 방치하게 되면 마침내 그것은 다리를 쭉 펼 것이다. '예처'가 꼭 배우자에게 속임수를 쓰거나 거짓말을 하거나 도둑질을 하도록 충동질한다고는 볼 수 없다. 비록 그것이 우리가 그런 일에 연루되도록 이끌었다 해도 말이다. '예처'는 우리에게 다른 사람의 것을 훔치라고 자극하지도 않는다. "인터넷 검색 좀 해 봐! 이메일 체크는? 페이스북도 검색해. 새 바지를 사야 해." "아, 정말 피곤하다. 날씨가 쨍쨍하네. 오늘은 흐렸어. 너무 더워서. 너무 추워서..."

영혼의 부름을 실현하고자 내딛는 우리의 발걸음은 '예처'를 깨어나게 만들기 십상이다. 우리의 향상에 위협을 받는 '예처'가 우리 길을 훼방하려고 치는 연막전술을 직시해야 한다. 우리를 함정에 빠뜨리려고 고안된 온갖 교묘한 기술이 든 '예처'의 가방에는 여러 가지 도구들이 있다. 시샘, 자만심, 분노, 결정 장애, 의기소침 등등. 그것들은 우리를 깊은 잠에 빠지게 하여 안주하도록 길들이는 것들이다.

우리 모두 '예처'의 변명과 어떻게 우리에게 그 변명이 적용되는지 알고 있다. 그렇다, 견고한 난로를 준비했더라도 난로는 쓰레기를 받아들이는 꼴이 된다. 우리는 쓰레기를 소비하고, 쓰레기에 귀 기울이며, 쓰레기를 읽는다. 24시간 쓰레기 뉴스 사이클.

어떻게 해야 '예처'에게 쾌적한 환경을 조성하지 않을 수 있을까? 우리의 길을 방해하는 '예처'를 따돌려 영혼의 길 위에 머물기 위해 무엇을 해야 할까? 탈무드에서 랍비들은 "'예처'가 삶을 지배하려 들면 토라를 공부하라!"고 조언한다. 간신히 '예처'를 진압했다면, 좋다! 그렇지 못했다면 쉐마를 외쳐라. 겨우 '예처'를 극복했다면, 좋다! 그렇지 못했다면 생의 마지막 날을 깊이 생각해 보라!

나는 이 탈무드의 가르침이 무척 좋다. 죽는 날을 상상하는 것이 어찌 '예처'를 장악하는 일에 도움이 될까? 어떤 의미일까? 죽음을 생각하면서 하늘의 심판을 두려워하게 된다는 것인가? 그렇지 않다.

내가 탈무드에서 배운 것은 이것이다. 죽음을 생각할 때, 우리는 우리의 삶을 보게 될 것이고, 영혼이 이 지상으로 내려온 이유는 거룩한 사명을 완수하기 위해서인데 영혼이 그 신성한 임무를 따르는 걸 끊임없이 방해하는 '예처'를 우리가 평생 허용해 왔음을 인식하게 되리라는 것이다. 바로 그런 이유 때문에 호머를 소파에서 쫓아내야 한다.

나는 호머를 아예 집밖으로 내쫓아내라고 하지 않았다! '예처'를 없애는 일은 우리가 선택할 수 있는 게 아니다. '예처' 없이는 아무 일도 일어나지 않으리라는 것을 랍비들은 알았다. '예처'가 없다면 집도 안 짓고, 혼인도 안 하고, 아이도 낳지 않을 것이며 심지어 노동도 안 할 것이란 뜻이다. 그런데 왜 우리가 삶의 진실에 더 가까이 다가갈수록 '예처'는 더욱 불안해하며 동요하는 것일까? 아마도 '예처'의 도움이 더 이상 필요하지 않게 되면 배제될까 걱정해서가 아닐까.

여기 '예처'와 '예처'가 우리 앞길에 놓은 장애물을 무장 해제하는 유일한 방법이 있다. '예처'를 악마화하는 대신 동반자로 맞아들이는 것이다. 파트너로 삼되, 길들이자. 책임자가 누구인지 알게 하자. 랍비들의 가르침처럼 '예처'의 욕망은 우리를 휘두르는 것이지만 우리가 '예처'를 지배해야만 한다. 판단은 거두고 겸손, 사랑, 존중으로 주도권을 잡자. 우리가 인식하고 있음을 '예처'에게 보여주자. "나와 함께 여행을 하자. 너 없이 내 삶의 소명을 실현할 수 없다!"고 말하자.

그것이 순순히 물러설 리 있겠는가. 육체의 욕구를 부추기려 들 것이며, 마음을 혼란과 실망으로 채우려 할 것이다. 헛된 야망으로 자아를 부풀림으로써 영혼의 부름에서 멀어지게 할 것이다.

'예처'가 지닌 가장 강력한 무기가 "내일"임을 알아차리자. 그다지 해롭지 않아 보인다. 심지어 희망적이기까지 하다. 그러나 이 한 마디가 초래하는 문제는 생각보다 심각하다. 어쩌면 그 "내일"이 우리가 선을 실현하는 데 가장 큰 장애물일 수 있어서다. "내일"은 너무 많은 기회를 놓치게 한다. 하루는 또 다른 하루를 향해 흘러가지만 우리는 우리가 경험할 수 있는 각성이라는 큰 선물을 받을 준비를 시작하지 않았다.

'예처'는 "네 말이 맞아! 너도 영혼의 부름에 응답해야지. 그런데 내일부터 시작해!"라고 말한다.

'예처'의 그 "내일"에 대한 답은 가까이 있다. 그렇게 답은 간단하지만 성취하기는 매우 어렵다. "내일"에 대한 유일한 해독제는 "오늘"이다. 하나님이 우리에게 주신 하나밖에 없는 날이 오늘이다. 우리는 자기 '에쳐'에게 "너에게 오늘을 줄 수는 없다. 오늘은 안 된다. 네가 나의 이 오늘을 갖게 할 수는 없다."라고 꼭 말해야 한다.

우리에게는 매일 이렇게 물어볼 기회가 주어진다. "내가 내 영혼과 그 모든 축복을 받을 만큼 충분한 난로를 구축했는가?" 그 이유는 우리의 궁극적 질문이 "나는 무엇을 성취하고 싶은가?"가 아니기 때문이다. 우리의 궁극적 질문은 "나는 무엇을 하기 위해 태어났는가? 그리고 내가 받은 그 선물들에서 나는 지금 얼마나 멀리 벗어나 있는가?"이다.

하루하루는 삶의 길을 고민하는 시간이며, 일상에서 거룩함을 느끼지 못하고, 거룩함을 발견하지도 못하는 우리의 태만함과 성스러운 것들과 더불어 살아가지 못하고 영혼 중의 영혼이신 하나님과 동행하지 못한 채 살아가면서, 우리가 얼마나 고통 없는 삶에 익숙해져 있는지 깊이 생각해보는 시간이다.

영혼이 알고 있고, 가르쳐주고 싶은 것이 있는데 그것은 불같은 열정에 관한 게 아니다. 튼튼한 기초를 만드는 일은 몹시 지루한 일이다. 우리는 차라리 웅장한 건축 디자인에 시간과 돈을 들이고 싶다. 아무도 기초 같은 데는 관심이 없다. 그러나 우리를 구원하는 것은 바로 그 튼튼한 토대, 즉 우리의 영혼이 몸을 펴고 우리 안을 거처로 삼을 수 있도록 겸손하게 우리 내면의 공간을 비우는 날마다의 과정이다. 우리가 읽고, 공부하고, 침묵하고, 듣고, 일관해 온 것들 속에서 토대를 쌓아올리는 일이다. 아무리 작은 변화라도 영원한 파문을 일으킬 수 있으므로 가장 작은 긍정적인 단계조차 과소평가해서 안 된다.

내가 첫 책을 쓰기 시작했을 때, 나의 멘토가 나를 보살피는 심정으로 말했다. "나오미, 번개가 칠 때까지 기다리지 말아요! 글쓰는 일을 은행원처럼 해요. 아침에 일어나면 앉아서 쓰는 거예요. 그건 직업입니다, 직업." 고등학생일 적에 한 선생님은 우리에게 "배우고 싶다면, 우선 궁둥이를 의자에 붙이고 살아야 한다."고 하셨다. 그것이 목표를 이루기 위한 열쇠이다. 의자에 딱 붙어 있으려는 궁둥이.

토대를 구축하는 것이 대단히 매력 넘치는 일이 아니지만 거기엔 어떤 위엄이 서려 있다. 그리고 마법도.

랍비이며 나슈바 영성공동체 창립자인 나는 종교적 공동생활에는 신바람 나는 수많은 순간이 있음을 안다. 황홀한 순간들, 진지한 관계들, 감동적인 기도예배, 우리를 고양시켜주는 경험들이 있다. 그러나 토대(난로)가 없으면 나슈바도 존재할 수 없다. 나슈바에는 재능과 시간을 아낌없이 기부하고, 그렇다, 후원금으로 아름다운 프로젝트를 살아 있게 하고 날개까지 달아주며 그 프로젝트의 불을 지키려고 애쓰는 분들이 계신다. 그 모든 작은 노력들이 없었다면 공동체 역시 없었으리라.

'예쳐'의 모든 방해를 뛰어넘게 하는 것은 매일 우리가 행하는 일관성, 그 작고 단순한 습관들이다.

모든 날들은 그 날만의 임무와 그 날만의 힘을 가지고 있다.

오늘의 신성한 힘에 부응하시기를. 아멘.

나는 누구인가

2016년 4월 어느 날, 내 코 위에 아주 작은 점 하나가 눈에 띠었다. 성가실 정도로 작았다. 전혀 대수롭지 않아 보였다. 곧 없어지려니 해서 무심했었는데 시간이 지나도 사라지지 않았다. 7월의 어느 날 아침, 그 점을 빼려고 의사를 만났다. 누구나 하는 가벼운 시술 정도로 예상했는데, 작은 점은 빙산의 일각이었고, 그 아래 침투성 암이 광범위하게 자리 잡은 걸로 판명이 났다. 그 날 늦게 내 코의 대부분이 사라졌다. 거의 대부분이.

모든 것은 한순간에 일어났다. 암이 내 팔이나 다리가 아닌 코 한가운데, 그것도 정중앙에 딱 생겨버렸다. 코가 없어졌으니 되도록이면 빨리 새 코로 복원을 해야 했다. 암을 제거한 외과의사는 코를 전체적으로 복원해야 한다고 말했다. 그 말뜻을 제대로 이해할 수 없었거니와 누구에게 도움을 받아야 할지도 몰랐다.

너무도 뜻밖의 일이어서 그 모든 일들이 미칠 것 같았다.

나는 늘 내 코가 마음에 들었었다.

전형적인 유대인의 코였다. 내 이름은 나오미 네카마 레비이고, 다행히 나는 랍비였다. 내가 유대인의 코를 가지면 왜 안 된단 말인가? 나한테 어울렸는데. 아무튼 내 코는 한순간에 휙 하고 사라졌다.

나는 코를 잃었다!

이상했다. 단 5분 동안도 내 몸의 일부를 생각하며 산 적이 없었는데 지금 이렇게 애통해 하고 있는 것이. 느닷없이 내 코가 우리 가문의 혈통을 상징하는 것 같았다. 너도 레비네 자손이야. 레비네 가문, 네 코도 그걸 물려받았지. 가족의 유사성은 드러나게 되어 있다. 나의 코는 내 얼굴에 새겨준 가족의 인증이었다.

히브리어로 얼굴을 '파님'(*panim*)이라고 한다. 영어에서 face(얼굴)는 사물의 겉면을 의미하지만 히브리어 '파님'은 사물의 내면을 의미한다. 얼굴은 우리의 내면을 드러내는데 지금의 내 얼굴은 험악하게 일그러진 괴물처럼 보였다.

우리가 그 진정한 의미에 관해서는 전혀 생각하지 않고 자주 내뱉는 "It's no skin off my nose."라는 말을 나는 계속 숙고했다. 그 말은 "크게 상관할 바 아니다"라는 뜻이다. 내가 다룰 수 있다. 무슨 상관이냐? 문자적으로 "내 코에서 피부 하나 벗겨질 일조차 없는 (대수롭지 않은) 일"(No skin off my nose.)이라는 뜻이다. 하지만 나는 코에 피부가 없는 것이 정말 굉장히 큰일이라는 것을 갑자기 깨닫는 중이었다. 생명을 위협하지 않아도 그 상황은 삶의 교훈으로 가득 차 있었다.

유대 신비주의에는 '리시마'(*Rishima*)라는 개념이 있다. 그것은 삶의 경험이 남긴 흔적을 뜻한다. 어떤 일을 견디다가 그냥 그 사실을 잊어버린다면, 즉 그 일로 인해 자신이 변한 게 조금도 없고, 거기서 아무것도 배우지 못했다면, 그러면 그것은 마치 그 사건이 일어난 적이 없는 것처럼 삶이 우리 뒤로 사라져버린 것이나 마찬가지일 것이다. 그러나 우리가 어떤 일을 겪으면서 그 영향을 자신에게 남긴다면, 다시 말해 그 경험을 통해 성장하고 배운다면, 그 힘든 시련의 시간도 복된 스승이 될 것이다. 배운 것은 나누어야 하지 않을까. 그래서 피부암과 함께했던 나의 여행에서 얻은 중요한 교훈을 이렇게 여러분과 나누려고 한다.

피부암 수술을 받았던 날 오후, 내 사랑하는 친구인 피부과 전문의 헬레네 로젠츠웨이그 박사는 내 수술을 해줄 성형외과 의사를 물색했다. 그녀는 동료들로부터 일곱 명의 성형외과 의사 명단을 확보했다. 나는 명단에 있는 일곱 명의 의사 이름을 인터넷에서 각각 검색하며, 한 의사가 세 번 넘게 나쁜 평가를 받았으면 그는 빼기로 했다.

며칠이 지나자 의사는 두 명만 남았다. 바로 다음 날 나는 두 개의 예약을 동시에 잡았다. 그런데 그날 밤 버디 리프슨 폼판이 떠올랐다. 내가 인도하는 예배에 참석하던 여자였다. 아, 버디, 당연히 그녀다. 버디의 사연이 생각났다.

버디는 "창의적 예술가 에이전시"의 최고 중개사였다. 그녀는 할리우드 영화 계약 중개 사업을 하는, 삶의 템포가 무척 빠른 사람이었다. 의뢰인들을 돌보는 데 거의 완벽할 정도의 기술을 가진 그녀는 까다로운 협상을 수월하게 진행하는 능력의 소유자였다. 언제나 일등석을 타고 여행을 다니면서 밤늦게까지 대본을 읽는 그녀였다. 그러던 그녀에게 갑자기 안면마비가 왔다. 처음엔 LA에서 유명한 전문의로 평가받던 의사가 단지 일시적 마비라고 오진을 내렸는데, 뇌종양이었다.

그녀의 삶이 뒤집혔다. 설상가상으로 그녀 아버지도 두 달의 시한

부 인생을 선고받았다. 버디는 아버지의 생명을 두 달이 아니라 두 해를 더 연장시켜주겠다고 약속하는 의사를 찾아냈다. 끈질긴 그녀의 노력 덕분에 그녀의 아버지는 돌아가실 때까지 사랑하는 사람들 곁에서 축복받은 덤의 인생을 누리실 수 있었다. 그리고 그녀의 오빠는 긴장성 두통이라는 오진을 받았는데 뇌암으로 세상을 떠났다.

참담한 일들이 너무 많았다. 나는 버디가 그간의 힘겨운 고통과 상실을 겪으며 "저주를 받았다"거나 "신이 주신 고통"이라고 할 줄 알았다. 아니면 비탄 속에 잠겨 있거나 공포에 사로잡혀 있을 줄 알았다.

버디가 겪은 혹독함은 그녀를 일그러뜨리기보다 그녀를 각성시켰고 그녀의 삶을 변화시켰다. 할리우드 영화 계약 중개 사업에서 최고 중개사가 될 수 있었던 버디는 자기만의 탁월한 능력을 환자를 변호하는 일에 사용하기로 결심했다.

그녀는 영화 사업에서 손을 떼고 새로운 소명을 위한 첫걸음을 떼었다. 환자를 위한 중개사, 즉 특정 질병 환자와 그 분야에서 가장 탁월한 전문의를 연결해주는 중개사로서의 시작이었다. 영화 계약이 아닌 생명을 구하기 위해 버디는 이전과 똑같은 기술과 능력을 발휘했다.

버디를 생각할 때마다 나는 하나님의 유리한 입장에서 그녀 삶의 궤적을 상상한다. 그동안 끈기 있게 기다리시던 하나님께서 이렇게 말씀하시는 것 같다. "그래. 버디는 사람들을 도우며 잘 살고 있다. 그런데 내가 왜 그녀에게 바로 이런 능력을 주었는지 그녀는 언제쯤 깨닫게 될까?"

나는 하나님께서 이런 말씀을 하시는 것도 상상한다. "그녀에게 올바른 기술을 주었지만, 그녀는 내가 그녀 안에 심어놓은 본래의 목적을 위해, 언제 그 기술을 올바로 사용할 수 있을까?"

밤에 대본을 읽던 버디는 요즘은 주로 진료기록과 의학 잡지, 임상시험에 관련된 최근 논문을 읽는다고 한다. 버디는 더 이상 일등석을 타고 다니지 않는다. 아니, 그보다 더 높이 날아다닌다.

그 일요일 밤, 나의 코를 복원시켜 줄 적임자를 검색하다가 나는 버디가 앞으로 나를 도와줄 거라고 믿고 버디에게 전화를 걸어 내 상황을 설명했다. 그녀는 서슴지 않고 대답했다. "나오미, 이 도시 전체에서는 단 한 사람뿐인 걸. 닥터 바백 아지짜데."

다행히 닥터 아지짜데는 내 명단에 있었고, 마지막까지 남았던 두 명의 의사 중 한 사람이었다. 이튿날, 내 첫 번째 약속으로 그와 예약을 잡아 놓은 상황이었다.

비록 버디의 강력한 추천이 있었어도 나는 두 번째 소견을 듣고 싶었다. 어찌 한 사람의 소견만 듣고서 내 안면 수술을 맡길 수 있을까?

월요일 아침이 되자 나는 정말 두렵고 떨렸다. 나의 수호천사 헬레네가 휴원까지 하고 나를 비벌리힐스에 있는 닥터 아지짜데의 병원까지 태워줬다. 병원은 아름다웠고, 거기 있는 모든 이들이 아름답게 보였다. 접수처 직원도 아름답고 대기실에서 기다리는 환자들도 모두 아름다웠다. 사라진 코에 붕대를 칭칭 감은 채 나도 그들과 함께 그곳에 있었다.

누군가 내 이름을 부른 다음 나를 검사실로 안내했다. 들어오는 의사를 보는 순간 그가 얼마나 따뜻한 사람인지 금세 느껴졌다.

의사는 붕대를 풀어 내 코를 검사했다. 통증이 느껴지기 시작하자 나는 "기절할 것 같다."고 말했다. 그는 밖으로 나가 빨대가 꽂힌 작은 주스 통을 들고 들어와 내 손에 쥐어 주었다. 내가 어린아이들에게 주던 그 주스 통이었다.

홀짝 홀짝 주스를 마시며 나는 말했다. "저, 이 말씀을 꼭 드리고 싶어요. 정말 두렵고 떨려요. 그리고 저는 지금 제 코를 보고 싶지 않아요. 저에게 보여 주지 않겠다고 약속해 주세요." 그러마고 그가 약속했다.

환자를 향한 의사의 연민이 나에게 고스란히 전해졌다. 그는 상황 설명을 했다. 무슨 말이든지 나는 들을 태세가 되어 있었다. 그때까지 내 마음 한구석에서 기대하고 있었던 건 시간이 가면 자연 치유가 되리라는 말이었던 것 같다.

의사가 내 앞에 앉아서 말했다. "피부암 부위가 상당히 넓었었네요. 앞으로 6주에 걸쳐서 세 번의 수술을 받으셔야 합니다." 심장이 뛰기 시작했다. 아니? 조직세포가 손상되었다고 했다. 그는 남아 있는 부분이 별로 없다고 조심스럽게 말했다.

이어서 복원수술 과정에 수반되는 상황들도 설명했다. 내 두피와 이마의 피부 덩어리를 떼어 뒤집은 다음, 코 전체에 붙이고, 귀의 연골을 떼어 코에 이식할 예정이라고 했다.

종양 제거 수술은 이미 끝났기 때문에 앞으로 진행될 세 단계 준비부터 빨리 시작해야 한다고 했다.

나는 눈물범벅이 되었다. 앞으로 6주 동안 이마에서 코까지 내려오는 코끼리 코를 달고 지낼 일은 상상만으로도 끔찍했다.

의사는 7주 후에는 다시 코가 생길 거라고 나를 안심시켜 주었다. 코가 없는 마당에 그 말은 대단한 위안이었다.

의사의 소견과 계획을 모두 수용하고서 나는 그에게 인사를 했다. 그리고 명단에 있는 두 번째 의사, 닥터 스미쓰를 만나러 갔다.

그 역시 사람들이 적극적으로 추천하는 의사였다. 그는 내 수술을 집도하려고 모든 스케줄을 비워 놓았다. 내 차례가 돌아와 진료실 안으로 들어갔다. 그분 역시 무척 친절하였고 무척 참을성이 많은 분이었다. 그는 수술 진행 방식을 설명했다. 설명을 열심히 듣는 나에게 그는 갑자기 물었다. "혹시 다른 의사들에게 상담 받으신 적 있으세요?"

"네, 막 아지짜데 선생님을 만나고 오는 길입니다."

그러자 높이 존경받고 있는 그 의사가 나를 바라보았다. 깊이 숨을 들이마시고 나서 잠시 침묵하더니, "랍비께서 그분에게 가셨으면 합니다. 그분이 저보다 훨씬 잘 하실 겁니다."

나는 깜짝 놀랐다. 무슨 의사가 이런 말을 한담?

그 날 밤 늦게, 닥터 스미쓰가 우리 집으로 전화를 했다. "오해하지 마십시오. 저도 제 일을 아주 잘 하는 의사입니다. 저는 단지 가장 훌륭한 의사의 수술을 받아 나중에 랍비께서 뒤돌아보고 후회하며 더 나은 결과를 바라는 일이 없길 바라는 마음이었습니다. 닥터 아지짜데는 이 분야에서 최고의 권위자이므로 랍비께서 그분에게 가시길 바랍니다."

"랍비 레비님, 아까 기겁하겠다고 하셨지만 저는 랍비님이 그런 분이 아닌 것 잘 알아요. 랍비님 스스로도 그걸 아셨으면 해요."

뭉클했다. "배려해 주시고 겸손함을 보여주셔서 어떻게 감사드려야 할지 모르겠어요."라고 나는 말했다.

잠시 침묵하던 그는 "닥터 아지짜데가 랍비님이 누군지 아십니까?"

무슨 뜻인지 몰라 당황하는 나에게 그는 재차 말했다. "꼭 확인해 보십시오. 그분이 랍비님이 누군지 아셔야 합니다."

"네. 그렇게 할게요."

전화를 끊고서 나는 스스로 물어 보았다. "내가 누구일까?"

곧 그 질문에 대한 대답이 떠올랐다...

그렇게 모든 길은 한 사람, 닥터 바백 아지짜데에게로 향했다. 그의 손에 나의 코를 맡길 수밖에 없었다.

그 날은 월요일 밤이었고, 이틀 뒤 수요일에 첫 수술을 받을 예정이었다. 화요일에 닥터 아지짜데가 수술과 관련된 논의를 하기 위해 나에게 전화를 했다. 일반 마취상태에서 네 시간 정도의 수술될 거라고 했다. 내 기억에 내가 이렇게 물어본 것 같다. "예전의 제 코로 복원시켜줄 수 있으셔요?" "아니요. 그건 불가능한 일입니다. 하나님이 주신 걸 돌려드릴 수는 없습니다. 그렇지만 제가 드릴 수 있는 가장 최선의 것을 약속할 수 있습니다."

"제가 예전 사진을 보내드릴까요?"

"그러세요."

전화를 끊은 다음 나는 랩탑으로 나의 옛날 코를 자꾸 클로즈업해 보았다. 심각하게 못 생겨 보이는 사진도 있었다. 하지만 무슨 상관이람? 모델 회사에 제출할 사진도 아닌데. 내가 갖고 태어난 코를 보여주고 싶었다.

그의 환자들은 코를 성형하고 싶을지 모르겠으나 나는 원래의 내 것을 찾고 싶은 심정뿐이었다. 사진 여러 장을 첨부하여 모두 그의 이메일로 보냈다. 무력감이 몰려왔다. 사진 첨부가 내가 할 수 있는 유일한 행동이라니.

수술 전 날인 화요일 밤엔 잠을 이룰 수 없었다. 너무 두려웠지만 수요일 오후 다섯 시에 있을 수술 시간까지 기다려야 된다. 하루 종일 금식에 물도 마실 수 없었다. 욤 키푸르(속죄일) 행사를 위한 총연습 같았다.

수술 당일 아침 나는 신경과민으로 눈물까지 흘렸고, 시간이 지날수록 두려움은 더 커져만 갔다. 내 마음은 자꾸 어두운 쪽으로 쏠렸다. 코를 상실한 충격은 사라지고 곧 있을 수술에 신경이 곤두섰다.

뭐라고 해야 할까? 나는 여유작작한 스토아 전사(stoic warrior)가 아니라, 걱정 많은 브루클린 출신(Brooklyn worrier)이다.

시간을 보내 보려고 앞뒤로 왔다 갔다 하기도 했다.

드디어 수술 받으러 갈 때가 왔다. 기도서와 내가 2001년에 쓴 『하나님께 말하기』(Talking to God)라는 기도서 한 권을 챙겨서 남편과 병원으로 향했다.

차에 타자 침몰하는 기분이 들기 시작했다. 내 안에 있는 부동(不動)의 중심을 찾을 수가 없었다. 나는 26년 동안 랍비 생활을 해왔고 하나님께서 나에게 다른 사람들을 돕고, 다른 사람들을 위해 기도하고, 다른 사람들을 위로하라는 은혜를 주셨다는 것을 알고 있었다. 하지만 그 날이 닥치자 그 같은 기도가 나를 도울 수 있을지, 내 스스로 견딜 수 있을지 확신할 수 없었다.

나는 사기꾼 같은 기분이 들기 시작했다. 어릴 적 TV에서 봤던 광고 중의 하나가 떠올랐다. 배우 한 사람이 나와서 말했었다. "나는 의사가 아닌데 TV에서 의사 역할을 합니다."

포테이토칩이 떨어지면 나는 대책 없는 아이가 되었다. 나는 겁 많고 속수무책이며 눈물 많은 아이였다. 스스로 나를 실패자로 몰아갔다. 나는 어떤 자원도 내 속에 가지지 못한 것 같았고, 자원을 갖지 못한 것이 두렵기만 했다.

"나는 랍비가 아니야, 랍비처럼 행세했을 뿐이야!"라는 생각이 들었다.

남편과 함께 외과센터로 들어갔더니 내 친구들, 헬레네와 캐롤이 와 있었다. 헬레네와는 열한 살 때부터, 캐롤과는 열네 살 때부터 친구였다. 친구들이 와줘서 가슴이 뭉클했다.

남편과 친구들은 대기실에서 기다리고, 나는 기도를 드려야 할 것 같아 기도서를 들고 뒤뜰로 나가 "제 영혼을 당신 손에 맡기옵니다!"라는 오래된 기도를 드렸다.

수술 대기실에 들어갈 시간이 되자 내 이름이 호명됐다. 여전히 나는 만신창이였다.

환자복으로 갈아입자 간호사가 내 손에 정맥주사를 꽂았다. 가슴은 두방망이질하고 있었다.

남편과 친구들이 있고, 그들이 내 곁에서 사랑과 응원을 보내고 있어도 나는 그들이 뭔가를 더 해줬으면 싶었다. 손을 뻗어 『하나님께 말하기』를 집어 '치유의 기도' 편을 폈다. 물론 2001년 내 손으로 작성했던 그 기도문은 나 자신의 치유를 위한 건 아니었다. 당연히 아니었다! 내가 모든 환우들을 생각하며 쓴 기도였는데 그것이 나를 위한 기도가 되리라고는 생각도 못했었다. 기도를 손수 작성했던 당사자가 그 기도를 드리게 되리라는 상상을 하지 못했던 것이다.

수술 대기실에서 나는 기도서를 펴들고 기도를 시작했다. 남편과 친구들에게 둘러싸여, 15년 전에 내가 적은 치유의 기도를 암송하기 시작했다. 기도하면서 나는 그 기도문 안에 있는 내 손을 인식하지 못했다. 마치 과거의 내가 지금 당장 들어야 할 정확한 말을 어떻게든 나에게 전달하는 듯했다. 나에게 말하는 이가 바로 나였다. 누군가 나에게 준 선물 같은 기도를 나는 드렸다.

나는 울었다. 상황이 바뀌기 시작했고 실내 분위기도 변했다.

남편, 헬레네, 캐롤에게 "모두 내 머리에 손을 얹어 나를 축복해 줄래요?"라고 부탁했다. 그들이 내 기도서를 들고 축복의 기도를 하는 동안 나는 눈을 감고서 내 머리에 놓인 사랑하는 사람들의 따스한 손을 가만히 느꼈다.

"손 떼지 말아줘, 나도 지금 기도할게!"

좁은 수술 대기실 바깥은 온갖 소음들이 여전했다. 그곳은 사람들의 말소리, 발자국 소리, 문 여닫는 소리가 들리는 외과센터였다. 그러나 그 비좁은 실내는 조그만 핀 떨어지는 소리조차 들리는 곳이었다. 남편과 친구들 모두 내 머리에 손을 얹고 완벽할 정도로 조용하게 나를 에워싸고 있었다. 그때 나는 기도를 드렸다.

우리 사이에 일종의 전기가 흐르는 느낌이 왔으며, 그것이 진동했고, 어떤 에너지가 계속 맴돌며 순환하고 있었다. 하나의 기도 속에 우리는 단단하고, 친밀하며 또한 매우 강력하게 녹아들었다. 누가 그토록 강렬한 기도의 에너지를 깰 수 있겠는가. 아무도 미동하지 않았다.

곧 우리는 더 이상 그 방에 있지 않았다. 어디서도 더 이상의 소리가 들리지 않았다. 그냥 그 방 전체가 공중부양을 했다. 우리는 더 높은 데로 날아오르고 있었는데 참 아름답고 밝은 곳이었다. 둥둥 떠오르며 시간 개념도, 시간도 사라졌다.

바로 그 순간, 간호사가 문을 열고 들어오며 "와우!" 하고 놀랐다. 그녀 역시 단박에 신비한 기운을 알아차렸다. "정말 강렬한 어떤 일이 지금 이곳에서 일어나고 있군요." 하더니 도로 문을 닫고 나갔다.

내 심장이 가슴속에서 여전히 세게 방망이질하고 있었다. 나는 눈을 감고 마음속으로 나의 만트라, 히브리 성서의 구절을 반복해서 외웠다.

나는 나의 옹졸함에서 하나님을 불렀으나, 하나님은 광활한 넓이로 나에게 응답하셨습니다.

나는 내 편협함으로 하나님을 찾았으나 하나님은 활짝 열린 아량으로 응답하셨습니다.

나는 내 필요 때문에 하나님을 찾았으나 하나님은 은총으로 응답하셨습니다.

이 구절을 반복하면서 마음속으로 외웠다.

갑자기 나는 강을 건넜다. 나를 집어 삼키는 파도에 휩쓸리다가 한 번도 본 적이 없는 가장 맑고 고요한 강물 밖으로 나왔다. 내가 한 것은 아무것도 없었다. 그냥 일어난 일이다. 은총.

온갖 소란이 잦아들고 나는 오직 절대적인 고요를 느꼈다. 그 절대적인 고요는 무척이나 생생했고, 감지할 수 있는 것이었으며, 순수했고, 수정처럼 맑았다. 저를 고요한 물가로 인도하시니, 주님, 당신이 제 영혼을 소생시키십니다.

그리고.... 나는 어떤 음성을 들었다.

내가 계속하기 전에 독자들이 세 가지를 알았으면 좋겠다.

1. 나는 정신질환자가 아니다... 적어도 내가 그런 것 같지는 않다.
2. 그때까지는 어떤 약물도 내 정맥에 들어가지 않았다.
3. 나는 이것을 비유적으로나 은유적으로 말하는 게 아니다.

내가 어떤 음성을 들었다고 지금 나는 말하고 있다. 크면서도 고요했다. 나를 통해 메아리치는 그 음성은 이렇게 말했다. "네 자신을 알아라!"

"네 자신을 알아라!" 무슨 뜻인지 나는 금세 알아차렸다. 나는 내 이름을 사칭한 사기꾼이 아니다. 나는 TV에 나와서 랍비 역할을 하는 배우가 아니다. 나는 겁 많은 어린아이도 아니다. 나는 하나님의 자식이다. 온전하며, 일관되고, 사랑받으며, 강인하고, 심지어 나조차 모르는 자원들을 내 안에 지니고 있는.

나는 나 자신에게 랍비가 될 수 있었다. 갑자기 나는 내 영혼 속에서 내가 그런 식으로 만드는 걸 보았다. 내가 누군지, 내가 누구라고 생각하는지 사이에 아무런 마찰이 일지 않았다. 바로 그 순간까지 나는 그것을 모르고 있었던 것이다.

갑자기 닥터 스미쓰가 내가 누구인지를 닥터 아지짜데가 알고 있는지 확인하라던 말이 떠올랐다. "그분이 랍비님이 누군지 아셔야 합니다."

그 말은 나를 두려움을 넘어서게 했고, 나 자신을 비로소 이해하게 했다. 나는 이제 내 고요한 곳에서 나 자신을 축복할 힘이 있을 뿐만 아니라 바로 그 순간에 다른 사람들을 축복하고 싶은 갑작스런 갈망이 내게 있다는 것을 알았다.

눈을 떴을 때 나는 필요한 다음 단계가 있다는 걸 알았다. 이 복된 장소에서 나를 에워싼 사람들에게 축복을 하는 것이었다.

때마침 간호사가 들어왔기에 "축복해 드리고 싶다."고 나는 말했다. 간호사는 잠시 멈칫하더니 곧 그렇게 해달라고 했다.

마취과 의사가 들어왔을 때에도 그녀를 위해 기도를 드렸다. 가장 열리고 아름다운 태도로 그녀는 나의 기도를 수용했다.

닥터 아지짜데가 문을 열고 들어왔다. "선생님을 위해 기도드렸습니다."라고 나는 말했다. 그리고 그에게 축복을 했다. 그의 눈을 바라보며 내가 이렇게 말한 기억이 난다. "저는 선생님이 누구신지 압니다. 선생님은 단순히 의사가 아닌 예술가여서, 최선의 수술을 하실 것을 믿고 있어요. 저를 하나님 손길에 의탁하는 동시에 선생님 손길에도 맡깁니다. 선생님을 온전히 신뢰하며 하나님께서 선생님의 신성한 직업을 축복하시길 빕니다. 하나님께서 축복하시길 빕니다. 그리고 저를 도와주셔서 정말 감사해요." 나는 이 비범한 의사를 무조건 신뢰했다.

"랍비님의 수술을 집도하게 되어서 제가 영광입니다." 내 손을 잡으며 그가 말했다.

그의 말을 듣자 내 깊은 곳에서 "이제 준비가 됐다."는 안도감이 생겼다.

나는 고요한 물가에 있었다. 고요함, 신뢰, 믿음, 아름다움, 하나님, 영혼에 연결됨, 축복받은 상태.

수술은 거의 네 시간가량 걸렸다. 회복실에서 눈을 뜨니 내 모습은 틀림없이 지옥에서 돌아온 형상이었다. 머리에 꽂힌 철심들, 이마에서 코까지 이어진 코끼리 코, 두개골까지 보이는 이마에 깊게 뚫린 구멍. 내 귀에는 반 고흐가 달았던 붕대까지 달렸다.

그때의 나를 본다면 아마 가장 비참하고 가장 절망스런 사람이 여기 있구나! 할 것이다. 그런데 눈을 뜨자 나는 고마움과 희열, 심지어 황홀감마저 들었다.

희미하게 닥터 아지짜데의 모습이 어른거렸다. 상황과도 맞지 않은 횡설수설의 허튼소리라는 것을 알면서도 나는 분명히 이런 말을 했었다. "감사합니다, 주여, 이 사람을 축복하소서."

밝고 따스한 미소를 띤 그의 동료의사, 어빈이 들어왔다. 그녀는 "닥터 아지짜데가 정말 꼼꼼하게 수술하셨어요. 랍비님 사진 한 장을 보며 내내 수술하신 거 아세요?"

그 전날 밤, 가여운 아지짜데 박사에게 나는 거의 15장 정도의 사진을 보냈을 것이다. 그가 어떤 사진을 보며 수술을 했을지 궁금했다. "정말 멋진 모습이었어요. 기도 숄을 두르고 눈을 감고 아드님 머리에 손을 얹어 축복 기도를 드리는 사진이었어요."

네 자신을 알아라! 여전히 몽롱한 가운데 나는 스스로에게 속삭였다.

그 날 밤, 나는 강을 건넜는데 이상한 것은, 한 번도 돌아간 적이 없다는 것이다. 결코 떠나고 싶지 않았다. 내가 받은 것을 아는 것. 유산 같은 것. 할머니에게서 물려받은 엄마의 반지를 물려받는 것이 아닌, 하늘에서 왔으므로 내가 잃고 싶지 않은 것.

그리고 지금 이 순간, 내가 원하는 것은 내가 받은 유산을 독자들과 나누는 것, 그것을 여러분에게 바치고 싶은 것뿐이다.

받을 준비가 되셨나요? 여기 있는 이 말씀을.

네가 누구인지 알아라!

스스로 상상조차 할 수 없는 일을 하기 위한 내적 자원이 우리 안에 심어져 있다는 것을 알아야 한다. 그것이 여러분을 위한 나의 기도이다. 크고 뚜렷한 변화가 있을 것이다.

내가 누구인지 알자. 이 말을 만트라로 삼자. 너무 낮은 기대를 하지 말자. 나의 능력을 알자. 우리 모두 하나님의 자식이다. 우리는 강하고 사랑받으며 혼자가 아니다.

어떤 기도를 드리고 있는가? 무엇을 원하는가? 여러분이 영혼 중의 영혼, 하나님께 크게 바라는 것이 무엇인가? 하나님은 우리에게 큰 희망을 품고 계신다. 신성한 장소로 갈 힘이 우리에게 있다. 그러므로 귀를 기울이자. 그 음성에 귀를 기울이자. 그 음성이 우리가 모르고 있는 나 자신이 누구인지 설명해주리라. 거기에 귀를 기울여보자.

내가 누구인지 알자. 명함에 새겨져 있는 직함이 아니다. 졸업장에 새겨져 있는 것도 아니다. 이력서에 올린 것도 아니다. 그것은 우리 영혼에 꿈, 명료함, 광대함으로 각인되어 있는 것이다.

내가 하나님이 버디에게 하시는 말씀으로 상상했던 말씀을 매일 하나님이 우리에게 하신다. "내가 너에게 준 선물을 보아라. 네 안에 심어준 것들을 언제 다른 사람을 위해 쓰려고 하느냐?"

많은 사람들이 삶에서 무언가를 잃었다는 지속적인 불만을 안고서 산다. 잠에 빠져 산 것 같은 느낌. 우리는 없이 생활만 있었던 느낌. 삶을 위해 열심히 싸워본 적이 없는 느낌. 그 지속적인 불만이 영혼이 우리에게 깨어나라고 재촉하는 증거이다.

삶을 돌아보며 인간은 두 가지 죄를 후회한다고 한다. 처음 것은 우리가 행한 죄, 즉 후회가 따르는 행동이다. 거짓말을 하여 누군가에게 상처를 준 죄 같은 것이다. 행위는 언제라도 교정할 수 있다.

두 번째 죄가 훨씬 다루기 힘들다. 우리가 행동하지 않은 죄가 두 번째 죄이다. 우리가 할 수 있었던 모든 일, 우리가 그것을 하기 위해서 태어났는데 하지 않았던 모든 일들이다. 어찌 그것을 바로잡을 수 있을까?

우리가 하려던 모든 모험의 버킷 리스트를 말하는 것이 아니다. 아직 하지 않은 사과와 용서, 아직 하지 못한 말들, 꿈꾸고 있던 모든 선한 행위들에 대해서 말하는 것이다. 내가 되고자 했던 사람. 영혼이 이 세상에서 성취하려고 보내진 임무.

이런 것은 대면하기 가장 고통스러운 죄들이다.

이루지 못한 삶. 어떻게 교정할 수 있을까?

너무 얼어붙게 하거나 두려워서 말할 수 없었던 꿈이나 기도는 무엇인가? 너무나 두려워서 추구하지 못했던 갈망은 무엇인가? 내 영혼은 무엇을 동경해왔는가? 무엇을 원하는가? 어떻게 달성할지에 대한 비전을 포착할 수 있는가?

포부를 품은 여러분을 응원한다.

많은 사람들이 유명 디자이너의 상표가 달린 상품을 입고, 타고, 들고 다닌다. 그 사람들은 그들이 입은 옷, 신발, 지갑, 차들을 생산하는 회사를 선전하며 돌아다니는 광고 게시판들이다. 마치 그 상표가 자기의 정체성이기라도 한 듯이 말이다.

여러분이 자기에게 지금 유명 디자이너 상표가 붙어 있다는 걸 아셨으면 좋겠다. 프라다나 포르쉐를 말하는 것이 아니다.

그 상표가 여러분 이마와 가슴에 대문자로 새겨져 있다. GOD이라고.

창조주의 직인이 우리에게 각인되어 있다. 그 직인이 우리 행위와 생각을 드러내게 하자. 하나님이라는 디자이너의 상표가 우리 본성에 각인이 되어 있다. 우리를 디자인하신 한 분을 우리가 걸어 다니면서 알리는 광고판이 되기 위해서 우리는 이 땅에 왔다.

우리들 각자는 유일무이한 존재들이다. 나와 똑같은 사람이 존재한 적이 없다. 내가 누구인지 알자.

첫 번째 수술을 통해 내가 깨달은 교훈이 그것이었다. 내가 물려받은 그 유산을 여러분과 나눌 수 있어서 영광스럽다. 여러분이 스스로 자신을 아는 것과 하나님께서 알고 계신 여러분 사이에는 커다란 간격이 있을 수 있다.

7주 동안 진행된 두 번의 수술을 통해 배운 교훈들이 더 많았다. 믿을 수 없게 탁월한 아지짜데 박사는 나를 회복시켜서 내가 자부심을 지니고 다시 일상으로 돌아올 수 있는 힘을 주었다. 나는 그에게 영원히 감사할 것이다.

창조주의 직인이 그대에게 각인되어 있습니다. 하나님은 그대 안에 심겨진 선물들이 어서 발휘되길 기다리십니다. 새롭게 축복받은 시간이 그대를 기다리고 있습니다.

그대가 누구인지 아시기를 빕니다! 아멘.

제4부

영원한 힘

더 고귀한 앎을 여는 열쇠

영혼을 키우고 깨워갈수록 사랑의 힘은 보이지 않는 불꽃, 영혼의 셋째 차원인 '네샤마'(Neshama), 즉 영원한 힘을 위한 왕좌로 바뀐다.

'네샤마'는 일회적인 사건으로 경험하고 마는 것이 아니다. 영원한 힘의 영역에서 온전히 사는 법을 배우는 사람은 거의 없는데 그 힘은 실제로 붙잡기 어렵고 그 왕좌에 앉는 경우도 드물기 때문이다. 그러나 영원한 힘이 우리 안에서 작동한다면 우리는 그것을 놓칠 리가 없다. 일반적으로 잘 모르는 "전체"에 대한 아인슈타인의 묘사와 유사한 영혼의 신성한 일치감에 우리는 눈을 뜨게 된다.

영원한 힘은 우리로 하여금 눈을 뜨게 하여 여기가 천국임을 얼핏 보게 한다. 시간은 녹아서 영원에 가 닿는다. 죽음이 덜 두렵고 덜 최종적이게 된다. 어쩌면 우리는 고인이 된, 우리가 사랑하던 사람들이 결코 멀리 있지 않다거나, 아예 우리를 떠난 적이 없다는 사실도 깨달을 수 있을 것이다.

일치의 경험, 영원의 맛

"한 인간은 '우주'라는 전체의 한 부분입니다…"
―아인슈타인이 랍비 마커스에게 보낸 편지 중에서

영혼의 음성이 점점 더 세고 강해지면, 내면 깊은 곳에서부터 천천히 새로운 인식이 시작된다. 그것은 예언에 가까운 앎이며, 우리가 모두 연결되어 있다는 계시다. 우리는 아인슈타인이 우리에게 뛰어넘으라고 요구했던 착시적인 망상 너머를 보게 된다. 이것이 우리의 내면을 자극하고 격려하는 영원한 힘(Eternal Force)이다. 그것을 기쁘게 맞이하자. 그러면 세상은 창조주의 빛 속에서 반짝거리기 시작할 것이고, 우리는 모든 영혼이 위대한 하나(Great Oneness)에 속해 있음을 이해하게 될 것이다.

귀향

내가 어렸을 때, 아버지는 낡아빠진 중고 고물차만 연달아 몰고 다니셨다. 차 속에선 역겨운 냄새가 진동했고, 비닐로 된 시트의 갈라진 틈새로 누런 속창이 드러나 있었다. 지저분하게 엉겨 붙은 바닥 매트에다 에어컨이 없는 차의 창문은 손으로 감아올려야만 닫혔다.

아버지는 브루클린의 부쉬윅이라는 빈곤한 우범지대에서 여성 스포츠 웨어를 만드는 작은 공장을 힘겹게 운영하셨다. 요즘 그 동네는 아주 핫한 지역으로 변신했지만, 내가 어렸을 때 부쉬윅의 정지신호 앞에서는 아무도 멈추려 하지 않았다. 아버지는 고급차만 목표물이 된다고 생각해서인지 낡고 후진 차는 아무도 털지 않을 거라고 철석같이 믿으셨던 것 같다. 그러던 어느 해, 낡은 고물차를 팔고 뷰익 르사브르 중고차를 새로 사셨다. 드림보트는 아니었지만 한 단계 업그레이드한 그 차는 그런대로 쓸 만해 보였다. 제법 잘 굴러간다고 아버지는 무척 좋아하셨고, 어느 때보다 행복해 하셨다.

내가 열두 살쯤 되었을 때였던 것 같다. 방과 후 합창 연습을 끝내고 집으로 돌아오던 길이었다. 12월의 오후 5시 30분 무렵은 어둡고 춥다. 버스 정류장에서 내려 집으로 걸어가고 있었는데 몇 블럭 떨어진 곳에서 한 남자가 차 계기판에서 발생한 화재를 진압하고 있었다.

나는 "딱한 사람이네!"라고 생각했다. 헛수고를 하는 것처럼 보였다. 누더기 같은 걸로 불을 끄고 있었으니 소용이 없어 보여서였다.

나는 화려하게 꾸민 환한 집과 상점들을 구경하면서 걷고 있었다. 가까이 다가갈수록 불은 점점 더 크게 번지고 있었고, 그 사람은 차 밖으로 나와서 망연히 차를 바라보며 서 있었다. 나는 "아, 끔찍하다!"고 생각했다. 가까이 가서 봤더니 그건 우리 차 르사브르였고, 그 사람은 우리 아버지였다. "딱한 사람이네!"라는 나의 생각은 순간적으로 "나는 아니네!"로 바뀌었다. 이런 일은 나한테, 아빠한테, 우리한테는 결코 일어날 수 없는 일이었다.

나는 아버지의 손을 잡아당겼다. 심장이 뛰었다. 구경꾼들이 모여들어 가로등 유리까지 화염이 치솟는 것을 보고 있었다. 겁에 질려 뒷걸음질 치는 사람도 있었다. 이윽고 소방차가 달려와 차창을 부수고 화재를 진압했다. 그렇게 한 차례 소동을 치르고 나서 아버지와 나는 손을 잡고 집으로 돌아왔다. 함께 집으로 돌아오며 아버지가 나에게 무슨 말을 했는지 기억이 나진 않지만 아마 모든 게 잘 될 거라고 나를 안심시키시며 아무도 다치지 않은 것에 감사하라고 하셨을 것이다.

하지만 나를 화나게 만든 것은 그 날 밤, 내가 아빠를 알아볼 수 있을 정도로 가까이 가기 전까지는 나 역시 구경꾼들처럼, "다행이다. 내가 아니어서."라는 안도의 숨을 쉬면서 아버지를 바라보고 있었다는 말씀을 아버지께 끝내 하지 못했던 일이다.

아인슈타인이 랍비 마커스에게 설명한 의식의 착시적인 망상이라는 그 함정에 나 역시 빠져있었다는 것을 이제 나는 이해한다. 의식의 착시적인 망상이란 우리가 실제로 모두 연결되어 있을 때조차 자신을 다른 사람들과 분리된 존재로 착각하고 있는 것을 말한다. 이처럼 우리가 분리되어 있다는 망상은 종종 우리를 인간의 고통에 무관심해지게 만들고 근거 없는 우월감과 불감증으로 이끈다.

얼마나 자주 나는 "다행이다. 내가 아니어서!"라고 말해 왔던가? 직업상의 좌절, 가혹한 진단, 또는 엄청난 상실 앞에서 "이런 일이 나에게는 일어날 리가 없다. 나에게는 아니다!"라고 말하는 사람들과 나는 얼마나 많이 상담해 왔던가? 이런 일은 다른 사람, 그 불운하고 불행한 영혼들에게나 일어나는 일이라고 생각하는 사람들과.

우리는 스스로를 약하고 왜소한 존재로 인정하고 싶지 않기 때문에 다른 사람들과 동떨어져 있다고 착각한다. 그러나 우리의 그런 부정이 오히려 우리를 작게 만든다. 고통과 거리감과 냉담함의 뿌리가 그것이다. 우리에게는 고통에 대해 영혼으로 대응할 수 있는 힘이 있다. 우리에게는 함께 아파하는 마음으로 우리 자신의 삶 속으로, 또한 타인의 삶 속으로 나아가는 힘이 있다. 만약 고통당하는 누군가에게 동정심을 느낀다면, 우리는 그들에게 영혼으로 반응하고 있지 않음을 알아야 한다. 동정심이란 에고가 스스로의 취약성을 인정하지 못하도록 보호하는 방법이다. 하지만 영혼은 보호를 필요로 하지 않고, 다만 간절하게 연결을 원한다.

우리는 "나는 아니네!" 이상의 것을 할 수 있는 능력을 갖고 있다. 우리의 영혼은 우리에게 양심, 친절, 배려의 방법으로 조언하고 싶어 한다. 영혼이 우리에게 바라는 바는 우리들이 타인과 거리를 두려고 쌓아둔 인식의 장벽을 넘어서는 것이다. 또한 영혼은 우리가 모든 창조물을 아우르는 집단적 영혼의 일부라는 사실을 이해하길 바란다. 그러므로 우리로 하여금 삶에 온전히 참여할 수 없도록 방해하는 우리 자신의 어떤 부분에 영혼을 챙겨오도록 하자. 영혼에 기대서 일면식조차 없는 사람들과 어떻게 우리가 연결되어 있는지를 영혼이 우리에게 보여주도록 허용하자. 영혼이 우리를 이끌어가게 해야 한다. 그러면 사심 없는 행동을 하게 된다. 영혼에 이끌려 목소리를 내고, 개입하고, 또 정의를 위해 싸우자. 우리가 관여하게 된 대의에 영혼을 불어넣자.

"저건 바로 내 문제다!"라고 말하면서 자신을 그 안에 포함시키는 것은 내가 인간이며, 언젠가는 죽을 존재이며, 인류 전체와 영원히 묶여 있음을 인식하는 것이다. 우리의 취약성을 끌어안는 것이 지혜의 열쇠이다. 달리 말해서, 우리가 작다고 인식해야 우리는 커질 수 있다.

매일 우리는 이 세상과 저 너머의 세상에서 깊은 영혼의 연결을 맞아들이는 힘을 갖고 있다.

나는 "hobo"라는 말이 "homeward bound"(귀향 중)의 줄임말임을 요즘에 와서야 알게 되었다. 우리는 모두 방황하면서 고향을 찾아가는 사람들이어서 우리 자신의 자애로움, 우리 자신의 거룩한 본질, 창조주, 우리 자신의 애정과 영혼을 찾아 돌아가는 중이다.

영혼 중의 영혼은 "돌아와라, 내 자녀들아!"라고 우리를 부르고 계신다. 그 소리가 들리는가? 그것은 영혼이 깊이 알고 있는 부르심이다.

그러므로 "나는 아니네!"라고 말하지 말고 "나도 저 안에 포함되어 있다!"라고 하자. 기쁜 소식은 우리가 추구하는 귀향이 이미 우리 안에 있다는 것, 바로 우리 영혼 안에 있다는 소식이다. 인간은 태생적으로 사랑할 수밖에 없는 존재들이고, 태생적으로 관대하고 겸손한 존재들이다. 서로 위로를 주고받는 존재로 태어났으며, 도움을 주려고 태어난 존재들이다. 인간은 태생적으로 연결된 존재들이다.

우리는 거리감을 좁히고 메꿀 수 있다. 파괴되어 엉망이 된 것을 복구할 수 있다.

영혼의 최고 단계인 영원한 힘(Eternal Force), '네샤마'(Neshama)에 기대어 보자. 그러면 곧 사태가 정리되고 진실이 더욱 뚜렷해지는 은총의 시간 속으로 들어갈 수 있다. 시력은 맑아지고 마음은 더욱 빈틈이 없어지게 된다. 온갖 쓰레기와 방어벽을 켜켜로 쌓아둔 가슴은 그것들을 훌훌 벗겨내고 나서 더 유연해진다. 그리고 우리의 에고는 우리가 견고하다고 믿었던 모든 것들이 허물어질 때까지, 한 층 한 층 벗겨질 것이다. 낮의 빛처럼 어둠을 꿰뚫어 볼 수 있는, 앎의 시간으로 들어갈 것이다. 엄청나게 먼 거리도 연결될 수 있음을 알게 된다. 늦지 않았다! 사랑하는 사람들과의 관계만이 아니라 우리가 아니라고 판단했던 사람들과의 관계도 우리는 바로잡을 수 있다. 그 모든 슬픔과 괴로움들은 얼마든지 누그러질 수 있는 것이고, 낯선 사람과 적 사이의 거리도 언제든 연결될 수 있다. 결코 절망적이지 않다.

"나는 아니네!"라는 자멸적인 사고 패턴, 즉 평생 우리를 걸려 넘어뜨린 사고방식은 그렇게 씻겨 나갈 수 있다. 불분명했던 모든 것들이 우리 안에서 구체화되기 시작하고, 잠자고 있던 모든 것들이 깨어나 듣고 감응할 준비를 할 것이다.

"타인"이라 불렀던 이들이 실제로 내 형제자매임을 알게 된다.

영원한 힘(Eternal Force)은 우리를 가르치기 위해 여기에 있는데, 우리를 둘러싼 세상의 보다 더 큰 그림과 그 안에 있는 우리의 자리를 보여주고 싶은 갈망을 갖고 있다. 우리에게는 여기서 날마다 완수해야 하는 임무가 있다. 우리 세계의 상황이 우리에게 그것을 요구한다. 자기 자신의 인간성의 진정한 깊이를 주장하고 소유하라. 자신의 공감 능력을 주장함으로써 자신도 모르게 자신의 운명을 주장하기 때문이다. 그렇게 함으로써 우리는 만난 적도 없는 사람들을 축복하며 살 것이다.

"저건 내 문제다!"라고 말하자. 우리 자신이 가진 온갖 불완전함과 온갖 놀라운 힘 안에서 우리들 자신을 드러내자. 우리가 어떻게 마음을 닫고 고슴도치처럼 움츠렸는지와 우리가 할 수 있는 모든 능력 사이의 거리는 연결될 수 있다. 머리와 가슴 사이의 거리, 우리의 영혼과 영혼 중의 영혼인 하나님 사이의 거리를 연결할 수 있다.

돌아오려면 먼 곳까지 여행할 필요는 없지만, 깊은 곳을 여행해야 한다. 이 소중한 세상이 우리에게 멋진 것을 기대하고 있다.

그대가 타인의 눈 속에서 그대 자신의 영혼을 볼 수 있게 되기를 빕니다. 그대의 인생은 그대가 그 안에 살기를 기다리고 있습니다. 이 세상은 그대가 세상을 바로잡아 주기를 기다리고 있습니다. 축복과 기쁨을 누리며 그 속으로 들어가길 기도합니다. 아멘.

마흔 두 곳을 거치는
영혼의 여정

지난여름, 남편과 나는 발리에서 휴가를 보냈다. 참으로 아름답고 평화로운 시간이었다. 거기 머무는 동안, 어느 현자를 만났는데 그는 내 인생 행로에 관한 온갖 질문을 하기 시작했다. 대화가 마무리되어 갈 즈음에 그는 "아, 당신에게는 과거의 문제가 여전히 문제로 남아 있군요."라고 말했다.

나는 "고맙습니다."라고 했다.

"그러나 그때만큼 큰 문제는 아니군요."라고 그가 말했다.

나는 그것에 대하여 곰곰이 생각해 보았다. 어떻게 과거에 있었던 문제가 실제로 사라지지 않고 여전히 남아 있는지에 대해서. 그러나 한때는 높은 산처럼, 우리 눈앞에서 길을 가로막던 장애물이 이제는 멀리 떨어진 산처럼 하나의 경치로 보인다. 그 장애물이 아직 보이기는 하더라도 더는 앞길을 방해하지 않는다는 것은 우리들이 여전히 길 위에서 여행을 계속하고 있다는 뜻이리라.

성서의 민수기 끝부분엔 이스라엘 자손들이 광야를 헤매는 40년 동안, 그들이 거쳐 갔던 모든 장소가 하나하나 기록되어 있다. 섬광처럼 빛나는 기록들이니 여기서 잠깐 맛보기를 해보자.

"그들은 홍해를 건너가서 신 광야에 진을 쳤다. 그들은 신 광야를 떠나 돕가에 이르러 진을 쳤다. 돕가를 떠나 알루스에 이르러 진을 쳤다. 알루스를 떠나 르비딤에 이르러 진을 쳤다…"

마치 전화번호부를 읽는 것 같기도 하고, 페인트가 마르는 과정을 지켜보는 것 같기도 하여 지루하기 짝이 없다. 성서는 그들이 여행을 멈추고 진을 쳤던 마흔두 곳이나 되는 지명들을 계속해서 이렇게 나열해 가고 있다. 왜 그럴까? 대체 그것들이 이 시대를 사는 우리들에게 어떤 의미가 있어서일까?

여행의 한 과정, 한 과정을 빠짐없이 기록하는 것은 출애굽 당시 세대들에게 분명 의미 있는 일이었을 것이다. 그들은 자신들이 머물렀던 장소에서 일어났던 사건들을 모두 기억 속에 저장하고 있었을 테니까. 하지만 이제 더 이상 지도상에 존재하지도 않는 장소에 대한 기록이 오늘날의 우리에게 어떤 메시지를 주고 있는 것일까? 그들이 거쳐 갔던 장소들이 이 시대의 우리들의 삶과 무슨 상관이 있다는 것일까? 그리고 왜 그들이 어떤 특정한 장소에 멈추어서 진을 쳤는지에 대해 왜 우리가 관심을 가져야 할까? 그들의 이런 여행 기록을 통해 우리가 얻어야 하는 영적인 교훈은 무엇일까?

내가 좋아하는 하시딕 해설서 가운데 『평화의 길』(Paths of Peace)이라는 주석이 있다. 랍비 솔롬 노아 베레조프스키가 쓴 것이다. 그는 무미건조하기 짝이 없는 그들의 여행지 나열을 분석하여, 내 마음과 가슴을 시원하게 열어주는 해설을 해주었다. 우선 그는 하시디즘의 창시자인 바알 셈 토브의 가르침을 인용했다. 바알 셈 토브에 의하면, 이들의 여행 기록에는 그 당시 세대만이 아니라 모든 세대와 관련이 있는 고도의 비밀이 숨겨져 있다. 본문에 열거된 42곳의 여행지는 모든 영혼이 태어날 때부터 본향으로 돌아가는 마지막에 이르기까지 42곳의 여정을 거쳐야 한다는 것을 가르쳐 준다. 이스라엘 자손들이 여행을 하고 진을 친 장소를 나열한 것은 그것이 우리 삶을 위한 청사진이며, 또한 이 여행지에서 다음 여행지로 이동할 때 우리가 어떻게 우리의 영혼을 따라가야 하는지를 보여준다. 바알 셈 토브가 말한 내용은 이렇다: 인생이 보류 상태로 일시 중단되었다고 느낀 적이 있는가? 혹은 어느 지점에서 좌회전해버렸다는 느낌이 든 적은? 혹은 삶의 어떤 국면에서 시간을 완전히 탕진하고 만 느낌은? 인생을 완전히 망쳤다는 느낌은?

아마도 우리가 잘못 생각한 것일지 모르겠다.

그렇다. 삶이 엉망진창이 되어버린 것 같은 느낌이야 들 수도 있으나 우리가 거쳐 온 모든 곳, 모든 역경, 심지어 최악의 모욕조차 우리 영혼을 쟁그렁거리게 울리며 미묘하게 높여서 앞으로 나가게 한다.

성서의 그 여행했던 장소들 목록은 저 막막한 세월의 간극이 있는 그 당시 사람들에 관한 것만이 아닌 영원하고 개인적인 것이다. 그것은 우리의 로드맵이며, 우리의 길이다. 이른바 인생이라고 하는 이야기가 있지 않은가 — 어디 있었는가, 어디서 쓰러졌는가, 어디서 저항하고, 두려워했는가, 언제 신앙을 가졌는가, 언제 욕망으로 인해 유혹을 받았는가, 언제 가슴이 무너지게 아팠던가? 어디서 승리했는가? 누구와 함께 있었는가, 그리고 어떻게 사랑을 주고받았는가?

인생의 각각 단계, 단계마다 영혼이 완수해야 할 임무가 기다리고 있다. 성장하는 한 가지 길은 공부를 함으로써 터득하는 것이다. 또 다른 길은 인생을 경험을 함으로써 그 모든 만남으로부터 터득하는 것이다. 『평화의 길』 주석서엔 이러한 인생의 교훈들을 "개인적 율법"이라고 부른다. 우리들이 거치는 모든 곳, 우리가 경험하는 모든 사건을 통해 영혼이 완수해야 할 임무가 있음을 이해함으로써 우리는 자기 자신만의 개인적인 율법을 터득한다.

쉬운 여정이 어디 있을까. 어떤 여행은 우리의 뼛속까지 시험하려 들 것이다.

때로 영혼의 역할은 의지력에 대해, 무엇을 피해야 하는지를 가르치는 것이다. 때때로 영혼은 가까이 끌어당기는 것을 가르치고, 우리가 얼마나 관대한지, 얼마나 많은 고통을 감내할 수 있는지 알려주기도 한다. 때때로 받는 법도 가르친다. 때때로 영혼은 그냥 주고, 주고 난 후 돌아오는 보상 같은 것은 생각하지 말라는 무주상보시(無住相布施)도 가르친다.

성서에 언급된 마흔두 곳에 대한 또 다른 설명이 있는데, 그것은 중세의 위대한 성서 주석가, 라쉬의 해석이다. 그에 따르면, 이스라엘 백성이 가던 길을 멈추고 진을 친 장소들을 일컬어 "여정들"(journeys)이라 부른다고 한다. 우리가 영혼을 더 드높일 마음이 있다면 우리의 좌절과 멈춤도 영혼을 고양시킬 수 있는 여정 중 하나이다. 그러므로 마비되어 멈춰 있는 시간 동안 자신을 채찍질할 필요가 없다. 사랑하고 배우는 일, 그것이 바로 열쇠이다.

무언가에 이끌렸다고 느낀 적이 있는가? 어디론가 갔을 때 혹은 사람을 만날 때, 무언가를 창조해냈을 때, 사실 그것이 나에게서 온 것이라기보다는 나를 통해서 온 것 같은 그런 느낌을?

내 영혼이 어디쯤 여행하고 있는지 알 수 있을까? 시간을 내어 지금까지의 삶의 발자취를 더듬어 보자. 종이 한 장을 들고 조용히 앉아 삶이 여행해 온 곳들, 그 아름답고 근사했던 순간들과 시련의 순간들을 하나하나 적어보자. 종이에 펜을 대는 순간, 내 삶의 양식, 방향, 더 큰 그림이 보이기 시작할 것이다. 아무것도 낭비된 건 없다. 그 모든 것이 지금 이 순간, 여기까지 우리를 이끌어 오게 만든 것들이다.

우리는 무엇 때문에 지금 여기에 있을까? 주어야 할 무엇이 있어서인가? 만나야 할 사람이 있어서인가? 받을 무엇이 있어서인가? 바로 지금, 우리를 기다리는 숨겨진 비밀을 하나씩 하나씩 찾아내지 않고서 이토록 신성한 시간을 흘려보낼 수는 없다.

나는 추도사를 작성할 때마다 큰 슬픔 가운데 애도하고 있는 가족들에게 떠난 이의 생애가 어떠했는지 들려달라고 부탁하곤 한다. 가족들이 들려주는 이야기들은 혼란스럽고 일관성이 없는 이런저런 잡동사니들이 많다. 그들이 관찰하여 들려준 이야기 전부가 어쩌면 부스러기들에 불과할지도 모른다. 그러나 나는 언제나 이야기, 둥근 활모양의 이야기, 그러니까 출생부터 그 마지막 여정에 이르는 영혼의 42 곳의 여정을 찾아보려고 한다.

내가 27년 동안이나 알고 지내며 무척 사랑했던 멋스런 여성 한 분이 얼마 전에 돌아가셨다. 그녀의 이름은 다나 스네. 다나는 폴란드와 리투아니아 국경 근처에 있는 작은 마을에서 성장했다. 나치가 폴란드를 침공했을 때, 그곳은 소련 손아귀에 들어갔다. 소련은 디나와 그녀의 자매들과 어머니, 할머니를 시베리아로 강제로 추방했다. 그녀에겐 도저히 그럴 수 없는 최악의 저주로 여길 수밖에 없는 일이었다. 동토의 기후, 극심하게 혹독한 상황, 돈도 영양가 있는 음식도 없는 시베리아에서의 삶. 전쟁이 끝난 후, 디나는 그녀의 고향 마을에 살던 유대인 가정은 몽땅 홀로코스트로 살해당한 사실을 알게 됐다. 시베리아 때문에 그녀는 살아남았다.

삶을 돌이켜 보면 우리에게 가장 혹독했던 시련 가운데 어떤 것은 지혜의 샘이었다는 것이 드러난다. 도전은 정신력을 키운다. 우리의 좌절은 우리의 생명을 구할 수 있다. 생의 모든 경험들은 그곳에서 우리를 기다리고 있는 선을 실천할 수 있는 하나의 기회이다. 여정의 모든 단계가 우리를 기다리고, 나라는 유일무이한 존재가 그 여행을 좀 더 높이 끌어올리길 기다리고 있다. 우리가 하고 있는 일마다, 배려하는 행위와 정의로운 행위마다, 앞으로 내딛는 한걸음과 심지어 뒤로 물러서는 걸음조차도 우주적 물결을 일으킬 수 있음을 알자.

우리의 가장 괴로운 잘못된 신념 중의 하나는, 인생이 무의미하며, "참된" 삶으로 이어질 만큼 흥미롭거나 강력하지도 않다는 지속적인 불만족이다. 무의미한 존재로 살고 싶은 사람이 있을까. 없다. 우리가 보지 못하는 진실은 의미와 체계와 메시지가 결여된 무질서한 혼란 속의 삶은 없다는 사실이다. 모든 날엔 그 날만의 이야기가 있다. 영혼의 렌즈로 보면, 다른 모든 이들과 나눌 수 있는 나만의 의미 있는 이야기가 보일 것이다.

스토리텔링은 영혼의 영역이다. 그것은 성스러운 전달 형식이다. 영혼은 이야기와 우화, 전설, 신화를 통해 커다란 기쁨을 맛본다. 마음이 재빨리 스냅사진을 찍는 것과 달리 영혼은 전개되는 웅장한 드라마를 탐지한다. 아이들이 똑같은 이야기를 자꾸 되풀이해서 듣는 이유가 아마 거기 있지 않을까 싶다. 성서가 율법 책이 아닌 이유도 아마 그것일 것이다. 위대한 작가들은 영혼에 불을 붙이는 좋은 이야기의 비밀을 안다.

자, 지금 여러분은 마흔두 곳의 여정 가운데 어디쯤에 이르렀는가? 영원한 힘, '네샤마'가 우리에게 우리 인생의 둥근 이야기 전체를 볼 수 있도록 도와주게 하자. 영혼은 우리가 잃어버린 신성한 이야기를 볼 수 있게끔 도와준다. 영혼에게 허용하자, 우리가 지금 이 순간 왜 여기에 존재하고 있는지를 가르쳐주도록.

그대가 그대의 삶을 의미 있는 이야기로 볼 수 있기를 빕니다. 그대의 좌절이 그대를 어떻게 앞으로 안내하는지 알게 되기를 빕니다. 어느 곳에 머물지라도 그대의 영혼이 감당해야 할 임무가 있으므로 그 임무를 완성할 축복을 누리게 되기를 기도드립니다. 아멘.

삶이 위축될 때

나의 코 수술을 하던 7주간은 내 영혼이 거쳐야 하는 마흔두 곳의 여정에서 확실한 이정표로 자리매김했다.

첫 수술은 마쳤으나, 두 번의 수술이 아직 더 남아 있었다. 몇 주 동안 흉측한 코끼리 코를 달고서 집안에 갇혀 지내는 건 그런대로 받아들일 수 있었다. 사람 코끼리 같은 꼴로 돌아다닐 수는 없었으니까.

7주. 처음에 도리 없이 유폐 생활이 시작되었을 땐, 꼭 징역형을 받은 기분이었다. 온전한 마음으로 지내기 어려울 것 같았다. 하루하루 날짜만 세며 보낼 것이라고 상상했다.

그런데 수감의 시간이 무언가 새롭고 의외의 것에게 자리를 내주고 있었다. 나는 날짜 세는 일을 그만두었다. 시간조차 의식되지 않았다. 처음에는 "어떻게 하루하루를 보내지?" 하고 불안해했었다. 그 상태를 어떻게 말로 묘사할 수 있을지 모르겠지만, 그 시간들은 가장 신성한 방식으로 흘러가고 있었다. 여유, 가능성, 사랑으로 가득하게 채워지는 날들이었다.

가족과 친구들로부터 나는 애정을 듬뿍 받고 있었으며, 나슈바 영성공동체로부터 사랑과 기도, 축복을 받으며 지냈다. 그 많은 애정을 나는 내 마음 깊은 곳에서 받아들였다.

아침에 일어나서 기도하고 묵상하곤 했다. 바뀐 환경, 그러니까 매우 온화한 곳에서 내가 7주 동안의 침묵 피정을 하는 것 같았다. 평소에 묵상할 때는, 가지를 많이 친 내 생각들을 가라앉히는 데 다소 시간이 걸렸는데, 그 7주 동안은 몹시 신속하게 내 안의 깊은 데까지 비울 수 있었다. 이전에 그 같은 경험이 전혀 없었던 초심자처럼.

나는 점점 더 나 자신과 내 처지에 대해 매일 더 평화로워지고 있었는데, 그것은 받아들임이었다. 이상하게도 오랜만에 내가 더 행복했고 더 차분했다.

새로운 손님이 내 머릿속에 찾아와 나와 함께 시간을 보내주겠다고 했다. 목소리의 주인공은 알 수 없었으나 그녀의 목소리는 참으로 감미로웠다. "괜찮아, 원하지 않으면 하지 않아도 돼! 낮잠도 좀 자고, 뭘 좀 먹는 건 어떨까! 아무 일을 하지 않아도 괜찮아! 낮잠을 더 자도 되고! 몸이 회복될 시간을 주고 염려 같은 건 하지 말아! 자신을 더 잘 보살피도록 해!"

내 영혼이 그 목소리의 주인공임이 틀림없었다. 갑갑한 투옥의 시간이 해방의 공간이 되었기 때문이다. 시간이 공간으로 바뀐 것이다.

하루하루 지나고 한 주 한 주 지나다 보면 밀실 공포증이 도지지 않을까 하고 걱정을 했었다. 내 말은 사람들이 그렇게 오랜 시간 넉넉하고 쾌활해질 수도 있다는 뜻이다. 나를 감싸는 외로움보다는 나를 높이 끌어올리는 놀라운 은총이 대신 기다리고 있었다.

그 생활은 내게 수감생활이 아니었다. 선물이었다.

수면에 편안한 자세를 취하기 어려웠던 나는 밤에 수시로 깨어났다. 그래도 그다지 신경이 쓰이지 않았다. 나는 유대교 신비주의 지혜서, 조하르를 들여다보며 신비주의자들의 묵상법을 생각하려고 애쓰곤 했다. 그들은 세상의 온갖 소음이 잦아드는 고요한 밤, 마술이 시작될 때 비로소 묵상에 들어갔다.

그렇게 7주 동안을 보내면서 내가 깨달은 사실은 두려워하던 것이 실제로 가장 아끼는 무엇으로 될 수 있다는 것이었다. 그 두려웠던 것이 사실 스승이 된 것이다. 그렇게 하루가 지나고 몇 주가 흘러갔으며, 다른 수술도 마쳤고 이제 곧 마지막 수술만을 앞두고 있었다. 그때 나 스스로 깜짝 놀란 일은 내가 집에서 그렇게 누에고치처럼 지내는 생활을 끝내고 싶지 않아 한다는 사실이었다. 정말 이상했다. 사람들은 내가 해방되는 순간까지 기다릴 수 없으리라고 짐작했을지도 모른다. 물론 나도 어서 그 시련에서 벗어나고 싶은 심정뿐이었다. 그러나 이토록 아름다운 장소, 너무 신성하고 거룩한 시간을 맛볼 수 있는 그 시간 속에 가능하면 더 오래 머물고 싶었다. 거기서 떠나고 싶지 않았다.

물론 내가 광장 공포증 환자가 되어가는 건 아니었다. 단지 내 내부에서 일어나는 그런 변화를 감지하고 있었고, 그것을 잃게 될까 두려웠던 것이다. 교통체증과 용무, 일상생활로 돌아감으로써 내 그 고차원의 선물을 잃는 것이 두려웠다.

생전 처음으로 일상의 삶을 접고 산중의 수도승이 되려는 사람의 충동을 이해할 수 있었다. 현실 세계에서 살아가는 일이 그에겐 몹시 가혹할 수 있다는 생각이 들었기 때문이었다.

위대한 현자 랍비 시몬 바 요카이 이야기가 내 머리에서 떠나지 않았다. 전설에 의하면 그는 7주가 아닌 12년 동안을 동굴에서 하나님의 입술에서 떨어진 성스러운 신비와 조하르의 비밀들을 받으며 지냈다. 어느덧 열두 해가 지나 동굴 밖으로 나온 그는 들에서 밭을 가는 가난한 농부를 보고서는 그저 이렇게 경멸했다. "하나님의 신비를 깊이 생각해야 하는 때에 인간이 어떻게 저렇게 하찮고 평범한 일을 하고 있단 말인가?"

바로 그 순간, 하나님은 그에게 "동굴로 돌아가라, 너는 아무것도 배운 게 없구나!" 하고 말씀하셨다

요카이는 그 말씀을 이해하지 못했다.

랍비 시몬 바 요카이의 전설이 전하고자 하는 뜻은 나에게 하늘의 비밀은 밭을 가는 데에 있다는 것이었다. 아이들이 보챌 때, 교통체증 때문에 꼼짝 못하고 있을 때, 할 일이 태산 같이 쌓여 있을 때, 우리가 하는 일들이 하늘의 비밀들이다. 그곳이 바로 우리가 신성한 것을 경험하기 위해서 있어야 하는 곳이다.

먼지가 풀풀 날리는 들에서 밭을 갈며 거룩하게 지내는 일은 훨씬 더 어려운 일 아닌가.

고요한 물가에서 지낸 경험을 나는 결코 잊지 못하리라. 그러나 진흙탕에서 살아가는 것이 삶이다. 시내산 꼭대기에서 계속 살아 갈 수는 없지 않은가! 결코 살아 갈 수 없다. 하지만 시내산에서 배운 것을 간직하고 살아갈 수 있지는 않을까?

나는 자꾸 이런 걱정을 했다. 일상으로 돌아갔을 때 실제로 나에게 아무런 변화가 없다면? 다시 유념하지 않는 생활로 돌아가 그간에 있

었던 내 모든 경험과 배움이 아무 일도 없었던 듯 시간만 낭비해버린 도로아미타불이 된다면?

인생의 도전은 우리가 변할 수 있다는 것이 아니다. 도전은 우리가 변한 상태를 유지할 수 있느냐 하는 것이다.

매일매일 세상이 유혹하고 시험해 오는데, 일상 속에서 어떻게 그 변화된 상태를 지속적으로 유지할 수 있을까?

나는 사람들에게 성스러운 어떤 일이 일어나기를 기도한다. 예상치 못한 어떤 일이. 일탈. 깨어남. 부드러운 심장. 머릿속에서 들리는 감미로운 목소리. 나는 사람들이 새로운 장소, 그러니까 발견할 수 있으리라는 예상을 전혀 못한 새로운 장소를 찾길 바란다.

스스로 그 가능성을 향해 마음을 활짝 열자. 실제로 우리에게 영향을 끼치는 어떤 힘이 있다. 우리의 중심을 강타하여 변화시키는 번개 같은 힘이 있다는 말이다. 나는 사람들이 강력하고 성스러우며 경이로움으로 가득 차는 어떤 경험을 하기를 기도드린다. 그리고 사람들이 그 신성함을 유지하는 방법을 발견하여 신성함이 사람들 내면에 자리 잡기를 축복한다.

그렇다. 우리가 경험하는 성스러운 경험이 너무 강력해서 우리의 정상적 삶 속에 통합할 수 없는 경험이 있을 수 있다. 어쩌면 그런 경험은 우리가 이전에 행한 일들을 더 이상 할 수 없을 정도로 깊은 수준에서 우리를 영원히 변화시킬 수 있다. 혹은 우리가 목격한 것을 우리 삶에 적용하기 때문에 결코 이전과 같아지기 어려울지도 모른다.

어쩌면 변화를 견디는 것, 지속적인 변화는 어쨌거나 신성한 경험에 집착하는 것이 아닐지도 모른다. 어쩌면 무엇에든지 집착하지 않는 것일지도 모른다. 통제하려고 하지 말자. 오히려 무언가가 우리를 점점 더 사로잡게끔 공간을 만들어 그 새로운 손님이 우리 내부에 정착할 수 있도록 하자.

    2016년 8월 14일, 나는 마지막 수술을 받았다. 회복실에서 깨어났는데 얼굴은 여전히 붕대로 감겨 있었다.

    일주일 정도 지나서 닥터 아지짜데에게 갔더니 그는 내 얼굴에서 조심스럽게 반창고를 떼어냈다. 갑자기 첫날의 진료가 떠올랐다. 그가 반창고를 떼고 내 코를 확인할 때 나는 흉측할 것이 분명한 내 코를 나에게 보여주지 말아달라고 간곡하게 부탁했었다. 두 번 다시 보지 않을 거라는 약속을 그는 나에게 했었다.

    하지만 7주가 지난 그 날, 의사는 미소를 띠고 붕대를 풀고 난 다음 만족해하며 나에게 거울을 건네주었다. 내 얼굴을 보았다. 코가 있었다. 말할 수 없이 고마웠다. 새날이 온 것이다. 말을 할 수 없었다. 가슴이 벅찼다. 눈물이 고였다. 그를 향해 나는 연신 "고맙습니다, 고맙습니다, 고맙습니다!"라고 했다. 집으로 돌아와 나는 그에게 "하나님께서 박사님을 축복하시길 빕니다. 어떤 말로 이 감사한 마음을 전할지 모르겠습니다! 그냥 제 가장 깊은 영혼에서 우러나온 고마움을 전합니다. 언제까지, 영원히 감사할 거예요."라는 문자를 보냈다.

    한 주일이 지나갔다. 의사는 흉터가 보이지 않게 화장할 수 있을 만큼 충분하게 아물었다고 했지만 사실 나는 화장에 대해서 별로 아는 게 없었다.

나는 백화점의 화장품 매장에 갔다. 매장 직원인 가브리엘은 사람이 무척 친절했다. "저런, 고객님! 무슨 일이 있으셨나요?"

가브리엘 앞에서 나는 완전히 감정에 북받쳐서 내 이야기를 처음부터 끝까지 말했다. 그의 눈에도 눈물이 고였다.

내 코를 가리키며 내가 말했다. "이 코는 제 게 아니에요. 내 두피와 이마와 귀랍니다." 그는 깜짝 놀라 내 얼굴을 가까이 들여다보았다. "그럼, 이 흉터를 어떻게 커버할 수 있을지 화장법 좀 소개해 주시겠어요?" 내가 물었다. 그리고 이렇게 덧붙였다. "그리고, 이 두툼하고 못생긴 코를 좀 더 세련되고 좁아 보이게 할 수 있을까요? 이건 너무 둥글납작하고 못생겼고 구불구불하며 거칠어요."

딱 거기까지가 소위 나의 그 "영원한" 고마움이라는 것이었다. 고작 7일 동안만! 친절하고 부드러운 음성, 말하자면 내 머리에 찾아왔던 그 새로운 손님은 고작 그만큼만 머물다 떠났다!

하나님, 용서하세요! 아지짜데 박사님, 용서하세요!

나는 아이폰을 꺼내 가브리엘에게 내 예전 코 사진을 보여주며 말했다. "이것 좀 보세요, 정말 좁고 오똑한 코였지요?"

그는 "우선 그 사진은 치우세요. 그건 이미 과거입니다. 지금 코가 훨씬 부드러워 보이고 손님에게 더 잘 어울려요. 손님은 온화한 인상인데 예전 건 너무 앙상해 보여요. 아무튼 정말 기적 같은 코입니다. 안 보이세요? 자, 그럼 우리 이제 옛것은 잊기로 하지요. 그리고 손님, 제가 이제 손님께 빵 터지는 화장을 해드릴게요!"

화장품 매장의 직원은 랍비에게 그녀가 얼마나 복 받은 사람인지 일깨워줘야 했던 것 같다. 그러고 나서 그 천사 가브리엘은 브러쉬를 손에 들고 내 흉터들을 감쪽같이 감춰주기 시작했다.

집으로 돌아오는 차 안에서 마흔두 곳의 여정에 대한 가르침이 생각났다. "그렇다, 뒷걸음질조차 스승이다."라는 가르침. 나는 딱 7일만에 감사와 친절한 마음과는 먼 곳으로 퇴행했다.

그리하여 다음 진료를 받으러 갔을 때 나는 의사에게 이런 말을 했다. "선생님, 부탁 하나 드려야 될 것 같아요."

"네, 말씀해 보세요, 무엇을 도와드릴까요?"

"박사님이 갖고 계신 내 사진을 보고 싶어요. 선생님 처음 뵙던 날의 저의 사진요. 코가 없었던 때의 내 모습을 보고 싶어서요."

"이젠 괜찮으시겠어요?"

"네, 그런 것 같아요."

일어나 책상 뒤로 간 그는 컴퓨터에 저장했던 내 사진을 찾아냈다.

"자... 준비되셨죠?"

나는 컴퓨터 앞으로 갔다. 그런데 갑자기 인터넷 연결이 끊어졌다. 화면이 까맣게 죽어버렸다. 아무것도 보이지 않았다.

나의 증인은 하나님!

사실, 하나님께서 이 일로 내 증인까지 되실 필요가 없다. 증인은 아지짜데 박사 한 분으로도 충분했다.

잠시 나는 "도대체 이것은 무슨 징조일까?"라는 생각이 들었다.

그는 이런 말도 했다. "아마 다시 볼 필요가 없다는 뜻인가 보네요!"

하지만 나는 "아니, 보라는 뜻 같은 데요!"라고 말했다.

그 순간에 이르기까지 나는 무척이나 두려웠었다. 내 얼굴이 공포 영화에 나오는 괴물 같은 모습일 것 같아서.

하지만 닥터 아지짜데는 그의 아이폰에 저장된 나의 사진을 찾아냈다. 나는 마음 준비를 했다. 혹시라도 울게 될까봐서, 속이 상해 병원에 토하기라도 할까봐서 무척 염려가 됐다. 의사를 만나기로 한 것을 후회하게 될까봐서도 겁이 났다. 내가 극복할 수 있을까? 이 사진이 뇌리에서 떠나지 않는다면? 나는 사진을 보았다. 그런데 나는 내 머릿속의 감미롭고 부드러운 음성, 나의 영혼의 음성이 나와 함께 있음을 알고서 마음이 편해졌다. 내 코의 거의 전부가 사라져버렸어도 사진 속의 내 모습은 온전함을 잃지 않고 있었다. 혐오감보다는 그녀 눈에 깃든 따스함과 그녀에 대한 연민이 내 감정의 전부였다.

의사에게 말했다. "하나님께서 선생님을 축복하시길 빕니다. 사진을 보여주셔서 고맙습니다. 제가 이 기적 같은 이야기의 진정한 궤적을 알아야 했어요."

무엇이 이 이야기의 진정한 궤적인가?

그것은 우리의 모든 이야기들의 궤적이다.

우리가 축복받은 존재임에도 불구하고 우리는 그것을 알아차리지 못한 채 살아간다. 하지만 우리의 영혼은 화장품 매장의 직원인 가브리엘이 나에게 해주었듯이 지금 여기서 우리가 기억하게끔 도와준다.

우리의 머릿속에는 따스한 음성이 살고 있다. 그녀는 항상 그곳에서 우리를 살피며 지혜를 준다. 그녀가 우리 영혼이다. 언제나 우리에게 참된 소명과 거룩한 운명의 길을 보여주는 그녀는 우리를 돕고 들어 올리며 변화시키는 고귀하고 강한 힘을 가졌다. 그녀의 음성에 귀 기울이는 법을 깨우치자.

두려운 경험, 자신에게 결코 일어나길 바라지 않았던 경험들 또한 우리를 놀라게 하고, 상상할 수 없는 방식으로 우리 삶을 밝게 비춘다. 영혼은 우리가 이를 이해할 수 있기를 희망한다.

우리는 상상 이상으로 깊은 사랑을 받고 있다. 그동안 만난 사람들과 우리를 지으신 한 분 하나님께 얼마나 깊은 사랑을 받고 있는지 우리는 모른다. 그 사랑의 깊이가 얼마나 심오하고 얼마나 강력한지 우리는 모른다. 그리하여 우리의 영혼은 우리가 그 사랑을 느낄 수 있도록 도와주고, 그 사랑을 우리 안으로 들여보낼 수 있도록 도와주기 위해 우리와 함께 지금, 이곳에 있다.

하루하루 날마다 새로운 빛이 그대를 비춥니다. 그것은 전에 없던 빛입니다.
우리 모두 가치 있고, 특권을 누리며, 빛을 발하는 축복을 받을 수 있기를. 아멘.

그대의 천국

얼마 전 엄마 꿈을 꾸었다. 어느 카페에서 내 곁에 앉아 계신 엄마에게 나는 귓속말로 물었다. "엄마, 그래 천국은 어떻던가요?" 처음에 엄마가 내 말을 못 들은 척하시기에 나는 끈질기게 졸랐다. "엄마, 빨리 얘기 좀 해 보세요!"

"노미, 욕실이 정말 으리으리해!"

"그게 전부예요?"

"욕실이 정말 호화로워." 엄마는 똑같은 말을 반복하셨다.

"그러면 날씨는 어때요?"

"여기랑 같지 뭐."

"천국이 이 세상과 같아요?"

"욕실? 으리으리해!"

그게 다였다.

어머니가 나에게 이 세상과 천국의 차이를 말하지 못하신 이유는 무엇이었을까. 우리가 천국에서 살아가면서 슬프게도 그 사실을 인식하지 못하는 게 안타까우셔서 그러신 건 아니었을까. 천국에서 사는 것이 가능하며 실제로 우리에게 천국이 주어져 있음을 우리는 알지 못한다.

새해 첫날, 나는 친한 친구와 점심을 먹으며 이런 질문을 했었다. "올해 새로운 결심은 했니?"

"나의 다짐을 이룬 적이 한 번도 없었으니 말하지 않으련다!"

내가 웃었더니 친구도 따라 웃었다. 내가 웃었던 것은 친구의 말 때문이 아니었다. 그녀의 생각 때문이었다. 내가 오랫동안 사람들에게서 들어온 가장 이상한 생각 가운데 하나가 그것이다. 생일 케이크 위에 놓인 촛불을 끄며 우리가 비는 소원과 우리들이 새해에 하는 다짐은 다르다.

종종 사람들은 우리의 기도, 꿈, 다짐을 소원과 혼동하곤 한다. 소원이란 지니(genie)와의 대화인데, 인간이 이 세상에 온 목적이 지니와 대화하기 위한 것이 아니라면, 우리가 지닌 진정한 창조적인 역량을 아시는 한 분이신 창조주 앞에 서기 위해 우리는 이 세상에 온 것이다.

나는 꿈을 꾸는 사람, 요셉을 무척이나 좋아한다. 그는 내가 좋아하는 성서 속 인물 중의 한 사람이다. 요셉은 꿈과 소원을 구별할 줄 알았다. 그는 형제들에게 배신당했을 때도 반드시 꿈을 간직해야 한다고 생각했었다. 심지어 흙구덩이 속에서도 영혼이 품은 높고 고귀한 꿈에 그는 충실했던 사람이다.

랍비들에 의하면, 예언의 60분의 1이 꿈이라고 한다. 그러므로 꿈이 씨앗이다. 무슨 뜻일까? 예언자는 미래를 점치거나 미래를 예측하는 사람이 아니다. 예언자는 꿈을 꾸는 사람이다. 꿈을 갖지 않은 사람이 어디 있느냐고 반문할 수 있겠다. 맞다. 우리 모두 우리의 삶의 가능성을 일별하고, 세상의 가능성도 일별할 수 있지만, 그런 꿈들을 어쩔 수 없이 사라지게 내버려두고 만다.

예언자는 세상의 변화 가능성을 볼 수 있지만, 그것을 그냥 내버려둘 수만은 없는 사람이다. 그 꿈을 위해 위험을 감내하며 용감하게 맞설 준비를 하고, 꿈으로 인해 입은 고통과 상처마저도 달갑게 감수하고자 하는 이들이다.

우리 모두 꿈을 꾸었던 적이 있었고 천국을 본 적이 있었지만, 대체로 그 꿈의 절박성은 사라지고, 다시 평범한 일상으로 되돌아가곤 한다. 우리가 세웠던 다짐들을 실현하지 못하는 이유가 바로 거기에 있다.

하지만 우리에게(to) 일어나는 사건이 아니라 우리를 통해(through) 일어나는 사건이 결심이며 다짐이다.

탈무드 전체에서 내가 좋아하는 축복은 "다가오는 당신의 천국이 이 세상에서 이루어지기를 빕니다."이다. 우리의 영혼이 계속해서 이 진리를 우리에게 주지시켜주려고 애쓴다.

이따금 우리는 창조주께서 우리를 통해 일하시는 것을 직감할 수 있다. 곡을 연주하는데 손이 무언가에 이끌리고 있음을 알아차린다. 목소리를 높여 노래를 부르는데 천사들의 메아리가 들린다. 펜을 종이에 댔는데 낱말들이 자신으로부터 나오는 게 아니라 단지 받아 적고만 있다는 걸 안다. 그러나 곧 우리는 그때의 느낌을 잃어버리고, 우리가 품은 꿈과 다짐도 잊는다.

노예 상태란 단지 육체적 속박만이 아니라, "나는 그만큼 강하지 않아! 나는 그만큼 정직하지 않아!"라는 거짓에 익숙해지도록 하여, 그것이 사실이 아니라는 것조차 모르게 만드는 영적인 최면상태까지를 말한다.

그러면 우리를 가두는 모든 것들에서 벗어나기 위해서 필요한 것은 무엇일까? 대격변이다. 내면에서 울리는 불만. 진실인 줄 알고 수용했던 모든 것을 뒤흔드는 지진. 갑자기 우리를 가두었던 벽들과 우리를 묶었던 족쇄들이 무너져 내리면 우리는 새로운 진실을 보게 된다.

자유의 비결은 "베야다템"(*veyadatem*), 즉 "너는 알게 되리라!"는 한 마디다. 뼛속에서, 가슴에서, 영혼에서, 존재의 심연에서 우리는 보고 깨닫게 되리라!

무엇을 깨닫게 된다는 뜻일까? 우리가 하나님의 자녀임을 깨닫게 된다는 뜻이다. 모든 존재와 평등하며 누구에게도 속박되지 않은 존재라는 것을.

그것은 마틴 루터 킹 박사가 "나에게 꿈이 있다."라고 말했을 때의 그 의미와 같은 것이다. 그 꿈은 더 이상 부정하거나 억제할 수 없는 진실을 향해 레이저처럼 거짓을 뚫고 나아가는 비전이다. 이 세상에서 천국을 이루는 비전이 바로 우리가 꾸는 꿈이다.

킹 박사는 또한 꿈은 반드시 행동으로도 뒷받침되어야 한다고 생각했다. 그 때문에 그는 이런 말을 했다. "가장 위험한 무신론은 이론적인 무신론이 아니다. 실천적 무신론, 그것이 가장 위험한 형태의 무신론이다. 그리고 세상, 심지어 교회까지도 하나님께 삶으로 하는 봉사가 아니라 입술로 봉사하는 사람들로 가득 차 있다."

위대한 지도자들은 이 세상에서 천국을 발견하는 사람들이다. 무엇이 가능한지를 아는 지도자들은 그것을 일상의 빛 속으로 끌어와야 하며, 다른 사람들도 그 세상을 볼 수 있도록 그림을 그려내야 한다. 위대한 지도자들은 그 꿈이 이루어질 때까지 반복해서 가르쳐야 한다.

나는 기록보관소에서 바로 이런 사상이 담긴 랍비 마커스의 설교 하나를 발견했다. 그가 70여 년도 더 전에 한 설교이지만 오늘날에도 그가 말한 그 날처럼 생생하게 살아있으며 진실하다.

"더 공평한 세상, 더 아름다운 우주에 대한 꿈을 잠시라도 꾸어보지 않은 사람은 없습니다... 꿈을 꾸는 행복한 순간에 숭고한 분의 약속을 보지 못하고 살아온 사람도 없습니다. 그러나 곧 그 순간은 지나갑니다. 따라서 그 꿈도 사라집니다. 우리의 경제생활은 우리에게 큰 요구를 합니다... 그리하여 우리의 꿈의 세계는 사라지고, 우리는 다시 한 번 현실적이며, 매우 자주 아름다움과 색채가 결여된 우주를 봅니다.

그러나 평범한 사람들보다 더 커다란 꿈을 부여받은 이들이 있습니다... 그들은 더 깊이 꿰뚫어보며 사태를 보다 지속적인 방법으로 바라보는 시선을 가지고 있습니다... 그들은 너무 짧고 덧없는 이 순간을 받아들여 재구성하고, 그것을 지속적이고 의미 있는 형태로 재창조하는 능력을 지녔습니다. 예언자들은 비전을 지닌 사람들입니다..."

랍비 마커스는 꿈을 지속적인 비전으로 바꾸는 것과 그 비전을 실현하는 일은 높은 곳에서 일어나는 일이 아니며, 하룻밤 사이에 일어나는 일도 아니라고 이해했다. 그것은 분투하는 것인데, 일상에서 분투하는 것이며, 옳은 것을 위해 분투하는 것이다.

예언은 하나님의 현존 자체가 우리를 통해서, 우리의 잠재의식의 경험에서부터 의식의 경험으로 옮겨가며 일하시는 것이다. 무엇이 가능한가에 대한 감식 능력이 예언이다.

우리가 우리 자신을 위해 꾸는 모든 꿈은 하나님이 우리를 위한 갖고 계시는 꿈의 반영일 뿐이다.

하나님께서 우리 영혼 안에 무엇을 심어 놓으셨을까? 하나님은 어떻게 우리를 통해 일하시고 축복해오셨을까? 우리들 자신의 위대함을 보기 시작하고, 한계를 뛰어넘고, 성장할 수 있는 능력을 보자.

눈만 뜨면 인생이 완벽하고 하나님이 예상할 수 있게 현존하시는 분이라는 걸 알 수 있다는 말일까? 아니다. 인생은 우리를 쓰러뜨릴 수 있고, 하나님마저 멀게 느껴질 수 있다. 우리 삶의 조건, 우리 세계의 조건은 천국과는 매우 동떨어진 것으로 보일지도 모른다. 시련과 고난이 우리를 팽개칠 수 있다. 아무리 그런 도전이 우릴 팽개칠지라도 우리는 그것에 결코 굴복할 수는 없다.

지옥이란 불타고 고통이 이글거리는 곳이 아니라는 해설서를 읽은 적이 있다. 지옥은 하나님께서 우리의 눈을 열어 우리가 지닌 본래의 탁월성을 보게 하시어, 우리가 마땅히 있어야 할 곳에서부터 얼마나 멀리 떨어진 곳에 와 있는지 알게 하시는 곳이다. 지옥이 그런 곳이라면, 천국은 어떤 곳일까? 천국이란 하나님께서 우리의 눈을 열어 지금 우리에게 무엇이 가능한지를 깨달아 알게 하시는 바로 그 순간이다.

지금, 우리는 무엇을 쟁취하려고 힘쓰고 있나?

사람들이 하는 대부분의 결심은 운동과 다이어트와 관련된 것들이다. 우리가 자신의 생활방식을 고치고 성취하기 위해 무엇을 결심할 수 있는지를 알 수만 있다면 얼마나 좋을까! 우리는 천국을 보는 힘, 고귀한 꿈(high vision)을 현실에 일치시키는 힘, 이 세상을 한 단계 더 높이 일으켜 세우는 힘을 가지고 태어났다.

천국을 일별하기 위해서 무엇보다 중요한 것은 천국에 대한 비전을 가지는 것이다. 무엇이 천국에 대한 우리의 비전일까?

어느 랍비의 해석은 이렇게 경고한다. 천국에 대한 비전을 파악하지 못하면, 우리는 천국에 가서도 벤치가 될 것이라고 경고한다. 천국에 가서 벤치에 앉게 된다는 뜻이 아니라 거기 가서도 벤치가 된다는 뜻이다. 진정으로 우리는 천국에 가서도 다른 사람이 내 위에 올라앉을 벤치가 되고 싶을까?

우리는 천국이 무엇인가에 대한 비전을 포착할 수 있는 힘을 소유하고 있다.

약속의 땅은 멀리 떨어진 곳이 아니다. 그리고 천국은 죽은 자들을 위해 준비된 곳이 아니다. 우리가 보고 그곳으로 들어오기만을 기다리는 바로 여기, 그곳이 천국이다.

이 세상에서 천국을 알 수 있는 법을 터득하길 원한다면, 스스로 몇 가지 깊은 질문을 해보도록 하자.

세상은 무엇을 나에게 원하나? 하나님께선 나에게 무엇을 원하실까? 나의 재능을 어떤 일을 위해 사용해야 할까? 내 영혼은 내가 어떻게 살아가기를 바랄까?

어떤 거짓 핑계들을 바로잡아야 할까? 어떤 장벽을 무너뜨려야 할까? 그 진실의 길을 가로막는 베일은 어떤 것들일까?

우리는 무엇을 극복하고 그것에서 자유롭기를 갈망해 왔는가?

요셉과 같이 우리는 꿈을 꾸는 능력과 영혼이 지닌 고귀한 꿈을 현실과 일치시켜 이 세상을 한 단계 높은 곳으로 끌어올릴 수 있는 힘을 가지고 태어났다.

무엇이 우리의 꿈일까? 바로 조화로운 영혼에서 울려 퍼지는 꿈이 아닐까?

천국은 여기에 있다. 그대가 이 세상에서 천국을 발견하기를 빕니다. 아멘.

시간과 영원에 대한 보다 더 높은 이해

"…시간과 공간에 의해 제약을 받는 한 부분."
―아인슈타인이 랍비 마커스에게 보낸 편지 중에서

아인슈타인은 우리가 모두 전체의 일부라고 주장했지만, 그는 우리가 우리의 제한된 인식으로 인해 이 진리를 완전하게 파악할 수 없다고 이해했다. 그 누구도 아주 명료하게 만물의 하나됨을 보지 못한다. 우리는 영원에 대해 알고 싶은 열망으로 인생을 살아가지만, 우리 자신의 시간성에 꼼짝 없이 갇혀 있을 뿐이다. 영혼과 육체 사이의 이런 긴장, 단일성과 분리 사이의 긴장을 높이는 하나의 사건이 있다. 그것은 죽음이다.

'네사마,' 영원한 힘(Eternal Force)은 새로운 눈으로 시간과 영원, 땅과 하늘을 보는 법을 가르쳐주기 위해 우리를 기다리고 있다. 모든 삼라만상을 아우르는 전체, 우리가 그 일부인 전체를 보는 법을 보여주려고 기다리는 것이다.

소멸하지 않는 축복

나는 먹을거리와 사랑, 웃음소리와 음악, 그리고 이야기가 넘치는 가정에서 성장했다. 나는 네 아이 중 막내로 태어났고, 우리 집안은 브루클린에서 공동체를 이루고 살아가는 한 가문에 속해 있어서 위층엔 큰아버지 댁이, 바로 옆집엔 작은아버지 댁이, 할아버지와 할머니는 작은아버지 댁 바로 위층에 살고 계셨다. 문을 노크하고 다니는 사람은 없었고 아무도 열쇠 같은 걸 들고 다니지 않았다. 모두 내 집 드나들 듯이 현관문을 불쑥불쑥 밀고 들어오곤 했다.

우리 어머니와 아버지는 영혼의 동반자셨다. 두 분은 언제나 서로의 손을 꼭 잡고 항상 화음에 맞추어 노래를 부르며 다니셨다. 내가 점차 자라면서 언니와 오빠들은 차례차례 집을 떠나 대학에 갔고, 아빠와 엄마, 그리고 나만 남게 되었다. 집안은 훨씬 조용해졌는데, 아름다웠다.

어느 날 인생이 눈부시게 아름다웠다. 그리고 다음 날, 아버지가 살해당했다. 엄마와 나만 남게 되었다. 심한 멍이 든 두 가슴은, 충분히 상상할 수 있겠지만, 서로 함께 모든 걸 다 알고 있어야 한다는 강박증 때문에 부자연스러울 정도로 엄마와 나는 가까워졌다.

엄마의 슬픔에 내 것까지 보태고 싶지 않았으므로 나는 고등학생이 되면서부터 울지 않으려고 안간힘을 썼다. 공부에 죽도록 매달렸다. 그 당시 나는 공부벌레에다 괴상하기 짝이 없는 아이였다. 시험 전에는 언제나 심하게 초조해 했고, 시험 당일이 되면 엄마에게 이렇게 졸랐다. "엄마, 시험 보기 전에 나 축복해줘! 내 펜도!" 그러면 엄마는 "노멜레, 내가 착한 마녀인 거 알지? 나는 시험이 어떤지, 어떻게 될지 다 알고 있어!" 엄마가 축성한 펜을 들고 나는 허둥지둥 학교로 갔다.

내가 대학에 갈 무렵이 되었다. 솔직히 말하면 어머니가 나마저 떠나보낼 힘을 어디서 얻었는지 모르겠다. 집에 아무도 남아 있지 않았고, 언젠가 존재했던 추억만 남아 있는데, 네 번째 아이마저 어찌 떠나보낼 수 있었을까?

어떻게 떠나갔는지 모르지만, 나는 떠났다.

떠나기 몹시 힘들었고 싫었다.

정통파 유대교 고등학교에서 코넬대학에 가자 큰 문화적 충격이 나에게 엄습했다. 코넬은 전형적인 부자들의 학교였다. 내 인생에서 그렇게 많은 머리띠와 명품 톱사이더 신발들을 본 적이 있었던가. 이상적인 코넬인이라면 학자이며 동시에 운동선수여야 한다고 그들은 늘 떠들어댔다. 그리스적인 이상도 있긴 있었다. 그렇지만 나는 운동선수가 아니었고 나 자신을 학자로 여기지도 않았다. 그래서 매일 밤마다 엄마에게 전화를 걸어 "엄마, 나 집으로 돌아가고 싶어. 여기는 정말 싫어!"라고 신경질을 부리며 징징거렸다.

엄마는 너무 강했다. "나는 네가 거기 있었으면 좋겠다. 날 믿어. 내가 착한 마녀 아니니!" 그리고 나선 다가오는 시험을 위해 복을 빌어주었다.

엄마가 맞았다. 6개월 반쯤 지나가자 나는 대학을 사랑하는 법을 알았으며, 새로운 친구도 사귀었고 특히 배우는 것이 정말 좋았다. 그렇지만 운동경기엔 한 번도 참가하지 않았다.

엄마는 여러 면에서 늘 옳았다. 내가 그를 잘 알기도 전이었는데도 나의 남편, 롭을 내 배필이라고 한 눈에 척하고 알아보았다. "나를 믿어. 내가 착한 마녀 아니니! 그 사람은 널 잘 챙겨줄 사람이란다." 그리고 어머니는 내 결혼식 날, 나와 함께 웨딩마치를 울렸다. 우리 둘이서. 어머니와 내가 손을 잡고서. 엄마는 다시 나를 멀리 떼어 놓았다. 내가 집에서 멀리 떠나서 사는 것이 우리 어머니에게 어찌 쉬웠을까.

상한 가슴으로 살았던 과부는 어느덧 친구와 손자, 자원봉사, 공부 모임 스케줄로 꽉 찬, 자부심 넘치는 넉넉한 품이 되어 있었다. 어머니는 여든 살에 성인식을 치렀다.

어머니의 칠순 잔치 날, 우리는 엄마가 인사말을 하시려니 하고 기다리고 있었는데, 갑자기 나를 돌아보며 "노멜레, 네가 나한테 복을 빌어주었으면 좋겠다."라고 하셨다.

내가 랍비로서 다른 이들의 삶에 복을 빌어주며 살아오는 동안, 엄마가 나의 삶에 복을 빌어주시는 동안, 나는 한 번도 그분을 축복해드린 적이 없었다. 그래서 나는 내 손을 어머니의 머리 위에 얹은 다음, 축복해 드렸다. 우리 둘 사이에 스친 감정을 어떻게 말로 할 수 있을까? 그때부터 내가 엄마를 축복하는 일은 하나의 예식이 되었다. 매일 밤만 되면 어머니는 전화로 나에게 축복하라고 하셨다. 잠들기 힘들어

하시면 "우리 엄마, 평화를 빕니다. 밤새 잘 주무시고 좋은 꿈꾸세요." 라고 나는 복을 빌었다.

엄마는 가지가지 병을 달고 사셨다. 눈, 다리, 발, 천식, 위장. 나는 전화로 "우리 엄마의 장기들은 안녕하신가요?"라고 묻는다.

엄마는 웃는다. 그리고 이야기를 마치고 나면 "내 축복!" 하신다.

그러면 나는 어머니께 복을 빌어드린다. "우리 엄마께 평화를 비오니, 오늘 밤도 잘 주무시고 좋은 꿈꾸세요!"

내가 어머니의 음성메일을 저장해 둔 걸 알았다. 내 메일함 용량이 가득 찼다고 사람들이 아무리 불평해도 나는 엄마의 감미로운 메시지들을 삭제할 수 없었다. "Shabbat Shalom"(행복한 안식일), "해피 버쓰데이," "해피 마더스 데이."

하루에 여섯 번 정도 우리는 전화로 대화했다. 엄마는 내 일상을 시시콜콜 알고 싶어 하셨다. 나슈바 예배가 있는 금요일이면 먼저 전화를 걸어서 나에게 복과 행운을 빌어주신 다음, "오늘 밤엔 무슨 설교를 할 거니?"라고 물으신다. 끝나면 또 전화하신다. "그래 우리 딸! 나슈바 어땠어? 설교는? 사람들 반응은 좋았지? 사람들은 얼마나 왔니?"

강연이 있어서 내가 다른 도시로 가려고 공항으로 갈 때면 택시 안에서 어머니의 전화를 받는다. 얘기가 거의 끝나가는 것 같아서 "엄마, 나 이제 끊어야 해, 검색대 통과할 거야!" 하면, "알았어, 통과하고 난 다음에 전화해라!" 나는 전화를 다시 건다. 우린 이어서 다시 수다를 피우다가 나는 비행기를 탄다. "엄마, 나 이젠 정말 끊어야 돼. 비행기 문을 닫으려고 해요."

"알았다, 도착해서 전화해라."

호텔로 가는 택시 안에서 우리는 또 이어간다. "호텔 방은 어때, 좋니? 오늘 밤엔 무슨 얘기를 할 거니?" 그 다음은 결과 요약이다. "그래 어땠어? 무슨 얘기 했니? 반응은 좋았지? 사람들 많이 왔니?" 엄마가 이 결과 요약 통화를 얼마나 즐기시는지 알아서, 내가 살짝살짝 거짓말까지 하고 있다는 것을 어느 날 나는 깨달았다.

"사람들 많이 왔니?"

"꽉 찼어!"

"대박이었겠네?"

"그럼, 대박이었지!"

"대단했던 거지?"

"그럼, 대단했지!"

랍비들의 피정에서 나에게 기도 세션을 맡아달라는 초대를 받은 적이 있다. 강연을 마칠 무렵, 나는 "여러분에게 서로 축복하는 법을 가르쳐드리고 싶습니다. 우리 랍비들은 다른 이들을 축복하는 삶을 살지만, 누가 우리 랍비들을 축복해 주나요?"라고 했다. 동료들은 "무슨 말씀입니까? 우리끼리 어떻게 축복을 합니까?"

"저와 제 어머니는 밤마다 서로를 위해 하는 걸요. 여러분도 하실 수 있어요."라고 내가 말했다. 이렇게 다 큰 어른 남녀들이 서로의 머리 위에 손을 얹고 어떻게 눈물 웅덩이로 빠져드는지 보았어야 했다.

결국, 우리 어머니는 사람들의 평이 궁금한 나머지 전화를 하셨다.

소멸하지 않는 축복   *357*

"그래서 다른 랍비들 반응은 어땠니? 좋았지? 대단했지?"

그러다가 어머니는 돌아가시려 했다. 사실 나는 자식들 인생과 손주들 인생의 바로 곁에서 사사건건 개입한 한 여인이 그들을 남겨 두고 떠날 용기를 어디서 얻었는지 모르겠다. "엄마, 나에게 축복해 주셔야지!"라고 나는 어머니에게 부탁했다.

"노멜레, 너는 이미 어떻게 하는지 알고 있잖니. 이제 너는 그것을 살아내면 된다."

나는 어머니께 복을 빌어드렸다. "엄마, 엄마가 우리에게 주시려고 한 모든 것을 전부 주셨으니 이제 가셔도 되어요." 나는 어머니의 머리를 쓰다듬으며 "우리 엄마, 평화를 빕니다, 편히 주무세요."라고 하고선 자장가를 불러드렸다. 무의식 상태로 접어든 어머니께 나는 혼자 속삭였다. "검색대 통과하고 나서 꼭 전화하셔요."

사랑하는 사람이 죽은 후엔 재훈련해야 하는 반사적인 행동들이 꽤나 많다. 세 명이 앉을 식탁을 차리다가 아, 이제 두 사람 자리면 되지 하고 기억하게 된다.

나는 전화를 그만두는 훈련을 해야 했다. 하루에 열 번 쯤은 엄마께 전화를 하려다 스스로 상기한다. "아, 참 할 수 없지." 하고 싶은 말이 생각나도 그저 손을 놓고 앉아 있어야 했다. 나슈바 예배를 마치고 나서는 어머니가 나에게 묻던 것을 스스로 묻고 있었다. 어땠니? 대단했지?

시간이 흐르면 그런 일도 멈춘다. 어머니가 돌아가시자 내 랍비 멘토가 나에게 이런 말을 했다. "나오미, 4월에 하는 '카디쉬'(애도의 기도)가 11월에 하는 '카디쉬'와 다른 거잖아요."

곁에서 듣고 있던 다른 친구가 나에게 물었다. "정말 4월과 11월의 '카디쉬'가 서로 다른 거니?"

"아니, 같은 '카디쉬'지. 그러나 우리가 서로 다른 곳에 있지."

처음에는 격렬한 통증, 벌려진 상처, 무의미한 아픔이 담긴 '카디쉬'인데, 한 달이 지나고 또 다른 한 달이 지나갈 때마다 톤과 색조가 다른 '카디쉬'로 바뀐다.

로봇처럼 '카디쉬'를 바치는 날이 있었고, 감정이 북받칠 때도 있었다. 아침기도 시간에 엄마의 기도 숄을 두르고 앉아서 어머니를 위한 '카디쉬'를 바치며 행복했던 추억에 잠기는 날도 있었다.

가까운 사람을 떠나보내고 나면 사람들은 "어서 정상으로 돌아가라!"고 충고한다. 하지만 우리 모두 더 잘 알고 있다. 결코, 정상이어선 안 된다는 것을. 영혼은 알고 있다. 치유의 시간이 더 필요하다는 것을. 천천히 아물어야 한다. 시간이 약이다. 지혜와 위로를 얻기 위해서 잃어버린 사람에게 의존하는 법을 그만 두어야 한다는 것도 우리는 어느 정도 알고 있다. 스스로 두 발로 서는 법을 배운다. 자기 스스로를 보살피는 법도 배운다. 떠난 이들에게 어떻게 주파수를 맞추는지를 배운다. "그 사람이라면 뭐라고 했을까?" "그녀라면 나에게 어찌 하라고 했을까?" 하지만 명절이 돌아오면 해묵은 상처가 다시 입을 벌린다. 우리와 함께 있어야 할 사람, 우리와 함께 명절 상에 앉아 있어야 할 사람을 우리는 몹시 그리워한다.

세상 사람들은 우리가 어서 강해지길 바라지만 어떻게 언제나 강할 수 있을까. 꼭 강해져야 할 이유는 없다. 반드시 두 발로 꼿꼿하게 서 있어야 할 이유도 없다. 영혼이 허락한다. 여기서 손을 내밀어도 된다고. 끌어당기는 느낌도, 달콤했던 추억에 잠기는 것도 모두 괜찮다고.

우리는 스스로 갇혀 있지 않아도 된다. 손 내미는 일을 삼가하려고 애쓰지 않아도 된다. 느껴지는 대로 느끼고 그냥 흘러가게 하면 된다. 하고 싶은 말이 있다면 말을 해도 되며, 들을 말이 있다면 들으면 된다. 시간을 따로 떼어서 감미롭고 행복했던 기억에 잠겨도 된다. 우리를 좋아했고 사랑했으며 가르쳐 주었던 사람들을 위해 따로 시간을 내어 추모하도록 하자. 그들은 모두 우리에게로 올 것이다. 우리가 사랑했으며 이제는 떠나가신 그들의 영혼과 축복은 결코 우리를 떠나가지 않을 것이다.

2011년 8월 25일은 어머니의 생신이었지만 축하 대신, 나는 어머니가 지내시던 아파트에서 혼자 어머니의 짐들을 정리하며 LA로 보낼 접시와 책, 소소한 장식품들을 박스에 넣고 있었다. 전혀 쓸모없는 물건조차 그냥 버리는 일은 참으로 쉽지 않았다. 머그잔 하나하나, 손수건 한 장 한 장에 엄마의 냄새가 배어 있었다. 그 향긋한 향기를 맡아보려고 나는 모든 스웨터에 코를 대고 강아지처럼 쿵쿵거렸다. 그 날 밤, 나는 어릴 적에 쓰던 내 작은 침대에서 어머니가 코바늘로 떠준 담요를 꼭 끌어안고 혼자 웅크린 채 잠이 들었다. 그 날 밤 꿈속에 어머니가 나를 찾아왔다.

내가 집 안으로 막 들어가려는데 거기에 어머니가 서 계신 게 아닌가! 서두르시는 것 같이 보였다. 나는 말문이 막혔다. 당신께서 돌아가셨다는 사실을 상기시켜드림으로써 괜히 언짢게 해드리고 싶지 않았다. 어머니는 당신이 돌아가셨다는 사실을 모르시는 것 같았다.

나는 자꾸 대니 오빠를 옆으로 불러내 귀뜸 좀 해 드리라고 말했다. 하지만 나는 어머니가 엿듣지 못하도록 자꾸 중얼거렸다. "그런데 우리가 엄마를 땅에 묻지 않았어? 나는 분명히 그걸 봤는데." 어머니는 귀신도 환영도 아니었다. 분명히 실재했고 내 손에 만져졌다. 피부도 뼈도 있었다. 요리와 대화, 손님을 초대한 주인노릇을 하며 모두를 즐겁게 하고 계셨다.

길 건너편에는 돌아가신 이모가 남자 비서를 데리고 있었다. 이모 역시 당신이 죽었다는 생각을 하지 않았다. 늙고 병이 든 이모가 또다시 죽는 과정을 반복해야 하는지 나는 궁금했다.

오빠를 몰래 불러서 나는 이 모든 일이 의학적으로 과학적으로 과연 가능하냐고 물어보았다. 오빠는 의사였다. "노미, 가끔 영혼은 자기가 죽은 걸 몰라!"

나는 오빠를 쳐다보며 "그건 랍비적인 대답이지 의학적인 대답이 아니잖아!"라고 말했다.

잠시 생각을 해보고 나서 나는 오빠에게 말했다. "하지만 엄마의 몸이 여기 있잖아. 영혼만이 아니라 엄마의 몸이! 실체를 지닌 몸이!"

오빠는 좀 더 합리적으로 설명해보려고 모색 중이었다.

나는 내일 아침, 이삿짐센터에서 엄마가 남겨 놓은 물건들을 포장하러 올 거라고 엄마에게 어떻게 알려야 할지를 계속 고민하고 있었다. 그리고 내 심장은 엄마는 이제 돌아가신 몸이라고 직접 말씀드릴 수 있을 정도로 강하지 못했다. 더군다나 엄마의 짐들을 모두 가져가는 것도 죄송했다.

"엄마, 물어볼 게 있어."라고 내가 말했다. 사진 몇 장을 가져도 되는지 묻고 싶었지만 그만 두었다.

그런데 갑자기 엄마가 내 앞으로 오시더니 "노멜레, 왜 그러니? 나한테 뭔가 물어보고 싶어 하는 것 같구나?"

사진을 갖고 싶다는 생각은 갑자기 사라졌고 그냥 엄마를 붙잡고만 싶어졌다. 나는 너무 두려웠던 나머지 한 번도 엄마를 만지지 않았던 것이다. 그러다 나는 엄마의 품속에 안겨 울고 말았다. 엄마는 나를 가만히 품어주시기만 했다.

그때야 비로소 나는 엄마도 당신이 이미 죽었다는 사실을 알고 있었음을 깨달았다. 오래 동안 나는 많이 울었고, 엄마는 나를 안고 위로하시며 내가 그냥 흐느끼게 놔두셨다.

우리가 사랑했으나 저 세상으로 떠나가신 분들이 우리 꿈속에, 또 일상 속에 찾아오게 하옵소서. 그들에 대한 기억, 그들이 남긴 유산, 그들의 사랑과 빛이 언제나 우리를 비추게 하옵소서. 아멘.

영혼의 시간으로 살아가기

우리 아이들이 어렸을 적 일이다. 어느 날 아침, 남편이 허둥지둥 서둘렀다. 그런데 그 날 따라 유난히 어찌할 바를 모르는 듯했다. 그는 아침 카풀을 하고 있어서 아이들을 뒷좌석에 앉히고는 이내 떠나갔다. 조금 후 그가 차에서 전화를 걸어 "노미, 타임 좀 사다 줘!"라고 말했다. 시간에 쫓겨 허둥대는 남편이 너무 안쓰러웠다. 어떻게 해서든지 시간을 내어 그를 도와주고 싶은 마음뿐이었다. 그런데 전화 수신 상태가 좋지 않아서인지 전화가 도중에 끊어졌다.

나는 "누구에게 전화를 걸어야 하나? 내 스케줄을 어떻게 변경해야 할까?" 생각했다. 결국 나는 남편에게 다시 전화를 걸어 "라비, 내가 어떻게 해주면 돼? 내가 무엇을 도와주면 돼?" 하고 물었다.

그는 "타임 조금만 사다주면 되지."라고 했다.

나는 "알았어, 알았는데, 어떻게? 내가 어떻게 하면 되냐고?"

랍은 "여보! 타임! 농산물 시장에 가서, 알잖아, 파슬리, 세이지, 로즈메리, 타임 약간만 사다주면 돼!"

나는 웃음이 터져 나왔다. (남편은 허브 종류 타임[thyme]을 말했던 것을 나는 계속 타임[time]으로 잘못 알아들었던 것이다.—역자주). 나는 시장에 가서 허브 파는 사람과 자못 심각한 철학적 대화를 주고받았다. 그에게 "타임은 어디 있지요?"라고 물었다.

"타임은 저기 있습니다."

"타임은 얼마인가요?"

"글쎄요, 손님이 원하는 타임 만큼에 따라 다르지요."

나는 "타임이 많이 필요해요"라고 말하고, 거기 있는 타임을 몽땅 사 가지고 왔다.

시간…

통제할 수 없는 시간은 계속해서 흐른다. 새해 벽두가 되면 사람들은 어느새 또 한 해가 시작된 게 믿어지는지 서로에게 묻는다. 어디로 시간이 흘러갔을까? 한 해가 가고 또 새로운 한 해가 쉴 새 없이 우리를 스쳐간다. 일주일, 그 다음 일주일이 끊임없이 이어서 펼쳐진다. 하루하루는 사라져간다.

바로 어제, 내 아이들은 자동차 뒷좌석에 앉아 있었고, 뒤뜰의 그네에 앉아 그네를 탔고, 그 사랑스러운 파자마 바람으로 온 집안을 뛰어다니며 놀았다. 눈 깜빡할 사이, 아이들은 집을 떠나갔다. 재잘거리던 나의 둥지가 어느새 비어버렸다. 어떻게 이런 일이 일어났을까?

해마다 신년절(로쉬 하샤나)을 카운트다운하며 나는 두려움에 휩싸인 채 가만히 앉아 매일 밤 달을 쳐다보곤 한다. 엘룰 월(유대 달력으로 12월), 마지막 보름달이 하늘에 높이 떠오르면 나는 큰일 났다고 생각한다. 신년절은 보름밖에 남지 않았고 나는 설교를 준비해야 하기 때문이다. 그러면 나는 날마다 줄어드는 달을 바라보며 성서의 한 구절을 인용해본다. "해야, 하늘에서 얼어붙어다오! 달아! 움직이지 말고 가만히 멈추어다오!" 그러나 날마다 작아지는 그 달 속의 사람은 나에게 미소를 던질 뿐이다.

우리에게 시간이란 얼마나 짧은 한순간인지 이렇게 강렬하게 묘사된 구절이 시편에 나온다. "하루하루가 지나가는 그림자 같다." 이 구절의 진정한 의미를 분석해야 하는 랍비들이 이런 질문을 던진다. "그러나, 그 그림자는 어떤 종류의 그림자인가?" 벽 그림자? 나무 그림자? 아니다, 머리 위로 날아가는 새의 그림자. 어, 벌써 날아가 버렸네.

어떻게 시간을 늦출 수 있을까? 그럴 수 있는 능력이 우리에게 부여되었을까? 우리가 사랑하는 사람들과 조금 더 많은 시간을 가질 수 있도록 시계를 늦출 수 있을까?

몇 해 전, 서른 명의 랍비들과 침묵 피정을 하고 있을 때 나는 이에 대해 궁금해지기 시작했다. 랍비와 침묵, 그것은 모순 어법이다. 하지만 나는 일주일 동안 말을 하지 않고 지냈다. 처음엔 그 완벽한 침묵에 몸이 조금 쑤석거리긴 했어도, 노련한 다른 랍비들에게 뒤지고 싶지 않았다. 나는 침묵을 내 안으로 들어오게 한 다음 그 침묵에 나를 맡겼다.

나는 내가 이전과는 다른, 느리고 고른 숨을 쉬고 있다는 걸 알아차렸다. 음식에서도 다른 맛이 느껴졌다. 모든 것이 맛으로 가득 차 있었다. 방에 들어온 햇빛도 다르게 보였다. 생전 처음, 나는 유명한 건축가 루이 칸의 "자연 광선은 하루의 매순간, 순간을 다른 공간으로 변화시키는 끝없이 변화하는 특성을 가지고 있다."라는 말을 이해하게 되었다. 전에 결코 알아차리지 못한 자연의 재잘거리며 바스락거리는 소리가 들렸다. 그리고 오래 동안 하지 못해 본 경험을 했다. 하루가 일주일처럼 느껴졌고, 심지어 한 달 같기도 했다. 지루해서 시계를 쳐다보며 다시 말할 수 있을 때까지 시간을 세느라고 그런 게 아니었다. 다른 차원으로 돌파해 들어가 영원한 것과 접촉했던 느낌 때문이었다. 시간이 움직이지 않고 멈추었다.

바로 그 날 밤, 나는 계시를 받았던 것 같다. 문득 시편 한 구절이 떠올랐고, 전에 이해할 수 없던 사실 하나를 드디어 깨달았다. "Orech yamin asbiehu."

보통 이 구절은 "너는 장수를 누리게 되리라!"(I will nourish you with length of days.)로 번역되는데, 그 의미는 "네가 오래 살도록 축복하리라!"(I will bless you with a long life.)는 뜻이다.

그러나 내가 한 달처럼 느껴졌던 그 날, 그 순간 나는 그 구절이 진정으로 의미하는 바를 이해했다. 하나님께서 언제 우리에게 장수를 약속하신 적이 있었던가. 많은 경건하고 위대한 사람들은 장수를 누리지 못했다. 하나님께서는 대신 이런 약속을 하신다. "너에게 긴 날들을 누리게 하리라!"(I will nourish you with long days.) orech yamin. 긴 날들.

시계만 쳐다보며 일이 끝날 때까지 좀이 쑤셔 못 배기는 그런 종류의 길고 우울한 날들을 말하는 것이 아니다. 다채로운 색채와 다채로운 모양이 있는 풍요롭게 긴 삶이다. 충만함을 느끼는 나날들, 깊은 느낌으로 사는 나날들! 온전하며 충족된 것 같은 그 살아 있는 사랑에 빠진 느낌 속에서 살아가는 나날들! 우리가 그 날을 그냥 놓치는 대신에 실제로 연결되고 싶은 사람과 연결되어 실제로 살았던 날들과 같은 나날들을 말하는 것이다.

우리는 그와 같은 일별의 순간을 맛본 적이 있다. 시간이 정지한 듯, 하루가 충만하고 보람 있는 듯했던 순간. 시간이 영원에 이르고 이 세상에서 우리의 내세가 도래하는 것을 맛보는 순간.

그렇다, 우리는 현세적 존재에서 벗어나 지금 이 순간 천국을 맛볼 수 있다.

우리 어머니는 운전을 하지 않으셨지만 차 타는 걸 좋아하셨다. LA에 오실 때마다 나에게 "노멜레, 나 드라이브 좀 시켜줘!" 하시곤 했다.

그러면 "어디 가고 싶으세요, 엄마?"라고 나는 물었다.

어머니는 "가고 싶은 곳은 없다, 그냥 드라이브 좀 시켜다오!" 하셨다. 우린 차에 타서 정말로 아무 데도 가지 않았다. 그런 드라이브를 뭐라고 해야 할지... 목적지를 정하지 않고 마음 내키는 대로 차를 몰고 다니며 서로 함께 있는 것을 즐기는 그런 드라이브를. 엄마와 함께 다니는 드라이브는 마냥 즐거웠다. 엄마와 나는 끝없이 이야기하고 또 이야기했다. 그러다가 침묵하고, 그냥 그 아름다움 속에 잠기면 되었다. 음악을 듣다가 또 이야기를 이어가며...

어머니가 돌아가시기 전, 마지막으로 L.A에 오셨을 땐 부쩍 야위고 가냘프게 보였다. 내 마음 한 켠에서 엄마가 돌아가신다는 사실을 받아들이려고 하지 않았던 것 같다. 여전히 그분의 정신은 가장 빛나고 있었다. 아니, 그 어느 때보다 더 빛났을지도 모른다. 내 마음은 우리가 함께하는 그 시간이 얼마나 소중한지를 아프게 느꼈다.

그 때 오셨을 때도 "노멜레, 함께 드라이브 가자."라고 하셨다. 그 무렵 나는 무척 바빴지만, 모든 일정을 취소하고, 모든 것을 포기하고 차에 엄마를 태우고 차를 몰았다. 마치 델마와 루이스처럼. 우리는 바바라 스트라이샌드가 부르는 노래 "내가 곁에 있는 동안 당신을 해칠 건 아무것도 없어요."를 들었다. 열 번 정도는 그 노래를 틀었던 것 같다.

나는 태평양 해안고속도로를 타고 아무런 계획 없이 산타 바바라를 향해 달렸다. 어느 카페 앞에서 차를 세웠다. 거기서 무얼 먹는 대신 "피크닉 하자!"라고 엄마가 제안하셨다. 테이크아웃 샌드위치와 쫀득거리는 커다란 쵸코칩 쿠키, 갓 짜낸 오렌지 주스를 사 가지고 황홀한 푸른색 타일로 지은 정말 아름다운 법원 건물 앞 잔디밭에서 우리는 피크닉을 했다. 종탑으로 이어진 계단을 오르기에는 엄마가 너무 쇠약하셨다. 하지만 우리는 최고의 전망을 마주하고 앉았다. 엄마에게 딸의 얼굴보다 더 훌륭한 전망이 어디 있을까?

엄마는 나를 바라보고, 나는 엄마를 바라보았다. 시간이 멈춰 섰다. 수정처럼 맑은 공기. 태양, 풀밭, 모든 것이 생기에 차 있었고 활기로 넘쳤다.

엄마는 해안가를 따라 달리고 싶다고 했다. 차로 달리는 것보다 자전거를 타야 할 것 같았다. 엄마가 자전거를 탈 수 없을 것 같아 마차 자전거를 빌렸다. 물과 모래와 산으로 둘러싸인 자전거도로를 따라 나는 페달을 힘껏 밟았다. 그리고 집으로 돌아오는 길, 태평양 해안고속도로에 들어섰을 때 스트라이샌드의 "아무것도 그대를 해치지 않을 거예요." 그 가사에 때를 딱 맞추어 석양이 눈부신 분홍빛, 보랏빛으로 하늘을 물들이며 바다 너머로 지고 있었다.

긴 하루였다. 완벽한 하루였다. 이 세상에서 에덴동산을 맛본 날이었다.

다른 많은 길었던 날들과 함께 그 날은 내 기억에 깊이 새겨진 날이다. 어머니는 돌아가셨으나 그 날, 그 길고 영원했던 하루의 기억으로 인해 나는 종종 위로를 받곤 한다.

내 삶을 뒤돌아보며 내 랍비 경력을 발전시킬 기회를 놓쳐서 후회한 적은 없었다. 그러나 아이들과 충분하게 긴 하루를 보냈나 되돌아보면 많은 후회가 뒤따른다. 어느새 아이들은 어른이 되었지만, 하나님께 내 자식들과 더욱 더 긴 날을 나눌 기회를 주셨으면 하는 기도를 드리게 된다. 계속 살고 또 사는 날들을.

위대한 하시딕 랍비가 어느 날, 임종을 맞고 있었다. 제자들이 구름처럼 모여들었는데 그 위대한 랍비가 울기 시작했다. 제자들이 "랍비여, 왜 우십니까?"라고 물었다.

"나의 전 생애가 내 앞을 스쳐 가는데 갑자기 내가 아주 잘못 살았다는 것을 깨달았다! 커다란 실수다! 내가 특별하다고 생각한 순간들은 사실 무척 평범한 것이었고, 내가 평범하다고 생각한 순간들이야말로 가장 빛나는 순간이었다. 그때 이 사실을 알았더라면 얼마나 좋았을까!"

졸업식이나 결혼식처럼 눈부신 날들이 가장 성스러운 날은 아니다. 가장 성스러운 순간은 조용히 휴식을 취하며 삶의 신비를 받아들이는 의외로 아주 평범한 때이다. 아이와 함께 그저 가만히 풀밭에 앉아 있거나 누군가와 손을 잡고 있는, 그런 때이다.

시간 낭비를 죄라고 하는 사람들이 있다. 모든 순간은 최대한으로 활용해야 한다며. 그러나 나는 점점 나이를 먹어가면서 새삼스레 깨닫는다. 반드시 시간은 죽일 필요가 있다고. 시계를 없애자. 덧없는 일들을 내려놓고, 우리가 계획할 수 없는 신성하고 놀라운 일이 일어나게 하자.

이디쉬어 "슈무징"(*schmoozing*)이라는 말을 나는 좋아한다. 사랑하는 사람과 막 대화를 마친 누군가에게 이렇게 묻는다. "그래, 무슨 말을 그렇게 나눴나요?" 그러면 "별 말 안했는데요, 그냥 수다 떨었어요."라는 반응이 돌아올 때가 있다. 그저 한담을 나누는 일이 '슈무징'이다.

더 많이 수다를 피워야 한다, 우리는.

날마다 조금씩 사랑에 빠지는 시간을 가져야 한다. 사랑하는 사람들과 다시 사랑에 빠지는 시간, 친구들과 사랑에 빠지는 시간, 일과 사랑에 빠지는 시간, 전혀 모르는 사람과 사랑에 빠지는 시간. 그리고 하나님과 사랑에 빠지는 시간을.

에고는 반드시 목표를 필요로 한다. 일을 함부로 마치거나 책임과 꿈을 무시하라는 말이 아니다. 영혼은 에고와 다르게 목적 없는 만남을 갈망한다. 마음에 어떤 "요구"도 가지지 않고 사람을 만나고 싶어 한다.

이런 삶의 방식을 랍비들은 '리슈마'(*lishmah*)라고 한다. 사랑 그 자체를 위해 사랑만으로 무언가를 하는 것이다. 이면에 품은 숨은 동기 같은 것은 아예 거기에 없다. 조건 없이 시간을 보낸다. 나는 여러분이 사랑하는 사람들과 긴 하루를 보내는 선물을 스스로에게 선물하기를 바란다.

무조건적 시간, 그것을 우리가 소유하고 있으므로 그 시간은 다른 이와 공유할 수 있는 우리 자신의 것이다. 시계를 멈추게 할 수 있는 사람이 바로 우리 자신이므로 우리는 사랑하는 사람들과 함께 에덴의 호수에서 헤엄칠 수 있다. 시간을 돌파하여 영원으로 향하자. 시간을 죽이자!

2012년, 내 친구 에이미는 인도에서 살다 잠시 LA에 들른 적이 있었다. 안식일의 저녁식사 자리에서 그녀는 자신이 유명한 유대인 배우이자 가수인 테오도어 비켈 맞은편 자리에 앉게 되었다는 사실을 알게 되었다. 비켈은 이야기도 재미있게 하고 자석처럼 사람을 끌어당기는 외모를 가진 데다가 목소리까지 매력적이었다. 그런데 그들이 만났던 때는 그리 좋은 타이밍이 아니었다. 테오는 아내 타마라를 떠나보낸 후 아직 애도 중이었고, 에이미는 인도에서 살고 있었다. 나이 차도 심했다. 에이미는 쉰 살이었고 테오는 여든여덟 살이었다. 때로 어긋난 시간이 가장 적기일 때가 있다. 시간과 영원이 교차하는 순간이었다.

그들은 강렬한 사랑에 빠지고 말았다.

그들의 관계는 터무니없어 보였지만, 완벽하게 말이 되는 것이기도 했다. 에이미는 나에게 이렇게 말했다. "하나님께서 내 이름을 적은 선물을 리본으로 묶어서 내 앞에 딱 놓아주셨는데 어떻게 내가 그걸 못 본 척 할 수 있겠니? 피했어야 했겠니? 아니면 포장을 열고, '하나님! 감사합니다'라고 해야 하겠니?"

몇 달이 안 가 에이미는 LA로 이사를 왔고, 둘은 결혼했다. 회오리바람 같은 열정이었다. 얼굴이 반짝거리며 빛이 나고, 영혼으로 엮인 열정이었다!

에이미와 테오는 자기들이 전생에 영혼의 동반자였다고 확신했다. 이생에 태어나기 전, 자신들의 영혼이 서로를 가장 필요로 할 때 재결합하기로 약속했었다고 믿었다. 그것이 바로 그 때였다. 두 사람은 순간순간을 행복한 마음으로 지냈다.

어느 안식일 날, 에이미와 테오가 우리와 함께 저녁을 먹기 위해 우리 집에 왔다. 이미 테오는 몹시 아팠으나 그는 여전히 이야기를 잘 하고, 노래를 불러 사람들을 즐겁게 해주었다. 가슴에 사랑이 가득한 에이미는 빛이 났다. 두 사람 모두 빛이 났다.

테오도어 비켈을 우리 집에 초대해 저녁식사를 함께한 일은 나에게는 폴 매카트니를 초대하는 일과 거의 마찬가지 일이었다. 내가 갖고 있는 그의 레코드에 싸인을 해달라고 하고 싶었지만, 부끄러워서 그만두고 말았다. 솔직히 말하자면 나는 그의 광팬이었다. 그런데 그걸 그에게 들키고 싶지는 않았다. 나는 테오가 이디쉬어와 히브리어로 부른 노래를 들으며 자랐다.

산타 바바라에서 어머니와 함께 완벽한 하루를 보내고 난 지 얼마 지나지 않아, 나는 병원에 계신 어머니를 뵈러 보스턴으로 갔다. "노멜레, 이디쉬 음악 좀 틀어다오". 어머니가 부탁하셔서 테오도어 비켈의 음악을 틀어드렸다. 테오의 음성을 들으며 어머니는 어찌나 표정이 밝아지셨는지 모른다! 나는 알 수 있었다. 아버지가 어머니의 손을 잡고 테오가 부른 바로 그 노래로 구애를 하시던 그 감미로웠던 긴 날을 어머니가 눈을 감고 엷은 미소로 음미하고 계시다는 것을.

테오도 이 세상을 떠나가며 음악을 몹시 듣고 싶어 했다고 한다. 그는 자기가 가장 좋아하는 아티스트의 음악을 듣고 싶어 했었다. 그 아티스트는 다름 아닌 테오도어 비켈! 테오가 에이미를 떠나 다른 세상으로 떠날 준비를 하는 동안, 그들은 다음 생엔 더 빨리 만나자는 거룩한 언약식을 치렀다.

테오의 장례식 날, 에이미는 지도제작법에 관한 이야기를 했다. 그녀는 해안선을 대강 측정하는 방법은 마일 단위로 재는 것이라고 했다. 그러나 그렇게 측정하면 많은 것을 빼놓게 된다. 야드 단위로 측정하면 해안선의 굴곡과 윤곽이 보인다. 같은 해안을 밀리미터 단위로 측정하면 좁고 구불구불한 만곡들까지 자세하게 볼 수 있다.

에이미는 "테오와 난 밀리미터로 측정하기로 했었지요. 그래서 우리의 해안선을 무한대에 가깝게 키울 수 있었답니다."라고 말했다.

이번 생에서 이곳에 짧게 머무는 순간들을 긴 날들로 바꿀 수 있는 하늘이 우리에게 주신 능력에 관한 이야기를 그녀가 하고 있다고 나는 생각했다.

이렇게 살 수 있는 힘이 우리에게는 있다. 굴곡이 있는 날들을 풍요롭고 충만하게 살아내는 힘. 사랑하는 사람과 함께 한 짧은 시간을 느린 동작으로 재생하여 기억에 새겨지게 하는 곳. 뒤섞이지 않고 사라져버리지 않은 날들. 우리는 시간을 죽이고 영원에 발을 디뎌볼 수 있는 힘을 가지고 있고, 또한 이 세상에서 천국을 볼 수 있는 힘을 가지고 있다.

영혼의 시간(soul time)으로 살아가는 방법을 우린 배울 수 있다.

날마다 우리에게는 특별한 열림의 시간이 주어지는데, 여기에는 현세와 영원 사이를 잇는 통로가 있어서 우리는 은총의 순간을 경험할 수 있다. 감미롭기 그지없는 은총의 순간을.

자기의 죽음을 한 달도 채 남겨두지 않았던 어느 날, 아인슈타인의 가장 친한 친구 미셸 베소가 죽었다. 아인슈타인은 이런 글로 유족들을 위로했다. "미셸은 나보다 조금 일찍 이 낯선 세상을 떠났습니다. 그건 아무런 의미가 없는 일입니다. 우리 같이 믿는 물리학자들에게 과거, 현재, 미래에 대한 구분은 고집스러운 환상에 불과하니까요."

영혼의 영역에서 과거, 현재, 미래는 곧 하나이다.

영혼은 우리에게 시간과 영원은 서로 단절된 것이 아니라고 끊임없이 상기시킨다. 시간과 영원은 분리되지 않은 채로 분리되어 있다. 영혼이 우리에게 있는 이유는 우리가 삶에서 자꾸 놓치고 있지만 여전히 우리의 것인 길고 풍요로운 하루를 보여주기 위해서다. 그 순간이 비록 머리 위로 날아가는 새 그림자처럼 아무리 짧을지라도!

우리가 이성적인 마음을 놓아버리고 영혼의 눈으로 보게 된다면 모든 축복받은 날마다 그 자체로 우리를 변화시키는 마술적인 힘이 있음을 알게 된다.

영혼은 우리에게 어떻게 하루하루를 축복하는지 가르쳐준다. 날마다 커튼을 젖히고 다른 차원과 접촉하여 시간을 축복하는 끝없는 기회가 우리에게 주어진다. 먼저 떠난 사람들과 연결하는 힘도 주어진다.

나는 지금 여러분들에게 나와 함께 성스러운 일을 해 보자고 청하고 싶다. 눈을 감고 그 성스러운 것을 맞아들이자. 여러분이 사랑했고 지금은 떠나보낸 사람과 함께한 감미로운 순간을 떠올려 보자. 우리 곁에 있는 그들을 떠올려 보자. 그들의 눈을 들여다보자. 시간을 멈춰 세우고 그들과 그냥 수다를 피워 보자. 그들이 무엇을 입었는지 보자. 그들이 짓고 있는 미소가 보이는가?

그들과 손잡고 말없이 앉아 보자. 깊은 숨을 마시자. 그들의 향기가 기억나는가. 영원의 한순간을 그들과 함께 나누자. 그들이 가르쳐 주었던 지혜를 기억해 보자.

준비되면, 축복해달라고 하자.

그리고 이제 그들을 축복해드리자. 그들이 우리에게 어떤 의미인지, 우리가 무엇에 대해 감사하고 있는지 말씀드리자. 그들이 가르쳐준 것을 항상 잊지 않고 간직하고 있다는 것도.

내가 쓴 추모의 기도문이 있다. 이것은 우리가 사랑했지만 먼저 떠나보낸 이들과의 대화이다. 그들을 축복하고 그들의 축복이 항상 우리에게 환한 빛이 되기를 기원한다.

추모의 기도

　당신의 얼굴을 보고, 손을 만지고, 목소리를 들은 지 언제인가요. 그러나 한 번도 당신을 잊은 적은 없어요. 언제나 당신은 저와 함께 있기 때문입니다.

　당신이 나를 떠났다고 생각할 때도 있었지만 지금은 당신이 나에게 오신다는 걸 더욱 잘 알아요. 아주 짧은 순간일지라도 당신을 더 가까이 느낄 때가 있답니다. 당신이 여전히 그립습니다. 아무것도, 그 누구도, 그 어떤 기쁨도, 그 어떤 성취도, 그 어떤 유혹도, 심지어 하나님까지도 당신이 없어서 생긴 내 삶의 빈 곳을 대신할 수 없답니다.

　그러나 그 모든 나의 슬픔 속에는 당신을 알게 된 데서 온 크나큰 기쁨 또한 있습니다. 우리가 함께 나누었던 시간에, 당신이 제게 주신 사랑에, 당신이 가르쳐주신 지혜에 감사드려요.

　멋졌던 순간, 평범했던 순간들이 모두 고맙습니다. 우리의 소박함 속에 아름다움이 들어 있었지요. 특별하지 않은 우리의 일상 속에 거룩함이 들어 있었지요. 그리고 저는 당신이 제게 가르쳐준 교훈들을 항상 간직할 겁니다.

　당신의 삶은 끝이 났으나 당신의 빛은 소멸하지 않았습니다. 아니, 결코 소멸할 수 없습니다. 그 빛은 가장 어두운 밤에도 계속 나를 비추고, 내 길을 환히 비출 겁니다.

　저는 당신의 명예와 당신을 기억하며 이 초에 불을 밝힙니다. 당신이 나를 사랑과 은총과 평화로 축복하셨듯이, 하나님께서도 당신을 축복하시길 빕니다. 아멘.

하나됨의 경험

제리 할아버지는 여든일곱 살 어른이었고, 나는 그의 스물여섯 살 먹은 랍비였다. 우리가 처음 만났을 때 그가 이 "소녀 랍비"를 존중하지 않았더라면, 우리는 그렇게 빨리 친해지지 못했을 것이다. 제리는 나에게 매주 금요일 오후마다 그가 다니는 노인정, 이스라엘 레빈센터에서 예배를 이끌어달라고 부탁을 했다. "우리 같은 노인들은 팔에 주사 한 대씩을 맞아야 해요."

엄밀히 말하자면 제리도 그 노인들 중의 한 분이었지만 그는 유독 그 또래의 다른 어른들보다 수십 년이나 젊게 보일 정도로 건강하고 멋있었다. 어느 날 제리는 노인들을 위해 유월절 밤 축제를 인도해달라고 부탁했다. 나에게는 그때도 이미 풀타임으로 돌보기에도 많은 신도들이 있었지만, 이스라엘 레빈센터 회원들이 두 번째 많은 내 신도 그룹이 되었다.

내 결혼식 날 우리는 회당 신도들을 초대하기로 결정했었다. 내가 드린 청첩장을 받은 제리는 이스라엘 레빈센터에 소문을 내기로 작정했다. 700명도 넘었던 하객들. 어머니와 내가 예식장 통로에서 춤을 추고 환호하는 노인정 할머니들 사이를 비집고 어떻게든 길을 좀 내보려고 땀 흘리는 장면을 결혼 비디오로 볼 때마다 웃곤 했다.

그로부터 얼마 지나지 않아, 제리의 건강이 점점 악화되었다. 회당에 나오지 못하게 되었고, 점심 먹으러 노인정에 나오지도 못했다. 내가 잠깐 들르거나 전화로 이야기를 나눌 때마다 그는 언제나 명랑했고 긍정적이었다.

내가 그의 집을 방문했을 때 그는 내 손을 절박하게 꼭 잡았다. 피부가 종이처럼 얇았다. "랍비님! 제가 나오미라고 불러도 될까요?"

"그럼요, 당연히 그러서도 되지요. 그게 제 이름인데요."

"저는 나오미라는 이름을 늘 좋아했어요... 당신이 어디로 가든지 나도 갈 겁니다..." 그러고는 "나오미, 죽어가는 게 참 두렵네요. 죽음이 가까워질수록 죽음 주위가 훨씬 더 평화로울 줄 알았는데 그렇지 않네요. 품위 있게 떠나고 싶어요. 그런데 참 많이 두렵군요."

제리의 손을 잡으며 내가 말했다. "저는 지금까지 할아버지처럼 이렇게 온전하게 침착한 평정심으로 죽음을 맞이하는 사람을 본 적이 없어요. 심지어 백이십 세까지 장수한 모세조차 하나님께 이 지상에 더 머물고 싶다고 애원했었잖아요."

"몰랐습니다."

"랍비들의 이야기 중에는 모세가 하늘과 땅, 해와 달에게 자기를 대신하여 하나님께 빌어달라고 간청했다는 일화가 있습니다. 산과 바다에도 간청했지만 아무것도 그의 수명을 연장시켜주지 못했다지요."

제리는 "위로가 되네요."라고 했다.

"그럼요, 모세도 그렇게 더 살고 싶어 했습니다." 나는 제리가 이 랍비적 해석에 어떤 반응을 보이는지 보고 나서 이런 말을 했다. "괜찮으시다면, 다음 주에 다시 와서 당면한 죽음을 어떻게 맞이하는지에 대한 유대교의 가르침들 가운데서 제가 좋아하는 이야기들을 들려드릴게요. 제게 가장 위로를 주었던 이야기들로요."

"네, 아주 좋습니다."

나를 차분하게 가라앉혀주고 영감도 주는 죽음에 관한 가르침들을 모으기 시작했다. 시편, 탈무드, 신비주의 서적에서도 글들을 수집했다. 뽑아낸 것들을 오려 풀로 붙여 복사를 했다.

그 다음 주 늦은 오후, 제리의 아파트로 갔다. 나는 램프에 불을 밝히고 영혼에 관한 글귀들을 읽기 시작했다. 영혼이 영원한 곳에서 이 세상으로 들어오기 얼마나 꺼렸는지, 하나님께서 그러는 영혼에게 아래 세상으로 내려가야 한다고 어떻게 설득하셨는지에 대해 우리는 이야기를 나눴다. 그리고 영혼의 내려옴이 어떻게 올라가기 위한 것인지, 영혼이 거룩한 임무를 다 마치기 위해 이별의 세계로 들어가는 것에 대해 이야기했다.

나는 영혼이 몸에 집착하는 조하르에 나오는 구절도 읽었다. "영혼이 몸과 분리되는 일보다 더 어려운 일은 세상에 없다. 하나님의 현존을 뵙기 전에 죽는 사람은 없다. 그분의 현존을 뵙고 싶은 깊은 갈망 때문에 영혼은 하나님을 맞이하기 위해 떠나는 것이다."

몸을 좀처럼 떠나려 하지 않는 영혼에 대한 제리의 호기심은 컸다. 모세의 죽음에 대한 랍비들의 해설로 나는 돌아갔다. 나는 하나님이 어떻게 모세의 죽음을 연기하지 않으셨는지, 그리고 모든 삶이 유한하다는 것을 강조하셨다고 말했다. 일단 하나님은 모세가 떠나겠다는 동

하나됨의 경험 *379*

의를 받은 후, 모세의 영혼으로부터도 동의를 받아야만 하셨다. 그것이 상당한 도전이었음이 입증되었다. 하나님께서 모세의 영혼을 본향으로 부르셨다. 그리고 물으셨다. "내 딸아, 이제 떠날 때가 되었으니, 머뭇거리지 말아라! 내가 너를 천국의 가장 높은 곳으로 데리고 오마." 그러나 그의 영혼은 떠나기를 거부했다.

모세의 영혼은 "하나님, 당신이 모든 영혼의 주인이심을 저 역시 알고 있습니다만 저는 모세를 사랑합니다. 부디 저를 그에게서 떠나지 않게 해주세요!"라고 간청했다. 결국, 영혼은 하나님께서 직접 모세의 입술에 입맞춤을 하며 그녀만을 끌어냈을 때에 이르러서야 비로소 그를 떠난다. 그때 그녀는 천상으로 돌아가겠다고 동의했다.

제리는 그 이야기를 듣고선 미소를 지었다. "죽음을 두려워하는 것이 심성이 약해서거나 신앙심이 부족해서가 아니라는 뜻이겠지요? 내 영혼도 두 세계 사이에 끼어 있는 게 아닐까요?"

"틀림없어요." 내가 말했다.

몇 주가 흘렀다. 유대교에는 죽음의 공포심을 완화시켜주는 삶의 아름다운 마무리에 관한 두 가지 가르침이 있어서 나는 그것을 제리에게 들려주었다. 처음 것은 조하르에 나온다. "사람이 죽음에 임박하면 다른 세상에 있는 친척과 친구들을 만날 수 있다."는 것이다.

제리는 내게 물었다. "그 말을 믿으십니까, 랍비님? 아니, 나오미? 내가 떠나기 전에 내 사랑 플로렌스를 만날 수 있다고 생각하세요?"

"제가 약속드릴 수는 없지만, 유대교 전통에서 일부는 그런 경험과 비전이 가능하다고 합니다."

그리고 나는 임종 무렵에 확대되는 시각에 대한 내용이 담긴 책 한 권을 더 소개하며, 죽어가는 사람에게는 추가적인 영혼이 주어진다고 말했다. 이 추가적인 영혼을 받게 될 때, 우리는 평생 동안 파악할 수 없었던 일치를 보게 된다고 나는 그에게 설명했다. 우리가 보게 되는 것이란 우리가 추구해 온 보다 높은 시각, 이곳에서 압도적인 행복감을 누리는 천국의 비전이라고 생각한다. 안도감과 해방감. 일단, 우리가 그 눈부신 하나(the radiant Oneness)를 보게 되면, 다음 세상으로 건너갈 채비를 마친 것이다.

제리는 죽어가는 사람이 평생 몰랐던 것을 보게 되고, 그렇게 새롭게 보는 것이 어떻게 해방인가에 대해 몹시 매혹되었다.

죽음에 관한 우리의 대화는 몇 주 동안 이어졌고, 그의 기력은 점차 쇠약해졌다. 이제 그는 호스피스 돌봄을 받고 있었다. 어느 날 내가 병원으로 찾아갔더니 제리가 물었다. "죽음이 고통스러울까요?"

그의 호스피스 간호사 글로리아 앞에서 나는 "제가 의사나 간호사는 아니지만, 탈무드에 나오는 죽음의 느낌을 말씀드릴 수는 있어요."

"탈무드에선 죽음을 어떤 느낌이라고 하던가요?"

글로리아도 우리 대화에 무척이나 관심을 보였다. 그래서 복음주의 크리스천인 그녀도 우리 대화에 함께 했다.

우리는 초현실적인 탈무드 이야기를 했다. 랍비 라바가 친구 랍비 나흐만의 임종 자리에 있었다. 라바가 나흐만에게 부탁했다. "너 죽고 나면 나를 만나러 와야 하네!" 랍비 나흐만이 죽었고, 아니나 다를까 나흐만이 라바에게 나타났다.

라바는 죽은 친구의 영혼에게 물었다. "어땠는지 말 좀 해 주게, 죽음이 고통스럽던가?"

나흐만은 "죽는 순간은 우유가 든 컵에서 머리카락 하나를 건져내는 것만큼 쉬웠고 아프지도 않았어!"라고 말했다. 하지만 그는 이어서 이렇게 말했다. "그런데, 만약 하나님께서 나더러 살아있는 세상으로 되돌아가라면 나는 거절할 거다, 왜냐하면 죽음의 공포가 너무 압도적이었거든!"

제리 눈에 눈물이 핑 돌았다. "죽음에 대한 공포가 심약한 게 아니라는 걸 알았다는 사실이 내게 어떤 의미인지는 아마 모르실 겁니다."

"전혀 심약하지 않으세요. 저야말로 죽음이 정말 두려워요."라고 내가 말했다.

"하지만 랍비에겐 앞으로 삶이 창창하게 남아 있잖아요."

"아무것도 보장된 게 없습니다."

제리는 탈무드의 장면을 생각하다 물었다. "나오미, 죽은 이들이 산 사람과 소통하러 온다는 것을 믿나요?"

"네, 믿어요."

그 다음 주에 나는 하시딕 이야기를 들려주었다. 랍비 부남이 세상을 떠나자 그의 제자 한 사람이 애도하는 부남의 아들을 위로하러 왔다. 아들은 그 제자 앞에서 "이제부터 누가 나를 가르칠까요?"라며 흐느꼈다.

제자는 이렇게 아들을 위로했다. "지금까진 너의 아버지가 외투를 입고 너를 가르쳤지만, 이젠 외투를 벗고 가르치실 것이다."

제리는 "나는 육체를 영혼의 외투로 여긴 적이 없었어요. 좋은 이미지네요. 마음에 듭니다."라고 했다. 글로리아도 기뻐하며 자기 허벅지를 쳤다. 그 이미지가 좋다며.

몇 주 정도 지나서 제리를 만나러 갔다. 그는 창백하고 쇠약한 모습으로 침대에 누워 있었다. 이번엔 글로리아가 우리끼리 있으라며 밖으로 나갔다. 그녀의 얼굴 표정이 어두워보였다. 제리는 "나오미, 유대교에도 환생에 대한 이야기가 있습니까? 나는 환생에 대해 계속 관심이 있었는데 그게 혹시 신성모독은 아닐까 궁금했어요."

"신성모독이 아니에요!"라고 나는 말했다. "유대 신비주의 책들은 영혼의 환생을 말합니다. 이런 가르침들은 우리의 매일 기도문에도 있지요. 히브리어로는 '길굴'(*gilgul*)이라 하지요. 영어로는 transmigration (환생)이라 합니다."

제리는 "우리의 매일 기도문 어디에 환생에 대한 이야기가 나옵니까?"라고 물었다.

"매일 잠들 때 하는 쉐마 기도가 죽을 때 암송하는 쉐마 기도와 같습니다. 매일 밤 우리는 '우주의 주인이시여, 저는 지금 나를 미워하고 적대하며 말과 행동과 생각과 관념으로... 내게 죄지은 사람을 용서합니다.. 이 세상에서의 환생이든 저 세상에서의 환생이든..."

제리는 "맙소사. 내가 히브리 학교에 다닐 때 왜 그런 걸 가르쳐주지 않았대요? 전생에서 사람들이 자신을 어찌 대했든지 무조건 용서하라고요?" 제리는 정말 신이 나서 흥분했다. 그의 마음은 연결을 시작했고, 연결과 도약을 시작하며, 서로 다른 생각과 경험을 하나로 모았다.

그로부터 며칠이 지난 어느 날, 제리의 임종이 가까워졌다고 글로리아가 내게 전화를 했다. 나는 곧장 달려갔다. 제리는 무척 잔잔하며 편안해 보였다. 의식이 오락가락하고 있었다. 눈을 떴을 때는 곁에 앉은 나를 바라보며 가만히 말했다. "이제 랍비님과 마지막 쉐마를 할 준비가 됐죠." 나에게도 그가 준비가 된 것처럼 보였.

그의 바람대로 제리는 품위 있는 모습으로 저 세상을 향해 떠나가고 있었다. 그는 평생 동안 찾던 평화를 찾은 것 같았다. 우리는 마지막 고백문과 쉐마 기도문을 함께 읽었다. "들어라, 이스라엘아, 우리의 주님이신 하나님, 주님은 오직 한 분이십니다." 병실의 모든 것이 그 순간 하나가 되는 듯했다. 시간이 멈췄다. 제리의 거친 숨소리가 들렸다. 나는 불안이 어떻게 그에게서 떠나는지 느낄 수 있었다. 남은 건 사랑뿐이었다.

제리와 나눈 가르침들을 소개하고 싶었다.

만물이 하나임을 알고 있는 그대의 영혼이 그대 안에 들어가 그대를 차분하게 가라앉히고, 그대에게 환한 빛을 비추길 빕니다. 그 영혼이 그대 안에 알맞게 자리잡기를 빕니다. 그대가 자신의 영원성을 알게 되길 빕니다. 아멘.

환희에 찬 영혼

우리의 결혼식을 한 달 정도 앞둔 어느 날, 나는 랍에게 나와 뉴욕에 함께 다녀오지 않겠느냐고 물어보았다. 그는 "좋은 생각이지, 뉴욕 피자도 먹고, 가족들도 만나고 브로드웨이 쇼도 볼 수 있겠다."고 혼자서 속으로 생각하며 몹시 흥분했다.

그러는 그에게 "뉴욕에 가서 아빠를 결혼식에 초대하고 싶다!"고 나는 말했다. 나는 그 무렵에 내 결혼식에서 신부 입장 때 아버지 손을 잡고 들어갈 수 없다는 사실 때문에 슬픈 마음으로 지내고 있었다. 랍은 나를 흘긋 쳐다보았다. 그가 그럴 수밖에 없었던 것은 그때는 이미 아버지가 돌아가신 지 13년이나 지난 때였기 때문이다.

"무슨 말이야?"라고 랍이 물었다.

"유대인들은 자기가 사랑하던 고인이 된 사람을 결혼식에 초대하는 풍습이 있어."

"그러자!"

그리하여 우리는 뉴욕으로 가서 차를 빌려 러시아워로 붐비는 맨해튼 거리를 뚫고, 무질서하게 퍼져 있는 뉴저지 교외의 주택들을 지나서 아버지가 묻혀 계신 커다란 공동묘지까지 달려갔다. 그곳에는 묘비석들이 줄지어 늘어서 있었다.

우리는 아버지의 무덤 앞에서 조용히 두 손을 모았다. 그리고 내 안에 있는 모든 용기를 끌어 모아 숨을 깊이 들이마셨다. "안녕하셨어요, 아빠. 이 사람이 랍이에요. 저는 이 사람을 사랑해요. 아빠도 이 사람을 좋아하실 거예요. 아빠, 우리 4월 14일에 결혼하려고 해요. 아빠를 초대하고 싶어서 이렇게 왔어요. 오실 수 있다면 정말 좋겠어요!"

영성공동체 나슈바 기도예배를 인도하며 종종 나는 성경 속의 여성 가장들과 남성 가장들, 즉 아브라함, 이삭, 야곱, 사라, 리브가, 그리고 레아 등을 생각한다. 꼭 그들이 우리를 지켜보는 것만 같다. 21세기를 사는 유대인들이 자신들의 유산을 열정적으로 계속 이어가는 모습을 보며 그 조상들이 얼마나 깊은 '나하스'(nachas)를 느낄까 궁금해지기도 한다. 후손들이 자신들을 여전히 기억하고 있음을 알고 있는 그들은 얼마나 크고 깊은 '나하스'를 느끼고 있을까! 심지어 우리들이 드리는 오늘의 기도문 속에서 그들의 이름을 계속 언급하기까지 하니 말이다.

'나하스'(Nachas). 가톨릭 신자인 친구에게 내가 우리 아이들에게서 느끼는 '나하스'가 얼마나 크고 깊은지를 얘기 했더니 그녀는 어리둥절한 표정으로 '나하스'가 무엇이냐고 물었.

'나하스'가 무슨 뜻인가? 이와 같이 성스러운 경험을 표현할 수 있는 단어가 영어에는 딱히 없다. 말로서 '나하스'를 어떻게 표현할 수 있을까?

부모가 자식을, 스승이 제자를, 이모나 삼촌이 조카를, 조부모가 손주를 돌보고 거두며 경험하는 독특한 환희를 '나하스'라고 부른다.

하지만 '나하스'는 단순한 기쁨의 감정에서 솟아나는 환희가 아니라 자부심, 즐거움, 만족감 같은 기쁨들이 복합적으로 섞여 있는 감정이다. 그것은 영적으로 느끼는 기쁨이어서 지상에서 맛보는 천국의 경험이라고 할 수 있을지 모르겠다.

이디쉬어인 '나하스'는 실제로 히브리어로 '나하트 루아흐'(nachat ruach), 곧 "영혼의 안식"이라는 뜻에서 유래했다. '나하스'는 영혼이 그 임무를 완수하고 난 다음에 오는 충족감, 혹은 자식이나 제자를 잘 키워낸 뒤에 내 역할을 잘 해냈다는 데서 오는 기쁨의 감정을 묘사하는 말이다.

'나하스' 안에는 안도의 한숨, 해방감, 영혼의 평화, 즐거움과 동시에 자부심 같은 것들이 배어 있다.

우리가 이미 알고 있듯이, 부모들은 자녀들의 영혼이 '나하스'의 선물이 아니라고 부정하기도 하는데, 그것은 그들이 자신의 아이들을 있는 그대로 인정하고 싶지 않아서다. 그런 이유 때문에 부모들은 자녀들이 지닌 그들만의 고유하고 독특한 아름다운 영혼 속에서 깊은 '나하스'를 끝끝내 경험하지 못할 때가 많이 있다.

물론 모든 사람들이 부모가 되는 것도 아니고, 부모로서 '나하스'를 경험하는 것도 아니다. 하지만 이 세상에 자식이 아닌 사람은 한 사람도 없으므로 우리는 모두 자신의 부모에게 '나하스'를 드리는 기회를 가진 셈이다. 부모에게 드리는 '나하스'는 아주 조금일 뿐이다. 아주 약간의 감사를 드릴 수 있을 뿐이다. 작은 사랑, 작은 관심... 자식으로서 우리는 부모에게서 너무 많은 것을 당연히 여기며 살고 있지 않은가!

나는 지금 내 아들이 갓난아기였을 때, 그 애를 안고 여기저기 걸어 다니면서 마음속으로 이런 말을 하며 잠 못 이루던 밤들을 생각한다. "너는 내가 지금 너를 위해 하는 이 많은 수고들을 결코 알 수 없을 거야! 너는 내 마음과 가슴 속에 가득한 희생, 걱정 또는 너의 비중을 결코 알 리가 없을 거야!"

정말로 쉽게 자식들은 모든 것을 잊어버린다.

자식들이 부모에게 드리는 '나하스'는 아주 작은 것인데도 그것마저도 인색해질 때가 있다.

가톨릭 신자인 친구에게 '나하스'에 대해서 이렇게 설명해주었더니 그 친구는 눈물을 글썽이며 되물었다. "나오미, 돌아가신 부모님께도 '나하스'를 드릴 수 있을까?"

누구나 물어볼 수 있는 상당히 일반적인 질문이다. 나도 얼마나 자주 이런 기분에 사로잡혔었던가! 나는 어머니가 내 상황이 어떻게 돌아가고 있는지 여전히 알기를 바라고 있다. 아버지가 나에게 물려준 유대교 유산을 내가 어떻게 실천하며 살아가고 있는지 보시길 바라고 있다. 아버지가 내 남편 랍을 만난다면, 아버지가 내 아이들의 결혼식에 오셔서 기쁨의 춤을 추실 수 있다면, 열한 명의 손주들이 아버지의 무릎 위로 뛰어오를 때 깊고 큰 '나하스'를 맛보실 수만 있다면!

사람들이 이런 염원을 내게 얼마나 자주 털어놓았던가? 할머니가 이 순간 나와 함께 계신다면! 내가 출산할 때 엄마가 함께 계실 수 있다면! 아버지가 이 예쁜 손주를 보실 수 있다면! 할아버지가 지금 이걸 보실 수 있다면! 그럴 수만 있다면…

나는 친구에게 말했다. "나는 돌아가신 분들에게도 '나하스'를 드릴 수 있다고 믿고 있어!" 그녀는 자기 어머니가 살아 계셨을 때 어머니를 마음껏 사랑하지 못했었다고 했다. 그래서 후회되는 일이 너무 많다고 했다.

"'나하스'는 죽음을 초월한다!" 내가 말했다.

고인이 된, 사랑했던 사람들을 우리가 기억함으로써 우리는 그분들에게 '나하스'를 드린다. 그분들로부터 우리가 받은 소중한 것들, 우리를 위해 희생했던 그분들의 사랑에 우리가 얼마나 깊이 감사하고 있는지 말을 함으로써 우리는 그분들에게 '나하스'를 드린다. 우리는 그분들이 우리에게 주입하려던 삶의 가치에 부응함으로써, 그 가치를 우리 삶 속에서 살아냄으로써 '나하스'를 드린다. 그들이 우리에게 물려준 유산을 소중하게 여김으로써, 그들이 우리에게 남겨준 지혜를 다른 사람들과 나눔으로써 우리는 '나하스'를 드린다. 자부심으로 가문의 전통을 지키고 또 그것을 계승함으로써 우리는 그분들에게 '나하스'를 드린다.

영적 세계들의 뒤섞임을 묘사하는 랍비와 신비주의자들이 저술한 여러 문헌들이 있다. 거기서 랍비들은 영적인 흐름으로 충만한 분위기를 설명한다. 우리의 의식이 접근할 수 없는 존재의 세계가 우리 자신의 세계와 뒤섞여 있는 세계들이 있는데, 그 영역들은 우리와 동떨어져 있지 않고 지금 여기 우리와 함께 있다. 의식적인 정신으로는 감지할 수 없으나 영혼만은 전부 알고 있는 세계들이다.

나는 개인적으로 모든 것을 연결하는 영적 흐름을 가장 잘 표현한

대표적인 작품으로 빈센트 반 고흐의 그림들을 꼽는다. "별이 빛나는 밤." 그의 붓놀림을 보았는가? 그 모든 소용돌이치는 흐름들이 어떻게 하늘과 땅을 연결하는가? 아래로 흘러내리고 위로 솟아 흐르는, 영원히 움직이고 흐르며 상승하고 하강하는 흐름들.

우리의 육안으로는 결코 보지 못하는 것들이 있다. 귀로 듣지 못하는 소리들, 오래 전에 떠났으나 언제나 우리 곁에 있는 사람들, 보이지는 않으나 뚜렷이 감지되는 사람들이 있다.

아마도 그래서 어머니가 내 아들과 딸의 성년식을 마쳤을 때 "너희 아빠가 오늘 여기서 엄청 기뻐하시는 걸 노미야 너도 알았으면 좋겠다!"라고 하셨던 것 같다.

나는 그때 알고 있다고 했었다.

죽은 부모의 영혼이 자녀들과 함께 결혼식 캐노피 아래에 와서 '나하스'를 체험하는 전통이 있기 때문에, 유대인들은 결혼식 전에 돌아가신 부모님을 위한 특별한 추모기도를 암송하는 관행이 있다.

그래서 나와 랍도 결혼식을 한 달 가량 앞두고서 아버지의 묘지에 찾아가 우리 결혼식에 아버지를 오시라고 했던 것이다. 처음에 랍은 그것에 약간의 저항심이 생겼었다고 했다. 당연한 일이었다. 그로서는 좀처럼 믿기 어려운 일이었고, 무슨 일이 일어날 것이라고는 전혀 기대하지 않았기 때문이다.

그러나 결혼식 당일에 내가 엄마의 손을 잡고 웨딩 캐노피를 향해서 당당하게 걸어가고 있을 때, 랍은 '나하스'로 가득 차 있는 눈에 보이지 않는 어떤 존재를 느꼈다고 했다. 내 영혼의 깊은 곳에서 나 역시도 그것을 감지할 수 있었다. 나의 아버지가 신부를 신랑에게 넘겨주려고 오셨다는 것을.

사랑하는 이들을 떠나보낸 경험을 한 우리 모두는 아무것으로도 채울 수 없는 그 뻥 뚫린 구멍의 극심한 아픔을 잘 안다. 명절 상 앞에 놓인 허전한 자리, 포옹, 입맞춤, 다시 한 번 듣고 싶은 확신을 주던 부드러운 말들. 그러나 나는 내 온 마음과 영혼을 다해서 내 사랑하던 사람들이 결코 먼 곳에 떨어져 있지 않다는 것을 믿고 있다. 매일 우리에게 축복을 하고 이끌어주며, 우리를 보며 기뻐하고 있다는 것을.

우리에게는 영혼에게 선물을 드릴 수 있는 하나님이 주신 힘이 있다. 이 세상에서, 또 저 너머 세상에서 '나하스'를 주고받을 수 있도록 허용하자. 우리의 영혼이 우리의 자식과 제자들을 경외심을 가지고 바라보는 법을 가르쳐주도록 허락하자. 우리의 영혼이 소중한 사람들에게 즐거움을 줄 수 있도록 허락하자.

부모님, 할아버지 할머니, 멘토들이 살아 계신다면 가슴을 억제하지 말자. 그들이 아무리 우리를 실망시키거나 당황시키더라도! 우리들이 가진 기쁨을 나누고 성취감을 나누고 고마움과 사랑을 나누자. 그들의 영혼에게 약간의 '나하스'를 드리자.

그리고 사랑하는 사람들이 영원한 세상의 집에 머물고 있다면, 우리의 가슴 속에서 '나하스'가 무덤을 초월한다는 것을 알자.

영혼의 신성한 즐거움 '나하스'를 주고받는 복을 누리시길. 아멘.

연결의 실타래

　3년 전에 우연히 읽었던 알버트 아인슈타인의 편지 한 대목은 잘 달리던 나의 길에서 나를 멈춰 세웠다. 왜냐하면 그것은 우리가 모두 서로 친밀하게 연결되어 있다는 나의 모든 믿음과 나의 모든 지식이 참되다는 것을 아주 정확하게 포착하고 있기 때문이다.
　그리고 그토록 수많은 어린이의 생명을 살려냈으나 자신의 열한 살짜리 아들의 생명은 구할 수 없었던 랍비 로버트 마커스가 내 여정의 일부가 되었다. 애가 끓어지는 아픔을 가진 랍비 마커스는 아인슈타인에게서 어떤 위로를 받을 수 있을까 하여 그에게 편지를 썼다. 그렇게 함으로써 그는 자기 자신의 비극적인 상실을 이해하려고 몸부림쳤다. 아인슈타인에게서 답장으로 받은 것은 '모든 것이 하나인 세계'라는 강력한 메시지였다.
　지난 3년 동안 나는 1951년에 죽은 랍비 마커스에 대한 한 조각의 정보라도 얻을 수 있을까 하여 부켄발트 소년들을 찾아다녔다. 내가 랍비 마커스의 이야기를 집필하는 데 도움을 줄 수 있으리라고 기대를 했던 부켄발트 소년 중 한 사람, 그는 엘리 위젤이었다.
　엘리와 인터뷰를 하고 싶은 열망이 너무도 강했던 나는 그에게 편지를 써보고 전화를 걸어보고 이메일을 보내보곤 했었다. 항상 그의 비서는 엘리의 달력에 비어 있는 날은 하루도 없다는 답을 보내왔다. 엘리를 알고 있는 나의 지인 역시 그의 건강이 좋지 않고 정신도 옛날처럼 명료하지 않을 거라며 나를 말렸다. 어쩌면 엘리가 랍비 마커스를 기억하지 못할 수도 있었다. 나는 어쩌면 그와의 연락이 닿지 않는 것이 그래서인지도 모르겠다고 마음을 접어보려고도 했다.

그러나 나는 몇 주 정도 지나면 다시 한 번씩 이메일을 보내 인터뷰가 가능한지 타진해보았다.

3년 동안 기다리며 연락을 계속하던 어느 날, 응답이 왔다! 엘리가 나를 만나겠다는 것이다. 인터뷰를 하는 날 오후가 되자 너무 흥분한 나머지 내 가슴이 마구 쿵쾅거렸다.

나는 그때까지도 엘리가 랍비 마커스에 대해 별로 할 말이 없을지도 몰라 걱정이 되었다. 그러나 그와 이야기할 수 있는 기회가 주어진 것만으로 나는 감사했고 영광스러웠다.

내가 첫 번째 질문을 했다. "랍비 로버트 마커스를 기억하시나요?"

그는 "내가 기억하느냐고요?"라고 되물었다.

"나는 다윗의 별이 새겨진 군복을 입은 군인을 만났지요."라고 말하고 나서 그는 부연 설명을 했다. "그것이 큰 의미를 가지는 것은 그때까지 우리에게 다윗의 별이란 죽음의 상징이었는데 랍비 마커스로 인해 그것은 자유의 상징이 되었으니까요!"

잊을 수 없는 일이었다.

엘리는 부켄발트 강제수용소에서 랍비 마커스가 첫 번째 기도예배를 인도했던 그 순간의 강력한 힘에 관해서 말했다. "부켄발트에서 우리는 항상 기도했어요. 그러나 이번은 좀 달랐어요. 아주 큰 행복이었고 놀라움이었습니다. 그와 함께 기도할 수 있었던 일은 상당히 큰 의미였어요."

엘리는 랍비 마커스를 경외하고 있다고 말했다. 그는 "나오미, 우리 소년들에게서부터 랍비 마커스까지의 거리는 지구에서 태양까지의 거리만큼이나 멀었어요!" 70년이 지났건만 그의 기억은 전혀 흐려져 있지 않았다.

우리는 이어서 해방 후에 보육원을 보살폈던 젊은 여성 주디스의 이야기로 화제를 돌렸다. 엘리에게 "주디스의 어떤 면모가 특히 눈에 띄었나요?" 하고 내가 물었다.

"그녀의 미소입니다."

"그녀의 자부심도 느끼셨나요?"

"아! 네, 물론 우리 모두 느꼈지요. 안전하고 행복한 곳에서 온 그녀는 보육원도 안전하게 탈바꿈시켜 놓았고, 우리에게 무엇이 필요한지를 아주 잘 알고 있던 분이었습니다!"

친절하게도 엘리는 주디스와 함께 지내던 시절에 관해서라면 자세하게 물어봐도 된다고 했다. "모든 소년들이 에꾸이 보육원에 처음 도착했을 때 회복 불능으로 진단받았다는 사실을 알고 계셨습니까?"

고통이 가득한 음성으로 그는 말했다. "네, 잘 알고 있었지요."

엘리는 주디스가 아이들의 방을 출신 고향별로 재배치했던 날을 기억했다. "정말 굉장한 순간이었지요!"

니니도 기억하고 있느냐고 물어보았더니 그도 역시 아리땁던 니니에게 홀딱 빠졌었다고 했다.

그다음, 나는 가족들을 위한 애도의 '카디쉬' 문제를 두고 열띤 논쟁을 벌인 날에 대해 물어보았다. 엘리는 고인들을 위한 기도를 드리기 위해서 회당에 남아 있던 소년 중 한 명이었다. 그는 70년이 흐른 지금까지도 그 날에 대한 언급은 차마 하기 어렵다고 말했다.

나는 "주디스는 소년들에게 희망이 다시 돌아오는 걸 목격했다고 하던데요. 희망을 준 사람이 주디스였나요?"라고 물었다.

"'희망'! 그 말은 너무 강합니다. 내가 희망이라는 단어를 사용할 수 있을지 모르겠군요." 그가 말했다.

"그러면 어떤 단어를 사용하고 싶으신가요?"

"희망컨대, 찾게 되겠지요. 언젠가는 찾게 되겠지요."

대담이 거의 끝나갈 무렵이 되어 나는 엘리에게 오랫동안 묻고 싶었던 질문, 즉 랍비 마커스가 그의 아들을 잃고 나서 아인슈타인에게 보낸 편지에 대해서 혹시 알고 있는지 물어보았다. 그는 모른다고 했다. 나는 랍비 마커스가 아인슈타인에게 썼던 편지를 읽어 준 다음에, 엘리에게 물었다. "가장 힘든 시간을 견디면서 무엇이 선생님께 가장 중요했었나요?"

"우정... 의심할 나위 없이 우정이지요."

그렇다, 물론, 우정이다! 엘리가 말하는 동안, 나는 연결의 실타래를 보기 시작했다. 완전히 낯선 사람들과 친구가 될 수 있는 길 말이다. 어떻게 랍비 마커스와 엘리 위젤이 연결되었고, 또한 아인슈타인과 랍비 마커스가 어떻게 연결이 되었던가. 다른 사람을 일으켜 세우고 구하기 위해 자신을 넘어선 낯선 사람들, 동떨어져 서로 분리된 존재라는 "착시적인 망상"을 초월한 사람들.

우리는 모두 전체의 일부분이다.

우리는 낯선 사람이 어떻게 우리의 삶 속으로 들어와 우리를 일으켜 세우고 구하며, 나 혼자라는 망상에서 해방시켜주는지 결코 알 리가 없다.

엘리에게 고맙다는 인사를 하고 전화를 끊으려던 나는 갑자기 나도 엘리 위젤에게 빚을 지고 있다는 사실을 깨달았다. 감사의 빚! 나에게 그 인터뷰를 허락해주어서가 아니고 수년 전, 엘리 자신도 모르는 사이에 나에게 베푼 친절에 대한 고마움의 빚이었다. 나는 그에게 감사를 드려야만 했다. 다음 기회란 다시 오지 않을지 몰라서였다.

나는 내가 가진 모든 용기를 끌어 모아 전화를 끊기 전에 말을 꺼냈다. 나는 어떻게 그가 나를 구해주었는지 그에게 꼭 말을 해야 한다고 생각했다.

"꼭 드릴 말씀이 있습니다. 선생님이 사람들을 어떻게 도와주셨는지 많은 사람들로부터 들으시겠지만, 저는 어떻게 나의 삶을 선생님이 특별하게 구해 주셨는지 들려드리고 싶어요."

"제가 지금 얼마나 감동을 받는지 상상하지 못 하실 겁니다. 그럼, 이야기를 들어볼까요."

나는 이야기를 시작했다. "저는 브루클린에서 태어나 거기서 성장했습니다. 저의 아버지가 저를 가르치셨지요. 내가 아주 어렸을 때부터 토라와 주석을 가르쳐주셨고, 기도하는 법도 가르쳐주셨습니다. 아버지는 안식일마다 저를 회당에 데리고 가셨고, 나는 아버지 곁에 앉아 아버지의 기도 숄을 만지작거리며 놀곤 했습니다."

내가 열다섯 살 때 아버지가 살해당한 다음부터 나는 분노에 찬 사람이 되었다는 이야기를 했다. 내 분노와 상실감, 슬픔에 대해서도. 생을 끝내야겠다는 생각은 없었지만 어떻게 살아야 할지 계획을 세울 수도 없었다는 말도 했다.

겨우 열다섯 살밖에 되지 않은 나이에 모든 것의 끝에 다다른 느낌으로 살아갔다. 아버지가 떠나셨다. 어머니 역시 더 이상 예전의 분이 아니었다. 안식일도 같지 않았다. 나도 달랐다. 기도? 어떻게 기도가 옛날 같을 수 있을까? 하나님이 무슨 소용이 있단 말인가?

나는 "내 인생의 가장 최저점에서 엄마가 선생님의 강연이 있다는 것을 알고서 나도 함께 가보자고 설득하셨어요. 저는 가고 싶지 않았지만 어머니가 자꾸 가자고 독려를 하시기에 따라 나섰습니다. 얼어붙을 만큼 추웠던 어느 12월 밤, 우리는 지하철을 타고 보로 파크 역에서 92번가 Y역까지 갔어요."라고 말했다. "나이가 많으신 어른들로 꽉 차 있는 어마어마하게 큰 강당 안으로 들어갔는데 나는 그곳에 정말 있고 싶지 않았어요. 끝에서 두 번째 줄에 자리를 잡고 앉아 괜히 엄마를 따라나섰다고 얼마나 후회했는지 몰라요. 갑자기 불이 꺼지고 선생님이 무대로 올라오셔서 조명이 비추는 자리에 앉으셨지요. 강연이 시작됐습니다. 강연 초반에 저는 딴청을 피웠지만 이내 선생님이 하시는 말씀들이 굳게 방어하고 있는 나의 가슴 속으로 조금씩 파고들어 왔어요. 선생님의 말씀은 차분했고 목소리는 따뜻했어요. 손은 마치

어둠 속에서 발레를 공연하시는 것만 같았어요. 선생님의 손이 선생님의 말씀을 공연하시듯이요. 제 기억으로 저의 시선은 선생님의 손에 고정되어 있었고, 아버지가 돌아가신 이후 처음으로 제가 아름다움을 경험했던 날이었습니다. 저는 최면에 걸렸습니다. 지옥에 갔다가 돌아온 사람의 강연을 들으며, 그가 이 세상에 던지는 아름다움을 보는 건 저에게는 일종의 희망의 불꽃같은 것이었답니다. 저에게 선생님이 문을 열어주셔서 제가 그 문을 지나갈 수 있었습니다. 그 날이 바로 시작이었어요. 나를 삼키려고 위협해온 깊은 구덩이에서 조금씩 빠져나와 나 자신에게 되돌아오는 첫걸음을 떼어 놓을 수 있었던 날이었죠. 수많은 시간이 흘러갔습니다. 그 사이에 즐거운 일들도 많았고요. 저의 앞날에도 희망이 있고, 경축하고 감사할 이유가 있다는 것을 가르쳐주셔서 정말 고맙습니다."

나는 엘리에게, "2천 명의 청중 앞에 서 계셨던 그 분은 상실감 때문에 헤매던 열다섯 살 소녀에게 어떻게 새로운 문을 열어주었는지 전혀 모르실 겁니다!"라고 말했다.

"내가 얼마나 큰 감동을 받았는지 상상도 못하실 겁니다." 엘리가 말했다.

한 사람을 다른 사람과 서로 분리시키는 베일을 걷어 올리는 일은 그리 어렵지 않다.

우리는 모두 서로에게 친밀하게 연결된 존재라는 진리를 우리가 볼 수도 없고 또한 이해할 수도 없기에, 그것을 깨닫기 위해서 어쩌면 우리는 일생을 바쳐야 할지도 모른다.

　내가 복원 수술을 마치고 회복 중이던 그 해 여름, 나는 우리 모두 하나의 직물 안에 짜여진 존재라는 아인슈타인의 사상이 실제로 구현된 이야기 하나를 들었다.

　그 이야기는 아버지가 돌아가신 어느 예비신부의 이야기였다. 함께 손잡고 예식장으로 입장할 사람이 없었던 그 젊은 여성의 기사를 읽던 나에게 내가 헐벗은 심정으로 나의 결혼식을 기다렸던 시절이 떠올랐다.

　기사를 훑어보다 내 눈시울이 뜨거워졌다. 나는 이 신부의 이야기를 직접 듣고 싶어 그녀와의 연결을 시도했다.

　그녀와 만나서 나눌 대화를 준비하면서 대충 훑어보았던 뉴욕타임스의 기사를 더 자세하게 읽어보던 도중 나에게 소름이 돋았다. 제니 스테판의 사연이 어쩌면 내 사연과 그토록 흡사할 수 있었던지.

　10년 전, 제니가 스물세 살이었을 때, 그녀의 아버지는 골목에서 노상강도를 만나 총에 맞아 죽은 채, 비가 내리는 거리에 그냥 버려졌다.

　먼저 제니의 이야기를 들으며 나는 내 아버지도 강도를 만나 피살되었다는 이야기는 하지 않았다. 그저 그녀의 사연만 듣고 싶어서 나는 물었다. "아버지는 어떤 분이셨나요?"

　"아버지는 너그럽고 카리스마를 가진 분이었어요. 항상 다른 사람에게 다가가는 분이셨고요. 사람들을 좋아해서 다가가는 사람 자석이었다고 할까요. 누구하고나 스스럼없이 이야기를 나누는 무척 사교적인 분이셨지요. 운동을 좋아하며 활동적이셨고 튼튼한 심장을 가지셨었죠."

아버지가 돌아가셨던 날, 제니는 아버지의 운전면허증에 장기기증자로 표시되어 있는 걸 보았다. 가족들은 '코어'(CORE)라는 장기회복교육센터(the Center for Organ Recovery and Education)에 연락하기로 결정했다.

제니는 말했다. "아버지의 죽음이 정말 어처구니없는 일이었기 때문에 우리는 아버지를 기리는 방법으로 누군가를 도와주자는 결정을 내렸어요. '코어'에서 아버지의 심장을 사용하겠다는 연락이 왔어요."

"아버지의 장기가 다른 생명을 구할 수 있다는 사실이 우리의 애도 기간에 도움을 주었지요. 3, 4일 정도 지나서 누군가 아버지의 심장을 받았다는 소식을 들었어요."

제니의 아버지, 마이클이 총을 맞았던 바로 그 날 밤, 아서 토마스라는 사람의 상태는 아주 심각했었다. 그는 대학에서 상담사로 일하는 사람이었는데 아내와 네 명의 자녀를 두었다.

나는 그와도 이야기를 나누었다.

"랍비님, 제 심장은 심부전증으로까지 악화되어 있었고, 잠시 숨을 돌리지 않으면 채 열 발자국을 걸어갈 수조차 없었어요."

심장전문의를 찾아가자 의사가 설명했다. "심장이식을 해야 할 때가 왔습니다. 당신의 심장이 제대로 작동하지 않아요."

톰은 자신의 상태가 위중함을 알았다. 그는 항상 죽음을 기다리며 곧 죽을지 모른다는 두려움에 사로잡혀서 끔찍한 나날들을 보내고 있었다고 했다.

"그래서 의사가 나를 입원을 시켰어요. 나의 다른 장기들이 서서히 망가지고 있었죠... 그러던 어느 날, 병상에 누워 있는 나에게 의사가 '좋은 소식이 있어요! 심장을 구할 수 있을 것 같습니다.'라고 하더군요."

그다음, 그는 자기가 수술실에 들어간 일과 피츠버그에서 심장이 비행기로 오고 있다는 말을 들은 것을 기억했다.

"랍비님, 믿기 어려우시겠지만 48시간 만에 저는 걸어 다니면서 이 사람, 저 사람과 이야기를 할 수 있었어요."라고 톰은 말했다.

"심장이식을 한 지 2주 정도 지나서 저는 스테판 가족에게 감사의 편지를 썼습니다. 그리고 다시 학교로 출근하게 되었죠. 나의 삶과 완전히 새로운 계약을 체결한 것이었습니다."

"6개월 후엔 스키를 탔습니다!"라고 그는 덧붙였다.

제니의 아버지가 돌아가신 그 해, 12월 24일에 제니는 편지 한 통을 받았다.

그녀는 "무척 고통스러운 시절이었어요. 아버지를 잃고 나서 처음 맞이하는 성탄절이었거든요. 편지를 열었더니 '안녕하세요. 저는 톰입니다. 귀댁으로부터 심장을 받은 저는 감사의 말을 드리고 싶었습니다. 저는 오래 아팠었고, 오랫동안 심장을 기다려 왔었어요.'"라고 말했다.

제니는 "톰의 편지를 보니 어떤 말을 할지를 오래 오래 고민한 흔적이 고스란히 전해졌어요."라고 했다.

계속해서 제니는 "편지를 읽으며 저는 울었어요. 아버지의 심장을 받은 사람이 잘 살고 있다는 것을 알게 되어서 정말로 기뻤거든요."라고 했다.

나는 톰에게 어떤 심정으로 편지를 썼는지 물었다.

톰은 "그 댁에서 가장의 심장을 기부하기로 결정한 순간은 그분들에게 가장 고통스러운 순간이었습니다. 무엇과도 비교할 수 없는 고통이었지요. 한 가정의 가장을 잃은... 그런데도 그분들은 생면부지의 사람에게 생명을 주기로 결정하셨습니다."

제니에 의하면, 톰이 보낸 편지를 받고 톰과 제니의 엄마 사이에 아름다운 교류가 시작되었다. 매달 서로 전화를 했고, 엄마의 생일이나 큰 명절에는 편지, 카드, 꽃들이 오고 갔다.

제니는 "톰은 삶을 되찾은 것에 대해 깊이 감사했어요, 그래서 매우, 매우 고마워했지요."라고 했다.

나는 톰에게 마이클의 심장을 받은 이후의 10년의 삶이 그에게는 어떤 의미였는지 물어보았다.

그는 "랍비님, 그 심장 덕분에 나는 가족과 함께 나이를 먹게 되었고, 우리 자식들이 고등학교, 대학교까지 졸업하는 것을 보았으며, 내가 살아서 두 아이들이 혼인하는 것까지 볼 수 있게 되었잖아요. 그리고 저는 아직도 스키를 탑니다! 내가 이렇게 정상적인 생활을 하고 있는 건 그분들의 관대함이 없었다면 불가능한 일이었습니다. 저에게는 인생을 최대한 잘 살아야 하고, 사람들에게 따뜻해야 할 의무가 있습니다. 제가 이렇게 살아 있다는 게 너무 놀랍기만 하니까요."라고 했다.

이어서 톰은 나에게 말했다. "심장이 뛰면 나는 살아 있는 내 심장을 실감합니다. 내 심장이라고 생각해 왔는데, 지금은 우리의 심장이라는 걸 알아요. 그래서 우리의 심장이 살아서 잘 뛰고 있다고 말합니다."

제니는 영혼의 동반자 폴을 만나 사랑에 빠졌고 약혼을 했다.

나는 제니에게 물었다. "아버지가 결혼식에 못 오실 거라는 걸 알고는 어떤 심정이었나요?"

그녀는 "아버지가 나와 함께 입장할 수 없어서 무척 슬펐어요. 다른 결혼식에 갈 때마다 외톨이가 되는 기분이었어요. 누군가가 나에게서 그 기회를 빼앗아간 것 같았어요. 아버지가 살아 계신 친구들을 보면 부러웠고요."

그러더니 제니는 "나에게도 계획은 있었어요. 만약 톰이 나와 함께 입장할 수 있다면 멋지지 않을까? 톰은 아빠의 일부를 가진 분이니까." 라고 했다.

제니는 톰을 난처하게 만들고 싶지 않았기 때문에 이렇게 편지를 썼다.

톰 아저씨, 마이클의 딸 제니예요. 아저씨는 저희 아빠의 심장을 가지셨지요. 저희들 삶에서 아저씨를 알게 되어서 기뻐요.

제가 얼마 전에 약혼을 했어요. 제 결혼식에 오셔서 저와 함께 입장해주실 수 있으신지요?

제니가 편지를 부친 지 이틀 만에 톰이 그 편지를 받았다.

톰은 내게 말했다. "제니의 편지를 받아들고서 쓰러질 것 같아 의자에 앉아야만 했어요. 정말 아름다웠어요. 제니의 부탁을 읽는 순간 나는 그래야 할 것 같다고 생각했습니다. 사람들이 함께 알맞은 장소에 오는 것처럼, 경이로운 느낌이었죠. 완벽했어요. 제니의 아빠가 결혼식에 참석한다는 뜻이 아니겠어요!"

그는 "정말 행복했습니다. 어떻게 내가 끝까지 울지 않고 버틸 수 있을지 모르겠더군요."

결혼식 전날, 톰은 처음으로 제니네 가족을 만났다. 제니와 여동생, 어머니, 톰과 부인 모두 만나기로 했다.

제니는 "그분을 만나자마자 일순간 만감이 교차하더군요. 울음이 멈추지 않아서 제대로 말을 할 수 없었어요."

이어서 그녀는 "어떤 분일지 내내 궁금했었거든요. 편지로는 만났지만 살아 있는 모습을 직접 뵙지는 못했으니까. 저는 우리의 만남 하나하나, 세세한 모든 것들로 인해 가슴이 벅차올랐어요. 정말 압도적이었어요."

그리고 톰은 "제니를 만나는 순간 가슴이 뭉클하더군요. 그녀의 손을 잡아서 내 맥박 위에 올려놓았어요. 아빠의 심장이 뛰는 것을 느껴보라고요."

제니도 똑같은 순간을 묘사했다. "그분이 갑자기 자신의 손목에 제 손을 얹더니 자신의 맥박을 느껴보지 않겠느냐 하셨어요. 그분의 맥박이 느껴졌어요… 그리고선 내 손을 그분의 가슴에 갖다 대어보았습니다."

"기적 같았어요. 꿈은 이루어졌고, 빼앗긴 많은 것들을 채운 마지막 마무리였습니다. 어찌할 바를 모르게 자꾸만 눈물이 흐르더군요."

결혼식 날이 되었다. 축하와 기쁨의 환호로 가득한 정말 멋진 날! 톰이 제니와 팔짱을 끼고 당당하게 입장을 할 때 두 사람은 함께 그 날의 주인공이 되었다.

제니는 "아버지가 내려다보시며 웃고 계신 듯했어요. 정말 평화롭고 행복한 날이었습니다. 결혼식 꿈을 다시 꾸면서 살고 있는 어린 소녀처럼 말이죠. 그리고 저는 톰과 함께 부녀가 함께 추는 춤을 추었어요."

그것은 제시카 심슨이 부른 "당신은 갈 필요가 없어요!"(You Don't Have to Let Go)라는 노래였다.

제니는 "저는 아빠를 위해 그 노래를 골랐어요."라고 했다.

제니는 "나오미, 보기보단 항상 훨씬 크셨던 아빠를 느껴요. 아빠에게 시간이 조금 더 있었어야 했는데 지금 이렇게 살고 계시네요. 아빠에겐 남보다 조금 더 큰 목적이 있었고 자신에게 그것이 예정되어 있다는 것을 아신 것 같아요. 그래서 지금은 그 두 번째 삶의 기회를 가지고 살고 계시는 것 같아요!"라고 말했다.

제니는 "저는 배웠습니다. 아무도 자신의 삶에 누가 들어올지 알 수 없다는 사실을요. 그러므로 모든 사람을 가족처럼 대하며 살고 있어요."라고 말했다.

그녀가 그런 말을 할 때 나는 아인슈타인이 말한 "전체"를 생각하고 있었다. 우리 눈앞에서 분리의 장벽이 무너져 내릴 때, 그 장벽은 벽이 아니라 단지 "착시적인 망상"이었다는 사실을 깨달아 알게 되는, 참으로 아름답고 감동적이며 치유적인 순간이다.

우리 대화가 한참 무르익어가는 어느 시점에서 나는 제니에게 털어놓았다. "오늘 아침 뉴욕타임스 기사를 자세히 읽어보다가 제니 씨 아버지께서 살해당하셨다는 걸 알았어요. 저의 아버지도 내가 고등학생이었을 때 강도를 만나 살해당하셨어요. 이 말을 꼭 하고 싶었어요."

제니는 "눈물이 나네요. 랍비님이야말로 내 심정을 이해하는 첫 번째 사람이세요. 저에게도 부모를 잃은 친구들이 더러 있습니다만 모두 병으로 돌아가셨어요. 제가 겪은 고통을 이해할 사람은 아무도 없을 거라고 지금까지 생각해 왔어요."

나는 제니에게 "이해해요!"라고 말했다.

그녀는 "이것이 제게 어떤 의미인지 모르실 겁니다."라고 했다. 그러더니 그녀는 "이야기가 사람을 찾는다면서요? 그 이야기가 가장 절실하게 필요한 사람을요."라고 했다.

그렇다. 이야기가 사람을 찾으면, 그 사람은 깨닫게 되고, 갑자기 하나님께서 우리에게 바라시는 세상에 대한 꿈도 보게 된다.

영혼은 분리의 장막(veil)이 한낱 망상에 불과한 것임을 안다. 영혼은 사람들이 보는 벽이 실제로는 벽이 전혀 아니라는 것을, 한 사람과 다른 사람을 갈라놓는 모든 경계선이 가장 치유적인 방식으로 사라질 수 있다는 것을, 우리가 서로 곁에 있어 주고, 서로를 위로해 주고, 서로 힘을 북돋워주고, 서로를 구원해 줄 수 있다는 것을 보여주기 위해 우리에게 있다.

세퍼 예찌라(Sefer Yetzirah)라는 유대 신비주의의 "창조의 책"은 우리에게 이런 가르침을 준다. "그들의 끝은 그들의 시작에, 그들의 시작은 그들의 끝에 깊이 새겨져 있다..." 마음속에 여지를 허락한다면, 영혼이 가르칠 수 있도록 허락한다면, 모든 것이 어떻게 다시 제자리로 돌아올 수 있는지, 모든 것이 어떻게 위로하며 융합되는지를 알 수 있는지를 볼 수 있을 것이다.

내가 제니와 통화했을 때, 사실 나는 코 복원 수술 후 여전히 회복 중인 상태였다. 그때는 잘 알지 못했지만 얼마 지나지 않아 나는 내 피부암과 나를 완전히 회복시켜준 의사의 이야기를 이해하게 되었고 어떻게 그 이야기가 제자리로 되돌아가는지도 이해하게 되었다.

내 마지막 수술 후, 정확하게 한 달이 지났을 때였다. 내 외과의사인 아지짜데 박사가 수술 준비를 하고 있던 아침 6시 30분, 그 시간 나는 그와 함께 기도하고 있었다. 그러나 이번엔 그가 수술을 받으려고 기다리는 환자였다. 내가 그의 치유를 위해 축복하고 있을 때 그와 나를 갈라놓았던 울타리가 무너지고 있다고 나는 속으로 생각했다. 의사니, 환자니, 랍비니, 하며 붙였던 꼬리표로 갈라졌던 울타리가 무너지고 있었다. 모든 것이 온전하게 제자리로 돌아오고 있었다.

마지막에 남아 있었던 것, 마지막까지 오롯하게 남아 있었던 것, 그것은 영혼이었다.

올해 여름 6월 말 즈음, 나는 내 딸 노아와 함께 비행기를 타고 집으로 돌아오고 있었다. 우리는 비즈니스 클래스를 타고 한껏 행복해하며 귀족이나 된 듯이 다리를 쭉 펴고 앉았다. 편안하고 안락해지자 모녀간의 가슴 속에 있었던 이야기도 털어놓기 시작했다.

딸애와 나는 어머니를 회상했다. 노아는 갑작스레 가슴이 뭉클해하면서 "엄마, 할머니가 돌아가신 이후로 나는 예전의 나 같지가 않아요. 할머니가 안 계시다는 상실감이 그렇게 클 줄은 몰랐어요." 그렇게 말하고 나서 노아는 울기 시작했고 나도 따라 울었다.

나는 "노아, 외할머니가 너와 항상 같이 계시다는 거 알지, 그렇지?" 하고 말했다.

그러나 나는 슬픔에 잠겨 있는 아이를 가만두고 싶어서 이렇게 말했다. "네가 할머니를 얼마나 그리워하는지 알아. 나도 그렇거든. 할머니가 안 계시니 많이 허전하다."

비행기를 타고 집으로 돌아온 지 2주 정도 지났을 때, 전혀 예상치 못했던 일이 생겼다. 내 정신을 완전히 빼앗아간 그 이상한 코 수술 사건이 일어난 것이다.

수술을 마치고 코끼리 코를 달고서, 앞이마에 낸 구멍 때문에 피가 눈 아래까지 뚝뚝 떨어지는, 지옥에서 돌아온 형상을 하고 나는 퇴원을 했다.

그 날 아침, 나의 아기 노아가 왔다. 아무리 컸어도 언제나 나는 딸을 보호하고 싶은 마음뿐이었다. 아마 그때의 나와 같은 모습을 보고 싶은 딸은 이 세상에 아무도 없을 것이다. 나는 딸아이가 너무 힘들어 할까봐 걱정이 됐다.

그러나 노아는 내 침실로 들어와 침대 속으로 기어들었다. 딸애 키가 나보다 훨씬 커서, 나는 누워서 딸을 올려다보았다. 노아는 지극한 정성과 사랑의 돌봄으로 눈까지 뚝뚝 떨어지는 피를 닦아내며 나의 엄마 노릇을 했다. 그 순간 우리의 역할은 완전히 뒤바뀐 듯했다. 딸이 내 엄마처럼 나를 돌봐주고 있었다.

나는 불쑥 노아에게 말했다. "노아야, 너 이제 할머니를 그리워하지 않아도 될 것 같구나. 할머니가 네 안으로 슬금슬금 들어오시기로 작심하신 것 같다."

나는 딸과 함께 울었다.

경계선은 서서히 사라질 수 있다. 우리를 하나님으로부터 갈라놓는 장막, 고인이 된 사랑하는 사람들과 우리를 갈라놓는 장막, 한 사람을 다른 사람과 갈라놓는 장막, 그 장막들이 사라지고, 갑자기 우리는 커다란 축복받는 마법의 하나(oneness)에 서로 얽혀 짜여진 존재들이라는 사실에 눈을 뜨게 된다. 영혼은 우리에게 우리가 갖가지 방식으로 뒤얽힌 존재라는 사실을 주지시키려고 있다. 톰은 "나는 언제나 내 심장이라고 생각했었는데 이제야 압니다. 그것은 우리의 심장이라는 것을."이라고 했었다. 뛰고 있는 "우리의 심장"을 느끼기 위해 구태여 심장이식까지 할 필요가 있겠는가. 우리는 모두 하나다. 아인슈타인은 랍비 마커스에게 자신이 전체의 일부임을 깨닫게 되면 마음이 평화에 이른다고 했다. 그리고 그것은 엘리 위젤에게 어떤 힘으로 그토록 가장 혹독한 시련을 견디어 냈는지 물었을 때, 그가 "우정, 의심의 여지 없이 우정!"이라고 거듭 나에게 상기시켜 주었던 바로 그것이다.

슬프게도, 엘리 위젤은 나와 친밀한 대화를 나눈 이후, 얼마 지나지 않아서 세상을 떠났다. 나는 그가 나에게 전해준 소중한 지혜와 우리가 마지막으로 나눈 대화를 보물처럼 간직하고 살아갈 것이다.

그는 "나오미, 당신은 당신의 길을 발견했습니다."라고 말했다.

"당신은 축복입니다." 하고 내가 답했다.

"당신도 그렇습니다."라고 그가 말했다. "그 사실을 잊지 마세요. 그리고 믿으세요. 점점 더 많은 축복이 있을 겁니다."

점점 더 많은 축복을 엘리께, 이 세상과 저 너머 세상에서도.

그리고 점점 더 많은 축복을, 독자들께.

그대들이 연결을 보고 연결을 모색하길 빕니다.

우리 모두를 하나로 묶어주는 성스러운 실타래인 연결을. 아멘.

제5부

제자리로 돌아오기: 편지

영혼이 어떻게 작동하는지, 더 높은 차원의 영혼을 어떻게 환영하는지에 대한 나의 탐구 여정은 다름 아닌 아인슈타인의 편지에서부터 시작되었다.

내 영혼을 세게 끌어당긴 것은 랍비 마커스가 아인슈타인에게 보냈으나 사라져버린 편지 한 장이었다. 나는 그가 아인슈타인에게 무엇을 물어보았는지 몹시 궁금했다. 그가 어떤 그 자신만의 언어로 질문을 했는지 알고 싶었다. 이곳저곳 검색해보았으나 막막하기만 했다. 어쩌면 그 유실된 편지의 비밀을 끝내 풀지 못할지도 모르는 일이었다. 나는, 나를 잡아당긴 그 질문만으로 만족하자고 스스로를 달랬다.

우리 아이들이 어렸을 때, 아이들에게 처음 가르쳐준 맛있는 찌개를 내가 다시 맛보게 될 줄을 몰랐듯이, 나는 이 이야기가 그대로 제자리로 되돌아올 줄을 거의 알지 못하고 있었다.

우리는 어떤 열린 틈을 찾고 있는가? 희망을 잃어서는 안 된다. 문은 거의 기대하지 않는 순간에 열릴 수 있다. 우리가 이야기를 가장 절실하게 필요로 할 때, 이야기가 우리를 발견해 낸다.

랍비 마커스가 아인슈타인에게 보낸 편지를 결코 발견할 수 없으리라는 사실을 받아들인 다음, 어느 정도 내 마음을 내려놓았다고 나는 생각했고, 랍비 로버트 마커스에 대해서도 어느 정도 알게 되었다고 생각했다. 나의 관심을 이제 다른 곳으로 돌릴 수 있을 것이라고 믿었다. 아아, 그러나, 나의 그런 예상은 빗나가고 말았다. 랍비 마커스가 내 머리에서 한시도 떠나지 않았다. 마치 그가 나를 더 세차게 끌어당기며 더 깊이 찾아보라고 재촉하는 듯했다.

탐구의 여정은 쉽지 않았다. 랍비 마커스의 자녀들, 혹은 부인을 찾을 길이 없었다. 세계유대인총회(World Jewish Congress)에 전화를 걸어 보았지만, 나와 통화한 사람은 그 총회 사무실에는 1950년대에 죽은 사람을 기억하는 사람이 없다고 딱 잘랐다.

그러다가 나는 단서 하나를 찾았다.

인터넷으로 랍비 마커스의 사진 검색을 하던 중에 프레드 칸이라는 사람이 1944년 가을, 해방된 벨기에에서 랍비 마커스를 만났다는 글을 발견했다. 그는 랍비 마커스를 "찬양받지 못한 영웅"이라고 했다.

얼마 지나지 않아, 나는 프레드와 직접 통화를 할 수 있었다. 해방되었을 때, 그는 열두 살 된 아동 생존자로서 랍비 마커스를 만났다고 했다. 프레드는 친절했던 랍비 마커스와 그의 극진한 돌봄과 보호에 대한 이야기를 나에게 들려주었다. 랍비 마커스가 그에게 준 문구류 몇 점을 그는 지금까지 보관하고 있었다.

나는 "프레드 씨, 당신은 랍비 마커스가 아인슈타인에게 쓴 편지에 대해 아는 것이 있나요?"라고 물었다.

프레드는 "네, 아인슈타인이 랍비 마커스에게 편지를 썼습니다. 하지만 그 편지에 대해선, 랍비 마커스가 어떤 내용의 편지를 보냈는지, 그 편지가 어떻게 되었는지는 아무도 모릅니다."

그런데 프레드가 새로운 이야기를 들려주었다. 랍비 마커스가 죽었을 때 아내 페이는 임신 7개월이었고, 그가 사망한 후 두 달이 지났을 때 딸이 태어났다는 사실이었다. 아기의 이름은 아버지의 이름을 딴 로버타였다.

그는 로버타와 서로 연락을 주고받는다고 하면서 그녀의 연락처를 알려주었다. 내 가슴이 흥분해서 뛰었다. 전화를 끊고 나서 로버타의 이름을 인터넷으로 검색하기 시작했다. 그녀가 그녀의 아버지의 딸임을 나는 금세 알 수 있었다. 아빠를 쏙 빼닮은 로버타는 다른 사람을 보살피며 평생을 살았다. 사회정의를 위해 그녀가 깊이 헌신했던 글을 나는 읽었다.

이튿날 로버타에게 음성 메시지를 남겼다.

로버타의 전화를 기다리며 랍비 마커스가 아인슈타인에게 도대체 어떤 편지를 썼을지 상상해보았다. 그가 어떤 생각을 했으며 무엇을 느꼈는지 이해하고 싶었다. 그 당시 몹시 분주했을 아인슈타인으로 하여금 그와 같이 통찰력 깊은 답장을 쓰도록 영감을 주었다면, 랍비 마커스의 편지는 매우 강력했음이 분명해 보였다.

로버타의 연락을 기다리는 동안, 나는 고등학술연구소(Institute for Advanced Study)의 아인슈타인 기록보관소에서 일하며 아인슈타인에 관한 책을 여러 권 집필한 앨리스 칼라프리스(Alice Calaprice)라는 사람과 연락을 취해보려고 시도했다. 전화번호부에서 그녀의 이름을 찾아 메시지를 남겼다. "당신이 제가 찾고 있는 분인지는 모르겠지만, 저는 랍비인데 아인슈타인 전문가인 앨리스 칼라프리스 씨를 찾고 있습니다. 당신이 제가 찾는 분이라면 몇 가지 문의하고 싶은 게 있어서요."

한 시간 정도 지나 전화가 왔다. "랍비님, 앨리스 칼라프리스입니다. 무엇을 도와 드릴까요?"

나는 앨리스에게 랍비 로버트 S. 마커스의 이야기를 했고, 그녀는 "아, 네, 네, 맞아요, 아인슈타인이 그에게 편지를 썼죠."라고 했다.

나는 "맞아요. 나는 그 편지에 대해선 다 알고 있습니다. 그런데 저는 랍비 마커스가 아인슈타인에게 쓴 편지를 찾고 있습니다."

"음, 뭘 찾을 수 있을지 한번 봅시다." 앨리스가 말했다. "찾아보고 연락할 게요…"

다음 날, 앨리스에게서 이메일이 왔다. "랍비님, 우리가 운이 좋군요."

바로 거기, 내 눈앞에 랍비 로버트 마커스가 알버트 아인슈타인에게 보낸 편지가 들어 있었다. 나는 편지를 인쇄해 읽기 시작했다…

갑자기 모든 것이 분명해졌다. 아인슈타인이 왜 그런 편지를 쓸 수밖에 없었는지, 자식을 잃고 애끓는 탄식을 하는 아버지에게 아인슈타인의 답장이 어떻게 평안을 주었는지에 대해.

편지를 손에 들고 읽는 동안 전화가 왔다. 로버타였다. 아버지가 죽은 다음 태어났던 딸.

그녀와 나는 이야기를 시작했다. 나는 그녀에게 고인이 된 그녀의 아버지에 대한 연구를 하고 있다는 것과, 내가 그분의 이타성과 헌신에 얼마나 깊은 감화를 받고 있는지에 대해 말했다. 로버타는 아버지가 얼마나 훌륭한 분이셨는지, 아버지를 황폐하게 만든 오빠 제이의 때 이른 죽음과 자신이 그를 만나지 못한 것이 얼마나 마음 아픈 일이었는지 나에게 말했다.

"아버지는 심장마비로 돌아가셨지만, 아버지를 돌아가시게 한 것은 단장의 아픔이었다는 것을 짐작할 뿐이지요. 커다란 가능성을 지닌 아름다운 아들을 잃은 일은 무엇으로도 대체 불가능한 상실이었지요."라고 그녀는 말했다.

그리고 그녀는 "랍비님, 아버지가 아인슈타인에게 어떤 편지를 보내셨는지 저도 매우 궁금합니다."라고 했다.

내 가슴이 떨렸다. "아버님의 편지를 지금 제 손에 들고 있습니다. 이걸 e메일로 보내 드릴까요?"

그녀는 "아니요!"라고 하더니 "랍비님께서 읽어 주세요." 했다.

뺨으로 쉴 새 없이 흐르는 눈물을 훔치며 나는 읽어내려 갔다. 편지를 읽으며, 나는 무덤 너머에서 부르는 랍비 마커스의 목소리를 상상했다.

아인슈타인 박사님께,

지난여름, 제 열한 살 된 아들이 소아마비로 죽었습니다. 그 아이는 보기 드문 아이였어요. 공동체에서 쓸모 있는 사람이 되려고 지식에 목말라한 촉망받던 아이였지요. 아들의 죽음은 내 존재의 전부를 무너뜨렸고, 그 이후 내 삶은 거의 무의미하고 덧없는 것이 되고 말았습니다. 나의 모든 꿈과 열망은 어떻게든 아들의 미래와 노력에 연결되어 있었기 때문이지요. 저는 지난 몇 달 동안 비통함에 시달리는 내 영혼에 무언가 위안을 줄 것을 찾으려고 몸부림을 쳤습니다. 목숨보다 소중했던 한 사람을 잃은 고통을 견디기 위해 작은 위안이나마 찾아보려고 무진 애를 쓴 것이지요. 잔혹한 운명의 희생자였던 소중한 내 아들은 순수하고 바르며 재능 있는 아이였습니다. 나는 인간은 불멸의 영혼을 가지고 있다고 믿음으로써 위로를 얻으려고 했습니다. 내 아이도 어떤 형태로든 어딘가 이곳보다 더 높은 세계에서 살고 있을 것이라는 믿음 말입니다...

만약 육신과 함께 소멸한다면, 영혼의 목적은 무엇일까... 저는 속으로 이런 생각도 해보았습니다. "물질은 결코 파괴되지 않는다는 것이 과학의 법칙이다. 변하기는 하지만 본질은 변하지 않는다... 물질은 살아 있고 영혼은 소멸한다고 말해야 하는가. 저차원의 것이 고차원의 것보다 더 오래 살아남을까?"

저는 스스로에게 물어 왔습니다. "자기 수명을 다하지 못하고 목숨을 잃은 어린이들은 그저 망각의 어둠 속에 영원히 던져진 것이라고 믿어야 하는가? 진리를 위해 박해의 고통을 견디며 순교한 수백만의 사람들이 그냥 완전히 사라지고 말았다고 믿어야 하는가? 불멸이 없다면 세상은 도덕적 혼돈일 뿐인데..."

제가 박사님께 이렇게 편지를 쓰고 있는 것은 박사님이 쓴 책, 『내가 보는 세계』(*The World As I See It*)를 막 읽었기 때문입니다.

5페이지에 이렇게 쓰셨더군요. "육체적인 죽음을 초월한다는 것은 내가 이해할 수 없는 일이다... 그런 관념은 나약한 영혼의 두려움이나 터무니없는 이기주의에서 기인된 것이다." 그러나 저는 절박한 심정으로 묻습니다. 박사님이 보시기에 제가 겪은 일에 어떤 위안이나 위로가 될 만한 것이 전혀 없습니까?... 태양을 향해 막 봉오리를 피우기 시작한 새싹 같은 나의 아름답고 사랑스러운 아이가 무자비한 폭풍우를 만나 잘려진 채 영원히 먼지로 뒤덮여 버렸다는 것을 내가 믿어야 합니까? 무덤을 거역하고 죽음의 힘을 초월할 수 있는 무엇인가가 그 아이 안에 없단 말입니까? 내 아들을 향한 채워지지 않는 그리움, 극심한 갈망, 멈출 줄 모르는 사랑으로 인한 내 고통을 달래 줄 것은 없단 말입니까?

한 말씀만 해주세요. 저에게는 도움이 필요합니다.

진심 어린 마음으로,

로버트 S. 마커스

로버타가 훌쩍이고 있었다. 수화기 저편에서 울고 있는 그녀의 눈물을 느낄 수 있었다.

"고맙습니다. 모르는 분에게서 그냥 걸려온 전화 덕분에 잃어버린 퍼즐 한 조각을 드디어 찾아낸 것 같아요."

로버타는 이어서 "아버지가 쓰셨을 거라고 제가 짐작했던 내용 그대롭니다."라고 말했다.

나는 그녀에게 또 연락하겠다고 약속했고, 그녀는 아버지의 글을 나에게 더 보내주겠다고 약속했다.

푸르르 떨렸다.

나는 마음속으로 랍비 마커스의 편지를 몇 번이나 곱씹었다. 수많은 어린이의 생명을 보호하고 지켜준 사람이 자신의 혈육은 지키지 못했다. 신앙을 잃은 수많은 이들에게 믿음을 주었던 사람, 희망을 잃은 수많은 이들에게 희망의 불씨를 되살려준 이 사람은 스스로는 어디에서도 희망을 찾지 못했다. 희망으로 돌아가는 길을 잃어버렸다.

그는 영적 위기를 겪고 있는 랍비였음에도 불구하고 다른 랍비들에게 도움을 구하지 않았다. 세계유대인총회의 정치국 국장이었던 그가 20세기의 위대한 랍비들과 만났을 것이라는 추측은 쉽게 할 수 있다. 어쩌면 실제로 선배 랍비들에게 도움을 구했으나, 그가 모색하던 마음의 평안을 못 얻었을지도 모른다.

그 대신 당대의 세계적인 과학자에게 "불멸하는 영혼이 있다고 말해 달라! 영혼이 실재한다고 말해 달라!"고 간청했다. 그에게 필요했던 것은 영혼이 살아남는다는 것과 영혼에 대해 죽음은 어떠한 지배력을 발휘할 수 없다는 사실이었다. 나더러 믿으라고 말하지 마십시오. 내게 그것에 대한 믿음을 가지라고도 말하지 마십시오. 그것이 사실이라는 것만 알면 됩니다. 과학적 사실 말입니다.

그가 직접 눈으로 보고 목격했던 모든 죽음 이후에 오로지 과학자의 확신만이 그에게 위안을 줄 수 있는 것이었다.

그리고 나는 아인슈타인이 보낸 위로의 편지를 집어 들었다. 편지를 소리 내어 읽었다.

마커스 박사님께,

한 인간은 시간과 공간에 의해 제약을 받는 존재로서, '우주'라고 부르는 전체의 한 부분입니다. 인간은 자기 존재와 생각과 감정이 그 나머지 다른 것들과 동떨어진 분리된 것이라고 느끼는데, 사실 그것은 우리의 의식이 일으킨 일종의 착시적 망상(optical delusion)에 불과합니다. 이런 착시적 망상에서 벗어나 자유로워지려는 노력은 참된 종교가 추구하는 하나의 화두입니다. 그런 망상을 키우는 게 아니라 그런 망상을 극복하려는 노력만이 마음의 평화에 한껏 도달할 수 있는 유일한 길입니다.

평안을 빌며,

진심을 담아

알버트 아인슈타인

바로 이 편지가 아인슈타인이 랍비 마커스를 위로하기 위해 쓴 편지였다. 사사로운 감정이 배어 있는 글인가? 별로 그렇지 않아 보인다. 깊은 의미가 담겨 있는 글인가? 3년 동안 하루도 빠짐없이 나는 이 편지에 대해 깊이 생각하고 또 생각했다.

아인슈타인은 랍비 마커스와 우리 모두에게 지상에서 그릴 수 있는 천국의 비전을 제시했다. 단장의 아픔을 겪는 랍비 마커스에게 그의 글이 어떤 위안을 주었을까? 랍비 마커스가 아인슈타인의 편지로 위안을 얻었을 것이라고 믿고는 싶지만, 확인할 방법은 없다. 나는 이렇게 추측해보았다. 랍비 마커스가 좀 더 직접적으로 위로를 받고 싶었다면, 랍비 멘토와 친구들에게 도움을 청했을지도 모른다. 그러나 그는 한 과학자를 찾았다. 통일장 이론(Unified Field Theory)을 연구하다 결국은 실패하고 말았지만, 만물이 결국 하나라는 것(oneness)에 대한 신념만은 잃지 않은 과학자를 찾았던 것이다.

아인슈타인 같은 사람에게 영혼에 관해서 질문을 한다면 평범하지 않은 답이 돌아올 수밖에 없었을 것이다.

로버타와 대화를 나눈 지 이틀 후, 그녀는 언니 타마라를 내게 소개해 주었다. 페이가 1944년 8월에 출산한 여자아기였다. 그녀는 작은 체구를 가진 60대 후반의 여성이었지만 그녀의 내부에서 타오르는 여전한 불꽃을 나는 느낄 수 있었다. 타마라는 두 살이었을 때, 아빠를 처음 만났다. 아버지가 돌아가셨을 때 겨우 여섯 살이던 그녀에게 아버지에 대한 기억은 흐릿했지만 신과 같은 존재였다고 했다.

어떤 기억이 남아 있는지 내가 묻자, 퇴근하여 집에 돌아온 아빠가 시가 껍질에서 떼어낸 금박 입힌 종이로 반지를 만들어 손에 끼워주며 즐겁게 놀아주던 기억이라고 했다. 화려한 선물이 아닌 작은 사랑의 몸짓이 기억 속에 오래 오래 살아남는다. 값으로 치면 10원보다 못했던 종이 반지. 그것이 딸의 가슴 속에 영원히 새겨진 아빠의 모습이다.

타마라 역시 아버지를 그대로 빼닮았다. 그녀는 뉴욕대학에서 고전학으로 박사학위를 받았고, 뉴욕에 있는 헌터대학의 고전학과 학과장을 역임했다. 학문과 합리적인 사상에 집중하고 있는 타마라가 나에게 들려준 이야기가 있다.

오랫동안 은퇴자 숙소에 사는 어머니 페이로 인해 자신은 늘 예민했고 날카로웠다고 한다. 어머니를 방문했던 어느 날 페이는 분명한 어조로 딸에게 이런 말을 했다고 한다.

"제이가 오늘 나를 찾아왔더라."

"오빠가 뭐라고 하던가요?"

"'엄마, 제가 기다리고 있어요!'라고 하더라."

지금으로부터 65년 전, 고통 속에서 신음하던 한 사람의 랍비는 영적 지혜와 위로를 얻기 위해 한 사람의 과학자를 찾았다. 깊은 영적 위기에서 빠져나올 수 있는 과학자의 해결법을 찾고 싶었던 것이다. 무의미한 비극을 어찌 이해해야 할까? 우주란 냉혹하고 차갑기만 한 곳인가? 희망이 있는가? 위로가 될 수 있는 건 무엇일까? 절망의 허공에서 날개가 달린 듯이 추락하고 있다고 느낄 때, 우리가 할 수 있는 것은 무엇일까? 과연 영혼은 살아남을까?

종교와 과학이 서로 충돌하지 않는다는 것을 믿었기 때문에 과학의 통찰력으로 위협받지 않았던 랍비 한 사람을 나는 우연히 만났다. 그는 하나님의 사람이었다. 당대의 어떤 인간보다 우주의 이치에 대해 해박한 지식을 가진 한 인간으로부터 답을 구하고자 했던 하나님의 사람이었다. 그 과학자는 시간과 공간과 물질에 대한 인간의 이해방식을 바꾼 사람이었다. "종교가 없는 과학은 절름발이고, 과학이 없는 종교는 맹목적이다."라는 아인슈타인의 적절한 표현처럼.

아인슈타인의 답장은 따스하지도, 애매하지도 않았다. "당신이 겪은 상실 때문에 마음이 아프다."라고 하지 않았다. 자식을 잃은 부모의 끔찍한 고통과 채 피어나기도 전에 빼앗겨버린 어린 생명에 대한 아픔조차 언급하지 않았다. 나는 아인슈타인의 편지를 샅샅이 읽어보며 줄곧 그의 생각 속에서 어떤 조의가 담겨 있는지 찾고 있었다는 것을 털어놓아야겠다. 아인슈타인의 뜻을 나는 어떤 열망, 즉 모든 것이 연결되어 있음을 보는 방식으로 읽었다.

만약, 내가 아버지가 살해당했을 때 아인슈타인에게서 그런 편지를 받았더라면 나는 어땠을까를 상상해보았다. 위로가 되었을까? 형용하기 어려운 내 상실감을 극복할 힘을 거기에서 얻을 수 있었을까? 아마도 아니었을 것 같다. 편지에서 아인슈타인은 사랑이란 단어를 쓰지 않았다. 망자에 대한 말도 없었다. 허망함, 무의미, 상실에 대해서도 마찬가지였다. 죽음이 파괴할 수 없는 것, 추억 같은 단어도 언급하지 않았다. 내가 그 편지를 그때 받았다면, 오히려 내 슬픔을 방해하는 편지가 아니었을까? 나라면 실망스럽고 언짢기 짝이 없는 편지였을 것이다.

아버지가 돌아가셨을 때 괴로움만 보태는 수많은 위로들을 나도 받은 적이 있다. 사람들은 비극 앞에서 무슨 말을 해야 하는지 참으로 잘 모른다. 진부한 이야기들을 늘어놓는다. 공허한 말들을 던진다. 그 무엇으로 죽음을 바로잡을 수 있는가? 죽음을 바로잡을 수 있는 것은 아무것도 없다. 아인슈타인을 탐구하는 동안 내가 알게 된 한 가지 사실. 그는 친밀감을 주고받는 데에 어려움을 겪었고, 자기를 사랑하는 사람들, 심지어 자기 아들과 연결하는 것조차 힘겨워했던 인도주의자였다는 사실이다. 가슴으로 살았던 사람이라기보다 머리로 살았던 사람이었다고 할 수 있을까.

얼마 후, 나는 아인슈타인의 답장에 대해 다시 생각해 보았다. 그 편지에 대해 내가 처음부터 끌린 이유는, 아주 오래 전에 겪었던 내 아버지의 무의미한 죽음을 바라보는 현재의 나에게 위로를 주었기 때문이다. 그것은 내 아버지의 죽음 이후에 곧바로 이해되는 그런 글이 아니었다. 그러나 37년이라는 세월을 두고 삶의 갈피갈피들을 체험해 오며 나는 아인슈타인이 한 말의 진정한 의미와 "보다 더 큰 전체"에 대한 이해를 할 수 있게 되었다. 현재의 나는 아버지가 나의 곁을 결코 떠나지 않았다는 것을 알고 있다. 그때 그걸 어찌 알 수 있었겠는가. 현재의 나는 그때는 다가갈 수 없었던 영원성의 기미(hint)를 알아차린다. 나는 스물여섯 살에 랍비가 되어 26년 동안 랍비로서 살아왔다. 이 세상에 태어나는 새 생명들에게 그들의 영혼을 축복하고, 결혼식 캐노피 아래에서 한 몸이 되려는 사람들에게 그들의 영혼을 축복하고, 다가오는 저 너머의 세상으로 들어가는 사람들에게 그들의 영혼을 축복하면서 나는 내 삶의 거의 절반을 보냈다. 나는 에덴의 맛을 약간 경험했다. 나는 충만하다. 내가 만났고 사랑하던 영혼들과 흘려보낸 세월이 내게 전부 각인되어 있으며, 내 영혼은 영원성, 하나라는 것(oneness)을 더 열정적으로 말하는 법을 배웠다. 나는 온유해졌고, 매 순간 삶이 내게 주고 있는 것을 받기 위해 나의 손은 활짝 펴져 있다. 나는 내가 누구인지 이제는 알고 있다.

"참된 종교"라는 아인슈타인의 말이 나는 무척 좋다. 그러므로 나는 온 세계 모든 사람이 언젠가는 서로의 독특한 신앙, 의식, 전통을 부정하지 않고, 일치 속에서 자신들의 손과 목소리를 드높이며 함께 모이게 되는 날을 상상해 본다. 각자가 동떨어진 존재로 서로 분리되었다는 망상이 이 아름다운 하나의 세계를 갈라놓고 있다. 서로 낯선 이방인이라는 인식의 벽에서 우리 모두 자유로워져야 한다. 그 벽 때문에 우리는 타인의 역경에 점점 냉담해진다. 나는 이 세상 모든 사람들이 서로를 배려하고, 서로를 위해 행동하고, 연민의 범위를 점점 확장하는 법을 배우게 되기를 매일 기도한다. 이 글을 읽는 독자 여러분도 나와 함께 그렇게 하시기를 기도한다. 우리가 함께 한다면 분리됨의 망상을 산산조각 내어 이 예언적 성경 구절이 우리가 사는 이 시대에 결실을 맺게 되는 세상을 창조해 낼 수 있을 것이다. "그 날이 오면 하나님은 하나이시며, 하나님의 이름도 하나가 되리라." 하나(oneness). 우리는 모두 그 하나라는 전체의 일부이다.

나는 랍비 마커스가 아인슈타인의 편지를 뜯어보고 모든 것이 하나에 연결되어 있으므로 사랑하는 아들 제이와도 멀리 떨어져 있지 않다는 사실을 이해하는 모습을 상상해본다. 사랑했으나 지금은 잃어버린 사람들과 우리가 멀리 떨어져 있다고 느낄 때조차, 그들은 생각보다 훨씬 우리 가까이에 있다. 시간은 영원에게 길을 내주고, 삶과 죽음의 경계는 희미할 따름이다.

나는 기도드렸다. 랍비 마커스가 사랑하는 제이가 그의 곁에 있으며, 영원히 함께 하리라는 것을 알게 되기를.

그리고 나는 다른 편지 하나를 발견했다...

랍비 마커스가 세계유대인총회에 근무하고 있을 때, 그가 쓴 수많은 글과 강연 내용들이 신시내티에 있는 "미국 유대인 기록보관소"에 보존되어 있다는 사실을 알게 됐다. 강연이 있어서 오하이오에 갔을 때, 나는 랍비 마커스의 글들을 면밀하게 살펴보기 위해 하루 종일 거기 머물겠다는 스케줄을 짜놓았다. 몇 개의 파일만 살펴보면 될 거라고 생각했는데 도서관 직원은 종이 박스를 가득 실은 꽤 큰 두 단짜리 카트를 밀고 왔다. 익사할 것 같았다. 시간은 단 하루밖에 없는데. 시계는 쉬지 않고 똑딱거렸다.

학자도 아니고 역사가도 아닌 나에게 이런 종류의 연구는 난생 처음이었다. 더군다나 천식 환자인 내 손에 먼지 묻은 책장들이 자꾸 바스러지니 쌕쌕거리지 않을 수가 없었다. 그 같은 패닉상태에서도 겸손함과 영예로운 감정이 찾아들었다. 랍비 마커스가 친필로 쓴 원고를 내 손에 들고 있다는 감각 때문에.

기록보관소의 수석 직원이 나를 안타깝게 여겼다. 그녀는 나와 함께 문서를 훑어보며, 중요한 것과 제쳐둘 것을 분류했다. 서신들이 담긴 파일을 살펴보던 직원이 말했다. "이 파일을 찾고 계신 것 같네요." 그녀는 그 파일을 나에게 남겨놓고 갔다.

나는 서서 파일을 찬찬히 하나씩 훑어보았다. 정치인들에게 보낸 편지들, 뉴욕타임스에 보낸 것, 랍비들과 동료들에게 보낸 것들이 있었다. 이 모든 공식적인 자료들 가운데서 주소도 인사말도 없는 한 쪽짜리 글이 눈에 들어왔다. 글은 이렇게 시작되었다.

"오늘은 추수감사절이었다. 아들아, 너 없이 맞는 첫 추수감사절이었는데 네가 우리를 떠나간 지 어느새 세 달이 지났구나..."

오싹해지며 눈물이 뺨을 타고 흘렀다. 앉아서 나는 편지를 읽기 시작했다.

내 소중한 아이야, 오늘 우리는 다른 때보다 더욱 네가 그립다. 우리 식구 모두, 타미까지 너를 보고 싶어 한다. 식당에 갔을 적에 우리는 너를 가까이서 느꼈고, 영화 "이차보드와 미스터 토드"를 볼 적엔 네가 내 옆자리에 앉아 있더구나...

... 내가 스쳐 지나가는 호수마다 수영을 하는 네가 멀리서 날 오라고 부르는 소리를 듣는다...

사랑스런 내 아들, 네가 떠나간 이후로, 아빠는 불멸의 의미를 오래오래 생각하며 살아가고 있다...

희망을 갖고 나 자신을 지탱해 왔고, 어딘가에서 반드시 우리는 다시 만나리라는 믿음으로 스스로를 위로해 왔다. 아들아, 너를 향한 이 아빠의 멈추지 않는 사랑이야말로 불멸이구나. 그 사랑은 하나님의 샘에서 직접 흘러나와 흐르고 있어 끝끝내 마르지 않는다. 죽음이 문을 열어주는 더 높은 곳의 삶에서 충족되는 영원한 사랑임에 틀림이 없다. 나는 이 모든 걸 믿고 있다. 나의 소중한 제이...

... 내 사랑 제이, 우리가 다시 영원히 하나가 될 것을 믿는다. 하나님께서 내 소중한 너를 당신의 영원한 생명의 집에 맞아들이셔서 영원한 생명의 숨결을 불어넣고 계심을 알고 있으니 내 영혼을 무덤의 손아귀에서 구원해주셨으면 한다.

기록보관소에 홀로 앉아서 랍비 마커스의 글과 가르침 더미에 둘러싸인 채 잊혀지지 않는 그 가슴 아픈 편지를 손에 들고 눈물에 젖고 있었던 나는 나의 탐구 여정이 끝이 났음을 알았다. 텅 비운 충만함. 랍비 마커스가 아인슈타인에게 했던 영혼에 관한 질문의 답은 이미 그 자신이 갖고 있었던 것임을 나는 비로소 깨달았다. 그는 "천상 세계의 비밀"을 알고 있었던 것이다. 랍비 마커스의 내부에 이미 심겨져 있던 것이므로.

신비주의적인 "창조의 책"에 등장하는 신성한 언어들이 나에게 되돌아 왔다. "그들의 끝은 시작에, 시작은 끝에 새겨져 있다." 모든 것이 제자리로 돌아온다.

수십 년 동안 조용히 잠자고 있던 랍비 마커스의 편지가 새 삶을 찾았다. 시간을 초월하여 그가 가르침을 나누는 소리를 나는 듣는다. 우리의 내부에는 영원하며, 결코 사라지지 않는 영혼이 있다는 가르침, 지혜와 사랑으로 가득 차 있는 영혼은 창조주로부터 나오는 것이라는 가르침, 한 영혼은 우리들의 삶에서 서로서로를 연결하면서 결코 소멸되지 않는다는 가르침이다.

그 자리에 얼어붙은 채 앉아 있자니 3년 동안 써오던 책의 빗나간 모든 문장들도 제자리 찾아가는 것 같았다. 책 하나에도 영혼이 있고, 어떤 메시지들은 절대 시들지 않는다. 단단하게 잘 방어된 우리의 마음을 뚫고 들어온 단어들이 우리가 책 덮개를 덮고 책장에 꽂아둔 다음까지도 오랫동안 우리에게 스며들어 있다.

그렇다. 랍비 마커스는 자신이 찾던 영원한 영혼에 대한 답을 알고 있었다. 우리가 이해할 수 없는 답은 어떤 것일까? 이미 아는 것은 무엇인가? 아마도 우리는 잃은 적이 없던 무엇을 찾았던 건 아닐까? 우리의 영혼 안쪽에서 적당한 시기를 기다리는 진실이 있는데, 그것은 우리를 통해 알려지기를 갈망한다. 그것을 환영하자. 그리고 지혜와 사랑을 멀리 또한 넓게 펼치자.

그렇다. 랍비 마커스는 자신이 모색하던 영원한 영혼에 대한 답을 알고 있었고, 조만간 그 자신의 영혼 역시 근원으로 돌아갈 예정이었다. 제이에게 편지를 쓴 후, 열네 달이라는 짧은 시간이 흐른 다음, 랍비 로버트 마커스는 41세를 일기로 더 높은 곳의 영원한 생명의 집에 머무는 사랑하는 아들 곁으로 갔다.

그들의 기억이 축복을 위한 것이고, 그들의 사랑이 영원히 충족되었기를 빈다.

나는 우리가 모두 하나로 연결되었다는 아인슈타인의 인용문을 발견했고, 그로 인해 세상에 널리 알려져야 할 영웅적 이야기의 주인공, 경이로운 랍비 한 사람을 만나게 되었다. 그의 이야기와 그가 아인슈타인과 나눴던 편지로 인해 나는 여러분을 만나게 되었다. 그것은 다름 아닌 우리 모두를 하나로 묶는 영혼, 영원히 살아 있는 영혼에 관한 이야기다.

사랑하는 독자 여러분께,
우리 모두의 내면에는 거룩한 공간, 순결하고 지혜로운 공간이 있습니다. 죽음도 그 공간을 지배할 수 없습니다. 우리 모두 다가갈 수 있는 그 공간은 우리 한 사람 한 사람 내부에 깃들어 있는 하나님이 머무는 신성한 자리입니다. 거기에 머무시는 하나님은 우리에게 꿈을 꾸라고 힘을 주시고, 우리들 한 사람 한 사람에게 "너는 혼자가 아니고, 내가 너와 함께 한다."고 확신을 주십니다.

저와 함께 영혼을 찾기 위해 나선 여러분의 여정, 고맙습니다. 여러분의 영혼이 여러분 자신을 위해 지금 여기에 있습니다. 영혼을 두드려 깨우시고, 귀를 기울이시고, 기쁘게 환영하여 맞아들여 보세요. 생명의 힘, 사랑의 힘, 그리고 영원의 힘이 우리 안에 있어서 우리를 하나의 꿈으로, 또한 이미 우리 안에 심겨진 생명으로 안내해 주기를 바랍니다. 여러분께서 준비가 되어서 허기진 영혼에 양분을 공급하고, 잠자는 상태의 영혼을 두드려 일깨운다면, 영혼은 일어나서 우리 일상적 삶과 사랑, 일에 영양을 공급할 것입니다. 신비하게 하늘로 오르는 일이 우리에게 가능해질 것입니다. 천국보다 훨씬 아름다운 세계를 잠시 일별할 수도 있을 겁니다.

저는 우리가 우주에서 서로 섞여서 끓고 있는 찌개(a cosmic stew, 우주적 혼합체)의 일부라고 믿습니다. 그것은 가깝기도 하고 멀기도 하며 과거, 현재, 미래가 섞인 무엇입니다. 시간은 그 자체로 무너지고, 우리는 모두 산 자와 죽은 자, 우리의 삶을 비춰주며 하늘을 밝게 빛나게 하는 우리가 사랑했었고 우리를 사랑했던 영혼들과 함께 위대한 하나에 연결되어 있습니다. 우리가 기억하는 그들과 우리는 지금도 소통할 수 있으며, 그들을 우리 의식, 마음, 영혼 안에 기쁘게 맞아들일 수 있습니다.

제가 온 마음으로 믿는 것은 더 높은 곳이 다음 세상뿐 아니라 바로 이 순간, 여기에도 존재한다는 사실입니다. 자기 자신의 영혼을 알고, 영혼과 일치하며, 영혼을 따르는 일이야말로 이 세상에서 천국을 살아가는 길입니다. 여러분은 매우 확장된 꿈을 경험할 힘을 가졌습니다. 자신이 만든 감옥에서 스스로를 해방시킬 수 있습니다. 꿈을 꿀 수 있으며 행동할 힘을 찾을 수 있습니다. 사랑하고 용서하는 법을 배우고, 자기 영혼의 부르심을 듣고 삼가는 법을 배울 수 있습니다. 여러분은 우리를 교묘하게 피해가는 '하나'를 드디어 보게 될 것이고, '분리의 망상' 너머를 보기 시작할 겁니다.

우리 모두 각자, "내 영혼이 내 삶의 안내자"가 되게 합시다.

그대가 "내 안의 나"를 경험하시길. 그대 영혼이 그대에게 보여주고 싶어 하는 '하나'를 볼 수 있기를. 그대 자신이 누구인지 아시길 바랍니다. 창조주의 직인이 찍힌 그대 자신을. 이 세상에서 "다가올 세상"을 보시길 빕니다. 의미로 가득 차 있는 긴 날을 경험하고, 그대 삶이 그대를 향해 꿈꾸고 계신 창조주께 깊은 영혼의 기쁨, '나하스'를 드리기 위한 것이 되기를 바랍니다. 그리고 하나님께서 그대 영혼이 소명을 수행하는 걸 보시며 미소를 지으시고, 안도의 한숨과 순수한 기쁨으로 넘치게 되길 빕니다.

감사의 말씀

나의 대리인 에스더 뉴버그는 지난 20년 동안 나의 반석, 나의 수호자, 나의 챔피언, 나의 옹호자였습니다. 나는 항상 그녀를 존경하고 신뢰하며, 그녀가 없었다면 어떤 책들도 낼 수 없었을 것입니다. 이 책을 출판하기로 한 후부터 나의 출판인 밥 밀러의 흔들림 없는 지지와 안내와 믿음에 감사드립니다. 또한 나의 편집인 휘트니 프릭의 통찰력과 격려, 그리고 내가 영혼을 찾아가도록 지혜롭게 안내한 것에 대해 감사합니다. 부편집장 재스민 파우스티노의 긴요한 도움에 감사합니다. 특별히 나의 친구 댄 애들러에게 감사한 것은 그가 몇 년 전에 나를 처음 밥 밀러에게 소개했을 뿐 아니라 그의 신비롭고 마술적인 능력과 사랑으로 항상 나를 지지해준 것입니다.

로버타 라이너와 타마라 그린 박사님이 자신들의 집에서 가슴 속 깊은 이야기들과 자신들의 귀한 유산을 나에게 들려주신 것에 대해서는 무어라 말로 감사드릴 수가 없습니다. 그분들이 사랑하는 아버지 랍비 로버트 마커스 박사님은 복 받은 기억을 남겨주신 위대한 분이셨습니다. 그분의 삶과 가르침이 매일 나에게 새로운 영감을 불어넣어줍니다. 나는 그분의 유산, 사회정의에 대한 그분의 열정적인 헌신, 그분의 가슴에서 우러난 말씀들이 많은 사람들의 삶에 영감을 불어넣게 되기를 기도드립니다.

알버트 아인슈타인에게 감사드리지 않을 수 없습니다. 그가 랍비 마커스에게 보낸 편지는 나에게 오래도록 큰 위로를 주었습니다. 그 편지는 3년 동안의 나의 여정을 인도했을 뿐 아니라 이 책을 쓰도록 영감을 불어넣었습니다. 그에 대한 기억이 복된 것이기를 빕니다. 나는 통일장 이론에 대한 그의 노력에 대해 아는 것은 없지만, 하나인 세계에 대한 그의 희망은 나에게 매일 희망을 줍니다.

나는 이 책을 쓰는 데 자신들의 이야기들을 들려준 부켄발트 소년들에게 큰 빚을 졌습니다. 시간을 내서 자신의 마음과 기억을 들려준 엘리 위젤에게는 영원히 감사를 드립니다. 슬프게도 엘리 위젤과 납탈리 라우 라비는 이 책이 출판되기 전에 돌아가셨습니다. 그분들의 기억이 축복이 되기를 기도합니다. 헨리 오스터, 페리 슐만, 차야 하스키엘, 로버트 와이즈만에게 감사드립니다. 그리고 부켄발트 키부츠와 네처 세리니 키부츠의 회원들인 아브라함 아후비아는 이 책이 출판되기 전에 작고하셨으며, 다비드 로젠, 키부츠 문서관리소의 츠비아 쇼함, 심하와 네오미 아펠바움, 말리 람, 슈무엘 골드슈타인과 그 아내 사라 골드 슈타인에게 복된 기억을 전해 주신 것에 대해 감사드립니다.

자신들의 감동적인 이야기들을 들려준 사람들로서 이 책에 언급된 이들 모두에게 감사를 드립니다. 그분들은 로버타 라이너, 타마라 그린 박사님, 나의 수호천사들인 캐롤 타웁만, 헬레네 로젠츠웨이그 박사님, 랍비 스튜어트 겔너, 알란 골럽, 이볼야 마르코비츠, 라우리 골드미쓰 하이트너, 놀라운 주디스 헤멘딩거, 알란 라비노스츠 박사님,

스코트 탄시, 루스 웨스트하이머 박사님, 일레인 홀, 닐 카츠, 버디 리프슨 폼판, 바백 아지짜데 박사님, 나오미 번박, 제니 스테판 매너, 톰 토마스, 레이철, 제리, 에이미 긴스버그 비켈, 그리고 위대한 테오도어 비켈, 루이 슈네와 그가 사랑한 디나 슈네의 행복한 기억들에 감사드립니다. 나를 로버타 라이너에게 연결시켜준 프레드 칸에게 감사드립니다.

이 책의 원고를 여러 번 읽어주고 불확실한 시간들에 격려를 아끼지 않은 나의 친구 랍비 스튜어트 포겔에게 감사드립니다. 그리고 나와 함께 공부한 파트너 랍비 토바 어커스트는 이 책 원고들을 여러 차례 읽고 지혜와 사랑을 베풀어준 것에 감사드립니다.

이 책 원고를 읽고 귀중한 도움을 준 친구들을 다음과 같습니다. 랍비 버튼 비소츠키, 테레사 슈트라서, 랍비 데이비드 볼프, 데이비드 슈이사 등입니다. 진저 클라크 박사는 여러 장을 큰 소리로 듣고 항상 나를 더욱 깊이 들어가도록 이끌어주었습니다. 놀라운 능력을 지닌 돈 바스는 음악과 영혼에 관해 나와 함께 명상을 했습니다. 랍비 모쉐 렘은 사랑과 영혼에 관해 큰 도움을 주었습니다. 내 조카 사리 테이어는 배움과 영혼에 관한 나의 생각에 도움을 주었습니다. 배리 미쉘은 내가 막힐 때마다 나를 도와주었으며, 하나님께서는 나의 그림자를 축복해주셨습니다. 유대학연구소의 헤브라야와 나의 선생님들인 랍비 조나단 슐라터, 멜리라 헬너-에쉐드 박사님, 그리고 랍비 쉐일라 펠츠 와인버그에게 감사드립니다.

내 연구에 빼놓을 수 없는 자료들을 찾도록 도와주신 분들은 마이클 베렌바움 박사님, 패트리시아 글러서, 쉐리 카우퍼입니다. 알버트 아인슈타인 문서보관소의 학문담당자인 하노흐 구트프렌트 교수님, 차야 베커, 바바라 볼프, 로니 그로츠 박사님께 감사합니다. 칼텍의 파인만 이론물리학 교수이신 킵 쏜 박사님, 제이콥 레이더 마커스 미국 유대인 문서보관소의 상임이사 게리 졸라 박사님, 그리고 편집장 대나 허만 박사님, 그리고 시몬 비젠탈 센터의 마고 구트슈타인, 미국 홀로코스트 박물관의 윌리엄 코넬리, 이스라엘 야드 바셈 홀로코스트 박물관의 카린 뎅글러와 티모라 페렐에게 감사드립니다. 특별히 앨리스 칼라프리스는 랍비 마커스가 아인슈타인에게 보낸 편지를 찾게 해주어 감사합니다. 이스라엘 국가 문서보관서의 책임자 요시 코헨, 엘리 위젤 재단의 마리사 푸크, 메이건 데이비드 아돔 추적 서비스의 수잔 에델, All- generation.com의 세레나 울리쉬, 헤글러 고등연구소의 셜리 포스트니코프, 미국유대인역사협회의 에릭 아놀드 프리츨러, 유대학연구소의 군나 버그, 홀로코스트 생존자 프로그램의 페샤 티크바, 뉴욕 타임스의 이브 칸, 아트리트 수용소의 야엘 카우프만, 은밀한 유대인 이주 정보와 연구센터, 조나단 커쉬, 바룩 바이스, 카나 크론펠트 박사님, 에스더 드라이푸스 카탄 박사님, 그리고 나를 여러 명의 부켄발트 소년들에게 안내해준 케네스 월쪄 교수님, 랍비 아미카이 라우 라비와 조앤 라우 라비에게 감사드립니다.

나의 나슈바 영적 공동체와 그 지도자들은 나에게 진정한 축복입니다. 그분들과 더불어 유다이즘은 생생하게 살아났으며, 우리는 함께 놀라운 것을 만들어냈습니다. 신자들 모두에게 크게 감사드립니다.

나의 부모님 조지 레비와 루스 레비는 복된 기억으로 항상 나와 함께 하십니다. 나의 부모님들이 나를 안내하고 신뢰하고 지지하고 매일 가르쳐주신 것에 대해 하나님께 감사합니다. 그분들의 사랑, 유산, 지혜, 빛은 내 위에 항상 빛나며 내 길을 비출 것입니다. 나의 형제자매들인 미리암 레비 박사, 대니얼 레비 박사, 데이비드 레비에게 감사합니다. 나의 시누이들 사리와 아론 에슈만은 그들의 사랑과 지지를 통해 나의 인생에 진정한 영감을 불어넣어주었습니다. 나의 시동생들과 조카들, 사촌들 모두에게 감사합니다.

나의 남편 랍 에슈만은 나의 영혼의 동반자입니다. 우리가 데이트를 시작하기 전에 나의 엄마는 그를 처음 보고 "그는 지켜주는 사람이네!" 하셨지요. 우리는 25년 동안 서로를 지켜주었고, 하나님께서 앞으로도 오랫동안 건강과 즐거움과 축복과 사랑 속에 지켜주시길 기도합니다. 랍은 이 책의 첫 편집인이며 마지막 편집인, 그리고 그 중간의 모든 것의 편집인입니다. 그의 영향은 이 책 곳곳에 스며있으며, 각 꼭지를 읽을 때마다 그는 나를 북돋아주었으며 이 책을 더욱 귀하게 만들어주었습니다. 그는 나에게 그의 가슴, 그의 지혜, 그의 비평, 그의 끊임없는 격려와 인내와 사랑을 주었습니다. 또한 그는 우리가 함께 한 삶 동안 여전히 매일 놀라운 음식으로 사랑을 호소합니다.

인생에서 자녀들에게 도움과 지지를 받을 수 있게 된 시점에 이른다는 것이 얼마나 놀라운 일인가요. 우리의 자녀들 아디와 노아는 하나님께서 주신 선물입니다. 그들은 나의 빛이며 나의 멘토이며 나의 큰 축복이며 나의 위로입니다. 그들 모두 이 책을 읽었고 자신들의 통찰력을 제공하여 이 책을 더 좋게 만들었습니다. 그들은 항상 나를 더 훌륭하게 만듭니다.

이 책 전체는 만물의 창조주이시며 영혼들의 영혼이신 하나님께 바치는 나의 기도입니다.

2017년 3월 12일 캘리포니아주 베니스에서

참고문헌

Baumeister, Roy F., and John Tierney. *Willpower: Rediscovering the Greatest Human Strength*. New York: Penguin Books, 2011.

The Beatles. *The Beatles Anthology*. San Francisco: Chronicle Books, 2000.

Berezovsky, Sholom Noach. *Sefer Netivot Shalom* [Paths of Peace]. Jerusalem: Machon Emunah Ve-Daar Yeshivat Bet Avaraham Slonim.

Bialik, Hayim Nahman, and Yehoshua Hana Ravnitzky, eds. *The Book of Legends, Sefer Ha-Aggadah: Legends from the Talmud and Midrash*. Translated by William Braude, New York: Schocken Books, 1992.

Buber, Martin. *Tales of the Hasidim: The Later Masters*. New York: Schocken Books, 1947.

Buxbaurm, Yitzhak. *Jewish Spiritual Practices*. Lanham, MD: Jason Aronson, 1990.

Calaprice, Alice, ed. *The Ultimate Quotable Einstein*. Princeton, NJ: Princeton University Press, 2011.

Carson, Clayborne, and Peter Holloran, eds. *A Knock at Midnight: Inspiration from the Great Sermons of Martin Luther King, Jr.* New York: Warner Books, 2000.

Diamant, Anita. *The New Jewish Wedding*. New YorkSimon & Schuster, 1985.

Fox, Margalit. "Rabbi Herschel Schacter Is Dead at 95; Cried to the Jews of Buchenwald: 'You Are Free.'" *New York Times*, March 26, 2013.

Frankl, Viktor E. *Man's Search for Meaning*. Boston: Beacon Press, 2006.

Hemmendinger, Judith. *Survivors; Children of the Holocaust*. Bethesa, MD: National Press, 1986.

Hemmendinger, Judith, and Robert Krell. *The Children of Buchenwald: Child Survivors of the Holocaust and Their Post-War Lives*. Jerusalem: Gefen Publishing House, 2000.

Heschel, Abraham Joshua. *Moral Grandeur and Spiritual Audacity: Essays*. ed. by Susannah Heschel. New York: Farrar, Straus & Giroux, 1996.

Isaacson, Walter. *Einstein: His Life and Universe*. New York: Simon & Schuster, 2007.

Jacob Rader Marcus Center of the American Jewish Archives (AJA) World Jewish Congress Collection (MS-361).

Kahn, Eve M. "A Pilot and Holocaust Survivors, Bound by War's Fabric, Are Reunited in Brooklyn." *New York Times*, November 8, 2015.

Kaplan, Aryeh. *Sefer Yetzirah: The Book of Creation: In Theory and Practice*. Rev. ed. Boston: Wiser Books, 1997.

Kimmelman, Michael. "Decades Later, A Vison Survives." *New York Times*, September 12, 2012.

Rabbi Robert S. marcus personal papers courtesy of Roberta Leiner and Dr. Tamara Green.

Monteriore, C. G., and H. Loewe, eds. *A Rabbinic Anthology*. Philadelphia: Jewish Publications Society of America, 1960.

Morrison, Chanan. *Gold from the Land of Israel: A New Light on the Weekly Torah Portion from the Writings of Rabbis Isaac HaKohen Kook*. Jerusalem: Urim, 2006.

Rabbi Nachman. *Outpouring of the Soul: Rabbi Nachman's Path in Meditation*. Jerusalem: Breslov Research Institute, 1980.

Palmer, Parker J. *Let your Life Speak: Listening for the Voice of Vocation*. San Francisco: Jossey-Bass, 2000.

Raphael, Simcha Paul. *Jewish Views of the Afterlife*. 2nd ed. Lanham, MD: Rowman & Littlefield, 2009.

Shay, Scott A. *Getting Our Groove Back: How to Energize American Jewry*. New York: Devora, 2007.

Steinsaltz, Adin. *The Thirteen Petalled Rose: A Discourse on the Essence of Jewish Existence and Belief*. New Milford, CT: Maggid Books, 1980.

Tishby, Isaiah, and Fischel Lachower, *The Wisdom of the Zohar: An Anthology of Texts*. Vol. 2. Translated by David Goldstein. Portland, OR: Littman Library of Jewish Civilization, 1989.

Welsh, Brian. "The Indiana Jones of Wildlife Protection." *Time*, January 10, 2008.

아인슈타인이 랍비 마커스에게 보낸 편지 원문

Dear Dr. Marcus,

A human being is part of the whole, called by us "Universe," a part limited in time and space. He experience himself, his thoughts and feelings as something separate from the rest, a kind of optical delusion of his consciousness. The striving to free oneself from this delusion is the one issue of true religion. Not to nourish the delusion but to try to overcome it is the way to reach the attainable measure of peace of mind.

With my best wishes,
Sincerely
Albert Einstein

랍비 나오미 레비의 다른 책들

Hope will Find You: My Search for the Wisdom to Stop Waiting and Start Living

Talking to God: Personal Prayers for Times of Joy, Sadness, Struggle, and Celebration

To Begin Again: The Journey Toward Comfort, Strength, and Faith in Difficult Times, 『다시 시작하기 위하여』 (김수정 역, 로뎀, 2010).

www.rabbinaomilevy.com